Robert L. Wolke

Was Einstein seinem Koch erzählte

Küchenwissenschaft verständlich gemacht

Mit Rezepten von Marlene Parrish

Aus dem Amerikanischen von
Helmut Reuter

Piper
München Zürich

Die Originalausgabe erschien 2002 unter dem Titel
»What Einstein Told His Cook« bei W. W. Norton & Company,
New York / London.

ISBN 3-492-04496-4
© 2002 by Robert L. Wolke
© 2002 by Marlene Parrish
Deutsche Ausgabe:
© Piper Verlag GmbH, München 2003
Gesamtherstellung: Clausen & Bosse, Leck
Printed in Germany

www.piper.de

Dieses Buch ist meiner Frau Marlene Parrish gewidmet, der Partnerin, Kollegin und Motivatorin.

INHALT

Einführung   11

Danksagung   14

1. KAPITEL: Süße Worte   17
Was ist Rohzucker? Ist Zuckerraffinade ungesund? Wie bekommt man harten braunen Zucker wieder weich? Was ist
Sirup, Sorghum und geschwefelte Melasse? Was ist der Unterschied zwischen Rohrzucker und Rübenzucker? Wie löst
man zwei Tassen Zucker in einer Tasse Wasser auf? Was bedeutet »karamelisieren«? Was haben Zucker und Stärke miteinander zu tun? Wie wird aus Mais Maissirup gewonnen?
Was ist Kakao, der nach dem holländischen Verfahren hergestellt wird? Wie wird weiße Schokolade gemacht? ... und
mehr.

2. KAPITEL: Das Salz der Erde   57
Woraus bestehen all die Spezialsalze und Zartmacher im Su-
permarkt? Was sind Salzersatzstoffe? Warum muß Salz ins
Wasser, wenn man Nudeln kocht? Was ist an Meersalz so be-
sonders? Koscheres Salz? Frischgemahlenes Salz? Kann man
das überschüssige Salz mit einer Kartoffel aus der versalzenen
Suppe entfernen? Warum schreiben Rezepte ungesalzene
Butter vor, und dann die Zugabe von Salz? ... und mehr.

3. KAPITEL: Was immer oben schwimmt: Fett   87
Was ist der Unterschied zwischen Fett und Fettsäure? Warum
sind Öle nur teilweise hydriert? Warum klärt man Butter?
Wie wird Maisöl hergestellt? Wie lassen die verschiedenen
Fritierfette sich vergleichen? Was kann man mit gebrauch-
tem Fritierfett machen? Wie funktionieren Antihaftsprays?
Welche Nudeln enthalten Fett? Ist schwere Sahne wirklich
leichter als leichte Sahne? ... und mehr.

4. KAPITEL: Chemische Verbindungen in der Küche 119

Was passiert in Haushalts-Wasserfiltern? Was ist der Unterschied zwischen Backpulver und Backnatron? Ist Aluminium gefährlich? Was ist Back-Ammoniak? Sauersalz? Weinstein? Künstliches Vanillearoma? Glutamat? Warum enthält Sahnekäse »kein Kalzium«? Warum löst Lasagne Metall auf? Wie wird Essig hergestellt? Sind grüne Kartoffeln giftig? Wie wird Lauge in unserer Nahrung verwendet? ... und mehr.

5. KAPITEL: Turf and Surf (Weide und Meer) 155

Ist ein Steak halb durch »blutig«? Wodurch wird Rinderhack braun? Ist Hochrippe auch Rindfleisch hoher Qualität? Warum gilt das Fleisch direkt am Knochen als das »süßeste«? Was tragen Knochen zur Brühe bei? Wie entfettet man am besten Fleischbrühe? Wie werden all diese verschiedenen Schinken hergestellt? Was passiert beim Beizen? Wie lange dauert »über Nacht«? Wodurch wird Bratenfond klumpig und fettig? Warum wird Fisch so schnell gar? Warum fischelt Fisch? Was ist Surimi? Sind Austern beim Servieren noch lebendig? Sollte man Hummer kochen oder dämpfen? ... und mehr.

6. KAPITEL: Feuer und Eis 211

Was ist eine Kalorie? Was ist beim Kochen in großer Höhe anders? Warum siedet Wasser? Warum dauert es so lange, eine Brühe zu reduzieren? Was bedeuten die BTU-Werte von Küchenherden? Verkocht der Alkohol sich, wenn man mit Wein kocht? Kann man auf dem Gehweg wirklich Eier braten? Grillt man besser mit Holzkohle oder mit Gas? Wie taut man Tiefgekühltes am besten auf? Warum rollen Bäcker den Teig auf Marmorplatten aus? Kann heißes Wasser schneller gefrieren als kaltes? Kann man Eier einfrieren? Was ist Frostbrand? Warum werden Speisen kühler, wenn man darüber bläst? ... und mehr.

Inhalt 9

7. KAPITEL: Flüssige Erfrischungen 253

Ist Kaffee sauer? Enthält Espresso mehr Koffein als normaler Brühkaffee? Wie wird dem Kaffee das Koffein entzogen? Was ist der Unterschied zwischen Tee und Kräuteraufguß? Wo kommt die viele Säure in Erfrischungsgetränken her? Trägt Rülpsen zur globalen Erwärmung bei? Kann Sprudel in einer ungeöffneten Flasche schal werden? Wie kann man eine Flasche Champagner mit elegantem Schwung öffnen? Warum haben manche Weine einen »Korken« aus Plastik? Was macht man mit dem Korken, wenn man ihn vom Kellner in die Hand gedrückt bekommt? Wieviel Alkohol enthalten die verschiedenen Getränke? ... und mehr.

8. KAPITEL: Diese geheimnisvollen Mikrowellen 293

Wie erzeugen Mikrowellen Wärme? Warum müssen Speisen, die aus der Mikrowelle kommen, eine Weile stehen? Warum darf man keine Metallgegenstände in eine Mikrowelle legen? Können Mikrowellen aus dem Gehäuse austreten und den Koch kochen? Wodurch wird ein Behälter »mikrowellenfest«? Warum werden manche »mikrowellenfesten« Gefäße in der Mikrowelle trotzdem heiß? Ist es gefährlich, in der Mikrowelle Wasser zu erhitzen? Verändern Mikrowellen die Molekularstruktur der Speisen? Zerstören sie die Nährstoffe in der Nahrung? Warum werden Speisen aus der Mikrowelle schneller kalt als solche aus dem normalen Küchenherd? ... und mehr.

9. KAPITEL: Gerätschaften und Technologie in der Kochkunst 317

Warum bleibt an Geschirr mit Antihaftbeschichtung nichts kleben? Was ist die »beste« Art von Bratpfanne? Beeinträchtigt eine Magnethalterung die Schärfe der Messer? Was ist der Unterschied zwischen einem Backpinsel und einem Bratenpinsel? Wie kann man aus einer Zitrone oder Limette den meisten Saft herausholen? Was ist falsch daran, Pilze zu waschen? Werden die Eigenschaften einer Kupferpfanne durch angelaufene Stellen beeinträchtigt? Wozu sind diese getrennten Meßbecher für Flüssigkeiten und feste Stoffe gut? Wie funktionieren »schnell abzulesende« Thermometer? Wie funktionieren Druck-Kochtöpfe? Wie funktionieren Induktionskochplatten und Lichtöfen? Warum haben Cracker diese kleinen Löcher? Was spricht für und gegen eine Bestrahlung von Lebensmitteln? Was sollen all diese verschiedenen Abteile in einem Kühlschrank? ... und mehr.

Anhang	375
Weiterführende Literatur	377
Glossar	379
Verzeichnis der Rezepte	382
Sachregister	383

Einführung

Zusammen mit dem in jüngster Zeit enorm gewachsenen Interesse an Ernährung und Kochen hat sich zunehmend der Wunsch gezeigt, die chemischen und physikalischen Grundlagen zu verstehen, von denen die Eigenschaften und das Verhalten unserer Nahrungsmittel bestimmt werden.

Dieses Buch erklärt, welche wissenschaftlichen Grundsätze sowohl hinter der Nahrung selbst als auch hinter den Werkzeugen stehen, mit denen wir sie zubereiten. Aufbau und Stichwortverzeichnis wurden so angelegt, daß bestimmte Fakten oder Erklärungen leicht aufzufinden sind.

Hobbyköche und professionelle Küchenchefs kochen nicht nur, sondern müssen zunächst auch Zutaten kaufen. Die heutige Technik bringt eine so überwältigende Vielfalt von Nahrungsprodukten hervor, daß viele Probleme der Zubereitung bereits auf dem Markt anfangen. Ich habe deshalb sowohl natürliche als auch zubereitete Nahrungsmittel ausführlich abgehandelt: wo sie herkommen, woraus sie gemacht sind und welche praktischen Folgen das für den Koch und den Verbraucher haben könnte.

Ich habe mehr Jahre an Universitäten gelehrt, als ich nachzählen mag, und nachdem ich zehn dieser Jahre als Gründungsdirektor einer Fakultätseinrichtung zugebracht habe, in der Fakultätsmitglieder ihre Lehrmethoden verbessern können, erkenne ich zwei mögliche Wege an, wie die Küchenwissenschaft verständlich zu machen ist. Ich bezeichne die eine als College-Methode und die andere als Erfahrungsmethode.

Im Rahmen der College-Methode würde ich gewissermaßen ein Lehrbuch der Küchenwissenschaft schreiben und meine »Studenten« dann bitten, in die Welt hinauszugehen und ihr erworbenes Wissen einzusetzen, um praktische Probleme zu lösen, die in Zukunft auftauchen werden. Dieser Ansatz geht davon aus, daß die »Lehrinhalte« beherrscht und bei Bedarf jederzeit abgerufen werden. Doch wie meine Erfahrungen als Lehrer und zweifellos auch Ihre als früherer Schüler zeigen, ist dieser Ansatz vergeblich. (Schnell: Wer kämpfte in der Schlacht bei Hastings?)

Kurz, die College-Methode versucht, Antworten zu liefern, noch ehe die Fragen auftauchen. Im richtigen Leben kommen Fragen dagegen ohne Vorwarnung hoch und müssen auf der Stelle angegangen werden.

Was aber, wenn Sie sich nicht durch eine Menge Wissenschaft ackern müßten, sondern jedesmal, wenn Ihnen etwas Rätsel aufgibt, einen Wissenschaftler bitten könnten, das spezielle Problem zu erklären, nicht mehr und nicht weniger? Zwar können Sie einen Wissenschaftler (und schon gar einen Einstein) nicht ständig zur Seite haben, aber die zweitbeste Möglichkeit könnte darin bestehen, daß sie eine Sammlung von Antworten auf Fragen verfügbar haben, mit denen Sie wahrscheinlich zu tun haben werden, und dazu einfache, nachvollziehbare Erklärungen für das, was da abläuft. Das ist die Erfahrungsmethode.

Für dieses Buch habe ich mehr als 100 Fragen ausgewählt, die mir von richtigen Köchen sowie den Lesern meiner FOOD-Kolumne in der *Washington Post* und in anderen Zeitungen gestellt worden sind.

Neben den Erklärungen der wissenschaftlichen Grundlagen finden Sie noch eine Reihe ungewöhnlicher und phantasievoller Rezepte, die meine Frau Marlene Parrish, eine Expertin auf dem Gebiet der Ernährung, ausgearbeitet hat. Diese Rezepte sind speziell darauf zugeschnitten, die erklärten Prinzipien zu illustrieren. Man könnte sie als Laborpraktikum ansehen, dessen Ergebnisse Sie essen können.

Jede Frage-Antwort-Einheit soll für sich allein bestehen können. Ob Sie nun durch das Inhaltsverzeichnis, das Sach-

Einführung 13

register oder eine in Ihrem Kopf auftauchende Frage angeregt werden – Sie können das Buch aufschlagen und den entsprechenden Abschnitt lesen, ohne eine Reihe vorhergegangener Begriffe beherrschen zu müssen.

Um zu gewährleisten, daß jede Texteinheit begrifflich vollständig ist, und weil viele Gebiete untereinander vernetzt sind, mußte ich häufig in aller Kürze einen Begriff wiederholen, der an anderer Stelle ausführlicher behandelt wird. Doch ab und zu ein wenig Wiederholung verbessert nur das Verständnis.

Ich habe sorgfältig darauf geachtet, nie einen technischen Ausdruck zu verwenden, den ich nicht beim ersten Erscheinen definiert habe, doch am Ende des Buches finden Sie dennoch ein kurzes Glossar, wo Sie Ihr Gedächtnis auffrischen können, falls das notwendig ist.

Selbstverständlich ist die Zahl der Dinge, zu denen man möglicherweise Fragen haben kann, unbegrenzt, und jedes Buch wie dieses kann nur einen kleinen Bruchteil dessen erklären, was in unseren Küchen und auf den Märkten abläuft. Ich lade Sie daher ein, Ihre Fragen zusammen mit Namen und Wohnort per E-Mail an questions@professorscience.com zu senden. Ich kann zwar nicht persönlich antworten, doch auf meiner Website www.professorscience.com wird jeweils eine »Frage der Woche« beantwortet.

Ich hoffe, es macht Ihnen ebensoviel Spaß, Speisen und Getränke zu verstehen, wie sie zu genießen.

Danksagung

Nach vielen Jahren, in denen ich eine andere Karriere verfolgt und nebenbei als freier Autor geschrieben habe, verdanke ich meinen »großen Durchbruch« im Schreiben über Ernährung Nancy McKeon, einer ehemaligen Redakteurin für Ernährungsfragen bei der *Washington Post*, die mir die Gelegenheit bot, in dieser Zeitung eine ernährungswissenschaftliche Kolumne zu veröffentlichen. FOOD erscheint mittlerweile seit etwa vier Jahren in der *Post* und anderen Zeitungen, was dem beständigen Vertrauen und der Unterstützung der derzeitigen Redakteurin für Ernährungsfragen, Jeanne McManus, zu verdanken ist, die mir die völlige Freiheit läßt, meine Sache so zu machen, wie ich es für richtig halte.

Der Weg zu dem vorliegenden Buch begann sich abzuzeichnen, als ich Marlene Parrish kennenlernte und heiratete. Sie schreibt über Ernährung, verfaßt Restaurantkritiken und arbeitet als Kochlehrerin. Als wissenschaftlicher Autor, der das Essen liebt, und leidenschaftlicher Koch fing ich an, mehr über Ernährung und die Wissenschaft, die sich dahinter verbirgt, zu schreiben. Ohne Marlenes liebevolles Vertrauen zu mir gäbe es dieses Buch nicht. Sie entwickelte und probierte alle hier vorgestellten Rezepte, von denen jedes speziell dazu gedacht ist, eines der erklärten wissenschaftlichen Prinzipen zu illustrieren. Außerdem bereitete sie während der langen Monate des Schreibens und Umarbeitens mein Mittagessen zu.

Wieder einmal muß ich meinem Literaturagenten Ethan Ellenberg danken, der meine Interessen über all die Jahre ehrenwert, mit vernünftigen Ratschlägen und guten Mutes vertreten hat, auch wenn der Weg einmal unerwartet schwierig wurde.

Danksagung

Bemerkenswert glücklich habe ich es mit Maria Guarna-schelli getroffen, die im Verlag W. W. Norton meine Lektorin gewesen ist. Maria war kompromißlos auf Qualität bedacht und immer präsent, um mich sanft auf den rechten Pfad zu-rückzulenken, wann immer ich vom Weg abkam, wobei sie stets eine Quelle der Ermutigung war. Was bei der Arbeit an diesem Buch am Ende auch herausgekommen sein mag, es ist unendlich viel besser, als es ohne Marias präzise Eingebungen, ihr Wissen und ihr Urteilsvermögen geworden wäre und ohne das Vertrauen, den Respekt und die Freundschaft, die sich zwi-schen uns entwickelt hat.

Autoren schreiben keine Bücher, sondern Manuskripte, die erst zum Buch gemacht werden müssen. Ich danke den gedul-digen, fleißigen Profis vom Verlag W. W. Norton, besonders Andrew Marasia, Leiter der Herstellung, Debra Morton Hoyt, Art Director, Nancy Palmquist, leitende Redakteurin, Alan Witschonke, freier künstlerischer Mitarbeiter, und Barbara Bachmann, Designerin.

Auch wenn meine Tochter und mein Schwiegersohn, Leslie Wolke und Ziv Yoles, diese Überzeugung hegen, weiß ich nicht alles. Schreibt man ein Buch wie dieses, muß man unver-meidlich so viele Ernährungswissenschaftler und Vertreter der Nahrungsmittelindustrie konsultieren, daß sie hier nicht ein-zeln genannt werden können. Ich danke ihnen allen für die Bereitschaft, ihr Fachwissen weiterzugeben.

Wahrscheinlich steht heute jeder Autor von Sachbüchern tief in der Schuld jener allgegenwärtigen, aber körperlosen und ätherischen »Wesenheit« namens Internet, das uns alle Infor-mationen dieser Welt (und auch viele Fehlinformationen) buchstäblich an die Hand gibt – ein Fingerdruck auf die Maus genügt. Ich bin zuversichtlich, das Internet, wo immer es »we-sen« mag, wird meinen tief empfundenen Dank zu schätzen wissen.

Schließlich hätte dieses Buch nicht ohne die großartigen Le-ser meiner Zeitungskolumne geschrieben werden können. Ihre Fragen und Rückmeldungen per E-Mail und Schneckenpost haben mich fortwährend darin bestärkt, daß ich vielleicht wirklich einen nützlichen Dienst leiste. Kein Autor könnte sich ein besseres Publikum wünschen.

1. KAPITEL

Süße Worte

Von unseren fünf klassischen Sinnen – Tastsinn, Gehör, Sehen, Geruchs- und Geschmackssinn – sind nur die beiden letzten rein chemischer Natur, können also wirklich chemische Moleküle wahrnehmen. Durch diese bemerkenswerten Sinne für Geruch und Geschmack erleben wir unterschiedliche olfaktorische und geschmackliche Empfindungen, wenn wir mit den Molekülen verschiedener chemischer Verbindungen in Kontakt kommen.

(In diesem Buch werden Sie häufig auf das Wort Molekül stoßen. Aber keine Panik – Sie müssen wirklich nur wissen, daß ein Molekül – in den Worten eines Erstkläßlers aus meiner Bekanntschaft – »eines dieser klitzekleinen Dinger ist, aus denen all das Zeug besteht«. Diese Definition wird Ihnen gut zustatten kommen – zusammen mit der Ergänzung, daß unterschiedliches »Zeug« sich deswegen voneinander unterscheidet, weil es aus verschiedenen Arten von Molekülen besteht.)

Der Geruchssinn kann nur gasförmige Moleküle erkennen, die in der Luft herumschweben. Der Geschmackssinn kann nur Moleküle wahrnehmen, die in Wasser gelöst sind, ob das nun die in der Nahrung enthaltene Flüssigkeit oder der Speichel ist (einen Stein kann man nicht riechen oder schmecken). Wie bei vielen anderen Tierarten ist es auch bei uns der Geruch der Nahrung, der uns anzieht, während der Geschmack uns dabei hilft, eßbare – und appetitliche – Nahrungsmittel zu finden.

Was wir »Geschmack« nennen, ist eine Kombination von Gerüchen, die unsere Nase wahrnimmt, und von Geschmacksmerkmalen, die unsere Geschmacksknospen (siehe unten) empfinden. Dazu kommen noch Einflüsse durch Temperatur, Schärfe (was Gewürze »brennen« läßt) und Konsistenz (wie die Nahrung physikalisch zusammengesetzt ist und sich im Mund anfühlt). Die Geruchsrezeptoren in unserer Nase können Tausende verschiedener Gerüche unterscheiden und tragen schätzungsweise 80 Prozent zum Geschmackserlebnis bei. Wer dies als hohen Anteil ansieht, sollte bedenken, daß Mund und Nase in Verbindung stehen, weshalb gasförmige Moleküle, die im Mund durch Kauen freigesetzt werden, in die Nasenhöhle aufsteigen können. Zudem wird in der Nasenhöhle beim Schlukken ein Teilvakuum erzeugt, welches Luft aus dem Mund in die Nase saugt.

Verglichen mit unserem Geruchssinn ist unser Geschmackssinn vergleichsweise stumpf. Die Geschmacksknospen sind vor allem über die Zunge verteilt, finden sich jedoch auch am harten Gaumen (dem vorderen, knochigen Teil des Mundhöhlendachs) und am weichen Gaumen, einem Segel aus weichem Gewebe, das in der Uvula (dem Zäpfchen) endet, »jenem kleinen, herabhängenden Ding« direkt vor dem Schlund.

Bisher hat man geglaubt, es gebe nur vier grundlegende Geschmacksrichtungen mit jeweils darauf spezialisierten Geschmacksknospen: süß, sauer, salzig und bitter. Heute herrscht allgemeine Übereinstimmung, daß es zumindest noch einen weiteren grundlegenden Geschmack gibt, der unter seiner japanischen Bezeichnung *umami* bekannt ist. Er steht in Verbindung mit Natriumglutamat und anderen Verbindungen der Glutaminsäure, einer der verbreiteten Aminosäuren, die als Bausteine der Proteine dienen. Umami ist eine anregende Geschmacksrichtung, die zu proteinreicher Nahrung wie Fleisch oder Käse gehört. Außerdem glaubt man nicht mehr, daß jede Geschmacksknospe ausschließlich auf eine einzige Art von Reiz reagiert, sondern in geringerem Maß auch andere wahrnehmen kann.

Somit erscheint die übliche »Karte der Zunge« in den Lehrbüchern, wo die Knospen für süß an der Spitze, die Knospen für salzig an beiden Seiten der Spitze, sauerempfindliche Knos-

pen entlang der Seiten und Knospen für bitter am hinteren
Ende liegen, als zu sehr vereinfacht: Sie zeigt nur die Bereiche,
in denen die Zunge für den jeweiligen Grundgeschmack am
empfindlichsten ist. Was wir dann tatsächlich schmecken, ist
das Gesamtmuster der Reize von allen Geschmacksrezeptoren,
jenen Zellen in den Geschmacksknospen, die eigentlich die
unterschiedlichen Geschmacksrichtungen wahrnehmen. Die
jüngsten Erfolge bei der Sequenzierung des menschlichen Ge-
noms haben die Forscher in die Lage versetzt, jene Gene aus-
findig zu machen, die wahrscheinlich die Rezeptoren für bitter
und süß hervorbringen, nicht aber jene, von denen die anderen abgeleitet sind.

Wenn die vereinten Reize von Geschmack, Geruch und
Konsistenz im Gehirn ankommen, müssen sie noch interpre-
tiert werden. Ob der Gesamteindruck erfreulich, abstoßend
oder irgendwo dazwischen liegt, hängt von individuellen physiologischen Unterschieden ab, von vorhergegangenen Erfahrungen (»Genau wie bei meiner Mutter!«) und kulturbeding-
ten Gewohnheiten (»Will da noch jemand Haggis?«[*]).

Für unsere Spezies und viele andere aus dem Tierreich, von
den Kolibris bis hin zu Pferden, ist *eine* Geschmacksempfindung unbestreitbar der Favorit: süß. Um einen grammatika-
lisch berüchtigt falschen Werbespruch abzuwandeln: Niemand
mag Süßes nicht. Zweifellos hat die Natur uns dafür eingerichtet und dafür gesorgt, daß gute Nahrungsmittel wie etwa reife
Früchte süß und giftige, die etwa Alkaloide enthalten, bitter
schmecken. (Die Familie der Alkaloide innerhalb der in Pflanzen vorhandenen Chemikalien umfaßt Bösewichte wie Morphin, Strychnin und Nikotin, ganz zu schweigen vom Koffein.)

Es gibt nur eine einzige Geschmacksrichtung, der in unseren
Menüs ein eigener Gang gewidmet ist: dem Süßen im Rahmen des Desserts. Appetithäppchen mögen einem das Wasser

---

[*] Das schottische Gericht Haggis besteht aus Schafsmagen, der mit Schafs-
innereien und Haferschrot gefüllt wird. – Anm. d. Ü.

im Mund zusammenlaufen lassen, in Hauptgängen ist vielleicht jede komplexe Geschmackskombination vertreten, doch
der Nachtisch ist unabänderlich (und manchmal überwälti-
gend) süß. Wir lieben die Süße so sehr, daß wir den Begriff für
Kosenamen (Süße / r, Zuckerschnute) und auch dazu verwenden, so gut wie alles zu beschreiben, was besonders erfreulich
ist, zum Beispiel »süße Klänge« oder ein süßes Mädchen.

Denken wir an Süßes, dann fällt uns sofort der Zucker ein.
Doch das Wort *Zucker* steht nicht für eine einzelne Substanz, es
ist ein Sammelbegriff für eine ganze Familie natürlicher chemischer Verbindungen, die gemeinsam mit den Stärken zu den
Kohlenhydraten gehören. Ehe wir also unserem »süßen Zahn«
Zucker geben – ehe wir unsere wissenschaftliche Mahlzeit mit
dem Dessert beginnen lassen –, müssen wir uns ansehen, wie
die Zucker in die Ordnung der Kohlenhydrate eingefügt sind.

Volltanken

*Ich weiß, daß Stärke und Zucker zu den Kohlenhydraten gehören, ob-
wohl es doch so unterschiedliche Substanzen sind. Warum faßt man
sie, wenn man von Ernährung spricht, in derselben Kategorie zusammen?*

Mit einem Wort: Treibstoff. Wenn ein Läufer vor dem Rennen
»Kohlenhydrate« in sich hineinschaufelt, kann man das mit
dem Auftanken eines Autos vergleichen.

Kohlenhydrate sind eine Klasse natürlicher Chemikalien,
die in allen lebenden Organismen eine entscheidende Rolle
spielen. Pflanzen wie Tiere produzieren Stärke und Zucker, lagern sie ein und verwerten sie als Energielieferanten. Zellulose, ein komplexes Kohlenhydrat, ist der Baustoff für Zell-
wände und Strukturkomponenten – das Skelett, wenn man so
will – von Pflanzen.

Diese Verbindungen hat man Kohlenhydrate genannt, als

man zu Beginn des 18. Jahrhunderts bemerkte, daß viele ihrer Formeln so geschrieben werden konnten, als bestünden sie aus Kohlenstoffatomen (C) plus einer Anzahl von Wassermolekülen (H_2O). So kam es zu der Bezeichnung Kohlenhydrat oder »hydrierter Kohlenstoff«. Wie wir inzwischen wissen, trifft eine so schlichte Formel nicht für alle Kohlenhydrate zu, doch der Name ist geblieben.

Allen Kohlenhydraten gemeinsam ist eine chemische Übereinstimmung: Ihre Moleküle enthalten stets Glukose, auch unter der Bezeichnung Blutzucker bekannt. Da Kohlenhydrate praktisch in allen Pflanzen und Tieren vorkommen, ist Glukose möglicherweise das häufigste biologische Molekül auf der Erde. Unser Stoffwechsel baut alle Kohlenhydrate zu Glukose ab, einem »Einfachzucker« (im Jargon der Wissenschaft: einem Monosaccharid), der im Blut zirkuliert und jede Körperzelle mit Energie versorgt. Ein weiterer Einfachzucker ist die Fruktose, die man in Honig und in vielen Früchten findet.

Wenn zwei Moleküle eines Einfachzuckers miteinander verbunden werden, ergibt das einen »Zweifachzucker«, ein Disaccharid. Saccharose, der Zucker in der Zuckerschale auf unserem Tisch und im Nektar der Blumen in unserem Garten, ist ein aus Glukose und Fruktose zusammengesetztes Disaccharid. Andere Zweifachzucker sind Maltose (Malzzucker) und Laktose (Milchzucker), wobei Laktose nur bei Säugetieren, nie bei Pflanzen vorkommt.

Komplexe Kohlenhydrate oder Polysaccharide setzen sich aus vielen Einfachzuckern zusammen – es können oft Hunderte sein. Hier haben die Zellulose und die Stärken ihren Platz. Nahrungsmittel wie Erbsen, Bohnen, Getreide und Kartoffeln enthalten sowohl Stärke als auch Zellulose. Für Menschen ist die Zellulose unverdaulich (für Termiten nicht), aber als Faserstoff ist sie wichtig für unseren Speisezettel. Stärken sind unsere wichtigsten Energielieferanten, da sie allmählich zu vielen hundert Glukosemolekülen abgebaut werden. Deshalb habe ich oben gemeint, sich Kohlenhydrate einzuverleiben sei wie die Füllung des Benzintanks mit Treibstoff.

So unterschiedlich all diese Kohlenhydrate hinsichtlich ihres molekularen Aufbaus auch sein mögen, sie alle liefern unserem Stoffwechsel die gleiche Menge Energie: etwa vier Kalorien pro Gramm. Das liegt daran, daß sie letztlich alle auf Glukose zurückzuführen sind.

Zwei reine Stärken, die Sie möglicherweise in Ihrem Gebäck haben, sind Maisstärke und Pfeilwurz. Wo die Maisstärke herkommt, muß Ihnen niemand erzählen, aber haben Sie je eine Pfeilwurz gesehen? Es ist eine ausdauernde Pflanze, die auf den Inseln der Karibik, in Südostasien, Australien und Südafrika wegen ihrer fleischigen unterirdischen Knollen angebaut wird, welche fast ausschließlich aus reiner Stärke bestehen. Die Knollen werden geraffelt, gewaschen, getrocknet und gemahlen. Das dabei entstehende Pulver verwendet man, um Saucen, Puddings und Desserts anzudicken. Die Pfeilwurz kann das Andicken bei niedrigerer Temperatur als die Maisstärke übernehmen, weshalb sie für Vanillesaucen und Puddings, die Eier enthalten, am besten geeignet ist, da die Eier bei höheren Temperaturen leicht gerinnen würden.

Roh gehandelt

In einem Laden für Gesundheitskost habe ich mehrere Arten Rohzucker entdeckt. Wie unterscheiden sie sich von raffiniertem Zucker?

Nicht so sehr, wie man Sie vielleicht glauben machen will. Was in Läden für Gesundheitskost als Rohzucker bezeichnet wird, ist insofern keine Rohware, als sie nicht völlig unraffiniert ist. Sie ist nur in geringerem Grad behandelt worden.

Früher war Honig praktisch das einzige Süßungsmittel, das die Menschen kannten. Zuckerrohr hat man in Indien zwar schon vor etwa 3000 Jahren angebaut, doch bis nach Nordafrika und Südeuropa gelangte es erst um das 8. Jahrhundert n. Chr.

Zu unserem Glück besaß die Schwiegermutter des Christoph Columbus eine Zuckerrohrplantage (das habe ich mir nicht ausgedacht), und dieser selbst war schon vor seiner Hochzeit damit beschäftigt, Zucker von den Zuckerrohrfeldern Madeiras nach Genua zu verschiffen. Wahrscheinlich führte ihn das alles zu der Idee, 1493 auf seiner zweiten Reise in die Neue Welt ein paar Zuckerrohrpflanzen mit in die Karibik zu nehmen. Der Rest ist süße Geschichte. Heute verzehrt ein US-Amerikaner im Durchschnitt etwa 20 Kilo Zucker jährlich (Deutsche schaffen 18 Kilo). Vorschlag: Leeren Sie 18 Kilopakete Zucker auf den Küchentisch, so sehen Sie Ihren persönlichen Anteil eines Jahres vor sich. Natürlich geht das nicht alles über Ihre Zuckerdose; bei einer erstaunlichen Vielfalt fertiger Nahrungsmittel gehört Zucker zu den Zutaten.

Oft wird behauptet, braune und sogenannte Rohzucker seien gesünder, weil sie einen größeren Anteil natürlicher Bestandteile enthalten. Wahr ist, daß diese Varianten viele Mineralien enthalten – genauso wie der völlig natürliche Schmutz auf dem Zuckerrohrfeld –, doch da ist nichts dabei, was Sie nicht auch von Dutzenden anderer Nahrungsmittel bekommen könnten. Sie müßten eine wahrhaft ungesunde Menge braunen Zuckers vertilgen, um auf diesem Weg Ihren täglichen Mineralstoffbedarf decken zu können.

Es folgt hier ein kurzer Überblick über das, was in einer meist am Rande der Zuckerrohrfelder gelegenen Zuckermühle sowie in der Zuckerfabrik geschieht, die durchaus in einiger Entfernung liegen kann:

Zuckerrohr wächst in tropischen Zonen in Form hoher, bambusähnlicher Stengel, die etwa 3 Zentimeter dick und bis zu 3 Meter hoch werden, gerade richtig, um sie mit einer Machete abzuschlagen. In der Mühle werden die abgeschnittenen Stengel maschinell weiter zerkleinert und ausgepreßt. Den Preßsaft klärt man, indem man ihn zum Absetzen ein wenig stehenläßt und Kalk beimengt, ehe man ihn im Teilvakuum (damit senkt man die Siedetemperatur) zu einem Sirup einkocht, der durch konzentrierte Verunreinigungen braun gefärbt ist. Während noch mehr Wasser verdampft, wird die Zuckerlösung so konzentriert, daß die Flüssigkeit den Zucker nicht mehr länger in Lösung halten kann: Er fällt in Form fester Kristalle aus. Die noch feuchten Kristalle entwässert man dann in einer Zentrifuge, einer perforierten Trommel ähnlich der in einer Waschmaschine, die im Schleudergang das Wasser aus der Wäsche schleudert. Dabei wird die sirupähnliche Flüssigkeit – die Melasse – abgetrennt, und zurück bleibt ein feuchter, brauner Zucker, der eine Palette von Hefen, Schimmelpilzen, Bakterien, Erde, Fasern und anderer bunt gemischter Pflanzen- und Insektenrückstände enthält. Das ist der echte »Rohzucker«. Der FDA[*] zufolge ist er nicht für den menschlichen Verzehr geeignet.

Den Rohzucker transportiert man dann in eine Raffinerie, wo er noch zweimal gewaschen, wieder aufgelöst, bis zur Kristallisation eingekocht und erneut zweimal zentrifugiert wird. Das macht den Zucker zunehmend reiner und läßt eine immer konzentriertere Melasse zurück, deren dunkle Farbe und intensiver Geschmack all den nicht aus Zucker bestehenden Anteilen – man nennt sie manchmal die »Asche« – des Zuckerrohrsaftes zu verdanken sind.

Läden für Gesundheitskost, die behaupten, »rohen« oder »unraffinierten« Zucker anzubieten, verkaufen gewöhnlich den Turbinado- oder Zentrifugenzucker, der gewonnen wird, indem man Rohzucker ein zweites Mal im Wasserdampf wäscht, erneut auskristallisieren läßt und zentrifugiert. (Das meine ich hier mit dem Prozeß des »Raffinierens«.) Ein ähnlicher, leicht bräunlicher und grobkörniger Zucker mit der Bezeichnung Demerara-Zucker ist in Europa als Tafelzucker gebräuchlich. Er wird aus Zuckerrohr der reichen vulkanischen Böden auf Mauritius hergestellt, einer Insel im Indischen Ozean östlich von Madagaskar.

Einen dunklen, braunen Zucker von der Art des Turbinado (»Jaggery Sugar«) produziert man im ländlichen Indien, indem

---

[*] Food and Drug Administration: US-amerikanische Lebens- und Arzneimittelbehörde.

man den Saft bestimmter Palmen in einem offenen Behälter einkocht, wodurch er bei höherer Temperatur eingedickt wird als im Teilvakuum der üblichen Verfahren beim Raffinieren von Rohrzucker. Wegen der höheren Temperatur entwickelt er ein starkes Karamel-Aroma. Durch das Kochen wird auch ein Teil der Saccharose in Glukose und Fruktose zerlegt, was das Produkt süßer macht als die reine Saccharose. Diese Zuckerform wird, wie andere braune Zuckersorten, in vielen Teilen der Welt oft in Blöcke gepreßt verkauft.

Der unnachahmliche Geschmack der Melasse ist als erdig, süß und fast rauchig beschrieben worden. Die Melasse der ersten Zuckerkristallisation ist von heller Farbe und mildem Aroma; man verwendet sie oft als Sirup bei Tisch. Melasse aus der zweiten Stufe ist dunkler und härter und wird meist zum Kochen benutzt. Die letzte, dunkelste und konzentrierteste Melasse besitzt einen starken bitteren Geschmack, den sie im Verlauf der Produktion angenommen hat.

Ein gesäubertes Stück rohen Zuckerrohrs kann übrigens ein echter Genuß sein. In Anbaugebieten von Zuckerrohr kauen viele Menschen, besonders die Kinder, gern auf handlichen Stengeln von Zuckerrohr herum. Sie sind sehr faserig, doch der Saft schmeckt natürlich köstlich.

Mein Zucker ist leider so raffiniert

Warum sagt man, raffinierter weißer Zucker sei schlecht?

Mir ist diese unsinnige Behauptung ein Rätsel. Anscheinend nehmen manche Leute das Wort *raffiniert* als Zeichen dafür, daß wir Menschen irgendwie gegen ein Naturgesetz verstoßen, weil wir die Kühnheit besitzen, einem Nahrungsmittel einige unerwünschte Stoffe zu entziehen, ehe wir es verzehren. Weißer Zucker ist einfach nur Rohzucker, aus dem man jene anderen Stoffe entfernt hat.

Wird Zucker durch dreimal wiederholtes Kristallisieren raffiniert, bleibt alles außer der reinen Saccharose in der Melasse zurück. Die geringer raffinierten brauneren Zucker aus vorhergehenden Stufen des Verfahrens sind aromatischer, weil sie noch Spuren der Melasse enthalten. Ob man nun für ein Rezept hellbraunen oder den geringfügig stärker aromatisierten dunkelbraunen Zucker verwendet, ist ausschließlich eine Geschmacksfrage.

Viele der heute in den Supermärkten angebotenen braunen Zucker werden hergestellt, indem man Melasse auf raffinierten weißen Zucker sprüht, und nicht durch die Unterbrechung des Raffinierungsverfahrens auf halbem Weg. Es gibt jedoch auch noch braunen Zucker, der auf herkömmliche Weise produziert wird.

Also: In rohem Zuckerrohrsaft hat man eine Mischung aus Saccharose plus all die anderen Bestandteile des Zuckerrohrs vorliegen, die letztlich in der Melasse zurückbleiben. Kann mir nun bitte jemand erklären, weshalb die reine Saccharose, die zurückbleibt, wenn man alle Melassebestandteile entfernt hat, plötzlich schädlich und ungesund sein soll? Wenn wir die »gesünderen« brauneren Zuckersorten verzehren, nehmen wir genauso viel Saccharose zu uns, zu der noch die Melasserückstände kommen. Warum ist die Saccharose in dieser Form nicht schädlich?

Raffiniert, göttlich und superlecker
Meringen

Dieses knusprige Konfekt besteht fast ausschließlich aus reiner weißer Zuckerraffinade, die sich rasch im Eiweiß löst, weil sie so feinkörnig ist. Meringen ziehen bekanntlich die Luftfeuchtigkeit an – Sie sollten sie also nur bei trockenem Wetter zubereiten.

Das Rezept geht vom Eiweiß aus drei Eiern aus. Falls Sie mehr Eier verwenden, gilt folgende Faustregel: Für jedes zusätzliche Eiweiß eine

Ein ganz feines Glas Tee   27

weitere Prise Weinstein hinzufügen, drei Eßlöffel Puderzucker unterschlagen und einen Teelöffel Vanille zugeben. Nach dem Schlagen noch einen Eßlöffel Puderzucker unterziehen.

3 Eiweiß von großen Eiern, auf Raumtemperatur
¼ Teelöffel Weinsteinpulver (Kaliumbitartrat)
160 Gramm extrafeiner Zucker
1½ Teelöffel Vanillezucker

1. Backrohr auf 200°C vorheizen. Zwei Backbleche mit Backpapier auslegen.
2. Eiweiß zusammen mit dem Weinstein in einer kleinen, tiefen Schale mit dem Küchenmixer steifschlagen. 9 Eßlöffel Zucker vorsichtig einarbeiten und weiterschlagen, bis die Mischung glatt ist und steife Spitzen stehenbleiben, wenn man den Quirl heraushebt. Vanillezucker einrühren. Mit einem Schneebesen die übrigen 3 Eßlöffel Zucker unterziehen.
3. Mit einem halben Teelöffel der Mischung unter jeder Ecke läßt sich ein Einrollen des Backpapiers verhindern. Mit Hilfe von zwei Teelöffeln setzt man kleine Häufchen der Mischung auf die mit Backpapier belegten Bleche. Soll das Ergebnis besonders schick aussehen, drückt man die Häufchen mit einer Spritztülle mit Sternöffnung auf das Papier.
4. 60 Minuten backen. Ofen abschalten und die Meringen weitere 30 Minuten im abkühlenden Rohr belassen. Herausnehmen, fünf Minuten abkühlen lassen und in luftdichten Behältern aufbewahren, wo die Meringen fast unbegrenzt knusprig bleiben.

Ergibt etwa 40 Stück.

Ein ganz feines Glas Tee

Weil ich meinen Eistee schnell süßen wollte, gab ich Puderzucker hinein. Doch der verwandelte sich in klebrige Klumpen. Was ist da passiert?

Guter Ansatz, aber Sie haben den falschen Zucker verwendet.

Normaler Haushaltszucker ist »granuliert«, besteht also aus einzelnen Körnchen, die alle jeweils Kristalle reiner Saccharose sind. Pulverisiert man den Zucker jedoch bis zu einem feinen Puder, neigt er dazu, Feuchtigkeit aus der Luft aufzunehmen und zu verbacken (im Jargon der Wissenschaft: Zucker ist hygroskopisch). Um das zu verhindern, mischen die Hersteller von Puderzucker etwa 3 Prozent Maisstärke hinein. Diese Stärke hat nun in Ihrem Tee Klumpen gebildet, weil sie sich in kaltem Wasser nicht löst.

Sie hätten sehr feinen oder ultrafeinen Zucker verwenden sollen, der kein Puderzucker im strengen Sinn ist. Er besteht aus sehr viel kleineren Kristallen als das normale Zuckergranulat und löst sich deshalb besonders leicht auf. Barmixer nehmen ihn gern, weil er sich in kalten Mischgetränken schnell auflöst, und Bäcker, weil er sich schneller mischen läßt und rascher schmilzt (manchmal nennt man ihn auch Bäckerzucker).

Steinsalz ja, Zuckerstein nein!

Mein brauner Zucker hat sich in einen steinharten Brocken verwandelt. Wie kann ich ihn wieder weichmachen?

Das hängt davon ab, ob Sie ihn gleich benötigen. Es gibt eine schnelle Lösung, mit der man vorübergehend zurechtkommt – sie reicht aus, eine bestimmte Menge für ein Rezept abzumessen –, und es gibt eine zeitaufwendigere Methode, die dafür aber länger wirkt und Ihren Zucker wieder in seine ursprüngliche, brauchbare Form zurückführt.

Doch zuerst einmal: Weshalb wird brauner Zucker überhaupt hart? Er verliert Feuchtigkeit. Sie haben die Packung nach dem Öffnen nicht wieder ganz dicht verschlossen, und so ist der Inhalt bis zu einem gewissen Grad ausgetrocknet. Das ist nicht Ihr Fehler; es ist fast unmöglich, eine einmal geöffnete

Steinsalz ja, Zuckerstein nein! 29

Packung mit braunem Zucker wieder völlig zu schließen. Wenn Sie also welchen verwenden, sollten Sie den Rest stets in einem luft- oder genauer dampfdichten Behälter aufbewahren, etwa einem Schraubglas oder einem Vorratsbehälter aus Plastik mit dichtem Deckel.

Der in normalen Läden angebotene braune Zucker besteht aus weißen Zuckerkristallen, die mit einem dünnen Film aus Melasse überzogen sind, jener dicken dunklen Flüssigkeit, die zurückbleibt, wenn Zuckerrohrsaft eingedampft wird, damit Kristalle aus purem Zucker – Saccharose – abgeschieden werden. Da der Melasse-Überzug dazu neigt, Wasserdampf zu absorbieren, ist frischer brauner Zucker stets sehr weich. Wird er jedoch trockener Luft ausgesetzt, verliert die Melasse einen Teil der Feuchtigkeit und härtet aus, wodurch die Kristalle zu Klumpen verbacken. Dann haben Sie die Wahl: Entweder Sie ersetzen das verlorene Wasser, oder Sie versuchen irgendwie, die verhärtete Melasse aufzuweichen.

Das Wasser ist leicht zu ersetzen, doch es dauert seine Zeit. Sie geben den Zucker einfach zusammen mit einem Material, das Wasserdampf abgibt, über Nacht in einen luftdicht verschlossenen Behälter. Die Leute empfehlen alles mögliche, von einer Apfelscheibe, einer halben Kartoffel oder frischem Brot bis hin zu einem feuchten Handtuch oder, für ernsthafte Charaktere, einer Tasse Wasser. Am wirksamsten dürfte es wohl sein, den Zucker in einen dicht verschließbaren Behälter zu füllen, ihn mit Haushaltsfolie abzudecken, darauf ein feuchtes Papiertuch zu legen und alles fest zu verschließen. Wenn der Zucker nach etwa einem Tag weich genug geworden ist, entfernt man Papiertuch und Folie und schließt den Behälter wieder ganz dicht ab.

Viele Bücher und Zeitschriften zum Thema Essen erzählen Ihnen, brauner Zucker werde hart, weil er Feuchtigkeit verliert, was zutrifft, und sagen Ihnen dann, Sie könnten ihn im Backrohr erhitzen, um ihn weich zu bekommen, so als ob der Ofen irgendwie Feuchtigkeit zurückbringen könnte. Das tut er natürlich nicht. In Wirklichkeit wird der »Melasse-Zement«

durch Wärme aufgeweicht bzw. dünnflüssiger, härtet beim Abkühlen jedoch wieder aus.

Auf manchen Packungen mit braunem Zucker wird empfohlen, den hartgewordenen Zucker zusammen mit einer Tasse Wasser in die Mikrowelle zu geben. Doch das Wasser ist nicht dazu da, den Zucker zu hydrieren: In den wenigen Minuten, in denen die Wärme wirkt, hat der Wasserdampf aus der Tasse nicht genug Zeit, in die Zuckermasse zu diffundieren und sie aufzuweichen. Das Wasser soll nur einige der Mikrowellen absorbieren, da man Mikrowellenöfen nicht leer oder fast leer betreiben sollte (siehe S. 303). Falls Sie wenigstens eine Tasse Zucker aufheizen, brauchen Sie das Wasser wahrscheinlich nicht.

Ein Küchenchef aus meiner Bekanntschaft holt in seiner Restaurantküche jeden Tag braunen Zucker aus der Packung, der dann rasch austrocknet. Wird der Zucker sehr hart, träufelt er ein paar Tropfen heißes Wasser darauf und knetet alles mit den Fingern durch, bis die ursprüngliche Konsistenz wiederhergestellt ist. Für Profis ist das in Ordnung, doch Zucker zu massieren entspricht wahrscheinlich nicht der Vorstellung eines Hobbykochs von dem, was Spaß in der Küche bedeutet.

Als das Gespräch auf Melasse kam, erzählte mir ein Freiwilliger des US-Friedenskorps einmal, sie hätten vor vielen Jahren in Swaziland (im südlichen Afrika) Staubstraßen befestigt, indem sie die Fahrbahn mit Melasse aus der örtlichen Zuckerraffinerie besprühten. Diese trocknete und härtete rasch aus, und es dauerte ein paar Monate, bis sie sich bis auf den Dreck abgenutzt hatte. (*Anmerkung für die Stadtwerke bei uns: Sie sollten einmal Melasse anstatt des billigsten Asphalts nehmen, vielleicht halten unsere Straßen dann länger.*)

Falls das alles nicht klappt, bleibt am Ende immer noch der gebräunte oder freifließende Zucker der Firma Domino (»Domino's Brownulated«), der sich traumhaft schütten läßt und nie zu Backstein wird. Der Trick des Herstellers besteht darin, einen Teil der Saccharose in ihre beiden Basiszucker Glukose (auch Dextrose genannt) und Fruktose (auch Levulose genannt) aufzuspalten – im Jargon der Wissenschaft heißt das »hydrolysieren«. Diese Mischung namens Invertzucker bindet Wasser fest an sich, weshalb hydrolysierte Körnchen braunen Zuckers nicht austrocknen und zusammenbacken können. Doch diese Art Zucker ist dazu gedacht, über Hafermehl und dergleichen gestreut zu werden, nicht aber zum Backen, weil er, wenn man ihn abmißt, nicht die gleichen Ergebnisse bringt wie der gewöhnliche braune Zucker, wie er in Kochbüchern vorgegeben wird.

Haben Sie es eilig, hartgewordenen braunen Zucker weichzumachen, dann kommt die getreue Mikrowelle mit einer schnellen, aber nur vorübergehend wirkenden Möglichkeit zu Hilfe. Heizen Sie den Zucker einfach eine oder zwei Minuten auf höchster Stufe auf, und prüfen Sie etwa alle dreißig Sekunden mit dem Finger, ob er schon weich ist. Da die Geräte sehr unterschiedlich arbeiten, kann keine genaue Zeit angegeben werden. Dann messen Sie die benötigte Menge rasch ab, denn er ist in wenigen Minuten wieder hart. Sie können den Zucker aber auch in einem herkömmlichen Backrohr bei 200°C in 10 bis 20 Minuten weichmachen.

Mit Zuckerrohr eins auf die Rübe

Was ist der Unterschied zwischen Rohrzucker und Rübenzucker?

Mehr als die Hälfte des in den USA produzierten Zuckers stammt von Zuckerrüben, unförmigen, weißlich-braunen Wurzeln, die kurzen, dicken Karotten ähneln. Zuckerrüben gedeihen in gemäßigtem Klima, etwa in Minnesota, North Dakota und Idaho und in vielen Teilen Europas (beispielsweise in Mainfranken), während das Zuckerrohr eine Pflanze der Tropen ist, die in den USA vorwiegend in Louisiana angebaut wird.

Raffinerien für Rübenzucker haben es schwerer, da die Rüben viele unangenehm schmeckende und übelriechende Verunreinigungen aufweisen, die beseitigt werden müssen. Die Verunreinigungen überleben in der Melasse, die für uns ungenießbar und nur als Tiernahrung geeignet ist. Aus diesem Grund gibt es so etwas wie eßbaren braunen Rübenzucker nicht.

Nach dem Raffinieren sind Rohrzucker und Rübenzucker chemisch identisch: Beide bestehen aus reiner Saccharose und sollten deshalb nicht voneinander zu unterscheiden sein. Raffinerien müssen ihren Zucker nicht als Rohr- oder Rübenzucker kennzeichnen, es kann also sein, daß Sie Rohr- oder Rübenzucker verwenden, ohne es zu wissen. Wenn auf der Packung nicht »Reiner Rohrzucker« steht, stammt er wahrscheinlich von der Rübe. Nichtsdestoweniger bestehen einige Leute, die viel Erfahrung in der Herstellung von Gelees und Marmeladen haben, darauf, daß Rohr- bzw. Rübenzucker sich jeweils anders verhalten. In seiner Enzyklopädie *Oxford Companion to Food* (Oxford University Press, 1999) schreibt Alan Davidson, diese Tatsache »sollte die Chemiker veranlassen, in aller Bescheidenheit zu bedenken, daß sie in diesen Dingen nicht allwissend sind«.

Volltreffer.

Die Klassen der Melassen

Meine Großmutter hat oft von geschwefelter Melasse gesprochen. Was ist das?

Der »Schwefel« in geschwefelter Melasse ist ein guter Ausgangspunkt für eine Menge interessanter Lebensmittelchemie.

Schwefel ist ein gelbes chemisches Element, zu dessen normalen Verbindungen Schwefeldioxid und Sulfite gehören. Das Gas Schwefeldioxid ist für den erstickenden, beißenden Geruch brennenden Schwefels verantwortlich, und man sagt, es

Die Klassen der Melassen   33

vergifte die Atmosphäre in der Hölle, wahrscheinlich weil Vulkane schweflige Dämpfe aus den tieferen Regionen unseres Planeten ausstoßen.

In Anwesenheit von Säuren setzen Sulfite gasförmiges Schwefeldioxid frei, wirken also ebenso wie das Schwefeldioxid selbst, nämlich als Bleichmittel und dazu antibakteriell. Beim Raffinieren des Zuckers hat man sich beide Eigenschaften zunutze gemacht: Man hat Schwefeldioxid verwendet, um die Farbe der Melasse aufzuhellen, des dunklen, süßen Nebenprodukts der Zuckerherstellung, und deren Schimmelpilze und Bakterien abzutöten. Man sagt dann, die Melasse sei geschwefelt. Praktisch alle heute produzierten Melassen sind jedoch ungeschwefelt.

Geschwefelte Melasse darf nicht mit »Sulphur und Melasse« unserer Großmütter verwechselt werden, einem Frühjahrstonikum, das nach einem langen Winter angeblich »das Blut reinigte«. Sie mischten zwei Teelöffel körnigen Schwefelpulvers in ein wenig Melasse und flößten das Zeug allen Kindern ein, die sie erwischen konnten. Der (elementare) Schwefel ist harmlos, weil er vom Stoffwechsel nicht aufgenommen wird.

Schwefeldioxidgas setzt man ein, um Kirschen weiß zu bleichen, worauf man sie mit Farben wie in Disneyland rot oder grün einfärbt, dann mit Bittermandelöl aromatisiert, in Sirup einlegt und Maraschino-Kirschen tauft – nach dem Likör, dessen Aroma diese grellen Kreationen zu imitieren versuchen.

Sulfite wirken der Oxidation entgegen (im Jargon der Wissenschaft: Sulfite sind Reduktionsmittel). Meist versteht man unter »Oxidation« die Reaktion einer Substanz mit dem Luftsauerstoff, und das kann ein ziemlich zerstörerischer Vorgang sein. Das Rosten von Eisen ist ein gutes Beispiel für das, was Oxidation anstellen kann, sogar mit Metallen. In der Küche ist die Oxidation eine der Reaktionen, die Fette ranzig werden lassen. Mit Unterstützung von Enzymen ist die Oxidation auch dafür verantwortlich, daß geschnittene Kartoffeln, Äpfel und Pfirsiche braun werden. Trockenobst wird deshalb oft mit Schwefeldioxid behandelt, damit das unterbleibt.

Noch ein wenig Chemie: Die Oxidation ist ein allgemeine-
rer chemischer Vorgang als die schlichte Reaktion einer Substanz mit Sauerstoff. Für einen Chemiker gilt jede Reaktion als
Oxidation, bei der einem Atom oder Molekül ein Elektron
entrissen wird. Der des Elektrons »Beraubte« wird dann als
oxidiert bezeichnet. In unserem Körper können so lebenswichtige Moleküle wie Fette, Proteine und sogar DNA oxidiert werden, worauf sie nicht mehr imstande sind, ihre kritischen Aufgaben zu erfüllen, die unser Leben aufrechterhalten.
Elektronen halten nämlich die Moleküle zusammen, und
wenn ein Elektron entführt wird, können die »guten« Moleküle in kleinere »schädliche« Moleküle zerfallen.

Zu den gefräßigsten Elektronenräubern gehören die sogenannten freien Radikale, Atome oder Moleküle, die verzwei-
felt ein zusätzliches Elektron benötigen und es praktisch allem
entreißen, was sie antreffen. (Elektronen existieren bevorzugt
paarweise, und ein freies Radikal ist ein Atom oder Molekül,
dessen ungepaartes Elektron dringend einen Partner sucht.)
Demnach können freie Radikale lebenswichtige Moleküle
oxidieren, was Körperfunktionen verlangsamt, vorzeitiges Altern und vielleicht sogar Herzleiden und Krebs hervorruft. Das
Problem ist, daß im Körper aus vielfältigen Gründen eine bestimmte Anzahl von freien Radikalen natürlich vorkommt.

Antioxidantien, zu Hilfe! Ein Antioxidans ist ein Atom oder
Molekül, das ein freies Radikal neutralisieren kann, weil es
ihm das gewünschte Elektron gibt, ehe es eines von einer le-
benswichtigen Substanz stiehlt. Zu den von der Nahrung be-
reitgestellten Antioxidantien gehören Vitamin C und E, Beta-
Karotin (das im Körper zu Karotin umgewandelt wird) und
jene zehnsilbigen Zungenbrecher, die Sie auf den Etiketten
mancher fetthaltiger Produkte sehen und diese davon abhalten,
durch Oxidation ranzig zu werden: Butyliertes Hydroxyanisol
(BHA) und Butyliertes Hydroxytoluol (BHT).

Kurz noch einmal zu den Sulfiten. Wir sollten festhalten,
daß manche Menschen, insbesondere Asthmatiker, sehr empfindlich auf Sulfite reagieren, was innerhalb von Minuten nach

dem Verzehr Kopfschmerzen, Nesselsucht, Benommenheit und Atembeschwerden verursachen kann. Die FDA verlangt (wie z. T. auch das deutsche Lebensmittelrecht), Produkte speziell zu kennzeichnen, die Sulfite enthalten – und da gibt es viele, angefangen bei Bier und Wein bis hin zu Backwaren, Trockenobst, verarbeiteten Meeresfrüchten, Sirupsorten und Essig. Suchen Sie auf den Etiketten nach Schwefeldioxid oder allen Chemikalien, deren Bezeichnung auf -sulfit endet (vielleicht ist auch einfach nur »geschwefelt« zu lesen).

Sirup, Sirup, wer ihn ißt, möcht wissen, was darinnen ist

Woraus bestehen die verschiedenen Siruparten (etwa Treacle-Sirup oder auch Sorghum-Sirup), und wie unterscheiden sie sich von Zuckerrohrsirup?

Zuckerrohrsirup ist schlicht ein geklärter Zuckerrohrsaft, den man zu Sirup einkocht, ähnlich wie man den Ahornsirup gewinnt, indem man den dünnflüssigen, viel Saccharose enthaltenden Saft des amerikanischen Zuckerahorns und des Schwarzahorns einkocht. Auch in der Schwarzbirke findet sich ein süßer Saft, der zu einem Sirup eingedickt werden kann.

Der Ausdruck *Treacle* wird vor allem in England gebraucht. Dunkler Treacle-Sirup ähnelt der dunklen, letzten Melasse und hat auch deren ein wenig bitteren Geschmack. Bei hellem Treacle-Sirup, auch als Goldsirup bekannt (eine erhebliche Verbesserung der Nomenklatur!), handelt es sich eigentlich um Zuckerrohrsirup. Die bekannteste Marke, Lyle's Golden Syrup, findet man in Läden für amerikanische Spezialitäten.

Sorghum-Sirup wird weder aus Zuckerrohr noch aus Rüben hergestellt, sondern aus einer grasähnlichen Getreidepflanze mit hohem, kräftigem Stengel. Sie wird auf der ganzen Welt in heißen, trockenen Klimaregionen angebaut und vorwiegend als Heu und Futterpflanze verwendet. Bei einigen Unterarten findet man im Mark der Stengel jedoch einen süßen Saft, der zu Sirup eingedickt werden kann. Das entsprechende Produkt heißt dann entweder Sorghum-Melasse oder Sorghum-Sirup oder einfach Sorghum.

Melasse mit Ingwer: Eine klassische Kombination
Melasse-Gewürzkuchen mit Ingwer

Schon seit dem Kolonialzeitalter haben die Nordamerikaner den bittersüßen Geschmack der Melasse mit Ingwer und anderen Gewürzen verbunden. Dieser dunkle, feste und feuchte Kuchen schmeckt pur und mit Schlagsahne garniert. Wer in der Küche keine Molkereiprodukte verwendet, kann statt der Butter 90 Milliliter leichtes Olivenöl nehmen. Mit den starken Aromen des Ingwers und der Melasse ist diese Änderung geschmacklich nicht wahrzunehmen.

> 350 Gramm Mehl
> 1½ Teelöffel Backnatron
> 1 Teelöffel Zimt, gemahlen
> 1 Teelöffel Ingwer, gemahlen
> ½ Teelöffel Nelken, gemahlen
> ½ Teelöffel Salz
> 80 Gramm Butter, zerlassen und ein wenig abgekühlt
> 110 Gramm Zucker
> 1 großes Ei
> 240 Milliliter dunkle Melasse, ungeschwefelt
> 240 Milliliter heißes (nicht kochendes) Wasser

1. Rost im Bratrohr auf die mittlere Position legen. Backform von etwa 25 mal 25 cm mit Ölspray einsprühen. Für Metallbräter Rohr auf 250°C, für feuerfeste Glasform auf 230°C vorheizen.
2. Mehl, Backpulver, Zimt, Ingwer, Nelken und Salz in einer mittleren Schüssel mit Hilfe eines Holzlöffels verrühren. Die zerlassene Butter, den Zucker und das Ei in einer großen Schüssel miteinander vermengen. Melasse in einer kleinen Schüssel in das heiße Wasser einrühren, bis die Mischung homogen ist.

3. Etwa ein Drittel der Mehlmischung in die Mischung aus Butter, Zucker und Ei geben und miteinander vermengen, um die Zutaten anzufeuchten. Dann die Hälfte der Melassemischung einrühren, anschließend die restlichen zwei Drittel der Mehlmischung. Die Masse so lange schlagen, bis alle weißen Klumpen verschwunden sind. Nicht übermäßig durchrühren.
4. Den Teig in die vorbereitete Form geben und 50–55 Minuten oder so lange backen, bis ein in den Kuchen gepiekster Zahnstocher ohne Anhaftungen herauskommt und der Kuchen sich etwas von den Seitenwänden der Form gelöst hat. Fünf Minuten abkühlen lassen.
5. Warm aus der Form servieren oder auf eine Unterlage stürzen und abkühlen lassen. Der Kuchen ist gut haltbar und bleibt zugedeckt bei Raumtemperatur mehrere Tage frisch.

Ergibt 9–12 Portionen.

Dicht gepackt?

In meinem Rezept für Schmelzglasur (Fondant) steht, ich soll zwei Tassen Zucker in einer Tasse Wasser auflösen. Das paßt da doch gar nicht rein, oder?

Warum haben Sie es nicht ausprobiert?

Geben Sie in einem Kochtopf zwei Tassen Zucker zu einer Tasse Wasser und erwärmen Sie die Mischung unter leichtem Umrühren. Sie werden sehen, wie der Zucker sich vollständig auflöst.

Einer der Gründe dafür ist ganz einfach: Zuckermoleküle können sich in die leeren Räume zwischen den Wassermolekülen quetschen, weshalb sie nicht wirklich viel zusätzlichen Platz benötigen. Wenn man das bis hinab auf die submikroskopische Ebene verfolgt, ist Wasser kein dicht gepackter Stapel von Molekülen. Es stellt sich eher als eine Art offenes Gitterwerk dar, in dem die Moleküle über miteinander verflochtene

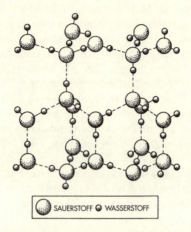

Momentaufnahme der H$_2$O-Moleküle in flüssigem Wasser. Die gestrichelten Linien stehen für Wasserstoffbrücken, die zwischen den Molekülen ständig gelöst und neu gebildet werden.

Stränge verbunden sind. Die Leerräume in diesem Gitter können eine erstaunliche Zahl gelöster Teilchen aufnehmen. Das gilt besonders für Zucker, da dessen Moleküle so aufgebaut sind, daß sie sich gern an Wassermoleküle anlagern (im Jargon der Wissenschaft: sich über Wasserstoffbrücken binden), weshalb Zucker und Wasser sehr gut zu mischen sind. Tatsächlich lassen sich mit List und Tücke (also durch Erwärmen) mehr als 900 Gramm Zucker in 250 ml Wasser lösen. Natürlich ist, sobald Sie so weit gekommen sind, nicht mehr klar, ob Sie mit einer kochenden Lösung von Zucker in Wasser hantieren oder mit blubberndem geschmolzenem Zucker, der ein wenig Wasser enthält.

Und damit kamen die Bonbons in die Welt.

Ein weiterer Grund liegt darin, daß zwei Tassen Zucker erheblich weniger Zucker sind, als es scheint. Zuckermoleküle sind sowohl schwerer als auch sperriger als Wassermoleküle, und so sind in einem Pfund oder in einer Tasse einfach weniger von ihnen enthalten. Außerdem liegt der Zucker körnig vor und nicht als Flüssigkeit, und die Körnchen sind nicht so dicht gepackt, wie Sie vielleicht denken. Das führt zu dem überraschenden Ergebnis, daß eine Tasse Zucker nur etwa ein Fünfundzwanzigstel der Zahl der Moleküle enthält, die in einer Tasse Wasser vorhanden sind. Das heißt, in Ihrer Lösung von zwei Tassen Zucker in einer Tasse Wasser gibt es nur ein Zuckermolekül auf jeweils zwölf Wassermoleküle.

Zwei Arten von Anbräunen

In Rezepten finde ich manchmal die Anweisung, gehackte Zwiebeln zu karamelisieren, was bedeutet, sie sollen sautiert (rasch angebraten) werden, bis sie weich und ein wenig braun geworden sind. Heißt »karamelisieren« einfach nur, etwas anzubräunen? Und wie hängt das, wenn überhaupt, mit Karamelbonbons zusammen?

Das Wort *karamelisieren* wird für das Anbräunen einer Vielzahl von Nahrungsmitteln verwendet, doch im eigentlichen Sinn heißt karamelisieren, daß man durch Hitze ein Nahrungsmittel bräunt, welches Zucker, aber keine Proteine enthält.

Erhitzt man reinen Haushaltszucker (Saccharose) auf etwa 185°C, schmilzt er zu einer farblosen Flüssigkeit. Erwärmt man ihn weiter, wird er allmählich gelb, dann hellbraun und in schneller Folge immer mehr dunkelbraun. Dabei entwickelt er einen einzigartigen, süßlich duftenden und zunehmend bitteren Geschmack. Das ist die Karamelisierung. Man nutzt sie, um eine breite Palette von Süßigkeiten herzustellen, vom Karamelsirup über Karamelbonbons bis zum Überzug von Erdnüssen.

Karamelisierung schließt eine Reihe komplexer chemischer Reaktionen ein, die von den Chemikern noch immer nicht vollständig verstanden werden. Sie beginnen jedenfalls mit der Entwässerung des Zuckers und enden mit der Bildung von Polymeren – großen Molekülen, die aus vielen kleineren, zu langen Ketten verbundenen Molekülen zusammengesetzt sind. Einige dieser großen Moleküle schmecken bitter und sind für die braune Farbe verantwortlich. Treibt man das Erhitzen zu weit, zerfällt der Zucker in Wasserdampf und schwarzen Kohlenstoff, etwa so, wie wenn man beim Toasten von Marshmellows zu ungeduldig wird (ey, Kids, die sollten *nicht* in Brand geraten!).

Erhitzt man andererseits kleine Mengen Zucker oder verschiedene Stärken (die, wie Sie sich erinnern werden, aus Zuckereinheiten aufgebaut sind) in Anwesenheit von Proteinen oder Aminosäuren (den Bausteinen der Proteine), laufen chemische Hochtemperaturreaktionen anderer Art ab: die Maillard-Reaktionen, benannt nach dem französischen Biochemiker Louis Camille Maillard (1878–1936), der den ersten Schritt dieser Vorgänge beschrieb. Ein Teil des Zuckermoleküls (im Jargon der Wissenschaft: seine Aldehydgruppe) reagiert mit dem stickstoffhaltigen Teil des Proteinmoleküls (im Jargon der Wissenschaft: eine Aminogruppe), worauf eine Reihe komplexer Reaktionen folgt, die zu braunen Polymeren und vielen stark aromatischen, aber bislang noch nicht identifizierten chemischen Verbindungen führen. Ernährungswissenschaftler veranstalten noch immer internationale Konferenzen, um die Einzelheiten der Maillard-Reaktionen aufzuklären.

Maillard-Reaktionen sind für den guten Geschmack hitzegebräunter, kohlenhydrat- und proteinhaltiger Speisen wie gegrillter und gebratener Fleischsorten (ja, im Fleisch sind verschiedene Zucker enthalten), Brotkrusten und Zwiebeln verantwortlich. »Karamelisierte« Zwiebeln schmecken tatsächlich süß, weil über die Maillard-Reaktionen hinaus die Hitze dazu führt, daß einiges von ihrer Stärke zu freien Zuckern abgebaut wird, die dann im eigentlichen Sinn karamelisieren können. Zudem legen manche Rezepte noch eins drauf und schreiben einen zusätzlichen Teelöffel Zucker vor.

Die Moral von der Geschichte: Das Wort *Karamelisierung* sollte dem Anbräunen von Zucker – aller Zuckerarten – in Abwesenheit von Proteinen vorbehalten bleiben. Wenn Zucker oder Stärken gemeinsam mit Proteinen vorliegen, wie das bei Zwiebeln, Brot und Fleisch der Fall ist, verdanken wir das Bräunen vorwiegend Monsieur Maillard, nicht der Karamelisierung.

Der »Karamelfarbstoff«, den Sie auf den Etiketten von Colagetränken, Sojasaucen minderer Qualität und vieler anderer Lebensmittel vermerkt finden, wird erzeugt, indem man Zukkerlösungen zusammen mit einer Ammoniumverbindung erhitzt. Ammoniumverbindungen wirken genau wie die Aminogruppen in Proteinen. In einem gewissen Sinn ist also der »Karamelfarbstoff« in Wahrheit eine Art Maillard-Farbe.

Mais: Fade, aber trotzdem süß

Bei vielen Fertiggerichten steht »gesüßt mit Maisderivaten« oder »Maissirup« auf dem Etikett. Wie kriegen die aus dem Mais all diese Süße raus?

Ich weiß, was Sie denken. Die Maiskolben, die Sie kürzlich auf dem Markt gekauft haben, waren nicht wirklich »zuckersüß«, wie der Verkäufer versprochen hatte, oder?

»Zuckermais« enthält zwar tatsächlich mehr Zucker als der »Mais für die Kühe«, doch selbst in den neuen, verstärkt zukkerhaltigen und supersüßen Varietäten ist es herzlich wenig im Vergleich zu Zuckerrohr oder Zuckerrüben. Wie kommt es also, daß anstelle von Rohr- oder Rübenzucker so viel Zucker aus Mais verwendet wird?

Zwei Gründe, einer wirtschaftlich, der andere chemisch: In den USA produzieren wir nicht annähernd genug Rohr- oder Rübenzucker, um unsere 275 Millionen Schleckermäuler zufriedenzustellen, also müssen wir ihn einführen. Tatsächlich importieren wir sechzigmal mehr Zucker, als wir exportieren. Doch ein beträchtlicher Teil dieses eingeführten Zuckers stammt aus Ländern, denen noch nie ein Preis für verläßliche Ernten, politische Stabilität oder Liebe zu Onkel Sam zuerkannt wurde – Zuckerimport war also immer ein wenig wie ein Glücksspiel. Andererseits produzieren wir hier bei uns enorme Mengen an Mais, Tonne um Tonne sechstausendmal mehr Mais als Zuckerrohr. Wenn wir also unsere Zuckerportion aus dem selbstangebauten Mais gewinnen könnten, wäre dieses Problem gelöst. Und siehe da: Das können wir. Dabei sind wir nicht einmal auf die magere Zuckerrate im Mais angewiesen. Durch den Zauber der Chemie können wir tatsächlich Zucker aus *Maisstärke* gewinnen. In Mais ist sehr viel mehr Stärke als Zucker enthalten.

Was finden wir nun im Vorratsschrank des Maiskorns? Wenn wir einem Maiskorn das Wasser entziehen, bleiben etwa 84 % Kohlenhydrate zurück, eine Familie biochemischer Verbindungen, zu denen Zucker, Stärken und Zellulose gehören. Die Zellulose ist in der Hülle des Korns enthalten. Doch Stärke ist der Hauptbestandteil all des anderen Zeugs, das da am Kolben hängt.

Stärken und Zucker sind zwei eng miteinander verwandte Familien chemischer Verbindungen. Tatsächlich besteht ein Stärkemolekül aus Hunderten kleinerer Moleküle des Einfachzuckers Glukose, die alle zusammenhängen (siehe S. 21). Wenn es uns also grundsätzlich möglich wäre, die Moleküle der Maisstärke in kleinere Teile zu zerlegen, könnten wir Hunderte von Glukosemolekülen herstellen. Falls die Aufspaltung nicht vollständig gelingt, erhalten wir außerdem einen Anteil Maltose, einen weiteren Anteil Zucker, der aus zwei noch verbundenen Glukosemolekülen (einem Disaccharid) besteht. Dazu werden ein paar noch größere Bruchstücke aus Dutzenden von aneinander gebundenen Glukosemolekülen (Polysacchariden) übrigbleiben. Da diese größeren Moleküle nicht so leicht wie kleine Moleküle aneinander vorbeigleiten können, wird die am Ende verbleibende Mischung dick und sirupartig sein: Maissirup. Dazu gehört auch der in Flaschen abgefüllte Maissirup in Ihrem Supermarkt. Der dunkle Sirup schmeckt intensiver und mehr nach Melasse als der helle, weil er einen Anteil Raffineriesirup enthält, bei dem es sich um ... na ja, um Melasse handelt.

Fast alle Säuren, wie auch eine Vielzahl von Enzymen von Pflanzen und Tieren, sind zu dem Trick imstande, Stärkemoleküle in einen Sirup gemischter Zucker zu zerlegen. (Ein Enzym ist eine biochemische Verbindung, die hilft, eine bestimmte Reaktion rasch und effizient ablaufen zu lassen [im Jargon der Wissenschaft: Es ist ein natürlicher Katalysator]. Ohne Enzyme würden viele wichtige Lebensvorgänge sich nutzlos langsam vollziehen oder gar nicht funktionieren.)

Der gewöhnliche, in Zuckerrohr, Zuckerrüben und Ahornsirup enthaltene Zucker heißt Saccharose. Doch die Zucker mit anderen Bezeichnungen haben nicht unbedingt die gleiche Süßkraft. Das heißt, die Glukose und die Maltose im Maissirup süßen nur mit 56 bzw. 40 % der Süßkraft von Saccharose. Wenn man also Maisstärke zerlegt, kommen im Durchschnitt vielleicht 60 % der Süßkraft von Saccharose heraus.

Lebensmittelhersteller umgehen das und verwenden ein weiteres Enzym, mit dem ein Teil der Glukose in ihre zweite mögliche Form umgewandelt wird, nämlich die Fruktose, die um 30 % süßer ist als Saccharose. Deshalb liest man auf den Etiketten von Nahrungsmitteln, die wirklich süß sein sollen, etwa Limonaden, Marmeladen und Gelees, häufig »mit hohem Fruktoseanteil«.

Süßmittel aus Mais schmecken nicht ganz genau so wie die gute alte Saccharose, weil verschiedene Zucker jeweils eine leicht unterschiedliche Süßkraft besitzen. Der Geschmack von Obstkonserven und Softdrinks ist zum Beispiel nicht mehr das, was er mal war, ehe die Hersteller den Rohrzucker weitgehend zugunsten von Süßmitteln auf Maisbasis aufgaben. Als etikettenlesender Verbraucher können Sie nichts weiter tun, als die mit dem höchsten Saccharoseanteil gesüßten Produkte zu wählen – dieser ist auf dem Etikett als »Zucker« aufgelistet. (Falls ein Produkt andere Zuckerzutaten enthält, erscheinen diese unter der Bezeichnung »andere Zucker«.)

Wenn Sie sich einmal in einem tropischen Land aufhalten, wo man Zuckerrohr anbaut, sollten Sie ein oder zwei Coca-Cola kaufen. Es wird dort zweifellos noch mit Rohrzucker hergestellt, nicht mit den Süßmitteln auf Maisbasis, die von den meisten US-amerikanischen Abfüllern seit mehr als einem Jahrzehnt verwendet werden. Nehmen Sie eine Dose mit nach Hause und vergleichen Sie den Geschmack mit dem aktuellen »klassischen« Getränk daheim.

Wenn jedoch der Zollbeamte fragt, was da in Ihrer Tasche ist, dürfen Sie auf keinen Fall sagen: »Coke«.

Braune Ambrosia

Gibt es, abgesehen vom jeweiligen Zuckeranteil, einen Unterschied zwischen Bitterschokolade, halbsüßer Schokolade und süßer Schokolade?

Ja. Schauen wir uns an, wie Schokolade hergestellt wird.

Kakaobohnen, die Samen des Kakaobaumes, findet man in melonenförmigen Fruchtkörpern, die direkt am Stamm oder an dicken Ästen dieses tropischen Baumes wachsen. Zuerst trennt man die Bohnen von der breiigen Masse innerhalb des Fruchtkörpers und fermentiert sie. Dazu schichtet man sie gewöhnlich zu Haufen auf, die man mit Blättern bedeckt. Mikroben und Enzyme greifen die anhaftende Pulpe an, töten die Keime (jene Teile, die keimen und austreiben würden) der Samen ab, beseitigen einen Teil der Bitterstoffe und verwandeln die Farbe der Bohnen von gebrochenem Weiß in helles Braun.

Die getrockneten Bohnen werden dann zum Sarotti-Mohren in der Schokoladenfabrik gebracht, wo man sie röstet, um Aroma und Farbe weiter zu verbessern, von den Schalen löst und schließlich mahlt. Die Reibungswärme des Mahlvorgangs läßt das pflanzliche Fett – mit etwa 55 % Hauptbestandteil der Bohnen – schmelzen (wir kennen es unter der etwas schönfärberischen Bezeichnung Kakaobutter). So entsteht eine dicke, braune und bittere Flüssigkeit, die Kakaomasse. Sie ist das Ausgangsmaterial für alle weiteren Schokoladenprodukte. Kühlt man die Kakaomasse ab, verfestigt sie sich zu ungesüßter Bitterschokolade. Fett und Feststoffe können aber auch voneinander getrennt und in unterschiedlichen Anteilen mit Zucker und anderen Zutaten gemischt werden, womit man die vielen hundert verschiedenen Schokoladensorten mit einer breiten Vielfalt von Geschmacksrichtungen und Eigenschaften erhält.

Zu den wundervollen Eigenschaften der Schokolade gehört, daß sie bei 30 – 36 °C schmilzt, also knapp unter Körpertemperatur, weshalb sie bei Raumtemperatur relativ hart und köstlich spröde ist, aber buchstäblich auf der Zunge zergeht, dabei ein Maximum an Aromen freisetzt und sich glatt und samtig anfühlt.

Halbsüße oder bittersüße Schokolade ist eine Zubereitung aus Kakaomasse, Kakaobutter, Zucker, einem Emulgator und manchmal Vanille-Aroma. Geschmolzen ist sie dünnflüssiger als ungesüßte Schokolade und weist einen seidigen Glanz auf, was beides dazu beiträgt, daß sie gut zum Eintunken geeignet ist. Für die Küche kommt sie in »Quadern« oder Riegeln in den Handel. Da sie aber vielleicht nur 35 % Fett enthält (der Zuckergehalt reduziert den Fettanteil), hat sie andere Kocheigenschaften als die fettere ungesüßte Schokolade.

Deshalb können Sie, wenn ein Rezept halbsüße oder bittersüße Schokolade vorschreibt, dafür nicht einfach ungesüßte Schokolade plus Zucker verwenden. Um die Angelegenheit noch komplizierter zu machen, gibt es erhebliche Unterschiede zwischen den Marken, und bei Sorten mit der Aufschrift Bitterschokolade ist das Verhältnis von Kakaomasse zu Zucker wahrscheinlich höher als bei den halbbitteren oder süßen Sorten.

Bewegen wir uns auf der Süßeskala nach oben, stoßen wir auf Hunderte verschiedener halbsüßer und süßer Schokoladezubereitungen, die zumindest 15 % Kakaomasse und häufig viel mehr enthalten. Weil bei Milchschokolade die Kakaomasse durch hinzugefügte feste Milchbestandteile ersetzt ist, enthält diese allgemein weniger (10 bis 35 %) davon als dunkle Schokolade (30 bis 80 %). Deshalb schmeckt Milchschokolade auch milder und weniger bitter als dunkle Schokolade. In den USA setzt die FDA die Normen für die im Land hergestellten Produkte fest: süße Schokolade, halbsüße oder bittersüße Schokolade und Milchschokolade[*].

Ehe eine Schokolade von guter Qualität so weit ist, in Tafeln oder Riegel gegossen oder als Überzug für verschiedenste Dinge verwendet zu werden, durchläuft sie zwei wichtige Prozesse, das Conchieren und das Temperieren. Zunächst wird die ansonsten fertige Schokoladenmischung in einem beheizbaren Rührwerk (»Conche«) bei Temperaturen zwischen 54 und 87°C (je nach Mischung) bis zu fünf Tage lang geknetet. Das belüftet die Schokolade und treibt Feuchtigkeit und flüchtige Säuren aus, womit sowohl Geschmack als auch Konsistenz (sie wird glatter) verbessert werden. Das anschließende Abkühlen (Temperieren) geschieht unter genau kontrollierter Temperaturführung, damit der Fettanteil in äußerst winzigen Kristallen (ungefähr ein sechsmillionstel Millimeter) auskristallisiert und nicht in größeren (von etwa 0,24 Millimeter Größe), weil die Schokolade sonst körnig würde.

Heute gibt es zum Kochen viele ausgezeichnete Schokoladensorten. Die Qualität hängt von vielen Faktoren ab: der Mischung der verwendeten Bohnen (es gibt etwa 20 Handelsklassen), der Art und dem Ausmaß der Röstung, dem Grad des Conchierens, des Temperierens und anderer Bearbeitungsverfahren und natürlich dem jeweiligen Anteil von Kakaobutter und anderen Zutaten.

---

[*] In Deutschland ist das durch EU-Verordnung geregelt. Die Hauptkategorien sind Bitter-, Halb- oder Zartbitter-, Vollmilch- und Milchschokolade. – Anm. d. Ü.

Schokolade mit Olivenöl?
Samtige Schokoladenmousse

Weil Schokolade Kakaobutter enthält, kann man sie gut mit anderen Fetten wie Butter und dem Butterfett der Sahne mischen. Deshalb hat man Dutzende üppiger, sahniger Schokoladendesserts erfunden. Doch hier haben wir eine Schokoladenmousse, die ohne Molkereiprodukte auskommt und für die vor allem Olivenöl verwendet wird.

Eine gute Freundin des Verfassers, die baskische Restaurantchefin Teresa Barrenechea, bietet diese seidig-glatte Mousse in ihrem Restaurant Marichu in Manhattan an. »Immer mehr Leute wollen nicht so viel Sahne zu sich nehmen«, sagt sie. »Ich verrate den Gästen nicht, daß dieses Dessert Olivenöl enthält, wenn ich es serviere. Ich warte, bis ich höre, wie sie ›mmmmh-gut‹ murmeln.« Der Schokoladengeschmack ist sehr intensiv, während das Aroma des Olivenöls trotz seines beträchtlichen Anteils ganz schwach ist. Man muß das Dessert nicht zusätzlich garnieren, doch wir servieren es mit frischen Himbeeren.

150 Gramm süße, dunkle Schokolade sehr guter Qualität, zerkleinert
3 große Eier, Dotter und Eiweiß getrennt
80 Gramm extrafeiner Zucker, nach dem Abwiegen gesiebt
60 Milliliter doppelt starker Kaffee (Zimmertemperatur) oder
1 Eßlöffel Instant-Espressopulver
30 Milliliter Chambord oder Cointreau (Orangenlikör)
100 Milliliter Olivenöl *extra vergine*
Himbeeren

1. Schokolade in einer kleinen Schüssel in der Mikrowelle oder in einem Kochtopf auf dem Herd bei sehr kleiner Hitze schmelzen. Abkühlen lassen.
2. Eidotter und Konditoreizucker in einer mittleren Schüssel mit dem Mixer bei mittlerer Geschwindigkeit verrühren. Kaffee und Likör hinzufügen und kurz untermengen. Dann die geschmolzene Schokolade einrühren. Olivenöl zugeben und alles gut vermischen.
3. Die Rührstäbe des Mixers sorgfältig reinigen, um alle Spuren von Öl zu beseitigen. In einer zweiten, mittleren Schüssel das Eiweiß fast ganz steif schlagen. Mit einem Schneebesen ein Drittel

dieser Masse sanft in die Schokoladenmischung einarbeiten, bis keine weißen Stellen mehr sichtbar sind. Dann das nächste Drittel des Eischnees unterheben und am Ende das letzte Drittel, bis jeweils kein Weiß mehr sichtbar ist. Nicht zu lange durchrühren.
4. Die Mousse in eine dekorative Schale oder in Portionsschälchen umfüllen, zudecken und im Kühlschrank gut kühlen. Kalt mit Himbeeren servieren.
Nein, sie wird nicht zusammenfallen. Und nein, sie schmeckt nicht ölig.

Ergibt 6 Portionen.

Holländisch behandelt

Was ist Kakao, der nach dem holländischen Verfahren hergestellt wurde? Muß er anders verwendet werden als die normalerweise in Rezepten vorgeschriebenen Kakaosorten?

Um Kakao herzustellen, bearbeitet man ungesüßte Schokolade (erkaltete, harte Kakaomasse) in einer Presse, womit man den größten Teil des Fetts abtrennt. Der zurückbleibende Preßkuchen wird dann zu Pulver zermahlen. Es gibt mehrere Sorten von »regulärem« Kakaopulver, je nachdem, wieviel Fett darin verbleibt. Nach den Regeln der FDA muß beispielsweise »Frühstückskakao« (schwach entölter Kakao) mindestens 22 % Kakaobutter enthalten. Steht nur »Kakao« auf der Packung, kann er zwischen 10 und 22 % Fett enthalten. Stark entölter Kakao muß weniger als 10 % Fett enthalten.

Bei dem holländischen Verfahren, 1828 von Conrad J. van Houten in – raten Sie welchem Land – erfunden, werden entweder die gerösteten Bohnen oder die Kakaomasse mit einer alkalischen Verbindung (gewöhnlich Kaliumkarbonat) behandelt, was die Farbe in ein tiefes rötliches Braun verwandelt und den Geschmack milder macht.

Kakao ist von Natur aus säurehaltig, und die im holländischen Verfahren verwendete Alkaliverbindung neutralisiert diese Säure. Bei einem Kuchenrezept kann das einen Unterschied ausmachen, weil säurehaltiger Kakao mit jeder Backhilfe reagiert, die Kohlendioxid entwickeln und das Aufgehen fördern soll, was mit dem neutralisierten Kakao des holländischen Verfahrens nicht geschieht.

Hier ist ein Kuchen namens Devil's Food (Teufelsnahrung) interessant, da die meisten Rezepte normalen Kakao vorschreiben, der Kuchen aber mit einer so teuflisch roten Farbe herauskommt, als hätte man holländischen Kakao verwendet. Das kommt von dem Backpulver, das den Teig aufgehen läßt und gleichzeitig noch den Kakao »hollandisiert«.

In den USA (wie in Deutschland) denkt man bei dem Wort *Kakao* an ein heißes, schokoladiges Getränk. Doch eine Tasse von dem, was wir Kakao oder »heiße Schokolade« nennen, ist im Vergleich zu einer mexikanischen heißen Schokolade das, was entrahmte Milch gegenüber fetter Sahne ist, weil wir fast das ganze Fett aus dem Kakaopulver gepreßt haben. Eine Tasse mexikanischer Schokolade ist andererseits dick und unvorstellbar schwer, weil sie aus der ursprünglichen Kakaomasse mit Fett und allem anderen zubereitet wird.

In der südmexikanischen Stadt Oaxaca konnte ich vor einigen Jahren zusehen, wie man die fermentierten und gerösteten Kakaobohnen zusammen mit Zucker, Mandeln und Zimt mahlte. Aus der Mühle kam eine glänzende, dickflüssige braune Paste – gesüßte und gewürzte Kakaomasse. Die wurde dann in runde oder zigarrenähnliche Formen gegossen, zu festen Kuchen abgekühlt und in diesem Zustand verkauft.

Zu Hause in der Küche rührt man ein oder zwei dieser Kuchen aus mexikanischer Schokolade in kochendes Wasser oder heiße Milch ein und erhält so einen schweren, schaumigen Nektar. In Oaxaca serviert man ihn in weiten Tassen, die speziell dafür gemacht sind, das sehr eihaltige mexikanische Brot namens *pan de yema* (Dotterbrot) einzutunken. In Spanien habe ich Churros, Abschnitte von Schmalzgebäck, in das gleiche schwere Schokoladengetränk eingetunkt. Unter den Schätzen, die die spanischen Konquistadoren aus der Neuen Welt mit nach Hause brachten, war, wie wohl viele zugeben dürften, langfristig gesehen die Schokolade wertvoller als das Gold.

Backpulver läßt den Teufel erröten
Teufelsfutter-Törtchen

Die intensive Farbe der Teufelsnahrung entwickelt sich, wenn normaler Kakao mit dem alkalischen Backpulver »hollandisiert« wird. Nimmt man Kakao, der bereits nach dem holländischen Verfahren hergestellt wurde, erhält man eine noch tiefere Rotfärbung und einen milderen Geschmack. Die Konsistenz ändert sich dadurch nicht.

150 Gramm Kakaopulver
¼ Liter kochendes Wasser
250 Gramm Mehl
1 Teelöffel Backnatron
½ Teelöffel Salz
80 Gramm Butter, ungesalzen, weich
200 Gramm Zucker
2 große Eier
1 Teelöffel Vanillezucker

1. Backrohr auf 180°C vorheizen. Ausreichend Tortenförmchen für 18 Törtchen mit Ölspray einsprühen oder entsprechend mit Backpapier auslegen.
2. Kakaopulver in eine kleine Schüssel geben. Langsam das heiße Wasser hinzufügen, mit einem Löffel umrühren, bis alles zu einer glatten Paste verbunden ist. Beiseite stellen, bis es lauwarm geworden ist.
3. Mehl, Backpulver und Salz in einer kleinen Schüssel vermengen. Butter und Zucker in einer mittleren Schüssel mit einem elektrischen Mixer auf mittlerer Geschwindigkeit schaumig schlagen. Eier nacheinander gut einarbeiten. Dann die abgekühlte Ka-

kaomischung auf einmal zugeben und gut durchrühren, bis alles vermischt ist.

4. Mehlmischung auf einmal beimengen und rühren, bis alles glatt und alles Weiße verschwunden ist. Nicht übermäßig durchmischen.

5. Teig in Portionen von ca. 80 ml abstechen und in die Förmchen geben. Diese sollten etwa zu drei Vierteln gefüllt sein. 15 Minuten backen; ein in die Mitte des Törtchens gepiekster Zahnstocher muß ohne anhaftenden Teig herausgezogen werden können.

Ergibt 18 Törtchen von ca. 6 cm Durchmesser.

Mokka-Kakao-Glasur

600 Gramm extrafeiner Zucker, gesiebt
150 Gramm Kakaopulver, gesiebt
80 Gramm Butter, ungesalzen
½ Teelöffel Vanillezucker
Prise Salz
Etwa 80 Milliliter starker Kaffee, kalt

1. Die abgemessenen Mengen Zucker und Kakaopulver von Klümpchen befreien. Dazu werden die Zutaten über einer Schüssel mit einem Messerrücken oder einem Kunststoffschaber durch ein Sieb getrieben.

2. Butter mit einem elektrischen Handmixer glattrühren. Vanillezucker und Salz hineingeben. Den Zucker auf einmal hinzufügen und mixen, bis er fast völlig gebunden ist. So viel von dem Kaffee einrühren, daß eine glatte, zum Überziehen geeignete Glasur entsteht.

Ergibt 400 ml, die ausreichen, 18 Törtchen großzügig mit Glasur zu überziehen.

Schokolade, garantiert schokoladenfrei

Ist weiße Schokolade koffeinfrei?

Ja. Außerdem ist sie schokoladenfrei.

Weiße Schokolade ist schlicht und einfach das Fett der Kakaobohne (die Kakaobutter), das mit den festen Anteilen der Milch und mit Zucker vermischt wird. Sie enthält nichts von jenen wundervollen, aber so unheilverheißenden braunen Feststoffen der Kakaobohne, die der Schokolade ihre einzigartigen Eigenschaften und ihren vollen Geschmack geben. Falls Sie ein mit weißer Schokolade gekröntes Dessert wählen, um das Koffein der Schokolade zu vermeiden, sollten Sie nicht vergessen, daß Kakaobutter ein hochgesättigtes Fett ist. Man kann eben nicht alles haben.

Doch es kommt noch schlimmer: Einiges von dem sogenannten weißen Schokoladenkonfekt ist noch nicht einmal mit Kakaobutter hergestellt – sie machen es aus hydriertem Pflanzenöl. Man lese also immer die Zutatenliste auf der Packung.

Hier erbleicht die Schokolade
Weiße Schokoladenriegel

Wenn Schokolade auch weiß sein kann, was hindert uns daran, weißes Schokoladengebäck herzustellen? Diese Riegel, mit Kokosflocken und Nüssen knackig und knusprig gemacht, führen trotz ihrer blassen Farbe jeden Schokoholiker in Versuchung.

270 Gramm Mehl
½ Teelöffel Backnatron
¼ Teelöffel Salz
120 Gramm ungesalzene Butter, temperiert, geschnitten
210 Gramm dunkler brauner Zucker
2 große Eier
100 Gramm gesüßte Kokosflocken

Oh, wie süß! 53

2 Teelöffel Vanillezucker
300 Gramm weiße Schokolade, grob zerkleinert
200 Gramm grob gehackte Walnüsse
Staubzucker

1. Backrohr auf 150°C vorheizen. Eine große rechteckige Backform mit Antihaftspray einsprühen.
2. Mehl, Backpulver und Salz in einer mittelgroßen Schüssel vermengen. Butter und Zucker in einer weiteren mittelgroßen Schüssel mit dem elektrischen Handmixer schaumig schlagen. Eier eins nach dem anderen einarbeiten, bis sie gut untergemischt sind, dann folgen Kokosflocken und Vanillezucker. Die zerkleinerte Schokolade und die Nüsse einrühren, bis alles gleichmäßig verteilt ist. Die Masse hat dann die Konsistenz von schwerem Plätzchenteig.
3. Teig in die vorbereitete Form füllen, auch die Ecken nicht vergessen, und die Oberfläche mit einem Spatel glätten. 40–45 Minuten backen; die Mitte muß sich gesetzt haben, die Oberfläche goldgelb sein, und ein hineingepiekster Zahnstocher muß ohne Anhaftungen herausgezogen werden können. Aus dem Rohr nehmen und auf Raumtemperatur abkühlen lassen. Mit Staubzucker bepudern und in Riegel von ca. 5 x 8 Zentimeter schneiden. Sie sind ungekühlt mehrere Tage haltbar oder können eingefroren werden.

Oh, wie süß!

Diese kleinen Tütchen mit künstlichen Süßstoffen, die im Café auf dem Tisch liegen: Was ist der Unterschied zwischen den verschiedenen Marken?

Ich selbst verwende sie nie, da ich die 15 Kalorien in einem Teelöffel Zucker nicht als Gefahr für mein Leben ansehe. Für Diabetiker und andere, die ihren Zuckerkonsum einschränken wollen, sind sie jedoch ein Segen.

Künstliche Süßstoffe, auch Zuckerersatzstoffe genannt, müssen von der FDA[*] genehmigt werden, ehe sie in den Handel kommen. Für eine Vielzahl von Anwendungen im Lebensmittelbereich sind (in der EU) derzeit sechs derartige Stoffe zugelassen: Aspartam, Saccharin, Acesulfam, Cyclamat, Neohesperidin und Thaumatin[**]. Andere werden untersucht. Aspartam ist ein Süßmittel mit Nährwert, das heißt, es liefert dem Körper Energie in Form von Kalorien, während die übrigen keinen Nährwert besitzen, also kalorienfrei sind.

ASPARTAM, hundert- bis zweihundertmal süßer als Saccharose, ist der Hauptbestandteil von NutraSweet und Canderel. Es ist eine Kombination zweier Proteine, der Aspartamsäure und des Phenylalanins, weshalb es die gleichen vier Kalorien enthält wie jedes andere Protein und, was das angeht, auch die gleichen vier Kalorien pro Gramm wie Zucker. Doch da es soviel süßer ist als Saccharose, liegt der Trick in der geringen Menge.

Da schätzungsweise ein Mensch unter 16 000 an der erblich bedingten Krankheit Phenylketonurie leidet, bei der der Körper das für die Verdauung von Phenylalanin notwendige Enzym nicht herstellen kann, müssen Süßmittel, die Aspartam enthalten, mit einem Warnhinweis versehen sein. Außer für Menschen mit diesem Defekt und ungeachtet der E-Mail- und Internetkampagnen, die Aspartam mit einer ganzen Schar von Krankheiten von der Multiplen Sklerose bis zu Gehirnschäden in Verbindung bringen, ist dieser Stoff von der FDA (und in der EU) ohne Einschränkungen zugelassen, soweit man es nicht in übermäßigen Mengen verzehrt.

SACCHARIN, seit mehr als 120 Jahren bekannt und etwa dreihundertmal süßer als Saccharose, ist der süßende Bestandteil von Natreen und Huxol. Über die Jahre hat Saccharin eine

---

[*] Ebenso von den zuständigen Behörden in der EU. – Anm. d. Ü.

[**] Neohesperidin (aus Zitrusfrüchten) und Thaumatin (aus einer afrikanischen Süßholzart) wurden von Robert L. Wolke nicht angesprochen, dafür hat er statt Cyclamat Sucralose aufgenommen, das bei uns nicht zugelassen ist. – Anm. d. Ü.

wechselhafte Geschichte von Genehmigungen und Verboten durch die Behörden erlebt. Die letzte Runde begann 1977, als die FDA vorschlug, Saccharin zu verbieten, weil eine kanadische Studie Hinweise ergeben hatte, es würde bei Ratten Blasenkrebs verursachen. Weil aber nie nachgewiesen werden konnte, daß Saccharin auch beim Menschen Krebs auslöst, wurde der US-amerikanische Kongreß durch den Widerstand der Öffentlichkeit dazu gebracht, die Rücknahme des Mittels vom Markt nicht weiter zu verfolgen. Das entsprechende Moratorium wurde mehrmals verlängert, doch Produkte, in denen Saccharin enthalten war, mußten folgenden Warnhinweis tragen: »Eine Verwendung dieses Produkts kann Ihre Gesundheit gefährden. Es enthält Saccharin, das bei Labortieren nachweislich Krebs verursacht.« Anfang 2001 zog dann Präsident Bush die Pflicht zum Warnhinweis zurück, nachdem umfangreiche, vom US-amerikanischen Gesundheitsministerium in Auftrag gegebene Studien keine hinreichenden Beweise ergeben hatten, daß Saccharin beim Menschen karzinogen wirkt.

ACESULFAM (auch Kalium-Acesulfam genannt), das etwa einhundertdreißig- bis zweihundertmal mehr Süßkraft besitzt als Saccharose, ist einer der Wirkstoffe in einem deutschen Produkt namens Süßkraft (von Schneekoppe). Kombiniert mit anderen Süßmitteln wird es weltweit in Tausenden von Produkten verwendet. Von der FDA seit 1998 zugelassen, ist es von Verbraucherschützern angegriffen worden, weil es chemisch dem Saccharin ähnelt.

SUCRALOSE (in der EU nicht im Handel) ist sechshundertmal süßer als Saccharose und wurde 1999 von der FDA als universeller Süßstoff für alle Nahrungsmittel zugelassen. Es handelt sich hier um ein chloriertes Derivat der Saccharose (im Jargon der Wissenschaft: Drei Hydroxylgruppen der Saccharose sind durch drei Chloratome ersetzt), doch weil sie im Körper nicht nennenswert abgebaut wird, liefert sie keine Kalorien. Weil sehr kleine Mengen äußerst süßkräftig sind, wird sie gewöhnlich mit einem Stärkepulver namens Maltodextrin gestreckt.

All diese künstlichen Süßstoffe können die Gesundheit schädigen, wenn man sie in großen Mengen zu sich nimmt. Doch ungeachtet der Tatsache, daß man das für fast alle Substanzen auf der Erde sagen kann, einschließlich der Nahrungsmittel (will da jemand zehn Pfund Popcorn?), schleppt jede dieser süßen Chemikalien eine Last von eifernden Gruppen ihrer Gegner mit sich herum.

Ehe wir die Zuckerersatzstoffe verlassen: Bei zuckerfreien Süßigkeiten und anderen Nahrungsmitteln ist Ihnen vielleicht (falls Sie die Etiketten so lesen wie ich) die Zutat Sorbitol[*] aufgefallen. Es ist weder ein Zucker noch ein synthetischer Ersatz, sondern ein süß schmeckender, kristalliner Alkohol, der z. B. in Vogelbeeren und einigen anderen Früchten natürlich vorkommt. Sorbitol ist etwa halb so süß wie Saccharose.

Da Sorbitol Wasser an sich bindet, verwendet man es, um viele verarbeitete Nahrungsmittel, Kosmetika und Zahnpasta feucht und stabil zu halten und deren weiche Konsistenz zu bewahren. Doch eben wegen dieser Eigenschaft kann Sorbitol, wenn man zuviel davon verzehrt, wie ein Abführmittel wirken, weil es Wasser im Darm festhält. Leute, die zu sehr in zuckerfreien Süßigkeiten schwelgen, müssen damit rechnen, daß sie ihre Unmäßigkeit bedauern werden.

---

[*] In Deutschland unter der Bezeichnung Sorbit bekannt. Chemisch korrekt werden Alkohole allgemein durch die Endung -ol (wie in Sorbitol) gekennzeichnet. – Anm. d. Ü.

2. KAPITEL

Das Salz der Erde

Unter der Oberfläche von Hutchinson (Kansas, USA) und Tausenden von Quadratkilometern seiner Umgebung befindet sich die gewaltige Lagerstätte eines gesteinsartigen Minerals namens Halit. Davon werden in mehreren riesigen Fördereinrichtungen fast eine Million Tonnen pro Jahr abgebaut, und das ist weniger als ein halbes Prozent der jährlichen Weltproduktion an Halit.

Was fangen wir mit all diesem Halit an? Unter anderem verzehren wir es; es ist das einzige natürliche Gestein, das der Mensch als Nahrungsbestandteil zu sich nimmt. Der andere Name für dieses kristalline Mineral ist Steinsalz. Und im Gegensatz zu den Kristallen, die manche Menschen wegen ihrer vermeintlichen Heilkräfte mit sich herumtragen, ist dies ein Kristall, der uns wirklich am Leben und gesund erhält.

Gewöhnliches Salz – Natriumchlorid – ist wahrscheinlich unser wertvollstes Nahrungsmittel. Seine Natrium- und Chloridteilchen (im Jargon der Wissenschaft: Ionen) sind nicht nur Nährstoffe, ohne die wir nicht leben könnten; salzig ist auch eine unserer grundlegenden Geschmacksempfindungen. Zusätzlich zu seinem Eigengeschmack besitzt Salz die anscheinend magische Fähigkeit, andere Geschmacksrichtungen zu verstärken.

Das Wort *Salz* steht eigentlich nicht nur für eine einzige Substanz. In der Chemie ist es eine Sammelbezeichnung für eine ganze Familie von chemischen Verbindungen (im Jargon der Wissenschaft: Ein Salz ist das Produkt einer Reaktion zwischen einer Säure und einer Base. Natriumchlorid entsteht beispielsweise bei der Reaktion von Salzsäure mit der Base Natriumhydroxid). Einige andere Salze, die in der Gastronomie eine Rolle spielen, sind Kaliumchlorid, das bei natriumarmer

Diät das Kochsalz ersetzt, Kaliumjodid, mit dem das Kochsalz mit Jod angereichert wird, und Natriumnitrat sowie Natriumnitrit, die man zum Pökeln von Fleisch verwendet. Außer wenn ich ausdrücklich etwas anderes angebe, werde ich es in diesem Buch so halten wie alle Nichtchemiker und das Wort *Salz* nur für Natriumchlorid verwenden.

Kann das, was wir als »salzig« bezeichnen, angesichts dieser vielen verschiedenen Salze wirklich allein dem Geschmack von Natriumchlorid entsprechen? Zweifellos nicht. Probieren Sie einen der »Salzersatzstoffe« auf der Basis von Kaliumchlorid, und Sie werden ihn als salzig beschreiben, auch wenn er anders schmeckt als das vertraute Natriumchlorid, so wie die Empfindung der »Süße« bei den verschiedenen Zuckern und künstlichen Süßstoffen ein wenig unterschiedlich ausfällt.

Zusätzlich zu seinen Funktionen als Nährstoff und Gewürz ist Salz seit Tausenden von Jahren verwendet worden, um Fleisch, Fisch und Nahrungspflanzen zu konservieren, damit man sie noch verzehren konnte, wenn Jagd oder Ernte schon lange zurücklagen.

Zwar kann ich in diesem Kapitel nicht die Mysterien der Nährstoff- oder Geschmackseigenschaften des Salzes lösen, doch über die physikalische und chemische Rolle, die es in unseren Nahrungsmitteln und bei deren Konservierung spielt, kann ich durchaus etwas erzählen.

Salz bleibt haften

Was ist so Besonderes an diesem teuren »Popcornsalz« oder »Margaritasalz«, die mein Supermarkt anbietet?

Chemisch gesehen absolut nichts. Es handelt sich durch und durch um das gute alte Salz Natriumchlorid. Physikalisch gesehen sind sie jedoch entweder fein- oder grobkörniger als gewöhnliches Tafelsalz. Aber das ist auch schon alles.

Die Anzahl der Salzspezialitäten im Großhandel ist erstaunlich. Einer der weltweit größten Salzhersteller, die amerikanische Cargill Salt, bietet etwa sechzig Sorten lebensmittelgeeignetes Salz für Nahrungsproduzenten und Verbraucher an, darunter grobe Brocken, feine Brocken, grobe, extrafeine, superfeine und feinmehlige Körnung und zumindest zwei Sorten Brezelsalz. Chemisch handelt es sich bei allen um fast hundertprozentiges reines Natriumchlorid, doch sie besitzen besondere physikalische Merkmale, die darauf abgestimmt sind, für alles mögliche von Kartoffelchips, Popcorn und gerösteten Nüssen bis hin zu Kuchen, Brot, Käse, Crackern, Margarine, Erdnußbutter und Sauergemüse verwendet zu werden.

Für die Cocktails namens Margarita wollen Sie grobe Kristalle, die an dem mit Limettensaft benetzten Glasrand haften bleiben (Sie feuchten den Rand doch mit Limettensaft an, oder? Nicht etwa, der Himmel möge es verhüten, mit Wasser?). Feinere Salzkörnchen würden sich in dem Saft einfach auflösen. Andererseits möchten Sie für Popcorn genau das Gegenteil: feine, fast puderzuckerartige Teilchen, die sich in den Vertiefungen der Körner festsetzen und dort bleiben. Die gewöhnlichen Salzkörnchen aus dem Streuer haften nicht an trockenen Nahrungsmitteln, sie springen davon wie die falschen »Felsblöcke« im Steinschlag eines Indiana-Jones-Films. Doch warum sollte man für gewöhnliches Natriumchlorid mit einem verlockenden Etikett teuer bezahlen? Grobes Salz mit unregelmäßiger Körnung (auch sogenanntes koscheres [*] Salz) eignet sich gut für den Überzug auf dem Rand eines Margarita-Glases und erfüllt ungeachtet der ethnischen Zweckentfremdung seine Aufgabe. Und für Popcorn mahle ich dieses koschere Salz mit Mörser und Pistill zu einem feinen Pulver.

Besonders erfreut mich das Etikett einer Marke, die »Popcorn-Salz« für fast 5 Dollar pro Pfund anbietet (Tafelsalz ist für etwa 40 Cents pro Pfund zu haben). Darauf wird umstandslos mitgeteilt: »Zutaten: Salz«. Nun, das ist so weit in Ordnung.

---

[*] Siehe S. 76 ff.

Doch dann geht es weiter, und man rühmt: »Es verbessert auch den Geschmack von Pommes Frites und Kolbenmais.« Was für eine Riesenüberraschung!

Salz zerstoßen
Tapa-Mandeln

In den spanischen Tapa-Bars werden kleine Häppchen gereicht, darunter auch in Olivenöl fritierte, gesalzene Mandeln. Sie machen süchtig. Man kann sie zu Hause herstellen; dazu gart man sie in heißem Olivenöl in der Pfanne oder röstet sie, was weniger fett ist, im Backrohr. Beide Verfahren werden untenstehend beschrieben. Damit das Salz richtig haftet, ist es in jedem Fall am besten, grobkörniges Salz in einem Mörser zu feinem Pulver zu zerreiben. Man kann das Salz auch in einer Gewürzmühle pulverisieren, wenn man diese anschließend gründlich reinigt, ehe man sie wieder für andere Gewürze verwendet.

    1 Teelöffel grobes Salz
    350 Gramm ganze blanchierte Mandeln
    120 Milliliter Olivenöl *extra vergine*

So geht es auf dem Herd
1. Salz mit Hilfe des Pistills im Mörser pulverisieren oder in einer Gewürzmühle feinmahlen (in Küchenmixern läßt Salz sich nicht so gut pulverisieren).
2. 120 Milliliter Olivenöl in eine mittlere Sautierpfanne geben und die Mandeln hinzufügen. Die kalte Pfanne auf die Flamme stellen und die Temperatur auf mittlere Hitze einregeln. Unter ständigem Rühren erhitzen, bis das Öl zu simmern beginnt und die Kerne Farbe annehmen.
3. Sobald die Mandeln braun werden, mit einem Schaumlöffel herausheben und auf einem Küchentuch abtropfen lassen. Die Kerne dürfen nicht dunkelbraun werden. Die noch warmen Mandeln in eine Servierschale legen, mit dem pulverisierten Salz bestreuen und leicht umrühren.
4. Das Olivenöl kann man aufheben, da es nicht so lange erhitzt wurde, daß es unbrauchbar geworden wäre. Man läßt es abkühlen, füllt es in ein Glas und bewahrt es an einem kühlen, dunklen Ort auf. Man kann es zum Sautieren (Anbraten) verwenden.

    Ergibt etwa 8 Portionen.

So geht es im Backrohr
1. Backrohr auf 180°C vorheizen. Mandeln auf ein Backblech mit Rand geben. Mit etwa einem Eßlöffel Olivenöl beträufeln und mischen, bis alle gleichmäßig damit überzogen sind.
2. 10 bis 12 Minuten backen, bis die Kerne Farbe annehmen, dabei einmal halbwegs vollständig umrühren.
3. Die Mandelkerne aus dem Rohr nehmen, in eine Servierschale geben, mit dem pulverisierten Salz bestreuen und vorsichtig durchmischen, damit es gleichmäßig verteilt wird.

Ein wenig Zärtlichkeit? Nein, Zartheit ist gemeint

Auf dem Etikett eines Fleischzartmachers las ich, daß er vorwiegend aus Salz besteht. Wird Fleisch durch Salz zarter?

Nur ganz geringfügig. Wenn Sie aber weiter unten in der Liste der Inhaltsstoffe nachsehen, werden Sie auf Papain stoßen, ein Enzym, das in unreifen Papayas enthalten ist. Das ist der eigentliche Wirkstoff. Das Salz hat vor allem die Aufgabe, den relativ kleinen Anteil des Papains in dem Produkt aufzunehmen und gleichmäßig zu verteilen, da man wohl davon ausgeht, daß Salz besser beim Verbraucher ankommt als etwa Sand.

Fleisch kann man mit mehreren Methoden zarter machen. Ein Stück frisches Fleisch wird, nachdem man es in solches verwandelt hat (um es so zartfühlend wie möglich auszudrücken), von selbst zarter: Deshalb läßt man Fleisch reifen – also bei kontrollierter Luftfeuchtigkeit und etwa 2°C für zwei bis vier Wochen abhängen. Manches Fleisch wird auch bei 20°C in nur 48 Stunden im Schnelldurchlauf gereift. Doch jeder Reifungsvorgang braucht natürlich Zeit, und Zeit ist Geld, weshalb nicht alle Fleischsorten auch nur im Schnelldurchlauf altern dürfen, ehe sie von der Großschlachterei versandt werden. Das ist eine Schande, denn mit dem Abhängen wird das Fleisch nicht nur zarter, sondern auch wohlschmeckender.

In Früchten gibt es jedoch eine Vielfalt von Enzymen, die Proteine zerlegen und deshalb als Fleischzartmacher verwendet werden können. Dazu gehören Bromelain aus Ananasfrüchten, Ficin aus Feigen und Papain aus der Papaya. Doch sie dringen nicht sehr weit in das Fleisch ein und machen es hauptsächlich an der Oberfläche zart, was bei einem Steak nicht viel weiterhilft. Außerdem zerfallen sie bei Temperaturen über 80°C, können also nur vor dem Garen eingesetzt werden.

Die Lösung? Suchen Sie sich einen Metzger, der gutabgehangenes Fleisch verkauft (heutzutage schwer zu finden), oder kaufen Sie die von Natur aus zarteren Stücke. Die sind selbstverständlich teurer.

Und während Sie im Supermarkt zwischen den Regalen mit den Gewürzen und Kräutern umherschlendern, studieren Sie die Etiketten all der »Würzmischungen«, der mexikanischen, asiatischen, für Hamburger oder sonstwas angepriesenen Fertiggewürzen. Fast immer werden Sie ganz weit oben auf der Zutatenliste Salz als einen Hauptbestandteil finden. Sehen Sie weiter unten auf der Liste nach, kaufen Sie eines oder zwei der aufgeführten Gewürze in Reinform, und würzen Sie Ihr Gericht bei der Zubereitung selbst. Es gibt keinen Grund, Gewürzpreise zu bezahlen, wenn es sich hauptsächlich um Salz handelt.

Wann ist Salz kein Salz?

Was ist mit all diesem Salzersatz, den ich im Handel sehe? Ist das gesünder als richtiges Salz?

»Richtiges« Salz ist Natriumchlorid. Das Thema Gesundheit dreht sich dabei um den Natriumgehalt – niemand hat je dem Chlorid die Schuld für irgend etwas gegeben. Alle Ersatzstoffe zielen darauf ab, Natrium zu verringern oder ganz zu eliminieren.

Man hat Natrium in der Ernährung lange verdächtigt, möglicherweise für hohen Blutdruck verantwortlich zu sein, doch unter den Medizinforschern scheint da nur wenig Übereinstimmung zu herrschen. Manche glauben, Natrium würde zu hohem Blutdruck beitragen, manche tun das nicht. Während man bisher keinen stichhaltigen Beweis entdeckt hat, scheint die öffentliche Meinung auf die Natrium-ist-schädlich-Seite hinüberzupendeln.

Wie in der Gesundheitsforschung üblich, läßt sich über eine bestimmte Ernährungspraxis schlimmstenfalls sagen, daß sie für das eine oder das andere »das Risiko erhöht«. Das heißt nicht: »Iß und stirb!« Risiko gibt nur eine Wahrscheinlichkeit an, keine Gewißheit. Nichtsdestoweniger kann man es durchaus als vorsichtig ansehen, weniger Natrium zu sich zu nehmen.

Die medizinische Ungewißheit hat unsere Nahrungsmittelfabrikation nicht davon abgehalten, passend zur Natriumfurcht Produkte auszuspucken. Als Salzersatz gibt es gewöhnlich Kaliumchlorid, chemisch gesehen ein Zwillingsbruder des Natriumchlorids. Es schmeckt salzig, wenn auch mit etwas anderem Charakter. Beide gehören zu einer großen chemischen Familie mit der Bezeichnung Salze, doch wir nennen das Natriumchlorid »Salz«, als wäre es das einzige, nur weil es bei weitem das gebräuchlichste ist. Man kann die Chemiker lachen hören, wenn sie im Supermarkt an dem Regel vorbeikommen, auf dem »Kein Salz« angeboten wird: Es handelt sich um Kaliumchlorid, im chemischen Sinn ein echtes Salz, bei dem das Etikett jedoch behauptet, es sei »salzfrei«. Das liegt nur daran, daß die FDA erlaubt, mit dem Wort »Salz« auf Etiketten nur Natriumchlorid und sonst nichts zu benennen.

Und dann gibt es (in den USA) noch *Salt Sense*, das angeblich zu 100 % aus »richtigem Salz« besteht, aber auch »33 % weniger Natrium pro Teelöffel« liefern soll. Für einen Chemiker ist diese Aussage beunruhigend, weil Natriumchlorid aus einem Atom Natrium plus einem Atom Chlor zusammengesetzt ist, was bedeutet, daß Natriumchlorid stets den gleichen Gewichtsanteil Natrium aufweisen muß, nämlich 39,3 % (es sind weniger als 50 %, da das Chloratom schwerer ist als das Natriumatom). Folglich kann man nicht einfach damit herumspielen, wie viel oder wie wenig Natrium »richtiges Salz« enthält. Das wäre etwa so, als würde man behaupten, ein bestimmter Dollarschein enthalte weniger als 100 Cent.

Wo also liegt der Trick? In dem Wort »Teelöffel«. Ein Teelöffel des Produkts *Salt Sense* enthält in der Tat 33 % weniger Natrium, weil ein Teelöffel Salt Sense 33 % weniger Salz enthält. *Salt Sense* besteht aus gröberen und lockereren Salzkristallen, und deshalb sind sie im Teelöffel nicht so dicht gepackt wie das gewöhnliche granulierte Tafelsalz. Wenn man also das gleiche Volumen *Salt Sense* verwendet, das man sonst beim gewöhnlichen Tafelsalz nehmen würde, erhält man letztlich weniger Gewicht und somit auch weniger Natrium. Das ist, als würde man behaupten, eine bestimmte Eiskremsorte enthalte 33 % weniger Kalorien pro »Mundvoll«, weil sie mit mehr Luft aufgeblasen wurde (ja, das machen die wirklich), obwohl ein »Mundvoll« dadurch einfach weniger Eiskrem enthält.

Auf der Packung von *Salt Sense* findet man im Kleingedruckten eine Anmerkung: »100 Gramm jedes Produkts [Salt Sense oder normales Salz] enthalten 39,100 Milligramm Natrium.« Richtig. Nimmt man übereinstimmende Gewichte, anstatt einer gleichen Zahl von Teelöffelinhalten, ist *Salt Sense* nichts weiter als Salz, dem man noch etwas zugesetzt hat: kreative Werbung (na schön, ihr Erbsenzähler, ihr habt also gemerkt, daß 39,1 nicht dasselbe ist wie 39,3. *Salt Sense* ist eben nur zu 99,5 % rein).

Hudelnudel

Warum muß man Salz ins Wasser geben, ehe man Nudeln darin kocht? Sind die Spaghetti dann schneller fertig?

Hudelnudel 65

Praktisch jedes Kochbuch sagt uns, wir sollten das Wasser salzen, in dem wir Nudeln oder Kartoffeln kochen wollen, und wir fügen uns pflichtschuldigst, ohne irgendwelche Fragen zu stellen. Es gibt einen einfachen Grund, Salz hinzuzufügen: Damit wird – wie bei jeder anderen Art der Zubereitung – der Geschmack der Nahrung verstärkt. Mehr ist da nicht dran.

An dieser Stelle wird jeder Leser, der im Chemieunterricht auch nur ein klein wenig aufgepaßt hat, einwenden: »Aber wenn man Salz ins Wasser gibt, erhöht das dessen Siedepunkt, also kocht das Wasser bei höherer Temperatur, und das Essen wird schneller gar.«

Diesen Lesern gebe ich eine 1 in Chemie, aber eine 6 in Ernährungslehre. Richtig ist: In Wasser gelöstes Salz – oder, was das angeht, jede andere Substanz (Erklärung folgt) – führt in der Tat dazu, daß das Wasser auf Meereshöhe bei einer höheren Temperatur als 100 °C kocht. Doch in der Küche ist diese Anhebung nirgends annähernd so groß, daß ein Unterschied zu erkennen wäre, außer man wirft so viel Salz hinein, daß man das Wasser als Auftaumischung für winterliche Straßen verwenden könnte.

Wie jeder Chemiker mit Freuden ausrechnen wird, erhöht ein Eßlöffel Tafelsalz (20 Gramm) in fünf Litern Wasser zum Kochen für ein Pfund Nudeln den Siedepunkt um zwölf Hundertstel von 1 °C. Das könnte die Kochzeit um eine halbe Sekunde oder so verkürzen. Wer es wirklich so eilig hat, seine Spaghetti auf den Tisch zu bekommen, überlegt möglicherweise auch, ob er sie nicht besser auf Rollerblades von der Küche ins Eßzimmer befördert.

Wie Sie natürlich wissen, fühle ich mich als unverbesserlicher Professor nun verpflichtet, Ihnen zu erklären, *weshalb* Salz den Siedepunkt des Wassers erhöht, und sei der Effekt auch noch so klein. Gestatten Sie mir dafür einen Absatz:

Damit Wassermoleküle abdampfen, also in Wasserdampf übergehen können, müssen sie den Bindungen entkommen, die sie an ihre flüssigen Kumpel fesseln. Es ist schon schwer genug, sich mit Hilfe der Wärme loszustrampeln, da Wassermoleküle recht stark aneinander gebunden sind, doch wenn die Flüssigkeit zufällig noch mit fremden Teilchen überladen ist, wird es noch schwieriger, weil die Salzteilchen (im Jargon der Wissenschaft: die Natrium- und Chlorionen) oder andere gelöste Substanzen schlicht im Weg sind. Deshalb brauchen die Wassermoleküle einen zusätzlichen Tritt in Form höherer Temperatur, damit ihnen die Flucht in die Freiheit der Lüfte gelingen kann (für weitergehende Informationen fragen Sie den freundlichen Chemiker in Ihrer Nachbarschaft nach »Aktivitätskoeffizienten«).

Jetzt aber zurück in die Küche.

Leider geistern im Umfeld des dem Kochwasser beigefügten Salzes noch mehr esoterische Formeln herum als nur der Fehlschluß mit der Siedetemperatur. Die sogar in den angesehensten Kochbüchern am häufigsten zitierten Märchen sagen uns genau, *wann* wir das Salz ins Wasser zu geben haben. Ein neues Kochbuch für Nudelgerichte merkt an, es sei »Brauch, das Salz ins kochende Wasser zu geben, ehe man die Nudeln hineinwirft«. Zudem wird gewarnt: »Die Zugabe von Salz, ehe das Wasser kocht, kann für einen unangenehmen Nachgeschmack sorgen.« Demnach wird folgender Ablauf empfohlen: 1) Kochen, 2) Salz zugeben und 3) Nudeln hineinwerfen. Indessen rät ein anderes Nudelkochbuch, wir sollten »das Wasser zum Kochen bringen, ehe Salz oder Nudeln zugegeben werden«, läßt aber die bedeutsame Frage offen, ob Salz oder Nudeln zuerst kommen ...

Fakt ist: Solange die Nudeln in Salzwasser kochen, macht es keinen Unterschied, ob das Wasser, als das Salz dazukam, bereits gekocht hat oder nicht. Salz löst sich ziemlich leicht in Wasser, ob dieses nun heiß oder nur lauwarm ist. Und selbst wenn das nicht so wäre, würde das Brodeln es auf der Stelle in Lösung bringen. Sobald Salz einmal gelöst ist, hat es keine Erinnerung an Zeit oder Temperatur – also daran, zu welchem Zeitpunkt oder ob es bei 30°C oder 100°C ins Wasser gelangte. Deshalb kann es die Nudeln auch nicht in unterschiedlicher Weise beeinflussen.

Nach einer Theorie, die ich von einem Küchenchef gehört

habe, soll Salz Wärme freisetzen, wenn es sich im Wasser löst, und wenn man nun das Salz in bereits kochendes Wasser gibt, würde die zusätzliche Wärme es überkochen lassen. Sorry, Küchenchef, aber Salz setzt keine Wärme frei, wenn es sich auflöst. Eigentlich absorbiert es sogar ein wenig Wärme. Was Sie zweifellos beobachtet haben, war ein plötzliches lebhafteres Sieden des Wassers, als Sie das Salz einstreuten. Das geschah, weil das Salz – wie fast alle anderen Teilchen eines Feststoffs – den blubbernden Blasen viele zusätzliche Orte bereitstellt (im Jargon der Wissenschaft: Bläschenkeime), an denen sie zu voller Größe heranwachsen können.

Eine weitere Theorie (wie es scheint, hat jeder eine – sollte es wirklich eine so weltbewegende Herausforderung sein, Nudeln zu kochen?) besagt, das Salz werde nicht nur für den Geschmack zugegeben, sondern würde die Nudeln fester machen und sie davor bewahren, zu schlabberig zu werden. Dafür habe ich ein paar nachvollziehbare, aber sehr technische Gründe gehört, doch mit denen möchte ich niemanden behelligen. Geben wir Salz doch einfach zu, wann immer und weshalb immer uns danach zumute ist. Wir müssen nur darauf achten, es wirklich zu verwenden, weil die Nudeln sonst bäh schmecken.

Ich seh' die See

Bitte informieren Sie mich über Meersalz. Warum wird es heutzutage von so vielen Küchenchefs und in so vielen Rezepten verwendet? Inwiefern ist es besser als normales Salz?

Die Ausdrücke *Meersalz* und *normales Salz* oder Tafelsalz werden oft so verwendet, als würden sie zwei vollkommen verschiedene Substanzen mit vollkommen unterschiedlichen Eigenschaften bezeichnen. Doch ganz so einfach ist es nicht. Salz gewinnt man in der Tat aus zwei Quellen: unterirdischen Lagerstätten und Meerwasser. Doch diese Tatsache allein macht sie nicht automatisch verschieden, wie auch Wasser aus Brunnen und Wasser aus Quellen nicht allein wegen des Ursprungs unterschieden werden kann.

Unterirdische Salzlager entstanden, als Meere in verschiedenen Zeitaltern der Erdgeschichte, ein paar Millionen bis mehrere hundert Millionen Jahre zurück, letztlich austrockneten. Einige der Ablagerungen wurden später durch geologische Kräfte angehoben und befinden sich in Form sogenannter »Dome« nahe an der Oberfläche. Andere Salzstöcke liegen viele hundert Meter tief in der Erde und machen den Abbau zu einer größeren Herausforderung.

Steinsalz wird in Bergwerksstollen im Salzstock mit gewaltigen Maschinen gefördert. Doch für Nahrungszwecke ist Steinsalz nicht geeignet, weil die früheren Meere Schlamm und Gesteinstrümmer mit einschlossen, als sie austrockneten. Deswegen gewinnt man Speisesalz, indem man statt dessen Wasser durch einen Schacht einleitet und das Salz damit herauslöst. Nachdem man das Salzwasser (die Sole) hochgepumpt hat und die Verunreinigungen sich abgesetzt haben, wird die Sole unter Vakuum eingedampft. Dabei entstehen die vertrauten winzigen Kristalle, aus denen das Tafelsalz im Salzstreuer besteht.

In sonnenreichen Küstenregionen kann man Salz gewinnen, indem man Sonne und Wind dafür sorgen läßt, daß das Wasser aus flachen Teichen oder »Salzpfannen«, gefüllt mit dem Meerwasser unserer Tage, verdunsten kann. Es gibt viele Sorten Meersalz, das man aus den Gewässern in aller Welt gewinnt und in unterschiedlichem Grad veredelt. Man kennt graues und rosa-graues Meersalz aus Korea und aus Frankreich, dazu schwarzes Meersalz aus Indien, und alle verdanken ihre Farbe örtlichen Tonablagerungen und Algen in den Salzteichen, nicht dem Salz (Natriumchlorid), das sie enthalten. Schwarzes und rotes Meersalz aus Hawaii ist so farbig, weil man dort vorsätzlich pulverisierte schwarze Lava und roten gebrannten Ton hineinmischt. Diese seltenen und exotischen Sorten »Boutiquensalz« werden von wagemutigen Küchenchefs verwendet. Sie besitzen unbestreitbar einzigartige Geschmackseigenschaften, das ist ganz klar: Sie schmecken wie Salz, dem verschiedene Töne und Algen beigemischt sind. Jedes von ihnen hat glühende Anhänger unter den Küchenchefs.

Im folgenden werde ich nicht über diese seltenen und teuren (33 Dollar und mehr pro Pfund), vielfarbigen Boutiquensalze schreiben, die für den Hobbykoch schwer zu bekommen sind. Ich schreibe über die breite Palette relativ weißer Salzsorten, die auf die eine oder andere Weise aus Meerwasser gewonnen und allein deswegen verehrt werden – man glaubt, sie wären reich an Mineralien und geschmacklich allgemein überlegen.

Mineralien

Verdampft man alles Wasser aus einem Eimer voll Ozean (Fische möglichst vorher entfernen), behält man einen klebrigen, grauen, bitter schmeckenden Schlamm zurück, der zu 78 % aus Natriumchlorid besteht – gewöhnlichem Salz. Neunundneunzig Prozent der verbleibenden 22 % setzen sich aus Magnesium- und Kalziumverbindungen zusammen, die in erster Linie für den bitteren Geschmack verantwortlich sind. Zudem finden sich noch mindestens 75 andere Elemente in sehr geringen Mengen. Diese letzte Tatsache ist der Grund für die allgegenwärtige Behauptung, Meersalz sei »mit Nahrungsmineralien beladen«.

Doch kalte, harte chemische Analysen sagen uns, was Sache ist: Selbst in diesem rohen, unbearbeiteten Schlamm liegen diese Mineralien in Mengen vor, die ernährungstechnisch zu vernachlässigen sind. Man müßte zwei Eßlöffel davon zu sich nehmen, um beispielsweise die Menge an Eisen zu bekommen, die in einer einzigen Weinbeere enthalten ist. Auch wenn dieses Zeug von Küstenbewohnern mancher Länder als Gewürz verwendet wird, verlangt die FDA, daß in den USA Speisesalz zumindest 97,5 % reines Natriumchlorid enthält[*]. In der Praxis ist es stets weit reiner.

---

[*] In der EU sind mindestens 98 % vorgeschrieben. Davon ausgenommen ist

70 Das Salz der Erde

Doch das ist erst der Anfang der *Großen Mineralischen Täuschung*. Das Meersalz, das sich in den Läden stapelt, enthält nur etwa ein Zehntel der mineralischen Substanzen des rohen Salzschlamms. Dies liegt daran, daß die Sonne bei der Herstellung von Speisemeersalz viel von dem Wasser in den Teichen verdunsten läßt, aber keineswegs alles – und das ist ein bedeutender Unterschied. Während das Wasser verdampft, steigt die Konzentration von Natriumchlorid im Restwasser immer mehr an. Erreicht die Konzentration des Salzes in den Teichen dann etwa den neunfachen Wert der natürlichen Konzentration im Meer, beginnt es sich in Kristallen abzusetzen, weil nicht mehr genug Wasser vorhanden ist, um es in Lösung zu halten. Diese Kristalle werden zusammengerecht oder herausgeschöpft und anschließend gewaschen, getrocknet und verpackt. (Wie wäscht man Salz, ohne es wieder aufzulösen? Man wäscht es mit einer Lösung, die schon so viel Salz enthält, wie sie aufnehmen kann, damit sie keine weiteren Kristalle mehr auflöst. Im Jargon der Wissenschaft nennt man das eine gesättigte Lösung.)

Entscheidend ist hier, daß dieser »natürliche« Kristallisationsvorgang selbst eine äußerst wirksame Veredelung darstellt. Die durch die Sonne verursachte Verdunstung und Kristallisation läßt das Natriumchlorid schon zehnmal reiner – freier von anderen Mineralien – werden, als es im Ozean war.

Warum ist das so?

Wann immer in einer wäßrigen Lösung eine chemische Substanz (in diesem Fall das Natriumchlorid) neben einer Reihe anderer Stoffe in erheblich kleineren Mengen (in diesem Fall die anderen Mineralien) vorherrscht, kristallisiert beim Verdampfen des Wassers die Hauptsubstanz in relativ reiner Form aus und läßt alle anderen in der Lösung zurück. Diesen Reinigungsprozeß nutzen die Chemiker ständig. Madame Curie wendete ihn wiederholt an, um reines Radium von Uranerz abzutrennen.

---

nur Salz, das nach Kriterien »biologischer« Produktion gewonnen wurde. – Anm. d. Ü.

Salz, das man mit Hilfe solarer Verdampfung aus Meerwasser gewinnt (das sogenannte Solarsalz), ist deshalb von Haus aus, ohne weitere Bearbeitung, ungefähr zu 99 % reines Natriumchlorid. Das restliche eine Prozent besteht fast ausschließlich aus Magnesium- und Kalziumverbindungen. Jene anderen vielleicht 75 »kostbaren mineralischen Nährstoffe« sind praktisch verschwunden. Um also das in einer Weinbeere enthaltene Eisen zu bekommen, müßte man etwa ein Viertelpfund Solarsalz verspeisen (zwei Pfund Salz können tödlich sein).

Übrigens ist die Meinung, Meersalz sei von Natur aus mit Jod angereichert, ein Märchen. Nur weil bestimmte Seetangarten viel Jod enthalten, glauben manche Leute, die Ozeane seien riesige Pötte mit Jodsuppe. Was chemische Elemente angeht, so ist in Meerwasser zum Beispiel hundertmal mehr Bor als Jod zu finden, und ich habe noch nie gehört, daß jemand Meerwasser als Quelle für Bor angepriesen hätte. Nichtjodiertes handelsübliches Meersalz enthält weniger als 2 % der Jodmenge in jodiertem Salz.

Ist »Meersalz« Meersalz?

Im Grunde müßte das im Handel angebotene »Meersalz« nicht einmal aus dem Meer stammen, denn solange es den Reinheitsanforderungen der FDA entspricht, müssen die Hersteller die Herkunft nicht nachweisen, und laut Insidern der Industrie, mit denen ich gesprochen habe, kommen Flunkereien durchaus vor. So ist es möglich, daß zwei Ladungen Salz aus demselben Vorratsbehälter in der Fabrik des Bergwerks genommen werden, von denen dann die eine als »Meersalz« etikettiert wird. Schön, das ist es natürlich. Es ist nur ein paar Millionen Jahre früher auskristallisiert. Anders herum ist an der Westküste der USA das gewöhnliche Tafelsalz im Streuer höchstwahrscheinlich aus dem Meer und nicht im Bergwerk gewonnen worden.

Der Witz dabei ist, daß *die Eigenschaften einer Salzsorte davon abhängen, wie das Rohmaterial verarbeitet wurde, und weniger davon, wo es herstammt.* Man kann nichts verallgemeinern. Wenn also ein Rezept einfach nur »Meersalz« vorschreibt, ist das bedeutungslos. Ebensogut könnte es auch »Fleisch« als spezielle Zutat fordern.

Zusatzstoffe

Bei Meersalz wird oft darauf verwiesen, daß man damit die »streng schmeckenden Zusatzstoffe« im Salz für den Streuer vermeiden könne. Tatsächlich enthält dieses Salz, ob es nun aus dem Bergwerk oder dem Meer kommt, Trennmittel, mit denen die Streu- und Rieselfähigkeit seiner feinen Körnchen erhalten bleibt, da es sich bei ihnen um winzige Kuben handelt, deren ebene Oberflächen gerne aneinander haften. Doch diese Stoffe (meist Kalzium- und Magnesiumkarbonat) machen weit weniger als 2 % aus; das Tafelsalz des amerikanischen Herstellers Morton besteht beispielsweise zu 99,1 % aus Natriumchlorid und enthält nur 0,2 bis 0,7 % des Trennmittels Kalziumsilikat. Da es nur schlecht wasserlöslich ist, erhält man mit diesem Tafelsalz aus dem Streuer eine leicht getrübte Lösung.

Andere gebräuchliche Trennmittel sind Magnesiumkarbonat, Kalziumkarbonat, Kalziumphosphate und Natrium-Aluminium-Silikat. *Sie alle sind völlig geschmack- und geruchlose chemische Substanzen!*

Doch selbst wenn sie das nicht wären, selbst wenn professionelle Prüfer aufgrund eines zugesetzten Trennmittels (oder einer anderen Komponente, die nicht nach Natriumchlorid schmeckt) von weniger als 1 % geringfügige geschmackliche Unterschiede zwischen Salzsorten feststellen könnten, würde der Verdünnungsfaktor von 1 : 50 000, der bei Verwendung von Salz in einem Rezept auftritt, sie sicherlich auslöschen. Rechnen wir es einfach aus: Ein Prozent eines Teelöffels Salz mit 6 Gramm entspricht 0,06 Gramm des Trennmittels, das in den mehr als 3000 Gramm des Eintopfgerichts gelöst wird. 3000 geteilt durch 0,06 ergibt 50 000.

Geschmack

Es ist nicht zu leugnen, daß manche der feineren (sprich: teureren) Sorten von Meersalz – selbst unterhalb des »Boutiquenniveaus« – interessante Geschmackseigenschaften besitzen. Doch das hängt davon ab, wie sie verwendet werden und wie man persönlich »Geschmack« definiert.

Die Geschmacksempfindung einer Speise setzt sich aus drei Komponenten zusammen: Geschmack, Geruch und Konsistenz. Beim Salz können wir den Geruch sehr gut beiseite lassen, weil weder Natriumchlorid noch die Kalzium- und Magnesiumsulfate, die in weniger gut gereinigten Meersalzvarianten vorhanden sein mögen, über irgendwelchen Geruch verfügen (im Jargon der Wissenschaft: Ihr jeweiliger Dampfdruck ist äußerst gering). Da unser Geruchssinn aber sehr empfindlich ist, kann es durchaus sein, daß man in diesen weniger gereinigten Salzsorten einen Hauch von Algengeruch wahrnimmt. Außerdem berichten manche Menschen, sie würden oben in der Nase einen schwachen metallischen Geruch spüren, wenn sie eine beliebige Sorte Salz als feinen Staub über die Nase einatmen.

Damit bleiben Geschmack und Konsistenz: was die Geschmacksknospen wahrnehmen, und wie Salz sich im Mund anfühlt.

Je nach Erntemethode und Verarbeitung können die Kristalle verschiedener Marken sich in ihrer Gestalt erheblich unterscheiden, angefangen von groben Brocken bis hin zu Pyramiden und zu Ansammlungen unregelmäßiger, zerklüfteter Bruchstücke (Sie können das mit einem Vergrößerungsglas überprüfen). Auch die Größe der Kristalle kann von fein bis grob gehen, obwohl praktisch alle gröber sind als das Tafelsalz in der Streudose.

Bei relativ »trockenen« Happen wie Tomatenscheiben, die man erst kurz vor dem Servieren bestreut, können größere, unregelmäßigere Kristalle für kleine salzige Explosionen sorgen, wenn sie auf die Zunge treffen und sich auflösen oder wenn sie mit den Zähnen zermahlen werden. Dafür werden sie von den schlauesten Küchenchefs geschätzt: für jene sinnlichen kleinen Ausbrüche salzigen Geschmacks. Salz aus dem Streuer kann das nicht liefern, weil seine kompakten kleinen Würfel sich auf der Zunge viel langsamer auflösen. Also sind es die vielfältigen Formen der Kristalle und nicht ihr Ursprung aus dem Meer, was vielen Sorten von Meersalz ihre sensorischen Eigenschaften verleiht.

Die meisten Meersalzsorten haben große, unregelmäßig geformte Kristalle, weil langsames Verdunsten eben diese hervorbringt, während das schnelle Verfahren des Eindampfens unter Vakuum winzige, regelmäßig geformte Körnchen erzeugt, die dazu bestimmt sind, durch die Löcher im Salzstreuer zu passen. Dieses Phänomen kennen die Chemiker sehr gut: Je schneller Kristalle wachsen, desto kleiner fallen sie aus.

Beim Kochen

Größe und Form der Kristalle spielen keine Rolle, wenn Salz zum Kochen verwendet wird, weil die Kristalle sich auflösen und vollständig in den Säften der Speisen verschwinden. Und sobald sie einmal aufgelöst sind, gibt es keinerlei Konsistenzmerkmale mehr. Dies ist ein weiterer Grund, weshalb es unsinnig ist, Meersalz in Kochrezepten vorzuschreiben, in denen Feuchtigkeit eine Rolle spielt, und wo wäre das nicht der Fall? Eher noch weniger sinnvoll dürfte es sein, wenn man es zum Salzen des Kochwassers für Nudeln oder Gemüse verwendet.

Könnte es aber sein, daß Meersalzsorten vielleicht auch dann noch geschmacklich voneinander zu unterscheiden sind, wenn sie in Wasser gelöst sind? In einer Reihe kontrollierter Geschmacksprüfungen, die 2001 in England durchgeführt wurden, versuchten Gremien von Geschmackstestern, Unterschiede zwischen einer Anzahl verschiedener, in Wasser gelöster Salzsorten zu erkennen. Die in der Zeitschrift *Vogue* veröffentlichten Befunde ergaben keinerlei schlüssige Ergebnisse.

Einer verbreiteten Behauptung zufolge ist Meersalz »salziger« als Salz für den Streuer. Doch da beide zu 99 % aus Natriumchlorid bestehen, kann das nicht wahr sein. Der Gedanke erwuchs zweifellos aus der Tatsache, daß die groben, unregelmäßig geformten Kristalle vieler Sorten Meersalz bei einem Test auf der Zunge sich auf der Stelle auflösen, was eine schnellere Entwicklung des salzigen Geschmacks nach sich zieht, als dies bei den kleinen, kompakten und schwer in Lösung gehenden Würfeln des normalen Tafelsalzes der Fall ist. Auch hier ist es wieder nicht der Ozean, der für den Unterschied sorgt, sondern die Form der Kristalle.

Die Meinung, Meersalz sei salziger, hat zu der weiteren Behauptung geführt, man könne beim Würzen weniger davon verwenden (»gut für alle, die ihre Natriumaufnahme kontrollieren wollen«, tönt der Hersteller). Offensichtlich ist, daß Meersalzsorten allgemein große, komplex geformte Kristalle besitzen, die nicht so dicht gepackt sind, weshalb ein Teelöffel davon weniger Natriumchlorid enthalten sollte als ein Teelöffel voll winziger, kompakter Tafelsalzkörnchen. Teelöffel für Teelöffel gemessen ist Meersalz also eigentlich weniger salzig als normales Tafelsalz. Nach Gewicht gemessen stimmen sie natürlich überein, weil ein Gramm Natriumchlorid exakt genauso salzig ist wie jedes andere Gramm. Man kann seinen Salzkonsum nicht dadurch verringern, daß man dasselbe Gewicht an Salz in einer anderen Form zu sich nimmt.

Das Beste für sich mitnehmen

Bei Ihnen zu Hause in der Küche, welches grobe, stark gekörnte Meersalz sollten Sie da unmittelbar vor dem Servieren auf Ihre *Foie gras* oder Ihr gebeiztes *Carpaggio* streuen? Das häufigste Lob von Küchenchefs heimsen die (Überraschung!) französischen Sorten ein, die aus den Küstengewässern der südlichen Bretagne bei Guérande oder auf der Ile de Noirmoutier oder der Ile de Ré geerntet werden. Sie finden sie in verschiedenen Handelsformen. *Gros sel* (grobes Salz) und *Sel gris* (graues Salz) entspricht den schweren Kristallen, die auf den Grund der Salzteiche fallen und deshalb durch Ton oder Algen grau gefärbt sein können.

In der Schlacht um die Meersalzsorten stimmen die meisten *Connoisseurs* darin überein, daß die Krone dem *Fleur de sel* (Salzblüte) gebührt, der feinen Kristallkruste, die sich auf der Oberfläche der französischen Salzteiche bildet, wenn Sonne und Wind genau richtig zusammenwirken. Da es nur in sehr begrenzten Mengen entsteht und sorgfältig mit der Hand von der Oberfläche abgeschöpft werden muß, wird für *Fleur de sel* der höchste Preis verlangt. Von den führenden Küchenchefs wird es (möglicherweise aus diesem Grund?) am höchsten geschätzt. Wegen seiner zerbrechlichen, pyramidenähnlichen Kristallstruktur erzeugt es in der Tat eine köstlich knusprige Salzexplosion, wenn man es unmittelbar vor dem Servieren oder bei Tisch über relativ trockene Speisen streut.

Doch es ist witzlos, damit zu kochen.

Dafür muß man nicht jüdisch sein

Viele Küchenchefs und Rezepte schreiben vor, man solle koscheres Salz verwenden. Was ist daran so anders?

Koscheres Salz ist eine irreführende Bezeichnung; es müßte eigentlich »koscher machendes Salz« heißen, weil es verwendet wird, um Speisen koscher zu machen, wozu auch gehört, rohes Fleisch oder Geflügel mit Salz zu bedecken, um es so zu reinigen.

Koscheres Salz kann entweder bergmännisch oder aus dem Meer gewonnen werden – das scheint niemanden zu interessieren. Seine Kristalle müssen jedoch stets grob und unregelmäßig geformt sein, damit sie an der Oberfläche des Fleisches

Dafür muß man nicht jüdisch sein   77

haften, während es koscher wird. Gewöhnliches Salzgranulat würde einfach abfallen. Wenn man davon absieht, daß die Herstellung koscheren Salzes vom Rabbinat überwacht wird, unterscheidet es sich lediglich durch die Größe seiner Kristalle von anderem Salz.

Weil es so grob ist, kann man koscheres Salz besser in Prisen als aus dem Streuer verwenden. Nimmt man es zwischen die Finger, kann man genau sehen und spüren, wieviel man nimmt. Deshalb nehmen die meisten Küchenchefs koscheres Salz. Ich habe es stets in einer kleinen Auflaufform zur Hand, nicht nur in der Küche, sondern auch bei Tisch. Den Streuer verwende ich nur, um Vögeln Salz auf den Schwanz zu streuen.

Manch einer glaubt, koscheres Salz enthalte weniger Natrium als granuliertes Tafelsalz. Das ist Unsinn. Beides besteht praktisch aus reinem Natriumchlorid, und dieses enthält immer 39,3 % Natrium. Gramm für Gramm ist jedes für Speisezwecke geeignete Salz genauso salzig wie alle anderen.

Allerdings gibt es tatsächlich einen Unterschied bei der zum Kochen verwendeten Menge koscheren Salzes. Wenn ein Rezept schlicht »Salz« verlangt, ist meist granuliertes Tafelsalz gemeint: Seine Kristalle müssen klein genug sein, daß sie durch die Löcher eines Salzstreuers passen. Da koscheres Salz nun aber größere, unregelmäßige Kristalle besitzt, sind diese in einem Teelöffel weniger dicht gepackt als beim Tafelsalz. Deshalb ist in einem Teelöffel voll koscherem Salz tatsächlich weniger Natriumchlorid enthalten, weshalb man ein größeres Volumen davon hinzufügen muß, um dieselbe salzige Wirkung zu erzielen. Das steckt hinter dem Mythos »weniger Natrium«; verwendet man die gleiche Zahl von Teelöffeln voll Salz, erhält man natürlich weniger Salz und folglich weniger Natrium als bei Salzgranulat.

Um die folgenden Umrechnungsfaktoren zu bestimmen, habe ich je eine Tasse voll von jeder Sorte sorgfältig gewogen. Bei koscherem grobem Salz der Firma Morton (»Coarse Kosher Salt«) muß man das für granuliertes Tafelsalz angegebene Volumen um ¼ vermehren. Bei der Sorte »Diamond

Crystal Kosher Salt« ist genau das doppelte Volumen zu verwenden[*].

Oft wird gesagt, koscheres Salz enthalte keine Zusatzstoffe.
Da seine Kristalle ja in der Tat keine winzigen Würfel wie
beim normalen Tafelsalz sind, haften sie nicht so leicht aneinander und benötigen deshalb nicht in jedem Fall Trennmittel.
Doch sollte man die Etiketten genau lesen. Diamond Crystal
Kosher Salt kommt ohne Trennmittel aus, doch das grobe Salz
von Morton enthält tatsächlich eine winzige Menge – die FDA
hat sie auf dreizehn Zehntausendstel eines Prozents begrenzt –
des Trennmittels Natrium-Ferrozyanid.

Ferro- was? Ganz ruhig bleiben. Obwohl Ferrozyanid ohnehin
etwas ganz anderes ist als das giftige Zyanid, setzt das Etikett auf
die sicherer klingende Bezeichnung »Gelbes Blutlaugensalz«.

Jede Salzsorte, ob aus dem Bergwerk oder dem Meer, ob koscher oder weltlich, kann jodiert sein. Zum Schutz gegen die
Jodmangelkrankheit, die an einer Kropfbildung zu erkennen
ist, wird maximal das Hundertstel eines Prozents Kaliumjodid[**] daruntergemischt. Jodiertes Salz erfordert jedoch einen
weiteren Zusatzstoff, da Kaliumjodid nicht sehr stabil ist und in
warmer, feuchter oder saurer Umgebung zerfällt, worauf der
Jodanteil in die Luft übergeht (im Jargon der Wissenschaft: Das
Jodid wird zu freiem Jod oxidiert). Um das zu verhindern, gibt
man oft eine winzige Menge – vier Hundertstel eines Prozents
– Dextrose zu.

Was? Zucker in Salz? Ja. Dextrose ist als reduzierender Zukker bekannt und verhindert die Oxidation des Jodids zu freiem
Jod. Doch bei den hohen Temperaturen, mit denen man bäckt,
kann einiges von dem Jodid dennoch zu Jod oxidiert werden,
das sauer schmeckt. Deshalb verwenden viele Bäcker für ihren
Teig und ihre Backmischungen kein jodiertes Salz.

---

[*] Im Zweifelsfall kann man auch mit jeder Küchenwaage selbst nachwiegen.
– Anm. d. Ü.

[**] Bei manchen Herstellern auch Kaliumjodat. – Anm. d. Ü.

Das gute alte Mühlenverfahren

Warum ist frischgemahlenes Salz angeblich besser als granuliertes Salz?

Es ist besser für die Leute, die in den sogenannten Gourmet-läden jene schicken Salzmühlen und Kombinationen aus Salz- und Pfeffermühlen verkaufen. Anscheinend entspringt das der Vorstellung, wenn frischgemahlener Pfeffer so viel besser ist als das staubfeine Zeug in Dosen, warum dann nicht auch frisch-gemahlenes Salz?

Das ist ein Irrglaube. Anders als Pfeffer enthält Salz keine flüchtigen aromatischen Öle, die durch das Mahlen freigesetzt werden könnten. Salz ist durch und durch nichts als solides Na-triumchlorid, und deshalb unterscheidet ein kleiner Brocken sich abgesehen von Größe und Form in keiner Weise von einem großen Brocken. Vergnügen bereitet eine Salzmühle, weil sie statt kleiner Körnchen kleine grobe Bröckchen auf Ihr Essen streut, was eine salzige Explosion auslöst, wenn Sie sie zerkauen. Wie »frisch« sie gemahlen wurden, spielt dabei je-doch keine Rolle.

Hoppla!

Bei der Zubereitung einer Suppe gab ich versehentlich zuviel Salz hin-ein. Hätte ich da irgend etwas tun können? Wie ich gehört habe, soll eine rohe Kartoffel den Überschuß absorbieren.

Diesen Rat hat fast jeder schon gehört: Ein paar Stücke rohe Kartoffeln hineingeben und eine Weile köcheln lassen, damit sie einen Teil des überschüssigen Salzes aufnehmen. Doch wie so viele allgemein verbreitete Überzeugungen ist auch diese, soweit ich weiß, niemals wissenschaftlich überprüft worden. Ich habe das als Herausforderung angesehen und ein kontrolliertes Experiment durchgeführt. Nachdem ich rohe Kartoffeln in Salzwasser hatte köcheln lassen, maß ich mit Hilfe des Laborassistenten eines Chemieprofessors und Kollegen von mir, wieviel Salz im Wasser enthalten war – vor und nach der Kartoffelbehandlung.

Hier die Einzelheiten: Ich bereitete zwei versalzene Pseudosuppen vor – eigentlich nichts als Salzwasser, damit nicht andere Zutaten mit ihren eigenen Vorlieben für Salz alles durcheinanderbringen konnten. Doch wie salzig sollte ich meine Proben machen? Viele Rezepte fangen bei einem Teelöffel Salz für ca. 5 Liter Suppe oder Eintopf an, und am Ende wird mit zusätzlichem Salz »nach Belieben« abgeschmeckt. Also bereitete ich meine Suppenprobe Nr. 1 mit einem Teelöffel gelöstem Tafelsalz pro Liter Wasser zu, während Suppe Nr. 2 einen Eßlöffel pro Liter Wasser mitbekam. Das ist die vier- bzw. zwölffache Menge des in Rezepten für den Anfang vorgeschlagenen Salzgehalts und wahrscheinlich die doppelte bzw. sechsfache Menge einer Suppe, die bereits »nach Belieben« nachgewürzt worden ist.

Ich erhitzte jede der beiden Suppenproben bis zum Kochen, gab sechs etwa einen halben Zentimeter dicke Scheiben einer rohen Kartoffel hinzu, ließ alles 20 Minuten lang in einem dicht verschlossenen Topf schwach köcheln, entfernte die Kartoffelscheiben und ließ die Flüssigkeit abkühlen.

Weshalb verwendete ich Kartoffelscheiben und nicht große Stücke? Weil ich möglichst viel Oberfläche mit der »Suppe« in Berührung bringen wollte, was den Erdäpfeln alle Gelegenheit geben sollte, ihren Ruf als Salzschlucker auszuleben. Und in beiden Proben kam die gleiche Kartoffeloberfläche zum Einsatz (jeweils 300 Quadratzentimeter, falls Sie das wissen müssen). Natürlich ließ ich die jeweils gleiche Menge der beiden Flüssigkeiten im selben bedeckten Topf auf demselben Brenner köcheln. Wissenschaftler, wie Sie sich inzwischen sicher selbst denken können, versuchen nämlich absolut fanatisch, alle vorstellbaren (und sogar manche unvorstellbaren) Variablen außer den zum Vergleich stehenden zu kontrollieren. Wäre es anders, würden sie niemals wissen können, was die Unterschiede verursacht hat, die sie möglicherweise beobachten. Ich finde es immer ärgerlich, wenn jemand etwas unter völlig unkontrollierten Bedingungen ein einziges Mal ausprobiert und dann durch die Gegend rennt und erzählt: »Ich habe es versucht, und es funktioniert.«

Die Salzkonzentration in den vier Proben – den beiden Salzwassermengen vor und nach dem Kochen mit den Kartoffelscheiben – wurde durch Messung der elektrischen Leitfähigkeit bestimmt. Dahinter steckt, daß Salzwasser elektrisch leitend ist und die Leitfähigkeit direkt mit der Salzkonzentration zusammenhängt. Und was kam dabei heraus? Haben die Kartoffeln tatsächlich die Salzkonzentration verringert? Nun ...

Lassen Sie mich zuerst etwas über die Geschmacksprüfungen erzählen. Ich hob die Kartoffelscheiben auf, nachdem sie im salzigen Wasser gekocht worden waren. Dazu hatte ich auch Kartoffelscheiben in ungesalzenem Wasser (bei ansonsten gleichen Mengen Wasser und Kartoffeln) gekocht. Meine Frau Marlene und ich probierten dann, wie salzig sie alle waren. Marlene wußte nicht, welche Proben welche waren. Wie zu erwarten war, schmeckte die in purem Wasser gekochte Kartoffel neutral, die in dem mit einem Teelöffel pro Liter gesalzenen Wasser gekochte Kartoffel schmeckte salzig, und die in dem mit einem Eßlöffel pro Liter gekochte war noch viel salziger. Heißt das, die Kartoffeln nahmen aus den »Suppen« wirklich Salz auf?

Nein. Es heißt nur, daß die Kartoffeln eine gewisse Menge Salzwasser aufgesaugt, nicht aber selektiv nur das Salz aus dem Wasser aufgenommen haben. Wären Sie überrascht, wenn ein in Salzwasser gelegter Schwamm anschließend salzig schmeckte? Natürlich nicht. Die *Konzentration* von Salz in Wasser – die Salzmenge pro Liter – wäre davon nicht betroffen. Also war mit dem salzigen Geschmack der Kartoffeln nichts bewiesen, außer, daß wir des Geschmackes wegen unsere Kartoffeln – und, was das angeht, unsere Nudeln – eher in gesalzenem als in purem Wasser kochen sollten.

Nun gut, was also kam bei der Messung der Leitfähigkeit heraus? Sind Sie bereit? *Vor und nach dem Kochen mit der Kartoffel war kein meßbarer Unterschied der Salzkonzentrationen festzustellen!* Das heißt, die Kartoffel senkte die Salzkonzentration überhaupt nicht, weder in der »Suppe« mit dem einen Teelöffel Salz pro Liter noch in der mit einem Eßlöffel Salz pro Liter. Der Trick mit der Kartoffel funktioniert ganz einfach nicht.

Man hört auch noch von anderen Kniffen, mit denen etwas weniger salzig werden soll, etwa durch Zugabe von ein wenig Zucker, Zitronensaft oder Essig, um den *wahrgenommenen* salzigen Geschmack zu verringern. Gibt es denn nun irgendwelche Reaktionen zwischen salzig und süß bzw. sauer, mit denen die Wahrnehmung des salzigen Geschmacks zu vermindern wäre? Schließlich wollen wir den salzigen *Geschmack* verringern, selbst wenn das Salz noch vorhanden ist.

Es war an der Zeit, daß ich die Experten für Geschmack aufsuchte – die Wissenschaftler am Monell Chemical Senses Center in Philadelphia, einer Einrichtung, die sich der Erforschung des komplexen Gebietes der menschlichen Sinne für Geschmack und Geruch widmet. Keiner von ihnen konnte sich irgendwelche Gründe vorstellen, daß eine Kartoffel oder deren Stärke die Empfindung des salzigen Geschmacks verringern könnte. Dr. Leslie Stein war hilfreich und verschaffte mir einen wissenschaftlichen Aufsatz von 1996 über die Wechselwirkungen von Geschmackswahrnehmungen[*].

Kann ein Geschmack einen anderen unterdrücken? Ja und nein. Es hängt sowohl von den absoluten Mengen als auch den relativen Mengen der interagierenden Aromen ab. »In der Regel«, schreibt der Autor, »verstärken Salze und Säuren (saure Geschmacksrichtungen) einander bei mäßigen Konzentrationen, unterdrücken einander jedoch bei höheren Konzentrationen.« Das könnte darauf hinweisen, daß man mit einem anständigen Schuß Zitronensaft oder Essig in eine recht salzige

---

[*] Verfaßt von Paul A. S. Breslin vom Monell Center für die Zeitschrift *Trends in Food Science & Technology*.

Suppe in der Tat den salzigen Geschmack verringern könnte. Doch wie Breslin betont, »gibt es gegenüber diesen allgemeinen Aussagen ... auch Ausnahmen«. Für den speziellen Fall von Salz und Zitronensäure (der Säure im Zitronensaft) zitiert er die Ergebnisse einer Studie, in der die Zitronensäure die salzige Wirkung verminderte, eine Studie, in der der Salzgeschmack unverändert blieb, und zwei Studien, in denen die wahrgenommene salzige Wirkung gesteigert war.

Was tun? Zitronensaft zugeben? Essig? Zucker? Es ist tatsächlich nicht vorherzusagen, wie welche Zutat in Ihrer speziellen Suppe mit Ihren speziellen Mengen von Salz und anderen Zutaten wirkt. Doch Sie sollten in jedem Fall eine dieser Maßnahmen ausprobieren, ehe Sie das Zeug an Ihren Hund verfüttern.

Wie es scheint, gibt es nur eine sichere Methode, versalzene Suppen oder Eintöpfe zu retten: Geben Sie mehr von den ursprünglichen Zutaten hinein – natürlich ohne Salz. Damit verschieben Sie den Geschmack in Richtung auf die reinen Ausgangsstoffe, aber das kann man korrigieren.

Epilog

Dieses Experiment ergab noch ein paar interessante Nebenaspekte, die ich den Wissenschaftsfans unter Ihnen nicht vorenthalten möchte (alle anderen können inzwischen zur nächsten Frage übergehen).

Erstens stellte sich heraus, daß die Leitfähigkeit der Salzwasserproben, nachdem sie mit den Kartoffelscheiben gekocht worden waren, ein wenig höher – und nicht niedriger – lag als die der Wasserproben vor der Behandlung. Demnach müssen Kartoffeln selbst einiges zur elektrischen Leitfähigkeit des Wassers beitragen, in welchem sie gekocht werden. Das überraschte mich, da man auf den ersten Blick annehmen sollte, daß von Kartoffeln nichts als Stärke ins Wasser übergehen kann, und Stärke ist nicht elektrisch leitfähig. Kartoffeln enthalten jedoch viel Kalium, es sind in der Tat zwei Zehntelprozent, und

Kaliumverbindungen leiten den Strom ja ebenso wie Natriumverbindungen. Jedenfalls trug ich diesem Effekt Rechnung und zog den Beitrag der Kartoffeln zur Leitfähigkeit von den entsprechenden Werten der mit Kartoffeln gekochten Salzwasserproben ab.

Falls, zweitens, trotz des dichten Deckels und des sanften Köchelns vielleicht eine nennenswerte Menge Wasser in Form von Dampf aus dem Topf entwichen war, während die Kartoffeln kochten, wäre die Leitfähigkeit gestiegen, nicht gesunken. Ein derartiger Effekt war, nachdem wir die durch die Kartoffeln selbst hervorgerufene Leitfähigkeit von den Gesamtwerten abgezogen hatten, nicht festzustellen.

Das ist, wie ich meine, ein wasserdichter Fall, oder?

Salz zurückstellen

Warum soll ich nach einem Rezept erst ungesalzene Butter verwenden und später dann Salz zugeben?

Das klingt blöd, doch es gibt einen Grund dafür.

Ein Viertelpfund normaler gesalzener Butter enthält vielleicht 1,5–3 Gramm oder bis zu einem halben Teelöffel Salz. Verschiedene Marken und regionale Produkte können sehr unterschiedliche Mengen enthalten. Wenn Sie ein sorgfältig formuliertes Rezept befolgen, besonders eines, das viel Butter vorsieht, können Sie es sich nicht leisten, mit einer so bedeutenden Zutat wie Salz russisches Roulette zu spielen. Deshalb bestehen seriöse, auf hohe Qualität bedachte Rezepte auf ungesalzener oder »süßer« Butter, während das Salzen dem eigentlichen Würzen vorbehalten bleibt.

Viele Küchenchefs ziehen auch deshalb ungesalzene Butter vor, weil diese oft von besserer Qualität ist. Salz wird zum Teil wegen seiner konservierenden Wirkung zugesetzt, und bei Butter, die unverzüglich verwendet wird, wie das in einer Restaurantküche der Fall ist, ist das nicht erforderlich. Außerdem sind in ungesalzener Butter Geschmacksabweichungen wie beginnendes Ranzigwerden leichter festzustellen.

Spiel nicht mit den Plätzchen rum!
Buttersterne

Bei diesen Butterplätzchen will niemand leichtfertig mit der Salzmenge spielen, weshalb wir ungesalzene Butter nehmen und genau die richtige Menge Salz in den Teig geben. Es handelt sich um jene Art knuspriger Zuckerplätzchen, die man mit Formen aussticht. Sie können ohne Belag gelassen, mit Zucker bestreut oder mit Streuseln oder buntem Zuckerguß dekoriert werden. Am einfachsten ist es, wenn man den Teig zwischen Bögen von Backpapier ausrollt.

320 Gramm Mehl, dazu Mehl zum Bestäuben
1 Teelöffel Weinsteinpulver
½ Teelöffel Backpulver
¼ Teelöffel Salz
110 Gramm ungesalzene Butter
200 Gramm Zucker
2 große Eier, leicht geschlagen
½ Teelöffel Vanillezucker
1 Eidotter, vermischt mit 1 Teelöffel Wasser
Zucker zum Bestreuen

1. Mehl, Weinstein, Backpulver und Salz in einer mittleren Schüssel miteinander vermengen. Butter und Zucker mit einem elektrischen Mixer in einer großen Rührschüssel cremig schlagen. Eier und Vanillezucker glatt einarbeiten. Die trockenen Zutaten zugeben und mit einem Holzlöffel mischen, bis ein Teig daraus wird.
2. Teig in drei Teile aufteilen. Ein Drittel der Masse zwischen zwei Bögen Backpapier auf eine glatte Oberfläche legen. Mit einem Nudelholz gleichmäßig etwa drei Millimeter dick ausrollen. Diese »Teigpackung« auf einem Kühlschrankgitter flachliegend aufbewahren. Mit den beiden anderen Teigstücken verfährt man

ebenso, und anschließend stapelt man alles aufeinander und legt es in den Kühlschrank. Man kann den Teig vor dem Backen bis zu zwei Tage im Kühlschrank aufbewahren.

3. Backrohr auf 180°C vorheizen. Einen Teigfladen aus dem Kühlschrank nehmen. Das obere Backpapier abheben, aber nicht wegwerfen. Die Oberfläche des Teigs leicht mit Mehl einstäuben und dieses mit der Handfläche überall gleichmäßig verteilen. Das abgenommene Backpapier wieder lose auflegen und das »Sandwich« umdrehen. Das zweite Papier abnehmen und wegwerfen. Auch die andere Seite mit Mehl bestäuben und dieses mit der Handfläche gleichmäßig verteilen.

4. Plätzchenformen kurz in Mehl tauchen, die gewünschten Teigformen ausstechen und die Plätzchen auf ein Backblech legen, das vorher mit Ölspray eingesprüht wurde. Mit der Eigelb-Wasser-Mischung einpinseln und dünn mit Zucker oder bunten Zuckerstreuseln bestreuen. Man kann die Plätzchen auch unverändert belassen oder sie nach dem Backen dekorieren.

5. 10−12 Minuten backen, bis sie hellbraun sind. 2 Minuten auf dem Blech ruhen lassen, ehe man sie mit einem breiten Metallwender zum Abkühlen auf eine geeignete Oberfläche bringt. Die Plätzchen halten sich in einem luftdichten Behälter mehrere Wochen frisch. Im Gefrierschrank kann man sie auch länger aufbewahren.

Ergibt etwa 4 Dutzend, je nach Dicke des ausgerollten Teigs und der Größe der Formen.

3. KAPITEL

Was immer oben schwimmt: Fett

Unsere Nahrung setzt sich aus den drei Hauptbestandteilen Protein, Kohlenhydrat und Fett zusammen. Urteilt man jedoch nach der Flut von Druckerschwärze, die in Zeitungen, Illustrierten und offiziellen Diätrichtlinien an das Thema Fett verschwendet wird, könnte man meinen, Fett sei das einzige, um das wir uns Sorgen machen müßten – nicht darum, ob wir genug von diesem essentiellen Nährstoff zu uns nehmen, sondern ob wir zuviel und/oder die falschen Arten davon verzehren.

Zwei Punkte bereiten hier besondere Sorge: der Kaloriengehalt aller Fette, etwa 9 Kalorien pro Gramm im Vergleich zu nur 4 Kalorien pro Gramm bei Proteinen wie Kohlenhydraten, und die ungesunden Folgen, wenn man bestimmte Arten von Fett verzehrt.

Ich bin kein Ernährungswissenschaftler und deshalb nicht qualifiziert, die gesundheitlichen Aspekte der unterschiedlichen Fette aufzugreifen – wo schon die Fachleute sich bei manchen Themen nicht einigen können. Statt dessen möchte ich hervorheben, was Fette überhaupt sind und wie wir sie verwenden. Wer diese Grundlagen versteht, sollte imstande sein, jene Flut von Druckerschwärze intelligenter zu bewerten.

Von Fetten und Säuren

Wann immer ich etwas über gesättigte und ungesättigte Fette lese, handelt der Artikel anfangs von »Fetten« und schaltet dann ohne Vorwarnung von »Fetten« auf »Fettsäuren« um. Anschließend geht es fast be-

liebig zwischen den beiden Begriffen hin und her, als stünden sie für ein- und dieselbe Sache. Stimmt das? Und falls nicht, wo liegt der Unterschied?

Wahrscheinlich habe ich diese unkorrekte Ausdrucksweise weit längere Zeit hindurch gelesen als Sie. Mir als Chemiker drängt sich der Verdacht auf, daß viele Autoren den Unterschied schlicht nicht kennen. Denn einen Unterschied gibt es hier tatsächlich.

Jedes Fettmolekül schließt drei Fettsäuremoleküle ein. Die Fettsäuren können entweder gesättigt oder ungesättigt sein, und diese jeweilige Eigenschaft übertragen sie auf das betreffende Fett.

Sehen wir uns zunächst an, was eine Fettsäure ist. Es handelt sich hier um Säuren, die Bestandteile von Fetten sind (und zur größeren Familie der von Chemikern als Carboxylsäuren bezeichneten Verbindungen gehören). Als Säuren sind sie sehr schwach – beispielsweise im Vergleich mit der stark korrosiven Schwefelsäure in der Batterie Ihres Autos.

Ein Fettsäuremolekül besteht aus einer langen Kette von immerhin 16 oder 18 (manchmal auch mehr) Kohlenstoffatomen, von denen jedes ein Paar Wasserstoffatome trägt (im Jargon der Wissenschaft: Die Kette besteht aus CH_2-Gruppen). Falls die Kette ihre vollständige Garnitur von Wasserstoffatomen besitzt, bezeichnet man die Fettsäure als gesättigt (nämlich mit Wasserstoff). Wenn dagegen irgendwo im Verlauf der Kette ein Paar von Wasserstoffatomen fehlt, liegt eine sogenannte einfach ungesättigte Fettsäure vor. Fehlen zwei oder mehr Paare Wasserstoffatome, nennt man sie mehrfach ungesättigt (eigentlich fehlt von zwei benachbarten Kohlenstoffatomen jeweils ein Wasserstoffatom, aber wir wollen nicht kleinlich sein).

Zu den verbreiteten Fettsäuren gehören Stearinsäure (gesättigt), Ölsäure (einfach ungesättigt) und Linol- sowie Linolensäure (mehrfach ungesättigt).

Für Chemiker, und anscheinend auch für unseren Körper,

kommt es darauf an, wo die ungesättigten Abschnitte der Fettsäuremoleküle (im Jargon der Wissenschaft: die Doppelbindungen) genau liegen. Haben Sie davon gehört, daß die
Omega-3-Fettsäure, die man in fettem Fisch findet, möglicherweise bei der Verhütung von Krankheiten der Herzkranzgefäße und des Schlaganfalls eine Rolle spielt? Nun, mit
»Omega-3« kennzeichnet der Chemiker den genauen Ab-
stand, den das erste fehlende Paar von Wasserstoffatomen (die
erste Doppelbindung) vom Ende des mehrfach ungesättigten
Moleküls hat: drei Positionen vor diesem Ende (Omega ist der
letzte Buchstabe – das Ende – des griechischen Alphabets).

In der Regel sind Fettsäuren übel schmeckende und faulig
riechende chemische Substanzen. Zum Glück liegen sie in
Nahrungsmitteln gewöhnlich nicht in diesen freien »Igitt-For-
men« vor. Gezähmt werden sie, weil sie chemisch an einer
Substanz namens Glycerin befestigt sind, wobei jeweils drei
Fettsäuremoleküle an ein Glycerinmolekül geknüpft sind. *Drei
an ein Glycerinmolekül gebundene Fettsäuremoleküle bilden ein Molekül Fett.* Chemiker geben den Aufbau des Fettmoleküls sche-
matisch wieder, indem sie eine Art kurzen Flaggenstock (das
Glycerinmolekül) zeichnen, von dem drei lange Banner (die
Fettsäuren) flattern. Das so entstandene Molekül bezeichnen
sie als Triglycerid (*tri-* steht für *drei* Fettsäuren), doch bekannt
ist es unter der einfachen Bezeichnung »Fett«, weil bei weitem
die meisten natürlichen Fettmoleküle Triglyceride sind.

Die Fettsäuren (im folgenden als FS bezeichnet) in jedem
gegebenen Fettmolekül können entweder alle von der gleichen Art sein oder eine Kombination verschiedener Arten darstellen. Beispielsweise können das zwei gesättigte plus eine
mehrfach ungesättigte FS sein, oder es handelt sich um eine
einfach ungesättigte FS plus eine mehrfach ungesättigte FS plus
eine gesättigte FS, oder alle drei können zu den mehrfach ungesättigten FS gehören.

Jedes natürlich vorkommende tierische oder pflanzliche Fett
ist ein Gemisch vieler verschiedener Fettmoleküle, die vielfäl-
tige Kombinationen von FS enthalten. Allgemein ergeben die

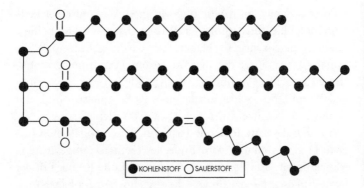

Darstellung eines Fett- oder Triglyceridmoleküls. Drei Fettsäureketten hängen an einem links zu erkennenden Glycerinmolekül (dem »Flaggenstock«). Die beiden oberen Fettsäuren sind gesättigt, die untere ist einfach ungesättigt, enthält also eine Doppelbindung.

kurzkettigen und weniger gesättigten FS weichere Fette, während langkettige und gesättigtere FS härtere Fette bilden. Das Molekül einer ungesättigten FS weist nämlich an jeder Stelle, wo ein Paar von Wasserstoffatomen fehlt (im Jargon der Wissenschaft: an jeder Doppelbindung), einen Knick auf. So können die Fettmoleküle sich nicht eng zu einer harten, festen Struktur aneinander lagern, weshalb das Fett wahrscheinlich eher flüssig als fest ist. Aus diesem Grund sind die vorwiegend gesättigten tierischen Fette in der Regel fest, während die vorwiegend ungesättigten pflanzlichen Fette meist als Flüssigkeit vorliegen. Wenn Sie lesen, ein bestimmtes Olivenöl sei zum Beispiel zu 70 % einfach ungesättigt, zu 15 % gesättigt und zu 15 % mehrfach ungesättigt, sind damit die Prozentanteile der drei Arten von FS gemeint, die man aus all den unterschiedlichen Fettmolekülen des Öls aufaddiert hat. Es interessiert uns nicht, wie die FS sich auf die Fettmoleküle verteilen, da *nur die relativen Mengen der drei Arten von FS, über die Gesamtmenge der Fettmoleküle addiert, festlegen, wie gesund oder ungesund das Fett ist.* Die Glycerinanteile all dieser Fettmoleküle sind für die Ernährung nicht so wichtig und laufen nur so mit. Sogenannte »essentielle Fettsäuren« sind jene FS, die unser Körper benötigt, um wichtige Hormone, die Prostaglandine, herzustellen.

Wo wir schon von Fettsäuren und Triglyceriden reden, können wir auch ein paar andere mit Fett verbundene Begriffe klären, die Sie vielleicht schon gehört haben:

Monoglyceride und Diglyceride sind so ähnlich wie Triglyceride, besitzen aber, wie Sie wohl schon erraten haben, nur ein (Mono-) oder zwei (Di-) FS-Moleküle, die mit dem Glycerinmolekül verbunden sind. Sie kommen neben den Triglyceriden in sehr geringen Mengen in allen natürlichen Fetten vor, und ihre FS gehen ebenfalls in das Profil von gesättigten / ungesättigten Anteilen der Fette ein. Außerdem verwendet man sie in vielen industriell hergestellten Nahrungsmitteln als Emulgatoren (Substanzen, mit deren Hilfe Öl und Wasser zu mischen sind). Sieht man sie selbst aber auch als Fette an? Gewissermaßen. Bei der Verdauung werden Triglyceride zu Mono- und Diglyceriden abgebaut, weshalb sie sich in völlig gleicher Weise auf die Ernährung auswirken.

Schließlich ist da noch das Wort Lipid, abgeleitet vom griechischen *lipos*, was einfach Fett bedeutet. Wir verwenden das Wort jedoch in einem sehr viel breiteren Spektrum. Lipid ist eine Sammelbezeichnung für alles und jedes innerhalb von Lebewesen, was irgendwie ölig, fettig oder fettliebend ist. Dazu gehören nicht nur Mono-, Di- und Triglyceride, sondern auch solche chemische Substanzen wie Phosphatide, Sterole und fettlösliche Vitamine. Wenn der Bericht mit Ihren Blutwerten aus dem Labor kommt, findet sich da möglicherweise auch eine Rubrik mit den »Lipidwerten«, in der nicht nur die Menge der Triglyceride (»fettes« Blut ist schlecht) aufgeführt ist, sondern auch die Menge der verschiedenen Formen des Cholesterins, das ein fettiger Alkohol ist (»Cholesterol«).

Was kann man tun, um die Verwirrung wegen der »Fette« und »Fettsäuren« in der Ernährungsliteratur abzubauen?

Erstens müssen wir anerkennen, daß das Wort *Fett*, obwohl

es im strengen Sinn für eine ganz bestimmte chemische Substanz steht – für ein Triglycerid im Gegensatz zu einem Protein oder einem Kohlenhydrat –, umgangssprachlich eine Mischung von Fetten bezeichnet, also Butter, Speck, Erdnußöl und so weiter (jedes dieser Produkte wird in der Ernährungskunde als »Fett« geführt). Ein Leser kann gegen diese Zweideutigkeit wenig unternehmen. Er kann allenfalls feststellen, ob das Wort nun im Zusammenhang mit einer bestimmten chemischen Substanz oder mit einer Nahrungsmittelkategorie verwendet wird.

Zweitens können wir den Autoren auf dem Sektor Ernährung dringend nahelegen, besser darauf zu achten, daß sie nicht unterschiedslos zwischen »Fett« und »Fettsäuren« hin und her springen. Hier ein paar Vorschläge: In welchem Verhältnis ein aus Fett bestehendes Nahrungsmittel gesättigte und ungesättigte Anteile enthält, läßt sich auch ohne einen der beiden Begriffe ausdrücken. Man kann etwa einfach sagen, es sei zu X Prozent gesättigt, zu Y Prozent einfach ungesättigt und zu Z Prozent mehrfach ungesättigt, ohne das Objekt (»Fettsäure«) hinzuzufügen, auf das diese Adjektive sich tatsächlich beziehen. Statt von einem »gesättigten (oder ungesättigten) Fett« zu reden, sollten wir besser sagen, es sei ein »Fett mit hohen gesättigten (oder ungesättigten) Anteilen« oder ein »hochgradig gesättigtes (oder ungesättigtes) Fett«. Damit hätten wir kürzere Versionen der Aussage »reich an gesättigten (oder ungesättigten) Fettsäuren«.

Allgemein wäre es besser, den Begriff »Fettsäuren« so wenig wie möglich zu verwenden, da die Menschen den Ausdruck *Fett* bereits verstehen (oder das zumindest glauben) und das Wort deswegen weniger einschüchternd ist. Wenn man jedoch einzelne Fettsäuren abhandeln will, sollte man vielleicht, wenn man den Begriff erstmals verwendet, erklären, es handle sich dabei um die »Bausteine der Fette«.

Wenn gutes Fett schlecht wird

Was läßt Fett ranzig werden?

Freie Fettsäuren. Also Fettsäuremoleküle, die von ihren Fettmolekülen abgetrennt wurden. Die meisten Fettsäuremoleküle sind faulig riechende und übel schmeckende chemische Substanzen, und wenige davon genügen, einem fetthaltigen Nahrungsmittel einen schlechten Geschmack zu geben.

Die Fettsäuren werden vorwiegend auf zwei Wegen abgetrennt: Entweder reagiert das Fett mit Wasser (Hydrolyse), oder es reagiert mit Sauerstoff (Oxidation).

Sie glauben vielleicht, Fette und Öle würden mit Wasser nicht reagieren, weil sie so schwer miteinander zu mischen sind. Doch mit der Zeit können Enzyme, die in vielen fetthaltigen Speisen von Natur aus vorhanden sind, diese Reaktion stattfinden lassen (im Jargon der Wissenschaft: Sie katalysieren die Hydrolyse). Demnach können Waren wie Butter und Nüsse einfach dadurch ranzig werden, daß sie längere Zeit gelagert werden. Butter ist besonders anfällig, weil sie viele kurzkettige Fettsäuren enthält, und diese kleineren Moleküle können leichter in die Luft übergehen (im Jargon der Wissenschaft: Sie sind leichter flüchtig) und einen üblen Geruch erzeugen. Bei ranziger Butter ist Buttersäure (Butansäure) die Hauptschuldige.

Auch hohe Temperaturen beschleunigen das Ranzigwerden eines Öls durch Hydrolyse, etwa wenn wasserhaltige Lebensmittel darin fritiert werden. Das ist einer der Gründe, weshalb zu oft verwendetes Fritierfett anfängt, übel zu riechen.

Oxidation, der zweite wichtige Auslöser, der etwas ranzig werden läßt, läuft bevorzugt in Fetten ab, die ungesättigte Fettsäuren enthalten, wobei die mehrfach ungesättigten leichter oxidiert werden als die einfach ungesättigten. Wärme, Licht und Spuren der Metalle, die von den Produktionsanlagen der Nahrungsmittel stammen können, beschleunigen (katalysieren) die Oxidation. Konservierungsstoffe wie Ethylendiamin-Tetraacetylsäure, gnädigerweise mit dem Spitznamen EDTA versehen, verhindern eine durch Metalle katalysierte Oxidation, indem sie die Metallatome einschließen (sequestrieren).

Fazit: Weil die Reaktionen, die etwas ranzig werden lassen, durch Wärme und Licht katalysiert werden, sollten Speiseöle und andere fetthaltige Nahrungsmittel an einem kühlen, dunklen Ort aufbewahrt werden. Jetzt wissen Sie, warum man Ihnen das auf den Etiketten ständig nahelegt.

Es reicht!

Auf Packungen lese ich oft den Hinweis, ein Pflanzenöl sei »teilweise hydriert«. Was hat es damit auf sich, und warum macht man das nicht immer, wenn es so vorteilhaft ist?

Öle hydriert man, indem man Wasserstoffatome unter Druck dazu bringt, sich an die Fettmoleküle zu binden, wodurch diese stärker gesättigt werden, denn gesättigte Fette sind härter als ungesättigte Fette. Die Wasserstoffatome binden sich an wasserstoffarme Abschnitte (im Jargon der Wissenschaft: Doppelbindungen, die starrer sind als Einfachbindungen) der Ölmoleküle, was diese biegsamer macht. So können sie enger beieinander liegen, fester aneinander haften und deshalb nicht mehr so leicht fließen. Ergebnis: Das Fett wird härter, weniger flüssig und fester.

Hätte man die Fette in der Margarine nicht teilweise hydriert, müßten Sie sie gießen, nicht aufstreichen. Doch mit einer Teilhydrierung füllt man nur etwa 20 % der in den Molekülen fehlenden Wasserstoffatome auf. Wäre Ihre Margarine zu 100 % hydriert, wäre das, als wollten Sie versuchen, Kerzenwachs auf Ihren Toast zu streichen.

Leider sind gesättigte Fette weniger gesund als ungesättigte. Deshalb wandeln Lebensmittelhersteller auf dem schmalen

Grat zwischen einer minimalen Hydrierung zugunsten der Gesundheit und ausreichender Hydrierung zugunsten der erwünschten Konsistenzen.

Fett-Mathe

Wie kommt es, daß die auf der Verpackung angegebenen Fettmengen nicht aufsummiert werden? Wenn ich die Anteile der gesättigten, einfach ungesättigten und mehrfach ungesättigten Fette in Gramm addiere, kommt weniger heraus, als beim »Gesamtfett« als Gewicht angegeben ist. Gibt es noch andere Fettarten, die nicht aufgelistet werden?

Nein, alle Fette fallen in diese drei Kategorien.

Die von Ihnen angesprochene seltsame Arithmetik hatte ich vorher nie bemerkt, doch als ich Ihre Frage erhielt, lief ich sofort in meine Küche und schnappte mir eine Schachtel Nabisco-Weizencracker. Bei den Angaben der Nährstoffgehalte waren folgende Fettmengen pro Portion genannt: »Fett insgesamt 6 g. Gesättigte Fette 1 g. Mehrfach ungesättigte Fette 0 g. Einfach ungesättigte Fette 2 g.« Ich holte meinen Taschenrechner heraus. Wollen wir doch mal sehen: Ein Gramm gesättigte plus null Gramm mehrfach ungesättigte plus zwei Gramm einfach ungesättigte Fette ergibt drei Gramm Gesamtfett, nicht sechs. Was war mit den restlichen drei Gramm passiert?

Als nächstes griff ich mir eine Schachtel Salzstangen. Noch schlimmer! Die zwei Gramm Gesamtfett setzen sich anscheinend aus »null Gramm« gesättigten, »null Gramm« mehrfach ungesättigten und »null Gramm« einfach ungesättigten Fetten zusammen. Seit wann ist null plus null plus null gleich zwei? Ich brauchte noch nicht einmal meinen Taschenrechner, um zu wissen, daß da etwas faul war. Hier geschahen äußerst seltsame Dinge. Ich eilte an den Computer und rief die Website der FDA auf. Von dieser Behörde stammten die Vorschriften, wie der Nährstoffgehalt industriell hergestellter Lebensmittel zu kennzeichnen ist. Diese Website schließt eine Rubrik ein, auf der häufig gestellte Fragen zur Kennzeichnung von Lebensmitteln beantwortet werden. Und das habe ich gefunden:

»Frage: Sollte die Summe aus gesättigten, mehrfach sowie einfach ungesättigten Fetten dem angegebenen absoluten Fettgehalt entsprechen?

Antwort: Nein. Die Summe der Fettsäuren wird in der Regel niedriger sein als das Gesamtgewicht der Fette, da die Gewichte von Fettbestandteilen wie etwa Transfettsäuren und Glycerin nicht mit aufgenommen werden.«

Aha, so ist das also!

Immer noch nicht klar? Dann noch einmal mit anderen Worten: Ein Fettmolekül besteht aus zwei Teilen, einem Anteil Glycerin und einem Anteil an Fettsäuren. Obwohl nun das unter »Gesamtfett« genannte Gewicht tatsächlich alle Fettmoleküle erfaßt, also sowohl Glycerin wie auch Fettsäuren, geben die Zahlen für »gesättigte«, »mehrfach« und »einfach ungesättigte« Fette eben nur die Gewichte der Fettsäuren allein wieder. Die Differenz stellt die Summe der Gewichte aller Glycerinanteile der Fettmoleküle dar (zu den Transfettsäuren komme ich später).

Warum bezeichnet man dann auf den Etiketten all diese Mengen als »Fette« und nicht als das, was sie wirklich sind, nämlich Fettsäuren? Dafür gibt es wohl zwei Gründe: Erstens wollen die Leute in der Regel nur das Verhältnis von gesättigten und ungesättigten Anteilen in ihren Fetten wissen, und das wird allein durch die Fettsäureanteile festgelegt, und zweitens ist der Platz auf den Etiketten kostbar, und »Fettsäuren« ist einfach länger als »Fette«. (Ich denke, das ist in Ordnung, aber die falsche Bezeichnung ärgert Erbsenzähler wie mich weiterhin.)

Wie auf der Frage-und-Antwort-Seite der FDA eingeräumt wird, gibt es bei den Angaben der Nährstoffgehalte noch mehr Verwirrendes, weil die Gewichte der Transfettsäuren nicht auf den Listen erscheinen. Diese tragen in Wahrheit sogar in größerem Umfang zu der Differenz der Fettgewichte bei als die Glycerinanteile.

In den *Furchterregenden Fett-Festspielen* stellen diese Transfettsäuren die neuesten Schurken des Stücks dar. Sie scheinen den Anteil des »schlechten« Cholesterins LDL im Blut fast ebenso stark zu erhöhen wie die natürlichen gesättigten Fettsäuren. In pflanzlichen Ölen kommen die Transfettsäuren natürlicherweise nicht vor, entstehen aber, wenn diese hydriert werden. Dabei können die beiden hinzugefügten Wasserstoffatome sich eventuell an gegenüberliegenden Seiten der Kohlenstoffkette anlagern (im Jargon der Wissenschaft: in der *trans*-Konfiguration), anstatt beide an derselben Seite zu landen (in der *cis*-Konfiguration). Dadurch verschwindet der Knick im Molekül der Fettsäure, und sie verhält sich wie eine gesättigte Fettsäure.

Teilhydrierte pflanzliche Öle können erhebliche Mengen von Transfettsäuren enthalten. Diese werden aber auf den Etiketten von Lebensmitteln derzeit nicht eigens aufgeführt, vor allem, weil es ziemlich schwierig ist, ihre jeweiligen Anteile genau zu bestimmen.

In Ihrem persönlichen Streben nach einem langen Leben werden Sie wohl weiterhin im Auge behalten wollen, wieviel an »Gesamtfett« auf dem Etikett aufgeführt ist. Um aber zu erfahren, ob es sich dabei hauptsächlich um »gutes Fett« oder »schlechtes Fett« handelt, sollten Sie das genaue Gewicht in Gramm außer Acht lassen und auf die *relativen* Mengen gesättigter, mehrfach sowie einfach ungesättigter Fette (bzw. Fettsäuren) achten. Darauf kommt es nämlich an. Und vergessen Sie nicht: Während ich dies schreibe, lauern noch immer die heimtückischen Transfettsäuren irgendwo abseits des Etiketts. Die FDA erwägt, sie in der Gruppe der ungesättigten Fettsäuren eigens angeben zu lassen.

Ach ja, noch etwas: Was ist mit jenen »null Gramm Fett(säuren)« in meinen Salzstangen, die auf geheimnisvolle Weise eine Summe von zwei Gramm Gesamtfett ergaben? Existieren vielleicht einige Arten von Fett, an denen überhaupt keine Fettsäuren hängen? Nein, dann wäre es kein Fett. Die FDA erlaubt den Herstellern ganz einfach, »null Gramm« eines Fetts oder einer Fettsäure aufzuführen, wenn die Menge kleiner ist als 0,5 Gramm pro Portion.

Die Rechenregeln, die wir in der Schule gelernt haben, sind nicht in Gefahr.

Alles in Butter – ist das vollkommen klar?

In einem Rezept steht, ich soll geklärte Butter verwenden. Wie mache ich das? Und was erreicht man mit dem Klären von Butter, abgesehen, na ja, von klarer Butter?

Kommt darauf an, wie Sie das sehen. Durch das Klären befreit man die Butter von allem außer jenem köstlichen, die Arterien verstopfenden, hochgesättigten Butterfett. Wenn wir dieses jedoch statt der normalen Butter zum Sautieren verwenden, meiden wir die gebräunten Proteine, die wegen möglicher krebserregender Bestandteile ebenfalls ungesund sein können. Suchen Sie sich Ihr Gift doch einfach aus.

Manche stellen sich Butter als einen Block Fett vor, der mit Schuldgefühlen verpackt ist. Doch ob Schuld oder keine Schuld, es ist nicht alles Fett. Butter ist eine Drittelmischung aus Fett, Wasser und Proteintrockenmasse. Wenn wir Butter klären, trennen wir das Fett ab und verwerfen alles andere. Mit dem puren Butterfett können wir bei höherer Temperatur sautieren, ohne daß etwas brenzlig wird oder es zu rauchen beginnt, denn zum einen hält der wäßrige Anteil der Butter die Temperatur niedrig, und zum anderen zeigen die Proteine in der Tat eine gewisse Neigung, anzubrennen und zu rauchen.

Beim Erhitzen in einer Bratpfanne fängt die Proteintrockenmasse der Butter bei etwa 110°C an, braun zu werden und Rauch zu entwickeln. Eine Möglichkeit, diese Vorgänge zu reduzieren, besteht darin, die Butter in der Pfanne zu »schützen« und ein wenig Öl hinzuzugeben, das vielleicht eine Rauchtemperatur von 220°C hat. Dennoch werden die Proteine der Butter ein wenig braun.

Oder Sie nehmen geklärte Butter. Das ist das pure »Öl« (das Butterschmalz) ohne die Proteine, und dieses wird Ihren Rauchmelder erst ab etwa 180°C auslösen.

Geklärte Butter hält sich viel länger als normale Butter, weil Bakterien zwar in Proteinen vor sich hinwerkeln, nicht aber in reinem Öl. In Indien, wo Kühlungsmöglichkeiten rar sein können, stellt man geklärte Butter (*usli ghee*) her, indem man sie langsam schmelzen läßt und dann das Wasser allmählich herauskocht. Die Proteine und Zucker werden dabei leicht gebrannt, was einen angenehm nussigen Geschmack erzeugt.

Am Ende wird geklärte Butter ranzig. Doch im ranzigen Zustand schmeckt sie nur sauer, ist aber nicht mit Bakterien kontaminiert. Die Tibeter bevorzugen ihre geklärte Butter ja tatsächlich in der ranzigen Variante.

Will man (gesalzene oder ungesalzene) Butter klären, muß man nichts weiter tun, als sie bei möglichst niedriger Temperatur langsam schmelzen zu lassen, und dabei beachten, daß sie sich durch zuviel Hitze schnell braun verfärben kann. Butterschmalz, Wasser und Feststoffe trennen sich ansonsten in drei Schichten: oben eine schaumige Lage Kasein, in der Mitte das klare gelbe Schmalz, unten eine wäßrige Aufschwemmung der Milchtrockenmasse. Nimmt man gesalzene Butter, verteilt das Salz sich auf die obere und die untere Schicht.

Man schöpft die obere Schaumschicht ab und gießt das Schmalz – die geklärte Butter – in einen anderen Behälter (das geht auch mit einem Schöpflöffel), wobei das Wasser und die abgesetzten Feststoffe zurückbleiben. Man kann auch einen Scheidetrichter verwenden, um das Wasser zu entfernen. Noch besser ist es, das ganze Kuddelmuddel in den Kühlschrank zu stellen, worauf die obere Schaumschicht von dem festgewordenen Schmalz abgekratzt werden kann, welches sich dann leicht von der wäßrigen Schicht abheben läßt.

Den Kaseinschaum sollte man nicht wegwerfen; er enthält den größten Teil des buttrigen Geschmacks. Man kann damit gedämpftes Gemüse geschmacklich bereichern. Auf Popcorn schmeckt es auch hervorragend, vor allem, wenn man gesalzene Butter geklärt hatte.

Ich kläre immer gleich zwei Pfund auf einmal und gieße das flüssige Schmalz in Eiswürfelbehälter aus Plastik, wobei ich pro Portion annähernd 30 Milliliter einfülle. Nachdem diese »Butterwürfel« tiefgefroren sind, packe ich sie lose in einen Plastikbeutel und hebe sie im Tiefkühlfach auf, bis ich sie nach Bedarf einzeln entnehme.

250 Gramm Butter ergeben etwa drei Viertel dieser Menge an geklärter Butter. Dieses Schmalz kann man genau nach den Rezeptangaben für die Buttermenge verwenden.

Und ganz nebenbei enthält die wäßrige Schicht den ganzen Milchzucker, die Laktose. Wer Butter meiden muß, weil er Milchzucker nicht verträgt, kann immer noch mit geklärter Butter kochen. Das dürfte einer der Hauptgründe sein, Butter zu klären.

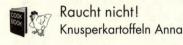

Raucht nicht!
Knusperkartoffeln Anna

Verwendet man für dieses klassische Gericht geklärte Butter, können die Kartoffeln goldbraun und knusprig werden. Obwohl die Temperatur im Herd hoch ist, wird das Fett nicht verbrennen oder zu rauchen beginnen, da die Feststoffe der Milch fehlen. Eine gußeiserne Bratpfanne ist am besten geeignet.

4 mittelgroße Kartoffeln, vorzugsweise Salatware
2–4 Eßlöffel (30–60 Milliliter) Butterschmalz
Grobes Salz
Frischgemahlener Pfeffer

1. Backrohr auf 220°C vorheizen. Eine (gußeiserne) Bratpfanne (etwa 20 cm Durchmesser) mit passendem Deckel wählen, großzügig Butter hineingeben. Kartoffeln waschen, trocken tupfen und je nach Vorliebe geschält oder ungeschält in etwa 3 mm dicke Scheiben schneiden.
2. Den Boden der Pfanne kreis- oder spiralförmig von der Mitte her mit einer Schicht Kartoffelscheiben belegen, die Scheiben sollen sich überlappen. Diese Schicht mit Butter einpinseln und mit Salz und Pfeffer bestreuen. In gleicher Weise weitere Schichten darüber legen und buttern, bis alle Kartoffelscheiben verbraucht sind.
3. Die verbliebene Butter über die oberste Lage verteilen. Auf dem Herd die Kartoffeln bei mittlerer Hitze auf der Flamme lassen, bis erste Bläschen aufsteigen. Deckel auflegen und im Rohr 30–35 Minuten backen, bis die Kartoffeln oben goldbraun sind und sich bei einer Probe mit der Gabel oder einem Zahnstocher weich anfühlen. Hebt man sie mit einem Messer oder einer Gabel an, sollte auf der Unterseite der Scheiben eine leichte Kruste sichtbar sein. Ansonsten muß man die Backzeit ein wenig verlängern.
4. Pfanne kräftig schütteln, damit alles, was vielleicht am Boden anhaftet, gelöst wird. Falls nötig, mit einem breiten Wender darunter fahren. Den Inhalt der Pfanne auf eine Platte oder einen großen Teller stürzen und die Kartoffeln mit der Krustenseite nach oben servieren.

Ergibt 4 Portionen.

Mehr als gute Butter

In Frankreich habe ich wundervoll aromatische Butter bekommen – besser als alles, was hier in den USA erhältlich ist. Wie kommt dieser Unterschied zustande?

Durch mehr Fett.

Handelsübliche Butter besteht zu 80–82 % aus Milchfett (auch Butterfett genannt), zu 16–17 % aus Wasser und 1–2 % aus Milchtrockenmasse (bei gesalzener Butter kommen noch etwa 2 % Salz hinzu). Das amerikanische Landwirtschaftsministerium setzt die Untergrenze des Butterfettgehalts amerikanischer Butter auf 80 % fest, während die meisten europäischen Buttersorten mindestens 82 % oder gar bis zu 84 % enthalten.

Das hört sich nicht nach einem großen Unterschied an, doch mehr Fett heißt weniger Wasser, und von daher hat man ein reichhaltigeres, sahnigeres Produkt. Konditoren in den USA bezeichnen europäische Butter oft als »trockene« Butter. Zudem ergibt Butter mit höherem Fettanteil glattere Saucen sowie lockereres und geschmacklich opulenteres Gebäck (vergleichen Sie nur einmal die Croissants, die Sie in Frankreich bekommen haben, mit diesen amerikanischen Imitationen der Sorte *Alles-was-in-der-Mitte-gebogen-ist*).

Wie Sie wissen, stellt man Butter her, indem man Sahne oder nicht entrahmte, nicht homogenisierte Milch »buttert«. Die Bewegungen des Butterns trennen die Emulsion (winzige, in Wasser schwebende Fettkügelchen) der Sahne auf, was es den Fettkügelchen ermöglicht, sich zu reiskorngroßen Körnchen zusammenzulagern. Diese verschmelzen miteinander und trennen sich vom wäßrigen Anteil der Milch, der Buttermilch (die heutigen künstlichen Buttermilchprodukte werden dann noch weiter behandelt). Anschließend wird das Fett mit Wasser gewaschen und »durchgewalkt«, um weitere Buttermilch herauszupressen. Europäische Butter wird allgemein in kleinen Chargen hergestellt, wodurch die Buttermilch vollständiger abgetrennt werden kann.

Es gibt einige amerikanische Buttermarken, die der europäischen Art nachempfunden sind und früher als Plugrá (eine Verballhornung des französischen »plus gras«, fetthaltiger) bekannt waren. In Spezialitätenläden erhält man auch aus Frankreich und Dänemark importierte europäische Butter. Bringen Sie einen Haufen Euro mit.

Das große Pressen

Wie ich das sehe, ist Mais ein Nahrungsmittel mit wenig Fett. Wie schaffen die es nur, solche Mengen Maiskeimöl herauszuholen?

Sie verwenden eine Menge Mais.

Diese Körnerfrucht enthält in der Tat sehr wenig Fett – etwa 1 Gramm pro Kolben, ehe Sie diesen Haufen Butter draufklatschen. Doch es ist die bei weitem häufigste Ackerfrucht in den USA, wo sie in 42 Bundesstaaten mit einem jährlichen Umschlag von fast 250 Millionen Tonnen angebaut wird, die um die 15 Milliarden Liter Öl enthalten – das reicht, um den ganzen Bundesstaat Delaware zu fritieren.

Das Öl befindet sich im Keim des Korns, wo Mutter Natur es als eine konzentrierte Form der Energie – neun Kalorien pro Gramm – einlagert, um den Treibstoff für das alltägliche Wunder zu liefern, bei dem aus Samenkörnern vollständige neue Pflanzen heranwachsen. Der Keim macht nur etwa 8 % des Korns aus, und davon ist nur die Hälfte Öl: Ein Maiskolben ist nicht gerade das, was man als sprudelnde Ölquelle bezeichnen könnte.

Wie Sie sich vorstellen können, muß man einiges unternehmen, um das Öl da herauszubekommen. In der Ölmühle weicht man die Maiskörner für ein oder zwei Tage in heißem Wasser ein, ehe man sie grob mahlt, um die Keime herauszulösen. Diese werden dann ausgeschwemmt oder mit der Zentrifuge abgetrennt, getrocknet und zermahlen, ehe man das Öl herauspreßt.

In Rauch aufgegangen

Wie unterscheiden sich die verschiedenen Ölsorten für die Küche hinsichtlich ihres Siedepunkts, und was bedeutet das für den Koch?

Ich glaube nicht, daß Sie den Siedepunkt meinen, denn trotz der so poetischen wie sadistischen Reize des Ausdrucks »in siedendem Öl« siedet Öl nicht.

Schon lange bevor es heiß genug wird, ans Brodeln auch nur zu denken, wird ein Speiseöl sich zersetzen. Dabei zerfällt es in unangenehme chemische Substanzen und verkohlte Partikel, die Ihre Geschmacksknospen mit einem verbrannten Aroma, Ihre Nüstern mit einem säuerlichen Geruch und Ihre Ohren mit einem kreischenden Alarm des Rauchmelders überfallen. Falls Sie die höchste in der Praxis mögliche Kochtemperatur für eine Ölsorte im Sinn haben, so ist diese nicht durch einen Siedepunkt begrenzt, sondern durch die Temperatur, bei der das jeweilige Öl zu rauchen beginnt.

Bei normalen Pflanzenölen, die meist aus Pflanzensamen gewonnen werden, können die jeweiligen Rauchpunkte zwischen 120°C und mehr als 230°C liegen. Doch trotz der in manchen Büchern aufgeführten ausgesprochen genauen Werte kann man für den Rauchpunkt keine exakte Temperatur angeben, weil sie bei jedem Öl in einem recht großen Umfang schwanken kann. Das hängt vom Grad des Raffinierens und der Zuchtsorte der Pflanze ab und kann sogar vom Klima und dem Wetter während der Wachstumsperiode der Pflanze beeinflußt werden.

Das Institut für Backfette und Speiseöl gibt dennoch die ungefähren Rauchpunkte für einige gebräuchliche Speiseöle an: Färberdistelöl 162−180°C, Maiskeimöl 205−210°C, Erdnußöl 215−220°C, Baumwollsamenöl 218−232°C, Rapsöl 223−229°C und Sonnenblumen- sowie Sojabohnenöl 225−231°C. Olivenöle können je nach Sorte zwischen 208 und 236°C variieren; bei Ölen der Qualität *extra vergine* ist der Wert allgemein niedriger, während helles Olivenöl am hitzebeständigsten ist, weil man es filtriert hat. Tierische Fette beginnen in der Regel bei niedrigeren Temperaturen zu rauchen als pflanzliche Öle, weil gesättigte Fettsäuren leichter zerfallen.

Die meisten Speiseöle erreichen ihren Flammpunkt, wenn sie auf etwa 315°C erhitzt werden. Das ist der Punkt, an dem

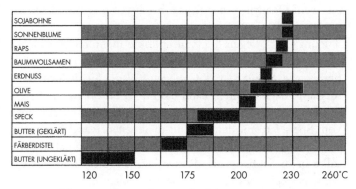

Die ungefähre Bandbreite der Rauchpunkte einiger frischer Speiseöle, erweitert um die Werte von Speck. Die genauen Rauchpunkte hängen davon ab, wie das Öl raffiniert wurde, und können bei gebrauchtem Öl entscheidend niedriger liegen.

Quelle (außer für Speck): Institute of Shortening and Edible Oils (Institut für Backfette und Speiseöle), USA.

ihre Dämpfe durch eine Flamme entzündet werden können. Wenn man sie noch stärker (bis auf etwa 390°C) erhitzt, erreichen die meisten Ölsorten ihren sogenannten Brennpunkt, an dem sie spontan zu brennen beginnen.

Die Köche in den USA schätzen die meisten Speiseöle, wenn man von einigen Ölspezialitäten absieht, wegen ihrer Neutralität, also wegen des Mangels an eindringlichem Geschmack. Olivenöl dagegen preist man wegen seiner komplexen Aromen, die von nussig über pfeffrig und grasig bis hin zu fruchtig reichen können, je nachdem, aus welchem Land und welcher Region es kommt, und je nach Olivensorte und Wachstumsbedingungen. Die einzigartigen Eigenschaften der verschiedenen Küchen des Mittelmeerraums sind weitgehend darauf zurückzuführen, daß man dort fast ausschließlich Olivenöl verwendet, das eine Geschmackskomponente der Rezepte darstellt und nicht allein als Medium zum Garen angesehen wird. Man nutzt es in allen Bereichen, vom Backen bis zum Fritieren. Und einen Spanier oder Italiener, der sich über ein wenig Rauch in der Küche beschweren würde, habe ich noch nicht kennengelernt.

Zum Glück liegen die Rauchpunkte mehrerer gebräuchlicher Speiseöle höher als die besten Temperaturen für das Fritieren, die bei 185–190°C liegen. Wenn Sie jedoch nicht sorgfältig darauf achten, kann das Fritierfett bis zu 205°C erreichen, es gibt also nicht allzuviel Spielraum. Wenn man vom Speisefett mit dem absolut niedrigsten Rauchpunkt von allen, dem Butterschmalz mit 120–148°C, einmal absieht, sollte beim Sautieren der Rauch kein Problem sein, solange Sie den Regler des Brenners nicht mit bleierner Hand bedienen.

Zu beachten ist, daß alle oben genannten Rauchpunkte für frisches Öl gelten. Wenn Öl entweder erhitzt oder oxidiert wird, zerfällt es in freie Fettsäuren, die einmal den Rauchpunkt senken und dazu sauer schmecken. Fritierfett oder anderes Öl, das nennenswert erhitzt oder mit Luft in Berührung gebracht wurde und erneut verwendet wird, beginnt deshalb weit früher zu rauchen und einen unangenehmen Geschmack zu entwickeln. Zudem polymerisieren heiße Öle gern – ihre Moleküle verbinden sich zu erheblich größeren Molekülen, die dem Öl eine dickflüssige, zähe Konsistenz und eine dunklere Farbe verleihen. Und am Ende kann heißes Öl in gesundheitsschädliche chemische Stoffe wie jene sehr reaktionsfreudigen Bruchstücke zerfallen, die man freie Radikale nennt.

Alles in allem ist es also sowohl für die Gesundheit als auch für den Gaumen das beste, Fritierfett nach einem oder höchstens zwei Einsätzen wegzuwerfen – oder auch sofort, falls man es in nennenswertem Umfang hat rauchen lassen.

Nachtisch, schmalzgebacken
Ricotta-Beignets

Fritierte oder schwimmend in Fett herausgebackene Gerichte müssen nicht schwer sein, und die Küche kann eine rauchfreie Zone bleiben. Diese Beignets fürs Dessert sind leicht und knusprig, und sie schmecken nicht nach Olivenöl und sind auch nicht fettig, wenn eine Fritiertemperatur zwischen 180 und 185°C eingehalten wird. Traditionell träufelt man zum Schluß Honig darüber, aber auch jeder Fruchtsirup ist geeignet, besonders Erdbeersirup.

240 Gramm Ricotta-Käse
2 große Eier, leicht geschlagen
20 Gramm ungesalzene Butter, geschmolzen
15 Gramm Zucker
Schale einer ungespritzten Zitrone
⅛ Teelöffel Muskatnuß, frisch gerieben
⅛ Teelöffel Salz
60 Gramm Mehl
Olivenöl
Fruchtsirup oder Honig

1. Ricotta in eine mittlere Schüssel geben. Die geschlagenen Eier gut einarbeiten. Butter, Zucker, Zitronenschale, Muskat und Salz hinzufügen, gut durchmischen. Das Mehl einrühren, bis alles glatt verbunden ist. Die Mischung zwei Stunden ruhen lassen.
2. Olivenöl etwa 3 cm hoch in einen kleinen, tiefen Kochtopf gießen und auf mittlerer Stufe erhitzen (wir nehmen einen schweren Topf von 18 cm Durchmesser). Öl auf 185°C erwärmen, mit einem geeigneten Thermometer prüfen. Wer das Öl ohne dieses Instrument testen will, läßt ein wenig Teig hineintropfen. Kommt er sofort an die Oberfläche, ist die Temperatur einigermaßen richtig.
3. Den Teig sachte und in Form kleiner Klößchen mit Hilfe eines Eßlöffels in das Öl geben, mit einem zweiten Löffel vom ersten lösen. Nicht zuviel auf einmal herausbacken. Die Beignets werden größer und bräunen allmählich. Mit einem Kochlöffel oder dem Griff eines Holzlöffels wenden, damit auch die andere Seite bräunen kann. Sind die Beignets fertig, werden sie mit einem Schaumlöffel aus dem Öl genommen und zum Abtropfen auf Küchen-

tücher von der Rolle gelegt. Weitermachen, bis aller Teig aufgebraucht ist.

4. Heiß servieren und dazu Fruchtsirup oder Honig reichen.

Ergibt etwa 30 Stück oder 4–6 Portionen, es sei denn, der Helfer des Kochs nascht zuviel davon.

Häßliches Fett loswerden

Wohin mit dem gebrauchten Fett, nachdem ich Speisen fritiert habe? Ich kann es doch nicht einfach in die Umwelt entsorgen, oder?

Richtig. Zwar sind Speisefette und Öle letztlich biologisch abbaubar, aber in einer Mülldeponie können sie auf Jahre hinaus alles verkleben. Sie sind jedoch nicht so schlimm wie Erdölderivate, die nur von ein oder zwei Bakterienarten verdaut werden können und im Grunde für immer vorhanden bleiben. Kleine Fettmengen kann man mit ein paar Küchentüchern von der Rolle aufsaugen und in den Hausmüll werfen. Etwas größere Mengen fülle ich in eine leere Konservendose, die ich im Gefrierschrank aufbewahre, wo alles Öl fest wird. Ist die Dose voll, packe ich sie in einen Plastikbeutel, verschließe diesen und werfe ihn in die Mülltonne, wobei ich hoffe, daß das Zeug erst geschmolzen ist und ausläuft, wenn es ganz weit weg ist und nicht mehr bis zu mir zurückverfolgt werden kann. Das ist »unverschämt«, ich weiß, doch immer noch besser, als es in den Ausguß zu schütten. Außerdem gibt es eine hübsche Stichflamme, wenn der Müll verbrannt wird.

Große Mengen gebrauchten Fritierfetts sind ein größeres Problem. Restaurants schließen Verträge mit Entsorgungsfirmen ab, welche die gebrauchte »Schmiere« in Fässern abholen und an Seifenhersteller und Chemiefirmen weiterverkaufen. Doch was machen Sie zu Hause damit, wenn es nicht möglich ist, es in Geschenkpapier einzuwickeln und in der Hoffnung,

jemand möge es stehlen, in einer üblen Gegend im unver-
sperrten Wagen zurückzulassen?

Wie ein von mir befragter Hydrogeologe (er untersucht,
wie Flüssigkeiten durch Erdschichten fließen) der Umwelt-
schutzbehörde rät, können Sie, falls Ihr Haus nicht an ein
keimfreies Abwassersystem angeschlossen ist, das Öl mit einer
großzügig bemessenen Menge Haushaltsspülmittel mit seinem
gesegneten Appetit auf Fettschmiere mischen. Dann wird das
Gemisch gut umgerührt oder geschüttelt, damit es homogen
wird, und anschließend gemeinsam mit viel kaltem fließenden
Wasser langsam in den Abfluß gefüllt, damit es am Ende von
der örtlichen Kläranlage aufgearbeitet werden kann. Ich emp-
fehle dieses Verfahren jedoch nicht: Falls Sie Ihre Abwasser-
rohre im Haus aufgraben müssen oder Ihre örtliche Kläranlage
lahmlegen, sollten Sie mir keine Vorwürfe machen[*].

Noch besser wäre es natürlich, eine Umweltverpflichtung in
einen bewahrenden Wert umzuwandeln: Verwenden Sie das
Öl doch als alternativen Treibstoff für Ihren Diesel. Schließlich
verwendete Rudolf Diesel, als er anläßlich der Weltausstellung
von 1900 in Paris seinen neuen Motor vorführte, Erdnußöl.
Allerdings sollten Sie das erst versuchen, nachdem Sie sich mit
Hilfe einschlägiger Literatur[**] kundig gemacht haben. Falls Sie
diesem Vorschlag folgen, rate ich Ihnen, kein Fett mehr an Ihr
Auto zu verfüttern, sobald es für die Garage zu dick wird.

Wann ist ein Öl kein Öl?

*Wie funktionieren diese Antihaftsprays für die Küche? Den Etiketten
ist zu entnehmen, daß kein Fett und wenig Kalorien enthalten sind,
doch wenn ich eine Pfanne damit einsprühe, sieht mir das doch sehr*

---

[*] In Deutschland sollte man im Zweifelsfall bei den Stadtwerken oder der Ge-
meindeverwaltung anfragen, wie Küchenfette zu entsorgen sind. – Anm. d. Ü.
[**] Z. B. mit Joshua Tickells Buch *From the Fryer to the Fuel Tank* (etwa: Aus der
Friteuse in den Tank), erschienen bei Greenteach Publications, 2000.

nach Öl aus. Gibt es so etwas wie fettfreies Öl? Oder enthalten sie irgendeine Art von chemischem Ersatz für Öl?

Nein, so etwas wie fettfreies Öl gibt es nicht. Fette sind eine Familie spezieller chemischer Stoffe, und ein Öl ist nichts weiter als ein flüssiges Fett. Und die Sprays müssen auch keinen Ersatz für Öl enthalten, weil sie – sind Sie bereit? – schlichtes Öl *sind*.

Jene praktischen kleinen Dosen, mit denen man Backformen und Muffinbleche so prima einsprühen kann, anstatt sie mit Fett einpinseln zu müssen, enthalten in erster Linie ein pflanzliches Öl, dem gewöhnlich ein wenig Lecithin und Alkohol beigemengt wurde. Lecithin ist eine fettähnliche Substanz (im Jargon der Wissenschaft: ein Phospholipid), die unter anderem im Eidotter und in Sojabohnen vorkommt und zu verhindern hilft, daß etwas anklebt. Dennoch bestehen die Sprays immer noch fast vollständig aus Öl.

Der größte Vorteil ist, daß Sie damit Kalorienaufnahme und Fettverbrauch besser in den Griff bekommen. Statt mit ungelenker Hand einen kräftigen Schuß Öl in die Pfanne kippen zu müssen, geben Sie ihr nur einen schnellen Spritzer aus der Dose mit. Der Alkohol verdampft, Öl und Lecithin bleiben zurück und bilden in der Pfanne einen dünnen Film. Sie garen immer noch auf einer Schicht Öl, doch diese ist sehr dünn und liefert deswegen sehr wenig Kalorien.

Wegen der Bemühungen der Hersteller, jene höchst einträgliche Bezeichnung »fettfrei« genehmigt zu bekommen, können die Etiketten solcher Kochsprays sich zu einigermaßen bizarrer Rechenkunst versteigen. Eine Marke in den USA rühmt sich beispielsweise, in ihrer Dose seien »nur zwei Kalorien pro Portion« enthalten. Doch was ist eine »Portion«? Die Aufschrift definiert sie über einen Sprühvorgang von einer Drittelsekunde Dauer, was laut Etikett gerade ausreichen soll, um ein Drittel der Oberfläche einer Pfanne von 25 cm Durchmesser zu überziehen (also genau richtig, müssen wir annehmen, um ein Drittel eines Omeletts zuzubereiten). In dem Rennen um die Angabe von immer weniger Kalorien wirbt das Etikett eines Ölsprays damit, daß eine »Portion« einem Spritzer von einer Viertelsekunde Dauer entspreche …

Falls Sie nicht über den präzise eingestellten Zeigefinger eines »Billy the Kid« verfügen oder auch alle Vorsicht in den Wind schießen und ihre Pfanne wagemutig eine ganze Sekunde lang einsprühen, kommen Sie immer noch mit weniger als sechs Kalorien davon. Doch auch hier gilt, ein klein wenig Fett heißt nicht *kein* Fett. Wie klein muß also die Menge an Fett sein, damit man auf einem Etikett zulässigerweise »fettfrei« angeben kann?

Der FDA zufolge darf jedes Lebensmittel, das pro Portion weniger als 0,5 Gramm Fett enthält, mit der Aufschrift »enthält 0 Gramm Fett« gekennzeichnet werden. Die eine »Portion«, die in einer Drittelsekunde aus einem Kochspray kommt, enthält etwa 0,2 Gramm Fett, ist also nach dem Gesetz »fettfrei«. Hätte man die Portion durch einen Spritzer von einer ganzen Sekunde Dauer definiert, wäre man über dem Grenzwert von 0,5 Gramm gelegen und hätte es nicht als fettfrei bezeichnen dürfen. Hübscher Trick, was?

Übrigens, falls Sie der Typ sind, der zum Gürtel vorsichtshalber noch Hosenträger trägt, können Sie Ihre antihaftbeschichtete Teflonpfanne noch mit einem kleinen Spritzer Antihaftspray einsprühen. Das Bratgut wird besser gebräunt als ganz ohne Fett. Entschuldigung – ich meinte, ohne das fettfreie Fett.

Es kann schwierig werden, Olivenöl in einem sauberen Strahl aus einer Flasche zu gießen. Jede Marke scheint eine andere Art von Ausgießer zu verwenden. Und diese Behälter vom Typ »Ölkännchen« sind nur sehr mühsam nachzufüllen. Ich lasse mein Öl in der Originalflasche, ersetze aber den ursprünglichen Plastikaufsatz durch einen dieser Ausgießer, wie sie für Schnapsflaschen im Handel sind. Er paßt fast auf alle Olivenölflaschen und erlaubt es, das Öl in einem gleichmäßigen dünnen Strahl auszugießen, ohne daß etwas daneben tropft.

Achtung: Fette Nudeln voraus

Ich esse sehr gern diese japanischen Nudeln, habe aber bemerkt, daß sie eine Menge Natrium und Fett pro Portion enthalten. Sind es die Nudeln selber oder die Aromamischung, die das Fett enthalten?

Die Inhaltsstoffe der Nudeln und jene in der Packung mit der Würzmischung sind getrennt aufgelistet. Sie können also problemlos herausfinden, was wo enthalten ist. Das Salz (gewöhnlich in großen Mengen) findet sich in den Gewürzen. Daß die Nudeln Fett enthalten, würde man wohl nicht erwarten, doch überraschenderweise ist in ihnen der größte Anteil verborgen.

Ich weiß, Sie haben sich schon immer gefragt, wie die Nudelhersteller diesen kompakten, rechteckigen Block aus vollständig ineinander verdrehten Schnörkeln zustandebringen, und da es mir auch so ging, folgt hier, was ich aufgrund Ihrer Frage dazu herausgefunden habe:

Der Teig wird zunächst durch eine Reihe von Düsen gepreßt, was ein Band aus langen, nebeneinanderliegenden welligen Strängen ergibt. Dieses Band wird dann auf die richtige Länge geschnitten, einmal gefaltet und, in eine entsprechende Form eingebettet, fritiert, was die Nudeln trocknet und dazu führt, daß der Nudelblock in der Folge diese verschlungene Form beibehält. Natürlich wird den Nudeln mit dem Fritieren Fett zugeführt, und selbst wenn in manchen Würzmischungen ein wenig Öl enthalten sein sollte, ist praktisch das gesamte Fett in den Nudeln zu finden.

Bei einigen wenigen Marken werden die Nudeln luftgetrocknet und nicht fritiert, doch wenn das nicht auf der Packung vermerkt ist, kann man es nur über das fehlende Fett in der Liste der Zutaten herausfinden. Mit ein wenig Mathematik, angewandt auf die Listen der Nährstoffe von vier führenden Marken, ergab sich, daß eine Schüssel Nudelsuppe, abgesehen von heißem Wasser, zwischen 17 und 24 % Fett enthält. Falls Sie also glauben, die japanischen Suppennudeln seien ja »bloß Nudeln«, sollten Sie sich das vielleicht noch einmal überlegen.

Eine todsichere Kneipenwette

Ein Freund wollte mit mir wetten, daß vollfette (»schwere«) Sahne weniger wiegt als »leichte« Sahne. Hätte ich die Wette annehmen sollen?

Nein. Sie hätten verloren.

»Schwere« Sahne enthält einen höheren Prozentsatz an Milchfett (gewöhnlich Butterfett genannt, da man Butter daraus machen kann) als »leichte« Sahne: 36–40 % Fett in schwerer Schlagsahne gegenüber 18–30 % in leichter Sahne (und, falls es Sie interessiert, schwere Sahne kann bis zu doppelt soviel Cholesterin enthalten). Bei gleichem Volumen wiegt Fett weniger als Wasser, weil es nicht so dicht ist. Je höher also der Fettanteil einer Flüssigkeit auf Wasserbasis, desto leichter die gesamte Flüssigkeit. Der Unterschied ist nicht gerade gewaltig: In meinem Küchenlabor wog eine Pinte (etwa 0,6 l) schwerer Schlagsahne 475,0 Gramm, das gleiche Volumen leichte Sahne dagegen 476,4 Gramm: drei Zehntel eines Prozents schwerer.

Die Bezeichnungen »schwer« und »leicht« waren in Bezug auf Sahne nie als Gewichtsangabe gemeint, sondern stehen für Fettgehalt oder Dickflüssigkeit. Fettere Substanzen sind dickflüssiger – viskoser – und fühlen sich deshalb auf der Zunge kräftiger oder »schwerer« an.

Fett zerteilen

Wie wird Milch homogenisiert?

Manche meiner älteren Leser erinnern sich vielleicht noch daran, wie Milch in Flaschen an die Haustür geliefert wurde (ich selbst habe in Geschichtsbüchern davon gelesen). Auf der Milch befand sich damals eine getrennte Sahneschicht. Warum? Weil Sahne einfach Milch mit einem höheren Anteil Butterfett ist, und da Fett leichter (weniger dicht) ist als Wasser, steigt es zur Oberfläche auf. Wir – ich meine damit natürlich diese Veteranen – mußten die Flasche heftig schütteln, um die Sahnigkeit gleichmäßig zu verteilen.

Könnte man die Fettkügelchen in noch viel kleinere Partikel zerschlagen – etwa auf vier Millionstel eines Millimeters Durchmesser –, würden sie nicht mehr aufsteigen. Sie würden in Suspension (»in der Schwebe«) gehalten, weil sie aus allen Richtungen von Wassermolekülen bombardiert werden. Um das zu erreichen, pumpt man die Milch mit hohem Druck (etwa 230 kg pro Quadratzentimeter) durch eine Düse auf ein Metallsieb, wo sie auf der Rückseite als feiner Sprühnebel austritt, dessen Fettpartikel klein genug sind, um in Suspension zu bleiben.

Joghurt und Eiskrem werden gewöhnlich aus homogenisierter Milch hergestellt, Butter und Käse jedoch nicht, weil wir hier wünschen, daß die Kügelchen des Butterfetts groß genug sind, um sich in einer getrennten Fraktion zusammenzulagern.

Pasteur neu aufgelegt

Heutzutage ist all die Milch und die Sahne im Angebot meines Supermarktes »ultrahocherhitzt«. Was ist aus dem schlichten alten »Pasteurisieren« geworden? Wurden dabei nicht genug Keime abgetötet?

Ich freue mich über diese Frage, weil ich damit ein altes Problem von mir lösen kann.

Es war 1986, während eines sechsmonatigen Aufenthalts in Südfrankreich, als ich etwas bemerkte, was ich in den USA noch nie gesehen hatte. In den Supermärkten wurde die Milch auf Regalen ohne Kühlung angeboten. Statt in Flaschen oder Kartons war sie in ziegelförmigen Behältern aus einer Art dünner Pappe abgefüllt.

Ich fragte mich, wie machen die das? Sicherlich ist Milch in Frankreich nicht gerade das Lieblingsgetränk, aber wie kommen sie damit durch, so unbekümmert damit umzugehen? Verdirbt sie denn nicht? Ich nahm mir vor, das herauszufinden, sobald ich wieder in den Staaten war, aber es scheint, als hätte ich das doch ein wenig lange hinausgeschoben.

Die 1884 erfundene Milchflasche aus Glas wurde nach dem Zweiten Weltkrieg allmählich durch wachsbeschichtete Pappkartons ersetzt. Mittlerweile ist an die Stelle des Wachses eine Kunststoffbeschichtung getreten, und heute steht der beschichtete Pappkarton vor allem bei größeren Gebinden in Konkurrenz mit durchsichtigen Kunststoffbehältern. Diese ziegelförmigen, ungekühlten Packungen werden als aseptische Verpackung bezeichnet, was selbstverständlich keimfrei heißen soll[*].

Aber ist denn nicht alle Milch in unserem Land keimfrei? Überraschenderweise nein, obwohl sie ausnahmslos auf die eine oder andere Weise pasteurisiert wird. Es ist ein Unterschied, ob man alle Keime vollständig abtötet oder einige wenige, die überleben, an der Vermehrung hindert.

Ziel des Pasteurisierens ist es, alle krankheitserregenden Mikroorganismen durch das »Kochen« abzutöten oder zu inaktivieren. So wie man ein Hähnchen bei relativ niedriger Temperatur über längere Zeit grillen kann oder bei höherer Temperatur in kürzerer Zeit, kann man auch mit einer Vielfalt

---

[*] Bei uns wird so verpackte Milch unter der Bezeichnung H-Milch angeboten. – Anm. d. Ü.

verschiedener Kombinationen von Zeit und Temperatur wirksam pasteurisieren. Bei der traditionellen Pasteurisierung, die ursprünglich vor allem dafür gedacht war, Tuberkulosebazillen abzutöten, wurde die Milch unter anderem auf 63 – 65 °C erhitzt und 30 Minuten auf dieser Temperatur gehalten. Dieses herkömmliche Verfahren wird nicht mehr oft angewandt, weil es hitzeresistente Bakterien wie *Lactobacillus* und *Streptococcus* nicht abtötet und inaktiviert. Deshalb muß gewöhnliche pasteurisierte Milch immer noch gekühlt werden.

Dann folgte die Blitzpasteurisierung, wo man die Milch für nur 15 Sekunden bei 72 °C hält. Heute können die modernen Verarbeitungsmaschinen jedoch Milch sterilisieren, indem sie sie für ganze 2 Sekunden auf 137 °C erhitzen. Dazu wird die Milch durch einen schmalen Spalt zwischen parallel liegenden, beheizten Platten geschickt und dann rasch auf 3 °C abgekühlt. Das nennt sich dann Ultra-Pasteurisierung. So behandelte Milch und Sahne müssen zwar immer noch gekühlt werden, doch ihre Lagerfähigkeit ist je nach Kühltemperatur von 14 – 18 Tagen auf 50 Tage verlängert (die Temperatur sollte nie über 4 °C liegen).

Sagte ich, bei der Ultra-Pasteurisierung würde die Milch auf 137 °C erhitzt? Ja. Aber würde die Milch dann nicht vorher zu kochen beginnen? Ja, das würde sie, wenn sie sich in einem gegenüber der Atmosphäre nicht abgeschlossenen Behälter befände. Doch so wie ein Dampfkochtopf den Siedepunkt des Wassers erhöht, wird die Milch in der Pasteurisierungseinrichtung unter hohem Gasdruck erhitzt, was sie daran hindert, wie üblich zu kochen.

Bei der Einführung der Ultra-Pasteurisierung war Europa uns einen Schritt voraus, und dasselbe gilt für die aseptische oder keimfreie Verpackung. Hierbei wird die Milch wie bei der Ultra-Pasteurisierung bei hoher Temperatur in kurzer Zeit sterilisiert und dann zu den Vorratsbehältern und der Verpackungsmaschine weitergeleitet, die ihrerseits eigens mit Dampf oder Wasserstoffperoxid keimfrei gemacht wurden. Dann wird unter sterilen Bedingungen abgefüllt und verschlossen. Das entsprechende Produkt hält sich ungekühlt mehrere Monate bis zu einem ganzen Jahr. Außerdem kann das Butterfett nicht durch Oxidation ranzig werden, weil die Packung ohne eingeschlossene Luft hermetisch versiegelt ist.

In unseren US-Supermärkten sehen wir selten keimfrei verpackte Milch oder Sahne. Diese Art der Verpackung finden wir vor allem bei Produkten aus Sojamilch und Tofu in den Abteilungen für organisch-biologische und »gesunde« Ernährung sowie bei den kleinen »Trinkkartons« mit Fruchtsäften. In Europa wird die Methode der keimfreien Verpackung weit häufiger angewandt, vielleicht weil die Energie dabei effizienter eingesetzt wird. Die Nahrungsmittel müssen beim Transport nicht gekühlt werden, und die Verpackungen sind leichter als bei der Verwendung von Dosen aus Stahlblech oder Glasflaschen. Wie ich von Informanten aus der Industrie weiß, liegt ein weiterer Grund darin, daß die amerikanischen Verbraucher einer »komisch aussehenden« und nicht gekühlten Milch einfach mißtrauen. Viele Leute haben mir aber auch gesagt, die Milch würde unangenehm gekocht schmecken.

Doch gleichgültig, wie Ihre Milch oder Sahne pasteurisiert oder verpackt worden ist, sie hat wie Sie und ich ein Verfallsdatum. Achten Sie also immer auf das aufgedruckte Datum.

4. KAPITEL

Chemische Verbindungen in der Küche

Ein altes Klischee sagt, Kochen sei Chemie. Klar, die Einwirkung von Wärme auf Nahrungsmittel läßt chemische Reaktionen ablaufen und chemische Veränderungen eintreten, von denen wir dringend erhoffen, daß sie Geschmack, Konsistenz und Verdaulichkeit verbessern. Doch im Unterschied zu den handwerklichen Aspekten der Zubereitung liegt die Kunst des Kochens im Wissen, welche Zutaten wir als »Reagenzien« zusammenstellen und wie wir sie behandeln und kombinieren müssen, damit die lohnendsten chemischen Veränderungen zustande kommen.

Ist diese Darstellung einer der größten Freuden des Lebens noch zu unromantisch? Natürlich. Doch das ändert nichts an der Tatsache, daß alle Speisen chemische Substanzen sind. Kohlenhydrate, Fette, Proteine, Vitamine und Mineralien bestehen alle aus jenen winzigen chemischen Einheiten, die man als Moleküle und Ionen bezeichnet. Eine breite Vielfalt verschiedener Moleküle spielt die unterschiedlichsten Rollen in dieser Melange von fast unendlich verwickelten chemischen Reaktionen, die wir Kochen, Stoffwechsel und tatsächlich auch Leben schlechthin nennen.

Neben den grundlegenden Nahrungsmitteln gibt es noch viele andere Substanzen – chemische Stoffe –, denen wir beim Kochen begegnen. In diesem Kapitel sehen wir uns einige der »chemischen Verbindungen in unserer Nahrung« an, wenn auch nicht unter jenem furchterregenden Aspekt, der diesem Ausdruck oft von Gegnern von Nahrungszusätzen beigelegt wird, sondern in Anerkennung der Tatsache, daß unsere Nahrungsmittel letztlich nichts anderes sind als chemische Stoffe.

120 Chemische Verbindungen in der Küche

Reines Wasser, H_2O, ist natürlich die wichtigste chemische Substanz von allen.

Alles klar beim Wasserfiltern

Was machen diese Wasserfilter eigentlich genau? Ich habe so eine Brita-Filterkanne gekauft, und die soll angeblich mit »Ionenaustauscher-Harzen«, was immer das sein mag, Sachen wie Blei und Kupfer entfernen. Holen die auch nützliche Dinge wie Fluorid heraus?

Der Name Wasserfilter ist irreführend. Das Wort *gefiltert* heißt buchstäblich nur: Wasser ist durch ein Medium geflossen, in dem winzige Löcher oder feine Durchlässe Schwebstoffe zurückhalten. Sind Sie in einem Land unterwegs, wo Ihnen die Wasserversorgung verdächtig vorkommt, und Sie fragen einen Kellner, ob das Wasser filtriert ist, bedeutet eine positive Antwort vielleicht einfach nur, daß Sie hindurchsehen können.

Bei uns in den USA ist *Filter* zu einem Sammelbegriff für Vorrichtungen geworden, die das Wasser nicht nur klären; sie reinigen es, indem sie störenden Geschmack, Gerüche, giftige Chemikalien und krankmachende Mikroorganismen entfernen. Dabei kommt es darauf an, das Trinkwasser sicher und genießbar zu machen.

Mit Nase und Gaumen werden Sie erkennen, ob Sie Gerüche und manchen Geschmack beseitigen wollen. Soweit giftige Chemikalien und Krankheitserreger im Spiel sind, können viele örtliche Wasserversorger oder unabhängige Labors eine Analyse liefern. Je nachdem, wie ausgeprägt Ihre Paranoia ist, suchen Sie vielleicht nach einem Filter, der alles aus dem Wasser entfernt außer der Nässe. Sie sollten jedoch nicht vergessen, daß es Geldverschwendung ist, wenn Sie ein Gerät kaufen, das Sachen entfernt, die gar nicht vorhanden sind. Es kann teuer werden, ständig Filterpatronen zu erneuern.

Welche Arten von »üblem Zeug« können Wasser verseuchen? Industrielle und landwirtschaftliche Chemikalien, Chlor und dessen Nebenprodukte, Metallionen und sogenannte Zysten: winzige, gegen Chlor resistente Kapseln einzelliger Parasiten wie Cryptosporidium und Giardia (*Lamblia intestinalis*), die Darmkrämpfe und Durchfall verursachen können – bei Menschen mit geschwächtem Immunsystem auch ernsthaftere Symptome.

Die Zysten von Cryptosporidium und Giardia sind in der Regel größer als ein Mikron (ein Millionstel Millimeter), also werden sie durch jede Sperre mit kleineren Löchern ausgefiltert. Da aber nicht alle Filtervorrichtungen mit solchen Partikelfiltern versehen sind, sollten Sie, falls derartige Verschmutzungen bei Ihnen ein Problem sind, in der Produktbeschreibung nachlesen, ob auch die Entfernung von Zysten eingeschlossen ist.

Handelsübliche Wasserfilter, die entweder als Gefäße für jeweils eine bestimmte Menge oder als Einbaugerät für den Wasserhahn oder die Leitung ausgelegt sein können, entfernen andere Verunreinigungen auf drei Wegen: mit Holzkohle, mit Ionenaustauscher-Harzen und mit den eigentlichen Partikelfiltern.

Das Arbeitspferd der meisten Wasserfilter ist Aktivkohle, ein Material mit einem gewaltigen und unterschiedslosen Appetit für Chemikalien ganz allgemein und speziell für Gase (einschließlich Chlor). Deren Ausgangsmaterial, die Holzkohle, gewinnt man, indem man organisches Material wie etwa Holz bei begrenzter Luftzufuhr erhitzt, wodurch es zu porösem Kohlenstoff zerfällt, ohne zu verbrennen. Je nach Herstellungsverfahren kann Holzkohle im mikroskopischen Maßstab eine ungeheure innere Oberfläche besitzen. Eine Unze (etwa 30 Gramm) sogenannter Aktivkohle – die beste Sorte gewinnt man aus Kokosnußschalen – kann etwa 85 Quadratmeter innerer Oberfläche aufweisen. Diese Fläche stellt einen attraktiven Landeplatz für wandernde Moleküle der Verunreinigungen in Wasser oder Luft dar, die haftenbleiben, wenn sie landen.

Aktivkohle verwendet man, um farbige Verunreinigungen

aus Zuckerlösungen zu adsorbieren, und in Gasmasken, um giftige Gase zu adsorbieren. (Das ist kein Druckfehler. Adsorption mit »d« bezeichnet das Anhaften einzelner Moleküle an einer Oberfläche, während Absorption mit »b« für das vollständige Aufsaugen einer Substanz steht. Holzkohle adsorbiert, Schwämme absorbieren.) In Wasserfiltern entfernt die Kohle Chlor und andere geruchsbildende Gase sowie eine Vielfalt von Chemikalien, etwa Herbizide und Pestizide.

Nun zu jenen Ionenaustauscher-Harzen. Das sind kleine kunststoffähnliche Körnchen, die Metalle wie Blei, Kupfer, Quecksilber, Zink und Cadmium entfernen. Diese liegen im Wasser natürlich nicht als Metallstücke vor, sondern als *Ionen*.

Wenn die chemische Verbindung eines Metalls sich in Wasser löst, geht das Metall in Form von Ionen, positiv geladenen Atomen, in die Lösung über. Diese Ionen können wir beispielsweise nicht einfach mit Holzkohle aus dem Wasser angeln. Würde man nämlich positive Ladungen entfernen, bliebe das Wasser mit einem Überschuß negativer Ladung zurück, und die Natur macht das hinsichtlich der aufzuwendenden Energie zu einer kostspieligen Angelegenheit, da sie es weitgehend vorzieht, die Welt elektrisch neutral zu halten.

Dennoch können wir etwas tun: Wir können diese positiven Ionen gegen harmlosere positive Ionen austauschen, zum Beispiel gegen Natrium- oder Wasserstoffionen. Genau das erfolgt in einem Ionenaustauscher-Harz. Es enthält schwach gebundene Natrium- oder Wasserstoffionen, die mit den Metallionen im Wasser den Platz tauschen können, wobei die Metalle letztlich im Harz festgehalten werden. Das Harz (wie auch die Aktivkohle) ist am Ende vollständig mit den Verunreinigungen beladen und muß ersetzt werden. Wie lange es seine Aufgabe erfüllt, hängt davon ab, wie verunreinigt Ihr Wasser ist. Falls das Wasser hart ist, wird der Ionenaustauscher auch Kalzium- und Magnesiumionen entfernen, weshalb Sie ihn früher ersetzen müssen.

Die meisten Filtersysteme für den Haushalt enthalten sowohl Aktivkohle als auch Ionenaustauscher-Harz, die gewöhnlich in einer einzigen Patrone vereint sind. Deshalb entfernen sie Metalle und andere Chemikalien, aber nicht zwangsläufig auch krankmachende Zysten. Wie gesagt, lesen Sie, was die Produktbeschreibung über diese Kapseln sagt.

Wird durch Reinigungsfilter auch Fluorid entfernt? In der Regel nicht. Fluorid ist ein negativ geladenes Ion, kein positiv geladenes. Das Ionenaustauscher-Harz, das nur dazu da ist, positive Ionen auszutauschen, nimmt es deshalb gar nicht zur Kenntnis. Wenn eine Filterpatrone neu ist, kann es sein, daß aus den ersten fünf bis zehn Litern Wasser das Fluorid entfernt wird, vermutlich durch Adsorption an der Holzkohle. Danach läßt der Filter das Fluorid jedoch im Wasser.

Die weißen Pulverzwillinge

Manche Rezepte schreiben zum Backen Natron vor, manche Backpulver, und einige verlangen sogar beides. Was ist der Unterschied?

Der liegt in den Chemikalien.

Natron ist eine einzige chemische Substanz, nämlich reines Natriumbikarbonat, während im Backpulver das Natron mit einem oder mehreren sauren Salzen kombiniert ist, etwa mit Kalziumhydrogenphosphat, Dikalziumdihydrogenphosphat, Natriumaluminiumsulfat oder Natriumaluminiumphosphat.

Nachdem ich nun die Herzen der Chemiefans erwärmt und meine übrigen Leser verwirrt habe, sollte man mir die Chance geben, die letzteren zurückzugewinnen.

Sowohl Natron als auch Backpulver verwendet man, um den Teig aufgehen zu lassen. Dabei werden Millionen winziger Bläschen aus Kohlendioxidgas erzeugt, die die Backwaren »aufblähen«. Diese Gasbläschen werden innerhalb des feuchten Teigs freigesetzt, worauf die Hitze des Ofens sie dazu bringt, sich auszudehnen, bis der Backvorgang den Teig versiegelt und sie darin einschließt. Das ergibt (hoffentlich) einen leichten, lockeren Kuchen statt sitzengebliebenen, verklebten Matsch.

Und so funktionieren diese beiden so verwirrend benannten Treibmittel:

Das NATRON setzt Kohlendioxid frei, sobald es mit einer beliebigen sauren Flüssigkeit in Berührung kommt, etwa mit Buttermilch, saurer Sahne oder natürlich auch Schwefelsäure (nicht zu empfehlen). Das leisten alle Karbonate oder Bikarbonate.

Das BACKPULVER hingegen besteht aus Natron, dem bereits eine trockene Säure beigemengt wurde. Man braucht es, wenn ein Rezept keine anderen sauren Zutaten vorsieht. Sobald das Pulver feucht wird, lösen die beiden Chemikalien sich auf und reagieren miteinander, wobei Kohlendioxid entsteht. Sollen sie nicht vorzeitig »losgehen«, muß man genau darauf achten, sie vor Luftfeuchtigkeit zu schützen, und sie dazu in einem dicht verschlossenen Behälter aufbewahren.

> Natron ist fast unbegrenzt haltbar, kann aber saure Gerüche und Geschmacksnuancen aufnehmen, weshalb manche Leute eine offene Packung davon in den Kühlschrank stellen. Dagegen kann Backpulver seine Fähigkeit innerhalb einiger Monate verlieren, weil seine chemischen Bestandteile langsam miteinander reagieren, besonders an feuchter Luft. Ihr Backpulver können Sie prüfen, indem Sie eine Prise in Wasser geben. Falls es nicht heftig zu sprudeln beginnt, hat es seine Wirksamkeit verloren und wird einen Teig kaum aufgehen lassen. Werfen Sie es weg und kaufen Sie eine frische Packung.

In den meisten Fällen ist es nicht erwünscht, daß unser Backpulver sein gesamtes Kohlendioxid freisetzt, sobald wir den Teig anrühren – noch ehe er so weit gebacken ist, daß die Blasen festgehalten werden. Deshalb kaufen wir ein »doppelt wirkendes« Backpulver (was die meisten ohnehin sind, auch wenn es auf der Packung nicht eigens vermerkt ist), das bei Kontakt mit Feuchtigkeit nur einen Teil des Gases abgibt, während der

Rest erst frei wird, wenn im Ofen eine hohe Temperatur erreicht ist. In der Regel sind in dem Pulver zwei verschiedene Chemikalien für diese beiden Reaktionen verantwortlich.

Doch weshalb sollte ein Rezept *sowohl* Natron *als auch* Backpulver vorschreiben? In diesem Fall geht der Kuchen- oder Plätzchenteig eigentlich schon durch das Backpulver auf, das genau die richtigen Anteile von Bikarbonat und Säure enthält, die vollständig miteinander reagieren. Wenn nun zufällig eine saure Zutat wie Buttermilch dazukommt, die dieses Gleichgewicht stören würde, nimmt man eine Portion zusätzliches Bikarbonat in Form von Natron, um die überschüssige Säure zu neutralisieren. (Fragen Sie eine/n Chemiker/in nach diesem Vorgang, aber machen Sie sich eilig davon, falls er oder sie etwas von *Titration* stammelt.)

Bäcker mischen sich als Treibmittel ihr eigenes Hexengebräu aus Chemikalien, das bei den jeweils passenden Zeitpunkten und Temperaturen des Backvorgangs genau die richtigen Mengen Gas abgeben soll. Zu Hause fährt man am sichersten, wenn man hinreichend erprobte Rezepte einfach nicht abändert und die jeweils vorgeschriebene(n) Menge(n) von Treibmittel(n) verwendet.

Verursacht Aluminium diese – wie heißt sie doch gleich wieder – Krankheit?

Wie ich dem Etikett auf dem Behälter meines Backpulvers entnehme, enthält es Natriumaluminiumsulfat. Ist es denn nicht gesundheitsgefährdend, Aluminium zu sich zu nehmen?

Natriumaluminiumsulfat und noch einige andere Aluminiumverbindungen werden von der FDA* als AU eingestuft: **A**llgemein **U**nbedenklich.

---

* Auch innerhalb der EU. – Anm. d. Ü.

Vor etwa 20 Jahren fand man bei einer Studie im Gehirn verstorbener Alzheimer-Patienten erhöhte Aluminiumwerte. Seither läuft immer wieder der Verdacht um, Aluminium könne, ob es nun in der Nahrung, im Wasser oder von sauren Lebensmitteln wie Tomaten aus Aluminiumgeschirr herausgelöst vorliegt, Krankheiten wie Alzheimer, Parkinson und / oder amyotrophische Lateralsklerose verursachen.

In der Folge hat man eine große Zahl von Untersuchungen durchgeführt, die umstrittene und widersprüchliche Resultate erbracht haben. Während der Arbeit an diesem Buch stimmen die Alzheimer-Gesellschaft der USA, die FDA sowie das kanadische Gesundheitsministerium darin überein, daß es bis heute keinen wissenschaftlichen Beweis für einen Zusammenhang zwischen Aluminiumaufnahme und der Alzheimer-Krankheit gibt, weshalb für die Menschen kein Anlaß besteht, Aluminium zu meiden. Die Alzheimer-Gesellschaft formuliert es so: »Die genaue Rolle von Aluminium (und ob es überhaupt eine gibt) wird noch immer erforscht und diskutiert. Die meisten Forscher glauben jedoch, es lägen nicht genügend Beweise vor, um Aluminium als Risikofaktor für Alzheimer oder als Auslöser von Demenz betrachten zu können.«

Als einer von Millionen Menschen, die an chronischem Sodbrennen leiden, nahm ich jahrelang Präparate aus Magnesiumaluminiumhydroxid in starker Dosierung sowie ähnliche aluminiumhaltige Säurehemmer ein, ehe man die neuen Medikamente gegen Reflux erfand. Dennoch kann ich bei mir keinerlei Anzeichen für Alzheimer entdecken.

Also, wie war doch gleich Ihre Frage?

Aluminiumfolie hat eine glänzende und eine stumpfe Seite. Manche Leute glauben, für bestimmte Anwendungen sollte man besser jeweils die eine oder die andere Seite benutzen. Die beiden Oberflächen sehen jedoch nur deshalb verschieden aus, weil beim Auswalzen des Metalls in den letzten Stufen zwei aufeinanderliegende Schichten gleichzeitig durchlaufen. Wo sie mit den polierten Walzen in Kontakt waren, kommen sie glänzend heraus, wo sie einander berührt haben, ist die Oberfläche ein wenig stumpfer.

Ammoniak, das unbekannte Wesen

Ich habe ein altes Rezept, in dem zum Backen Ammoniak vorgeschrieben wird. Was ist das?

Ammoniak ist an sich ein stechend riechendes Gas, das gewöhnlich in Wasser gelöst ist und zum Waschen sowie für Reinigungszwecke verwendet wird. Zum Backen nimmt man jedoch Ammoniumbikarbonat, ein Treibmittel, das in drei Gase zerfällt, wenn man es erhitzt: Wasserdampf, Kohlendioxid und Ammoniak. Es wird nicht mehr oft benutzt – wenn man es überhaupt noch bekommt –, weil das Ammoniakgas einen bitteren Geschmack hinterlassen kann, wenn es beim Backen nicht vollständig ausgetrieben wird. Gewerblich kann man es für Plätzchen verwenden, weil dieses flache Gebäck mit seiner verhältnismäßig großen Oberfläche das Gas leicht entweichen läßt.

Sauer-Power

Das Rezept meiner Mutter für Kohlrouladen schreibt Sauersalz vor. In keinem der Geschäfte, wo ich danach gefragt habe, wußte man, was das sein soll. Und wie Sie sich denken können, weiß ich es auch nicht. Was also ist das, und wo kann ich es kaufen?

Sauersalz ist eine falsche Bezeichnung. Mit Tafelsalz oder Natriumchlorid hat es nichts zu tun. In Wahrheit ist es nicht einmal ein Salz, sondern eine Säure. Das sind zwei unterschiedliche Klassen chemischer Substanzen.

Jede Säure ist eine einzigartige Chemikalie mit Eigenschaften, die sie von allen anderen Säuren unterscheidet. Dafür kann sie aber Dutzende von Derivaten haben, die man Salze nennt; aus jeder Säure leitet sich eine ganze Brut solcher Salze ab. Das sogenannte Sauersalz ist keiner dieser Abkömmlinge in Form eines Salzes, sondern vielmehr eine eigene Ausgangssäure, die *Zitronensäure*. Sie schmeckt extrem sauer und wird deswegen Hunderten von industriell hergestellten Speisen beigemischt, angefangen bei Softdrinks bis hin zu Marmeladen und Tiefkühlfrüchten.

Neben ihren sauren Eigenschaften verzögern Zitronensäure und andere Säuren die durch Enzyme und Oxidation ausgelöste Braunfärbung von Früchten. Gewonnen wird sie aus Zitrusfrüchten oder fermentierter Melasse, und man verwendet sie im Nahen Osten und in Osteuropa in vielen Gerichten, am häufigsten in Borschtsch. Sie finden sie unter der Bezeichnung »Sauersalz« in Läden mit koscheren Lebensmitteln, in den internationalen Abteilungen mancher Lebensmittelketten oder als »Zitronensalz« in Läden des Mittleren Ostens.

Was ihre Säureeigenschaften angeht, steht die Zitronensäure in keiner Weise allein. Alle Säuren sind sauer. Eigentlich sind *nur* Säuren sauer, weil nur sie über die einzigartige Fähigkeit verfügen, sogenannte Wasserstoff- oder Hydrogenionen zu erzeugen, die unsere Geschmacksknospen veranlassen, dem Gehirn kreischend »sauer« zu melden. Die stärksten Säuren in der Küche sind Essig und Zitronensaft. Doch Sauersalz (100 % Zitronensäure in kristalliner Form) ist sehr viel saurer als Essig, der meist nur als fünfprozentige wäßrige Lösung der Essigsäure vorliegt, oder Zitronensaft, der lediglich etwa 7 % Zitronensäure enthält.

Zitronensäure ist insofern einzigartig, als sie die Säure praktisch ohne jeden anderen Geschmack bereitstellt, während das ausgeprägte Eigenaroma von Zitronensaft und Essig in der Geschmacksbilanz eines jeden Gerichts ausbalanciert werden muß. Küchenchefs in den USA könnten sehr wohl davon profitieren, wenn sie für Gerichte, die einen Hauch Säure ohne die begleitenden Zitronen- oder Essigaromen benötigen, einmal Sauersalz ausprobieren würden.

Ein böser Schlag für die Tartaren

Was ist eigentlich Cream of Tartar? Hat es etwas mit Tartarensauce oder mit einem Tartarbeefsteak zu tun?

Absolut nicht. Die Begriffe stammen aus zwei unterschiedlichen Bereichen.

Erstens heißt das Gericht aus gehacktem Rindfleisch korrekt eigentlich Tatarbeefsteak; das Wort ist aus der persischen Bezeichnung »Tataren« für die Mongolenhorden des Dschingis Khan hergeleitet, die im Mittelalter durch Asien und Osteuropa tobten. Von den Europäern wurden die Tataren, wie sollen wir sagen, als kulturell rückständig angesehen, oder zumindest insofern als politisch unkorrekt, als sie sich mit vollständigen Tierhäuten bekleideten und ihr Fleisch oft roh aßen. Einer unserer zeitgenössischen Delikatessen hat man deswegen ihren Namen gegeben: durch den Wolf gedrehtes oder kleingehacktes rohes, mageres Rindfleisch mit gehackten rohen Zwiebeln, rohem Eidotter, Salz und Pfeffer, dazu nach Belieben ein Hauch Tabasco, Worcestershire-Sauce, Dijonsenf, Anchovis und Kapern: *Beefsteak Tatar.* (James Beard wagte es, seines mit Cognac zu kultivieren.)

Ta(r)tarensauce ist Mayonnaise, in die gehackte Gürkchen, Oliven, Schnittlauch, Kapern und dergleichen gemischt werden. Man serviert sie traditionell mit gebackenem Fisch. Die klassische Sauce dieser Art kann Essig, Weißwein, Senf und Kräuter enthalten, und so hat man sie vielleicht wegen ihrer Potenz und ihres eindringlichen Geschmacks mit dem Beinamen »Tartar« versehen. Tatsächlich bezeichnen die Franzosen eine ganze Reihe kräftig gewürzter Gerichte als *à la tartare.* Offenbar schiebt man den Tataren praktisch alles in die

Schuhe, pardon, unter den Sattel, was roh, scharf oder primitiv ist.

Das »Tartar« in *Cream of Tartar* stammt aus einer ganz anderen Ecke. Es ist von dem arabischen Wort *durd* abgeleitet, das die Rückstände oder den Bodensatz in einem Faß gärenden Weins bezeichnet und das über das Lateinische in die romanischen Sprachen und letztlich auch ins Englische gelangt ist[*]. Die englischsprachigen Winzer unserer Tage verwenden den Ausdruck *tartar* speziell für den bräunlichroten, kristallinen Bodensatz, der nach dem Abzug des Weins in den Fässern zurückbleibt. Chemisch gesehen handelt es sich um verunreinigtes Kaliumhydrogentartrat (auch als Kaliumbitartrat oder Weinstein bekannt). »Cream of Tartar« ist eine etwas hochgestochene Bezeichnung für das entsprechende hochreine, weiße Salz, das in Lebensmittelgeschäften angeboten wird.

Der Bodensatz in Weinfässern stammt aus der Weinsäure des Traubensafts, von der der Wein etwa die Hälfte seiner Gesamtsäure hat (fast der ganze Rest kommt von der Apfel- und der Zitronensäure). Das Salz namens Tartrat war lange vor seiner Muttersäure bekannt, und als diese dann von den Chemikern dingfest gemacht wurde, hat man sie (im Englischen) nach dem Rückstand in den Weinfässern benannt, nämlich *tartaric acid*. Es handelt sich hier um einen Fall, in dem die Mutterchemikalie nach ihrem Sprößling getauft wurde.

In der Küche wird Weinstein vor allem dazu verwendet, geschlagenes Eiweiß zu stabilisieren. Dieser Trick funktioniert, weil das Salz sauer reagiert (im Jargon der Wissenschaft: Es senkt den pH-Wert der Mischung). Ob Eischnee stabil ist, hängt von der Koagulation seiner verschiedenen Eiweißbestandteile ab, deren beste Schaumproduzenten als Globuline bekannt sind. Die passenden sauren Bedingungen entziehen den Globulin-Proteinen die elektrischen Ladungen, mit denen sie sich gegenseitig abstoßen, was es ihnen erleichtert, sich in

---

[*] Im Deutschen wird es nur in der Sprache der Chemiker verwendet: Die Salze der Weinsäure heißen Tartrate. – Anm. d. Ü.

den Blasenwänden zusammenzulagern und diese zu verstärken, etwa so, als würden Ballons aus dickerem Gummi hergestellt.

In einer ganzen Reihe von Büchern wird fälschlicherweise behauptet, das weiße Pulver sei Weinsäure und nicht deren Salz namens Weinstein oder auch Kaliumhydrogentartrat. Diesen Fehler begeht man leicht, weil es tatsächlich ein wenig wie eine Säure reagiert, obwohl es ein Salz ist.

Ohne Weinstein würde eine Suppe draus
Portugiesische pochierte Meringen

Dieses ungewöhnliche, schonend gebackene Dessert aus Portugal hört sich möglicherweise nach einer Art »Engelskuchen« an, ist aber eine andere Art von Meringengebäck und kein Kuchen, auch wenn es in einer Napfkuchenform zubereitet wird. Es ist ein Eischneebiskuit mit einer ungewöhnlich leichten und luftigen Konsistenz, die Sie überraschen wird. Ohne den halben Teelöffel Weinstein würde die Eiweißmasse zusammenfallen und wieder in den flüssigen Zustand zurückkehren.

Die Portugiesen sind berühmt für ihre Süßspeisen aus Eidotter und Zucker, die Ovos moles, von denen es buchstäblich Tausende von Variationen gibt. Diese spezielle Meringenart könnte von einem frustrierten Koch erfunden worden sein, der den dabei übrigbleibenden Hort an Eiweiß aufbrauchen wollte. Wenn Sie dieses Rezept zubereitet haben, stehen Sie vor dem umgekehrten Problem: Was fängt man mit 10 Eidottern an? Die Lösung: Machen Sie doch zweimal Zitronencreme (siehe S. 335).

> Etwa 30 Gramm Zucker zum Bestreuen
> 10 Eiweiß mit Raumtemperatur
> ½ Teelöffel Weinstein
> 210 Gramm Zucker
> ½ Teelöffel Vanillezucker
> ¼ Teelöffel Mandelextrakt (falls erwünscht)
> In Scheiben geschnittene, gesüßte Früchte, Beeren
> oder Fruchtsauce

1. Zwei Liter Wasser aufkochen und für spätere Verwendung simmern lassen. Eine Napfkuchenform (Fassungsvermögen etwa 3 Liter) mit Ölspray einsprühen, überschüssiges Fett mit Küchenpapier abtupfen. Mit Zucker bestreuen und schwenken, bis die gesamte Innenfläche gezuckert ist. Überschüssigen Zucker abklopfen. Den Rost im Backrohr auf der untersten Stufe einschieben und das Rohr auf 175°C vorheizen.
2. Eiweiß samt Weinstein mit dem elektrischen Handmixer in einer mittelgroßen Schüssel zu Eischnee schlagen. Zucker eßlöffelweise einarbeiten. Weiterschlagen, bis die Rührbesen eine Spur hinterlassen und leichte Spitzen stehenbleiben. Vanillezucker und gegebenenfalls Mandelextrakt unterziehen. Nicht zuviel schlagen, da die Mischung im Rohr sonst übermäßig aufgeht.
3. Eischneemischung in die Form füllen, dabei mit einem Messer oder einem Metallwender sachte durch die Mischung schneiden, damit größere Luftblasen entweichen können. Die Napfkuchenform in eine flache Bratpfanne und mit dieser auf den Rost stellen. Das schwach siedende Wasser etwa 3 cm hoch in die Bratpfanne gießen, damit eine Art Wasserbad entsteht. Etwa 45 Minuten backen, bis die Meringe fest und an der Oberseite braun ist. Falls sie zu sehr aufgeht, keine Bange, sie wird sich auch wieder setzen.
4. Aus dem Rohr nehmen und das Gebäck sofort mit einem Spatel von der Form lösen, falls es anzuhaften scheint. Normalerweise sollte es leicht herausgleiten. Auf eine große, hell gefärbte Platte stürzen. Auf Zimmertemperatur abkühlen lassen. Man kann sie so oder gekühlt servieren. Sie läßt sich im Kühlschrank aufbewahren, sollte aber innerhalb 24 Stunden verzehrt werden, wenn man den frischen Geschmack genießen will. Zum Servieren keilförmige Stücke herausschneiden und diese mit gesüßten frischen Früchten, Beeren oder Fruchtsauce anreichern.

Ergibt etwa 12 Portionen.

Jekyll und Hyde in einer Flasche

Warum duftet Vanilleextrakt so wunderbar und gibt Speisen einen so guten Geschmack, während er aus der Flasche so gräßlich schmeckt?

Vanilleextrakt besteht zu etwa 35 % aus Äthylalkohol, der scharf und raß schmeckt. Whisky und andere destillierte Getränke enthalten sogar noch mehr Alkohol, das ist klar (gewöhnlich um die 40 %), aber sie werden durch altehrwürdige Aromatisierungs- und Reifungsprozesse liebevoll veredelt, was die Schärfe mildert.

Damit »reiner Vanilleextrakt« als solcher gekennzeichnet werden darf, muß er aus echten Vanilleschoten extrahiert werden. Die chemische Substanz, die den Schoten den größten Teil ihres großartigen Geschmacks und Aromas verleiht, ist das Vanillin, und Chemiker können Vanillin um einiges billiger herstellen als der Vanillestrauch. Synthetisches Vanillin wird gewerblich eingesetzt, um Backwaren, Süßigkeiten, Eiskrem und dergleichen zu aromatisieren. Es ist mit der natürlich gewonnenen Substanz identisch (ein »naturidentisches« Aroma) und die wichtigste Zutat für nachgeahmten Vanillegeschmack.

Allerdings ist der echte Vanilleextrakt sehr viel komplexer zusammengesetzt (man hat darin mehr als 130 verschiedene chemische Verbindungen nachgewiesen) als das chemisch reine Vanillin, weshalb es sich nicht lohnt, das imitierte Zeug zu kaufen, besonders da man so wenig von dem Extrakt benötigt und er sich unbegrenzt hält.

In manchen Fällen ist es sogar am besten, eine ganze Vanilleschote zu verwenden, die man für wenig Geld in einem luftdichten Reagenzröhrchen aus Glas oder Kunststoff kaufen kann. Die Schote sollte von elastischer, lederartiger Konsistenz sein, nicht vertrocknet und hart. Geschmack und Aroma der Vanille sind vor allem in den Samenkörnern und ganz besonders in der sie umgebenden öligen Flüssigkeit innerhalb der Schote konzentriert. Will man bei einem Rezept den intensivsten Geschmack gewinnen, sollte man also die Schote mit einem scharfen Messer der Länge nach aufschneiden und die Samen verwenden, die man mit dem Messerrücken herauskratzt.

Doch auch die Schoten selbst sind aromatisch und voller Geschmack und sollten nicht einfach weggeworfen werden. Bedecken Sie sie in einem dicht verschließbaren Glas für einige Wochen vollständig mit Zucker und schütteln Sie das Glas in regelmäßigen Abständen. Der Zucker nimmt das Aroma der Vanille in sich auf und bereichert Kaffee oder kann zum Aromatisieren von Backwaren verwendet werden.

Wird es wirklich besser?

Was ist Natriumglutamat, und kann es wirklich »Geschmack verbessern«?

Es kommt einem sicherlich mysteriös vor, daß diese so unschuldig aussehenden, feinen weißen Kristalle ohne einen echten Eigengeschmack wirklich imstande sein sollen, die natürlichen Geschmackseigenschaften einer Vielfalt von Speisen zu verstärken. Das Geheimnis liegt dabei nicht sosehr darin, ob Natriumglutamat tatsächlich wirkt – das bezweifelt niemand –, sondern *wie* es wirkt. Wie bei so vielen alten durch Zufall gefundenen Methoden hat fehlendes wissenschaftliches Verständnis die Leute nicht davon abgehalten, die Segnungen von Glutamat seit mehr als zwei Jahrtausenden zu genießen.

Der Ruf des Natriumglutamats, es würde den Geschmack verbessern, ist deshalb so schwer zu schlucken, weil die Terminologie ein wenig irreführend ist. Sogenannte Geschmacksverbesserer heben den Geschmack von Speisen nicht in dem Sinn, daß diese anschließend besser schmecken. Es hat eher den Anschein, als würden sie bestimmte, bereits vorhandene Geschmackseigenschaften intensivieren oder verstärken, weshalb ich sie als Geschmacks*verstärker* bezeichne.

An dieser Stelle bin ich verpflichtet, die Debatte über die Wirkungen von Natriumglutamat auf empfindliche Personen aufzugreifen.

Wer hätte nicht schon einmal vom Chinarestaurant-Syndrom (CRS) gehört? Dieses unglückliche und politisch unkorrekte Etikett hat man 1968 einer diffusen Sammlung von Symptomen angehängt, zu denen Kopfschmerzen und ein brennendes Gefühl gehören, von denen Leute berichteten, nachdem sie ihr nach den Nummern auf der Speisenkarte ausgewähltes Menü verzehrt hatten. Der Schuldige hinter CRS schien Natriumglutamat zu sein, und so entbrannte ein dreißigjähriger Krieg um dessen Sicherheit als Nahrungszusatz.

In der einen Ecke haben wir in den USA die National Organization Mobilized to Stop Glutamate (etwa: Landesorganisation für das Verbot von Glutamat), deren unkomplizierte Lösung für das Problem aus dem Namen abzulesen ist. Dieser Gruppierung zufolge sind Glutamate in ihren vielen Verkleidungen (siehe unten) für mindestens 23 Leiden verantwortlich, von der triefenden Nase und den Ringen unter den Augen bis hin zu Panikattacken und teilweisen Lähmungen.

In den anderen drei Ecken finden sich, wie leicht vorherzusagen, die Hersteller industriell gefertigter Nahrung, in deren Augen Glutamat und ähnliche Verbindungen höchst wertvoll sind, weil sie ihre Produkte für den Verbraucher attraktiver machen.

Offizieller Schiedsrichter ist die FDA, die, nachdem sie viele Jahre hindurch Daten ausgewertet hat, davon überzeugt bleibt, daß »Natriumglutamat und verwandte Substanzen für die meisten Personen unschädlich sind, wenn sie in üblichen Mengen verzehrt werden«. Das Problem ist, daß »die meisten Personen« nicht alle Personen einschließen, und die FDA kämpft noch immer darum, die Kennzeichnung glutamathaltiger Nahrungsmittel in den USA so zu regeln, daß sie für alle Verbraucher von größtem Nutzen ist.

Ein japanischer Chemiker war es, der 1908 erstmals Natriumglutamat aus Kombu-Algen isolierte. Die Japaner nennen es *aji-no-moto*, was »Geschmacksessenz« oder »Ursprung des Geschmacks« bedeutet. Heute werden in 15 Ländern insgesamt 200 000 Tonnen reines Natriumglutamat hergestellt. Man verkauft es lastwagenweise an Hersteller industriell gefertigter Nahrung und unter verschiedenen Marken grammweise an Verbraucher.

Natriumglutamat ist ein Salz der Glutaminsäure, die zu den häufigsten Aminosäuren gehört, aus denen sich wiederum die Proteine zusammensetzen. Die Fähigkeit zur Verstärkung des Geschmacks findet sich im Glutamat-Teil des Moleküls, weshalb jede Verbindung, die Glutamat freisetzt, für diesen Trick geeignet ist. Die Mononatriumform ist lediglich die konzentrierteste und gebräuchlichste Variante von Glutamat.

Parmesankäse, Tomaten, Pilze und Algen sind gute Quellen für freies Glutamat. Deswegen kann ein kleiner Anteil einer dieser Zutaten dem Geschmack eines Gerichts einen gewaltigen Schub verpassen. Die Japaner haben sich das Algen-Glutamat traditionell in feinen, delikaten Suppen zunutze gemacht.

Unser Geschmackssinn ist mit einigen sehr komplizierten chemischen und physiologischen Reaktionen verbunden. Wie das Glutamat sich hier genau einfügt, ist nur schwer dingfest zu machen. Doch es gibt eine Reihe von Einfällen, mit denen man herumgespielt hat.

So weiß man, daß unterschiedliche Geschmacksmoleküle sich für unterschiedlich lange Zeit an unsere Geschmacksknospen anlagern, ehe sie sich wieder lösen. Demnach könnte es sein, daß bestimmte Moleküle durch Glutamate länger einwirken können und deshalb kräftiger schmecken. Wahrscheinlich gibt es für Glutamate auch eine eigene Gruppe von Geschmacksrezeptoren, die sich von den Rezeptoren für das traditionell genannte Quartett süß, sauer, salzig und bitter unterscheiden. Um die Angelegenheit noch komplizierter zu machen, sind außerdem eine ganze Menge anderer Stoffe imstande, den »Geschmack zu heben«.

Vor langer Zeit haben die Japaner ein Wort erfunden, mit dem die einzigartigen Wirkungen der Algenglutamate auf den

Geschmackssinn beschrieben werden: *umami*. Heute wird allgemein anerkannt, daß *umami* für eine eigene, durch Glutamate angeregte Familie pikanter Geschmackseigenschaften steht, ähnlich der Familie süßer Geschmacksrichtungen, die durch Zucker, Aspartam und deren Saccharin-Verwandte ausgelöst wird.

Glutaminsäure ist in vielen Proteinen vorhanden, die auf mehreren Wegen zu freien Glutamaten abgebaut werden können, unter anderem durch bakterielle Fermentation und unsere eigene Verdauung (die Proteine des menschlichen Körpers enthalten etwa vier Pfund Glutamat). Der chemische Abbau wird Hydrolyse genannt: Wann immer wir also »hydrolysiertes Protein« beliebigen Ursprungs – aus Pflanzen, Soja oder Hefe – auf einem Nahrungsetikett lesen, ist wahrscheinlich freies Glutamat enthalten. Hydrolysierte Proteine sind die am häufigsten gebrauchten Geschmacksverstärker in industriell gefertigten Speisen.

Auch wenn ein Nahrungsprodukt vielleicht kein Glutamat im eigentlichen Sinn enthält und sogar mit der Aufschrift »ohne Glutamat« versehen ist, kann es sehr wohl andere Glutamate enthalten. Wenn Sie also den Verdacht haben, zu der kleinen Anzahl der Menschen zu gehören, die auf Glutamat überempfindlich reagieren, sollten Sie auch auf folgende schönfärberische Bezeichnungen auf den Packungen von Suppen, Gemüsen und kleinen Zwischenmahlzeiten achten: hydrolysiertes pflanzliches Protein, autolysiertes Hefeprotein, Hefe-Extrakt, Hefe-Nährstoffe und natürliche Aromen oder Aromastoffe.

Sie fragen, was ein »natürliches Aroma« ist? Das ist eine Substanz, die aus einem natürlich vorkommenden Stoff abgeleitet und nicht von Grund auf im Labor hergestellt worden ist. Damit es als »natürlich« bezeichnet werden darf, kommt es nicht darauf an, wie chemisch kompliziert oder vielschichtig das Verfahren sein mag, mit dem der am Ende isolierte Geschmacksstoff gewonnen worden ist, solange der Vorgang nur mit etwas begonnen wurde, was nicht der Mensch erzeugt hat.

In den einschlägigen Vorschriften der EU* liest sich das folgendermaßen (Aktenzeichen Aromen, Anlage 1 zu Abs. 1 und § 4 Abs. 1 Nr. 3 Buchstabe a): »Natürliche Aromastoffe [sind] chemisch definierte Stoffe mit Aromaeigenschaften, gewonnen durch geeignete physikalische Verfahren (einschließlich Destillation und Extraktion mit Lösungsmitteln), durch enzymatische oder mikrobiologische Verfahren aus Ausgangsstoffen pflanzlicher oder tierischer Herkunft, die als solche verwendet oder mittels herkömmlicher Lebensmittelzubereitungsverfahren (einschließlich Trocknen, Rösten und Fermentieren) für den menschlichen Verzehr aufbereitet werden.«

Haben Sie's kapiert?

Neue Mathematik: Null ≠ 0

Warum steht auf der Verpackung meines Sahnekäses, er würde kein Kalzium enthalten? Er ist doch schließlich aus Milch, oder?

Verzeihen Sie bitte die doppelte Verneinung, aber Sahnekäse enthält nicht »kein Kalzium«. In der sinnleer-geschwätzigen Welt der Lebensmittel-Etiketten heißt null nicht dasselbe wie nichts.

Genaugenommen gibt es so etwas wie die Menge Null einer beliebigen Substanz gar nicht. Man kann nur sagen, eine Menge sei zu klein, als daß man sie mit einem Analyseverfahren, welcher Art auch immer, feststellen könnte. Wenn man eine bestimmte Substanz nicht findet, heißt das noch lange nicht, daß nicht ein paar Millionen Moleküle davon unterhalb Ihrer Empfindlichkeitsschwelle herumlungern.

Mit diesem grundlegenden Prinzip im Hintergrund sah die

---

* Die im Original zitierte Regelung des U. S. Code of Federal Regulations mit dem Aktenzeichen 101.22(a)(3) wurde in der deutschen Fassung durch die betreffende EU-Regelung ersetzt. – Anm. d. Ü.

Neue Mathematik : Null ≠ 0   139

FDA sich einem Problem gegenüber: Welche Obergrenzen sollte sie für bestimmte Zutaten festlegen, ehe den Nahrungsmittelherstellern erlaubt werden könnte, auf der Liste der Inhaltsstoffe anzugeben, dieser Stoff sei »nicht« oder zu »0 Prozent« enthalten oder das Gericht sei »keine nennenswerte Quelle« dafür? Das war keine leichte Aufgabe, besonders bei so aufgeladenen Fragen wie der, ab wann ein Nahrungsmittel als »fettfrei« bezeichnet werden kann (es amüsiert mich immer wieder, wenn ich statt »3 % Fett« lesen darf, etwas sei zu »97 % fettfrei«).

Sahnekäse ist ein besonders interessanter Fall, weil sein Kalziumanteil geradewegs auf den Rand von »null« fällt.

Da diese Käsesorte, erstens, nun einmal aus Sahne oder einer Mischung aus Milch und Sahne hergestellt wird, enthält sie weniger Kalzium, als Sie vielleicht glauben. Der überraschende Grund dafür: Sahne enthält wesentlich weniger Kalzium als eine Milchmenge gleichen Gewichts. In 100 Gramm Vollmilch finden sich durchschnittlich 119 Milligramm Kalzium, während vollfette Sahne nur 65 Milligramm enthält. Milch ist nämlich weniger fettig und wäßriger als Sahne, und der größere Teil des Kalziums liegt in den wäßrigen Anteilen vor. Deshalb kann es möglicherweise weitgehend in der wasserhaltigen Molke zurückbleiben, wenn der Weißkäse gerinnt. Das gilt ganz besonders für Sahnekäse, dessen Molke relativ sauer ist (im Jargon der Wissenschaft: pH 4,6−4,7) und deshalb mehr Kalzium zurückhalten kann.

Dadurch bringt Sahnekäse es schließlich nur auf 23 Milligramm Kalzium pro Unze (entspricht 740 Milligramm pro Kilo), während eine Unze Mozzarella (etwa 30 Gramm) beispielsweise 147 Milligramm davon enthält. Natürlich sind auch 23 Milligramm immer noch ein wenig Kalzium und nicht gar keines. Wie kommt es dann, daß es auf dem Etikett mit »0 Prozent« aufgeführt ist?

Jetzt heißt es aufpassen, denn hier wird es ein wenig kompliziert. Der Prozentsatz eines Nährstoffs, der auf der Liste der Inhaltsstoffe angegeben ist, gibt nicht den Anteil des Nährstoffs im Produkt wieder. Es handelt sich vielmehr um den Prozentsatz der für diesen Nährstoff empfohlenen *täglichen Aufnahme-menge*. Dieser Wert gibt an, welchen Teil jener empfohlenen Menge ein Verbraucher mit einer Portion dieses Lebensmittels aufnimmt.

So liefert eine Portion Erdnußbutter von 32 Gramm laut Etikett beispielsweise 25 % der für einen Tag empfohlenen Fettmenge. Doch diese Portion von 32 Gramm enthält 16 Gramm Fett, so daß der Fettgehalt in Wahrheit 50 % beträgt.

Nun zurück zum Sahnekäse. Die empfohlene Menge für Kalzium liegt bei satten 1000 Milligramm täglich, die 23 Milligramm in einer Unze Sahnekäse entsprechen also nur 2 % der empfohlenen täglichen Aufnahmemenge. Und nun raten Sie mal! Die FDA gestattet es, einen Anteil von 2 % oder weniger pro Portion mit »0 Prozent« wiederzugeben.

Und die Moral von der Geschicht':

Wenn die kleine Miss Muffet auf den Doktor gehört hätt',
Gäb' es Molke statt Quark
Und nicht Osteoporose
Als Diagnose.
Denn mit Kalzium blieben die Knochen stark.

Alufolie? Ätsch, nichts (mehr) da!

Als ich das letzte Mal Lasagne zubereitet habe, schob ich die mit Alu-folie abgedeckten Reste in den Kühlschrank. Als ich sie zum Aufwär-men wieder herausholte, stellte ich fest, daß die Folie überall, wo sie mit der Lasagne in Berührung gewesen war, kleine Löcher aufwies. Ist da etwa Chemie im Spiel gewesen? Und wenn ja, was stellt die Lasagne dann erst mit unserem Magen an?

Wie Sie schon befürchtet haben, frißt die Lasagne tatsächlich Löcher ins Metall (das soll keine Anspielung auf Ihre Koch-künste sein). Aluminium ist, wie die Chemiker sagen, ein reaktionsfreudiges Metall, das von Säuren wie der Zitronensäure und anderen in Tomaten enthaltenen organischen Säuren angegriffen wird. Tatsächlich sollten Sie Tomatensauce oder andere säurehaltige Speisen nicht in Aluminiumgeschirr kochen, da diese genug Metall lösen können, daß das Gericht metallisch schmeckt. Die Magenschleimhäute hingegen umschließen eine weit stärkere Säure (Salzsäure) als die in Nahrungsmitteln je vorkommenden Säuren und sind sogar gegen den Kaffee im Büro resistent.

In Ihrem Fall jedoch hat sich neben der schlichten Auflösung eines Metalls durch eine Säure noch etwas anderes abgespielt. Wie sich zeigen läßt, kann Tomatensauce nur dann Löcher in eine Alufolie auf einem Speiserest in einem Behälter fressen, wenn das Gefäß aus Metall und nicht aus Glas oder Kunststoff hergestellt ist. Ich weiß also, ohne Sie überhaupt danach gefragt zu haben, daß Ihr Lasagnerest in einer Kasserolle oder Schüssel aus Edelstahl gewesen sein muß, oder nicht? (Das ist Grundlagenwissen, mein lieber Watson.)

Wenn das Metall Aluminium gleichzeitig Kontakt mit einem anderen Metall und einem elektrischen Leiter wie Tomatensauce hat (Sie wußten selbstverständlich, daß Tomatensauce elektrisch leitfähig ist, oder?), ergibt die Kombination dieser drei Materialien eine elektrische Batterie. Ja, eine richtige, echte Batterie. Es ist also nicht ein einfacher chemischer, sondern ein elektrischer (genauer gesagt, ein elektrolytischer) Vorgang, der die Folie verschlingt. Obwohl es schwierig und zudem eine ziemlich schmuddelige Angelegenheit wäre, Ihren Walkman mit Lasagne-Energie zu betreiben, könnte man es grundsätzlich durchaus tun.

Folgendes läuft dabei ab:

Ihre Schüssel aus Edelstahl besteht natürlich vorwiegend aus Eisen. Nun ziehen Eisenatome ihre Elektronen weit stärker an als Aluminiumatome die ihren. Wenn sich also eine Gelegenheit bietet, werden die Eisenatome der Schüssel den Aluminiumatomen der Folie Elektronen stehlen. Diese Gelegenheit wird durch die Sauce bereitgestellt, da sie einen elektrisch leitfähigen Pfad anbietet, durch den die Elektronen vom Aluminium zum Eisen kommen können. Ein Aluminiumatom, das Elektronen verloren hat, ist jedoch kein Atom metallischen Aluminiums mehr, sondern ein Atom einer Aluminiumverbindung, die sich in der Sauce auflösen kann (im Jargon der Wissenschaft: Das Aluminium ist zu einer säurelöslichen Verbindung oxidiert worden). Wie Sie sehen können, hat die Alufolie sich nur dort aufgelöst, wo die Sauce es ermöglicht, daß Elektronen vom Aluminium zum Eisen übertragen werden.

Hätten Sie die Lasagne in einem nicht aus Metall bestehenden Behälter aufbewahrt, wäre nichts dergleichen geschehen, weil Glas und Kunststoff nicht bestrebt sind, anderen Stoffen Elektronen abzusaugen. Das müssen Sie mir entweder glauben oder sich für den nächsten Chemiekurs an der VHS eintragen.

Sie können das auch selbst ausprobieren. Geben Sie in drei Schüsseln – aus Edelstahl, Kunststoff und Glas – je etwa einen Eßlöffel Tomatensaft (Ketchup geht auch). Legen Sie einen Streifen Alufolie auf jeden Saucenklecks, wobei Sie dafür sorgen müssen, daß die Folie auch mit dem Behälter in guten Kontakt kommt. Wie Sie nach zwei Tagen erkennen werden, ist die Folie in der Stahlschüssel überall dort weggefressen, wo sie die Tomatensauce berührt hat, während die Folie in den anderen beiden Schüsseln unverändert ist.

Diese Geschichte liefert uns ein paar praktische Regeln: Erstens können Sie Ihre übriggebliebene Sauce – und nicht nur Tomatensauce, sondern jede säurehaltige Sauce wie etwa eine Weißweinreduktion oder eine mit Zitronensaft oder Essig – in jeder Art von Behälter aufbewahren und diesen mit allem abdecken, was Sie wollen. Wenn es jedoch zufällig eine Metallschüssel mit einer Abdeckung aus Alufolie ist, sollten Sie einfach darauf achten, daß die Folie nicht mit der Sauce in Berührung kommt.

Zweitens können Sie Lasagneformen aus Aluminium, die im Supermarkt verkauft werden, ohne Bedenken benutzen.

Essig »passiert« einfach   143

Sie sind nicht teuer und recyclingfähig, und sie erfüllen ihren
Zweck. Selbst wenn Sie sie mit Alufolie abdecken, liegt einfach
Aluminium auf Aluminium – keine zwei verschiedenen Me-
talle, also auch keine elektrolytische Korrosion.

Essig »passiert« einfach

*Ich habe so viel darüber gelesen, was Essig alles kann – angefangen bei
der Reinigung von Kaffeekannen bis hin zur Linderung arthritischer
Schmerzen und einer erleichterten Gewichtsabnahme. Was ist an Essig
so besonders?*

Essig ist seit Tausenden von Jahren bekannt. Er mußte ursprünglich nicht einmal hergestellt werden, weil er sich letztlich selbst produziert. Wo immer ein wenig Zucker oder Alkohol herumsteht, ist Essig nicht weit.

Wie Ihnen jeder Chemiker, ohne einen Augenblick zu zö-
gern, sagen wird, ist Essig eine Lösung von Essigsäure in Wasser. Doch wir könnten auch Wein als Lösung von Alkohol in
Wasser bezeichnen. Essig ist aber weit mehr als das. Die belieb-
testen Essigsorten werden aus Weintrauben (roter oder weißer
Weinessig), Äpfeln (Apfelessig), Gersten- oder Hafermalz
(Malzessig) und Reis (... igitt, Reisessig!) hergestellt. Alle behalten chemische Substanzen ihrer Ausgangsstoffe, denen sie
einzigartige Geschmacksvarianten und Aromen verdanken.
Darüber hinaus gibt es auch noch Essigsorten, die man vorsätzlich mit Himbeeren, Knoblauch, Estragon und praktisch allem
anderen aromatisiert, was man in eine Flasche stopfen und ein
paar Wochen ziehen lassen kann.

Am oberen Ende des Reinheitsspektrums findet sich der
vertraute destillierte farblose Essig, der in der Tat nichts anderes
ist als 5 % reine Essigsäure in Wasser und der in der Wäsche-
pflege ebenso eingesetzt wird wie in der Küche. Da man ihn
aus Industriealkohol herstellt und durch Destillation reinigt,

enthält dieser Essig keinerlei Geschmack von Früchten, Getreide oder anderen Ausgangsstoffen.

Zuletzt kommt dann der Balsamessig. Echten *aceto balsamico* stellt man in der italienischen Emilia Romagna und dort besonders in und um Modena schon seit fast tausend Jahren her. Dort zerquetscht man Trebbiano-Trauben zu Most (Saft und Schalen gemeinsam), der dann vergoren wird und in einer Abfolge von Holzfässern mindestens zwölf und manchmal sogar hundert Jahre lang reift. Das ergibt ein dickflüssiges braunes Gebräu mit herbsüßem, an Eichenholz erinnerndem Geschmack. Man verwendet ihn in kleinen Mengen als Gewürz und nicht sosehr in der vertrauten Weise, in der wir den gewöhnlichen Essig benutzen.

Leider gibt es keine bindenden Vorschriften, wer das Wort *balsamico* auf das Etikett drucken darf, und so findet sich der Begriff manchmal auf kleinen, phantasievoll geformten Flaschen mit gesüßtem und karamelgefärbtem Essig, die zu jedem Preis verkauft werden, den der Markt hergibt. Selbst wenn auf dem Etikett *Aceto Balsamico di Modena* steht, gibt es in Wahrheit keine Möglichkeit, den Inhalt zu beurteilen. In ihrem Buch *The Splendid Table* (William Morrow, 1992) drückt Lynn Rosetto Kasper es so aus: »Balsamessig zu kaufen konfrontiert einen mit allen Risiken des russischen Roulettes« (nun ja, vielleicht nicht mit allen), und: »Der Preis ist kein Hinweis auf die Qualität.« Ihr Rat: Die echte Ware, die in Italien nach dem langwierigen, herkömmlichen Handwerksverfahren hergestellt wurde, erkennt man an der Aufschrift *Aceto Balsamico Tradizionale di Modena* oder der merkwürdig zweisprachigen Kennzeichnung *Consortium of Producers of Aceto Balsamico Tradizionale di Reggio-Emilia*. Und vergessen Sie Ihre Kreditkarte nicht.

Aber, ey, wenn Sie eine Flasche Essig mit der Aufschrift *balsamico* finden, die Ihnen gefällt, dann sollten Sie sie, ganz egal, wie bescheiden der Preis sein mag, mitnehmen und verwenden, wie es Ihnen gefällt.

Essig »passiert« einfach 145

Nun folgt die Beschreibung, wie jede Art von Essig »passiert«, ob spontan in der Natur oder durch vorsätzliches Eingreifen des Menschen.

Es läuft in zwei chemischen Reaktionsschritten ab: 1) Zukker wird in Äthylalkohol und Kohlendioxidgas zerlegt. 2) Der Äthylalkohol wird zu Essigsäure oxidiert. Die erste Umwandlung, die Gärung, macht in Gegenwart von Enzymen der Hefe oder von Bakterien aus den Zuckern der Trauben Wein und aus unzähligen anderen Kohlenhydraten unzählige andere alkoholische Getränke. In der zweiten Stufe tragen Bakterien mit dem Namen *Acetobacter aceti* dazu bei, daß der Alkohol mit dem Luftsauerstoff reagiert und Essigsäure bildet. Auch ohne *Acetobacter* können Weine oxidieren und damit sauer werden, doch dieser Prozeß verläuft langsamer[*].

Essig können Sie zu Hause aus Wein oder anderen alkoholischen Flüssigkeiten selbst herstellen, indem Sie eine kleine Menge Essig mit einer großen Zahl Essigsäurebakterien (der Essigmutter) zugeben, um die Reaktion in Gang zu setzen. Alles weitere, was Sie über die Herstellung von Essig wissen müssen, erfahren Sie bei Vinegar Connoisseurs International unter www.vinegarman.com.

Handelsüblicher Essig enthält zwischen 4,5 und 9 % Essigsäure, wobei die gängigen Sorten bei 5 % liegen. So stark muß er mindestens sein, um Nahrungsmittel haltbar machen zu können, was zu den verehrungswürdigsten Anwendungen des Essigs gehört, da die meisten Bakterien in Flüssigkeiten mit diesem oder einem stärkeren Säuregrad nicht gedeihen können.

Wo ich schon mal dabei bin, noch ein paar Worte über Säuren. Für viele Leute scheint das Wort *Säure* fast gleichbedeutend mit *korrosiv* zu sein. Dabei denken sie zweifellos an Mineralsäuren wie Schwefelsäure und Salpetersäure, die tatsächlich einen Volkswagen auflösen könnten. Essigsäure können wir je-

---

[*] Das englische Wort *vinegar* (Essig) ist vom französischen *vin aigre* abgeleitet, was saurer Wein bedeutet.

doch aus zwei Gründen ohne schädliche Folgen für die Gesundheit zu uns nehmen: Einmal ist es eine schwache Säure, und außerdem ist Essig eine ziemlich dünne Lösung. Hundertprozentige Essigsäure ist dagegen recht korrosiv, Sie sollten sie nicht auf der Haut haben und noch viel weniger auf dem Salat. Selbst mit 5 % ist Essig nach dem Zitronensaft die zweitstärkste Säure in der Küche.

Wozu taugt Essig? Wozu taugt er, zumindest angeblich, *nicht*? Die Volksmedizin kennt eine Fülle von Behauptungen, wonach er gegen Kopfschmerzen, Schluckauf und Schuppen helfen soll, Sonnenbrand und Insektenstiche lindert, und glaubt man einer Werbung für chinesischen Reisweinessig, ist er »das Geheimnis für langes Leben, Ruhe, Gleichgewicht und Kraft«. Die Anhänger dieser und ähnlicher Volksheilmittel werden Sie eifrig davon in Kenntnis setzen, daß die Wissenschaft nicht in der Lage sei, ihre Unwirksamkeit zu beweisen. Der Grund liegt natürlich einfach darin, daß Wissenschaftler ihre Zeit besser nutzen können, als hinter solchen Irrlichtern herzujagen.

Ein Schneidbrett oder einen Metzgerklotz, auf dem Sie rohes Fleisch oder Geflügel zerlegt haben, sollten Sie am besten mit einer desinfizierenden Lösung abspülen, die Sie beispielsweise erhalten, wenn Sie ein oder zwei Eßlöffel Chlorbleiche in einem Liter Wasser auflösen. Dieses Mittel hinterläßt auf dem Holz jedoch einen lange anhaltenden Chlorgeruch, der nur sehr schwer abzuwaschen ist.

Mit Essig läßt er sich beseitigen. Spülen Sie das Brett mit einem beliebigen Essig nach – die Essigsäure neutralisiert das alkalische Natriumhypochlorit der Bleiche und tötet den Geruch ab.

Ich will mich zwar nicht auf das Gebiet von Frau Clementine vorwagen, aber wenn Sie nach der Wäsche Ihrer weißen Kleidung in Chlorbleiche dem letzten Spülwasser einen Schuß Essigessenz (oder anderen weißen Essig aus destilliertem Alkohol) zugeben, werden Ihre Einstecktüchlein nicht wie ein Chemielabor stinken.

Vorsicht bei Kartoffelkeimen

Wird eine Kartoffel mit grüner Schale am Ende irgendwann reif?

Nein, nein, nein. Sie ist nicht grün, weil sie unreif ist; Kartoffeln sind in jedem Entwicklungsstadium zum Verzehr geeignet. Und sie stellen das Grün auch nicht deswegen zur Schau, weil es sich um ein traditionelles irisches Nahrungsmittel handelt. Die grüne Farbe ist der »Pfui-Teufel-Aufkleber«, mit dem Mutter Natur uns vor Gift warnt.

Kartoffelpflanzen enthalten Solanin, ein bitter schmeckendes Mitglied der berüchtigten Familie der Alkaloide, einer Gruppe hochwirksamer und giftiger pflanzlicher Chemikalien, zu denen Nikotin, Chinin, Kokain und Morphin gehören. Der größte Teil des Solanins in Kartoffelpflanzen findet sich in und unter der Schale der Knolle und in geringerem Maß in den Augen.

Wird eine Kartoffel, die gewöhnlich im Untergrund zu Hause ist, während des Wachstums zufällig freigelegt oder nach der Ernte für einige Zeit dem Licht ausgesetzt, glaubt sie, es sei an der Zeit, aufzuwachen und mit der Photosynthese zu beginnen. Also produziert sie Chlorophyll und legt sich an der Oberfläche eine grüne Färbung zu. In den gleichen Bereichen produziert sie auch Solanin.

Zwar schadet Ihnen das Solanin nicht, solange Sie keine großen Mengen davon essen, aber vorsichtshalber sollten Sie die grünen Teile immer abschneiden und wegwerfen. Die übrige Kartoffel ist dann völlig in Ordnung. Weil das Solanin nahe an der Oberfläche konzentriert ist, können Sie den größten Teil davon auch loswerden, indem Sie die Kartoffeln eher großzügig schälen. Allerdings sollten Sie keinen Sack Kartoffeln kaufen, bei dem mehr als ein paar wenige grüne Bereiche erkennbar sind, weil es einfach lästig ist, sie bei allen wegzuschneiden.

Der Solaninspiegel steigt an, wenn die Kartoffel ihre besten Tage bereits hinter sich hat und verschrumpelt oder schwam-

148   Chemische Verbindungen in der Küche

mig geworden ist. Diese traurigen Schlappsäcke, die zu lange
gelagert worden sind, sollten Sie also auf alle Fälle wegwerfen.
Die Sprosse der Kartoffeln, die bereits ausgetrieben haben,
enthalten besonders viel Solanin, vor allem dann, wenn sie anfangen, grün zu werden.

Kartoffeln werden am besten an einem dunklen, trockenen
und kühlen Ort gelagert, aber nicht zu kalt. Bei Kühlschranktemperatur neigen sie dazu, Solanin zu produzieren. Außerdem wandeln sie einen Teil ihrer Stärke in Zucker um, was für
eine eigentümliche Süße sorgt und sie beim Garen braun werden läßt.

Grüne Welle

*Warum sind die gewellten Ränder mancher Kartoffelchips grün? Kann
man sie trotzdem unbesorgt essen?*

Solche Chips bestehen aus Scheiben von Kartoffeln mit grüner
Oberfläche. Sie enthalten deshalb kleine Mengen giftigen Solanins, das beim Fritieren nicht zerstört wird. Sie können unbesorgt verzehrt werden, denn um davon krank zu werden,
müßten Sie so viele Beutel Chips vertilgen, daß Sie im Gesicht
grüner wären als die Chips an den Rändern.

Ach ja, und falls Sie glauben, Sie könnten die Packungen im
Supermarkt vor dem Kauf daraufhin überprüfen, wie viele
grüne Kartoffelchips darin enthalten sind, sollten Sie eines bedenken: Ist Ihnen je aufgefallen, daß die Verpackung der Chips
immer undurchsichtig ist, anders als bei Salzbrezeln und anderen Snacks, wo Sie den Inhalt sehen können? Damit sollen
nicht etwa neugierige Augen abgehalten werden, sondern ultraviolettes Licht, das die Fette in den Chips schneller oxidieren und damit ranzig werden läßt. Alle Fette und Speiseöle
sollten in der Tat vor starkem Licht geschützt werden.

Beutel mit Kartoffelchips sind in der Regel auch noch mit

Stickstoffgas abgefüllt, das die sauerstoffhaltige Luft ersetzt. Deshalb sehen sie wie aufgeblasene Ballons aus. Als der Zyniker, der ich nun mal bin, muß ich aber auch darauf hinweisen, daß undurchsichtige, aufgeblasene Packungen mehr Raum im Regal einnehmen und es uns nicht merken lassen, wenn sie vielleicht nur halb voll sind.

Ohne Augen kein böser Blick

Seit ein wohlmeinender Freund mir erzählt hat, daß die Augen der Kartoffeln giftig sind und ich sie besser sorgfältig entfernen sollte, habe ich immer das Gefühl, mit dem Tod zu flirten, wenn ich Kartoffeln schäle. Wie gefährlich sind sie denn?

Nicht so gefährlich wie wohlmeinende Freunde, die Gruselgeschichten verbreiten. Die Geschichte enthält jedoch ein Körnchen Wahrheit.

Als die Kartoffel in der zweiten Hälfte des 16. Jahrhunderts in Europa eingeführt wurde, hatte man sie im Verdacht, entweder als Gift oder wie ein Aphrodisiakum zu wirken oder gar – ein faszinierender Gedanke – beides. (Was für eine Art, zu sterben!) Die Europäer neigten dazu, alle exotischen Nahrungsmittel aus der Neuen Welt so einzuschätzen, darunter auch die Tomaten. (Zweifellos war es deren scharlachrote Farbe, welche die Franzosen dazu brachte, sie *pommes d'amour*, Liebesäpfel, zu nennen.)

Doch wir müssen die argwöhnischen Bewohner der Alten Welt ein wenig in Schutz nehmen, denn sowohl Kartoffeln als auch Tomaten gehören in der Tat zur Familie der Nachtschattengewächse, deren heimtückischster und tödlich giftiger Vertreter die Belladonna-Pflanze ist.

Ich kann nicht umhin, an dieser Stelle darauf hinzuweisen, daß das italienische *bella donna* auf deutsch »schöne Frau« heißt. Warum hat man die Pflanze so benannt? Weil sie Atropin ent-

150   Chemische Verbindungen in der Küche

hält, ein Alkaloid, das die Pupillen erweitert. Sie wurde (sagt
man) von Frauen im Italien des 16. Jahrhunderts als kosmeti-
sches Hilfsmittel verwendet, das die sexuelle Erregung steigern
sollte.

Schneller Vorlauf ins 21. Jahrhundert und zu Ihrem wohl-
meinenden Freund: Das giftige Alkaloid Solanin, das üblicherweise in kleinen Mengen in Kartoffeln vorkommt, entsteht in
deren Augen, sobald sie auszutreiben beginnen. Deshalb sollten Sie Augen, die bereits Sprosse bilden, sicherlich herausschneiden, besonders wenn sie schon grün werden. Doch auch
da liegt das Solanin nicht sehr tief, und ein kleiner Schnitt mit
dem Gemüsemesser erledigt das Problem.

Was gibt mehr Kraft: Charakterstärke oder Maisstärke?

*Hier im Süden der USA werden Gerichte oft mit Maisgrieß statt mit
Kartoffeln oder Reis als stärkehaltige Beilage serviert. Doch wie ich das
verstehe, wird der mit Hilfe von Lauge hergestellt. Ist Lauge nicht eine
sehr aggressive Chemikalie, die man auch in Abflußreinigern verwendet?*

Ja, aber die wird sorgfältig herausgewaschen, bevor der Grieß
auch nur in die Nähe Ihres Frühstückstellers gerät.

Das Wort Lauge stammt von einem althochdeutschen Wort
für *waschen* ab und bezog sich ursprünglich auf die stark alkalische Lösung, die man erhielt, wenn man Holzasche mit Wasser
tränkte oder auswusch. (Die alkalische Substanz in der Asche
ist Kaliumkarbonat, und weil Alkalien und Fette miteinander
zu den chemischen Substanzen reagieren, die wir Seifen nennen, hat man die ersten Seifen aus Holzasche hergestellt, der
Tierfette beigemengt wurden.)

Heute bezieht man Lauge meist auf Ätznatron, das die Chemiker als Natriumhydroxid bezeichnen. Das ist sicherlich ein
übles Zeug. Es ist nicht nur giftig, sondern würde auch Ihre

Was gibt mehr Kraft: Charakterstärke oder Maisstärke? 151

Haut auflösen, wenn es eine Chance dazu bekäme. Damit werden Abflüsse einerseits frei, weil es Fette in Seifen umwandelt, und andererseits, weil es Haare auflöst.

Weicht man Maiskörner in einer schwachen Laugenlösung ein, verlieren diese ihre zähen Zellulosehüllen. Außerdem wird so der ölhaltige Keim abgetrennt, worauf nur noch der stärkehaltige Teil, das sogenannte Endosperm, zurückbleibt. Dieses wird gewaschen und Maisstärke getauft. Der Schritt, mit dem die Befürchtungen schwinden, ist die sorgfältige Wäsche, bei der alle überschüssige Lauge entfernt wird. Die getrocknete Maisstärke wird dann grob zu Maisgrieß zermahlen, der in den USA südlich der Mason-Dixon-Linie verzehrt wird*.

Weniger alkalisch als Ätznatron ist gebrannter Kalk (Kalziumoxid), der ebenfalls Maiskörner abbaut, wenn man ihn lose darüber streut. Gebrannter Kalk ist durch Erhitzen von Kalkstein oder Muschelschalen (Kalziumkarbonat) so leicht herzustellen, daß er schon seit Jahrtausenden bekannt ist. Die eingeborenen Völker in Süd- wie Nordamerika verwendeten ihn über Jahrhunderte, um Mais zu behandeln oder zu garen. In Mexiko und Mittelamerika kocht man den Mais heute in Kalkwasser, worauf man ihn wäscht, entwässert, trocknet und zu *masa* mahlt, dem Mehl, aus dem die Tortillas gemacht werden.

Durch die Behandlung mit Kalk verbesserten die Ur-Amerikaner unwissentlich sowohl den Geschmack als auch den Nährwert von Mais. Diesem mangelt es an gewissen essentiellen Aminosäuren, die durch Alkalien besser verfügbar werden. Kalk reagiert mit der Aminosäure Tryptophan, wobei eine sehr aromatische chemische Substanz (2-Aminoacetophenon) entsteht, die den Tortillas ihren einzigartigen Geschmack verleiht. Außerdem reichert Kalk die Ernährung mit Kalzium an, und, was möglicherweise am wichtigsten ist, er verbessert unsere Aufnahme von Niacin, einem essentiellen B-Vitamin.

---

* In Europa südlich der Alpen als Polenta. – Anm. d. Ü.

Fehlt es in der Ernährung an Niacin, führt das zu Pellagra, einer den Organismus schwächenden Krankheit, deren Kennzeichen Dermatitis, Diarrhöe und Demenz sind. In Gesellschaften, deren Nahrung hauptsächlich aus Mais bestand, wie etwa in Italien, wo man Polenta verzehrt, oder im ländlichen Süden der USA, war diese Krankheit sehr häufig, bis man 1937 herausfand, daß sie durch Niacinmangel verursacht wird. Mexikaner und Mittelamerikaner, die ihren Mais mit Kalk behandelten, blieben von Pellagra immer einigermaßen verschont.

Aber zurück zu den (wahrlich kleinen) Einzelheiten der Grießkörnchen: Ich bin zwar im grießlosen Norden der USA aufgewachsen, doch da mir die Tatsache, daß dieses Buch auch im Süden zum Kauf angeboten wird, zutiefst bewußt ist, möchte ich eiligst ein erinnerungswürdiges ausgedehntes Frühstück preisen, das ich einst im Cajun-Land westlich von New Orleans genießen durfte. Es bestand aus Champagnercocktails, Spiegeleiern, *Maisgrieß*, Blutwurst, *Maisgrieß*, Biskuits, *Maisgrieß* und Café au lait. Ich war bekehrt.

Wollen Sie noch mehr über Maisgrieß wissen? Klicken Sie die Seite www.grits.com an (welche denn sonst? Nun ja, vielleicht liefert ja die Suchmaschine Ergebnisse, wenn Sie *Maisgrieß* eingeben). Und das ist keine Lauge, äh, Lüge.

Der Backnatron-Blues
Blaubeerpfannkuchen aus blauem Mais

Blauer Mais ist im Südwesten der USA verbreitet und besitzt einen vollen, nußähnlichen Geschmack. Er wird mit Holzasche behandelt, die alkalisch ist und wie Kalk und Lauge gewisse Aminosäuren besser verfügbar macht. Viele Menschen schätzen das blaue Maismehl wegen seines überlegenen Nährwerts. Die Alkalibehandlung verstärkt zudem die blaue Farbe, was auch für das Backnatron im folgenden Rezept gilt.

Das Maismehl wird manchen Lesern enttäuschend grau vorkommen. Kein Grund zur Verzweiflung: Während die Pfannkuchen gebacken wer-

Der Backnatron-Blues 153

den, wird die blaue Farbe des Maismehls intensiver, weil sie mit dem Backnatron reagiert. Selbstverständlich sorgen die Blaubeeren für noch mehr Blau.

Da das blaue Maismehl kein genormtes Produkt ist, findet man es verschieden ausgemahlen vor, von fein bis ziemlich grob. Kein Problem. Die grobe Variante verleiht diesen Pfannkuchen einen netten »Biß«.

Blaues Maismehl wird in Geschäften angeboten, die sich auf Zutaten aus Mexiko oder dem Südwesten der USA spezialisiert haben. Falls es nicht aufzutreiben ist, kann nach Belieben auch gelbes oder weißes Maismehl verwendet werden, aber Farbe und Konsistenz können dann vielleicht abweichen.

150 Gramm blaues Maismehl
15 Gramm Zucker
2 Teelöffel Backpulver
1 Teelöffel Backnatron
½ Teelöffel Salz
250 Milliliter Milch
2 große Eier, leicht geschlagen
40 Gramm ungesalzene Butter, geschmolzen
60 Gramm Mehl
200 Gramm Blaubeeren
Butter oder Öl zum Einfetten der Pfanne
Butter und Sirup

1. Maismehl, Zucker, Backpulver, Backnatron und Salz in einer großen Schüssel gut durchmischen. In einer kleinen Schüssel Milch, Eier und Butter gründlich verrühren. Die flüssigen Zutaten mit den trockenen vermengen und gerade so weit mischen, daß ein dünner, homogener Teig entsteht. Den Teig 10 Minuten ruhen lassen.
2. Mehl einrühren und mit dem Mixer einarbeiten, bis alle weißen Klümpchen verschwunden sind. Nicht zuviel durchrühren. Blaubeeren unterheben.
3. Pfanne auf dem Feuer erwärmen, bis die Handfläche sich heiß anfühlt, wenn sie ca. 10 cm über die Pfanne gehalten wird. Leicht mit Butter oder Öl einpinseln. Pro Pfannkuchen etwa 60 Milliliter Teig abmessen und in die Pfanne geben.
4. Sobald sich oben Blasen bilden, die Ränder fest werden und der

Boden braun ist (nach jeweils 2 Minuten), wird der Pfannkuchen gewendet und weitergebacken, bis auch die zweite Seite leicht gebräunt ist. Mit Butter und Sirup servieren.

Ergibt 14–16 Pfannkuchen.

5. KAPITEL

Turf and Surf (Weide und Meer)

Wir von der Spezies *Homo sapiens* sind eine Horde von Allesfressern, bei denen Zähne und Verdauungssystem gut an pflanzliche wie tierische Nahrung angepaßt sind. Doch ungeachtet all derer, die sich für die Rechte der Tiere einsetzen, ist es eine nicht zu leugnende Tatsache, daß in unserer Gesellschaft Fleisch und Fisch meistens im Mittelpunkt stehen und bei den Hauptgerichten die entscheidende Rolle spielen.

Aus der praktisch unendlichen Anzahl von Tierarten auf Erden hat der Mensch zu Nahrungszwecken vielleicht nur ein paar hundert routinemäßig gejagt, in Fallen gefangen oder gefischt, und von diesen hat er wiederum nur eine kleine Handvoll domestiziert. In der heutigen westlichen Gesellschaft verzehren wir üblicherweise eher noch weniger Arten. Geht man in den USA durch die Fleischabteilung eines Supermarkts, findet man selten mehr als vier Fleischarten: Rind oder Kalb, Lamm, Schwein und Geflügel.

Andererseits sind in den USA etwa fünfhundert Fisch- und Schalentierarten erhältlich, und weltweit sind es sogar mehr als zweimal so viel. Die Meere enthalten eine unvorstellbare Vielfalt eßbarer Arten, doch was deren Domestizierung betrifft, also deren »landwirtschaftliche« Aufzucht in nennenswerter Menge, stehen wir praktisch erst am Anfang.

Unsere relativ armselige Auswahl ist demnach nicht etwa auf einen Mangel an natürlicher Vielfalt zurückzuführen, sondern auf selbstauferlegte kulturelle und wirtschaftliche Beschränkungen. Viele von uns haben schon Köstlichkeiten anderer Kulturen ausprobiert, etwa Heuschrecke, Klapperschlange, Alligator, Herzmuschel, Seeigel und Seegurke, und eine noch größere Zahl von uns fängt an, Kaninchen, Bison, Reh, Strauß und Emu zu genießen, weil sie im Handel immer häufiger angeboten werden.

Dennoch ist es nach wie vor möglich, unsere alltäglichen tierischen Nahrungsmittel in zwei Kategorien zu unterteilen: Fleisch und Fisch oder »Turf and Surf« (etwa: Weide und Meer), wie es manche Restaurants in den USA für Gäste mit dem dicken Spesenkonto anbieten, wenn diese nicht wissen, für welches der teuren Gerichte sie sich entscheiden sollen – es ist eine Kombination aus Steak und Hummerschwanz, die etwa so gut zusammenpaßt wie Anchovis und Eiskrem.

Zu Lande
Rot, weiß und bleu

Ich mag Steaks und Roastbeef gerne »englisch«. Doch oft sitzt jemand mit am Tisch, der böse Sticheleien äußert, weil ich »blutiges« Fleisch esse. Was kann ich zu meiner Verteidigung anführen?

Nichts. Einfach nur lächeln und ungerührt weiterspachteln, denn die Leute liegen falsch. In rotem Fleisch findet sich praktisch kein Blut. Der größte Teil des Blutes, das durch die Venen und Arterien eines Rindes fließt, schafft es nie bis in den Fleischerladen, geschweige denn bis auf den Eßtisch.

Ich möchte das nicht zu anschaulich ausmalen, doch im Schlachthaus läßt man das Tier, gleich nachdem es getötet wurde, größtenteils ausbluten, wobei nur im Herzen und in der Lunge noch etwas Blut eingeschlossen bleibt, aber diese Teile sind, da werden Sie mir sicher zustimmen, von geringem gastronomischen Interesse.

Blut ist rot, weil es Hämoglobin enthält. Dieses eisenhaltige Protein transportiert Sauerstoff von der Lunge zum Muskelgewebe, wo er für die Bewegung benötigt wird. Bei rotem Fleisch stammt die Farbe jedoch nicht in erster Linie vom Hämoglobin. Sie ist hauptsächlich auf ein anderes rotes, eisenhaltiges Protein namens Myoglobin zurückzuführen, das Sauerstoff trägt. Aufgabe des Myoglobins ist es, den Sauerstoff direkt im Muskelgewebe zu speichern, damit er sofort abgerufen werden kann, wenn ein Muskel zur Aktion aufgefordert wird. Gäbe es dieses Myoglobin an Ort und Stelle nicht, ginge dem Muskel bald der Sauerstoff aus, und er müßte auf weiteres Blut warten. Eine andauernde angestrengte Tätigkeit wäre dann unmöglich.

Beim Garen wird Myoglobin genau wie Hämoglobin braun. Gut durchgebratenes Rindfleisch sollte demnach graubraun sein, während es »englisch« weiterhin rot bleibt. Wollen Sie in Frankreich Ihr Steak sehr roh, dann bestellen Sie es am besten »bleu«. Ja, das heißt blau, aber seit wann müssen ausgerechnet die Franzosen logisch sein? (Gut, wir wollen fair sein: Frisches rohes Rindfleisch zeigt tatsächlich die irgendwie violette Farbe des Myoglobins.)

Im Muskelgewebe verschiedener Tierarten findet sich das Myoglobin in unterschiedlichen Mengen, da bei jeder Art jeweils andere Sauerstoffvorräte für anstrengende Tätigkeiten erforderlich sind. Schweinefleisch (diese faulen Schweine!) enthält weniger Myoglobin als Rindfleisch, was es den Vermarktungsstrategen für Schweinefleisch erlaubt, es als »weißes Fleisch« anzupreisen, obwohl es eigentlich rosa ist. Fisch enthält eher noch weniger davon. Das Fleisch von Tieren kann also von Natur aus rot, rosa oder weiß sein, je nach den bei den verschiedenen Arten evolutionär entwickelten Anforderungen für ausdauernde Muskeltätigkeit. Thunfischfleisch ist beispielsweise ziemlich rot, weil Thunfische gut und schnell schwimmen und quer durch die Weltmeere große Entfernungen zurücklegen.

Jetzt wissen Sie auch, weshalb Hühnerbrüstchen weißes Fleisch besitzen, während Hals, Beine und Schenkel dunkler sind. Der Hals wird beim Picken trainiert, die Schenkel beim Laufen, doch die Brust ist nichts als »Übergepäck«. Man hat sie den Tieren angezüchtet, weil Amerikaner im Vergleich zum

Rest der Welt eine größere Vorliebe für weißes Fleisch haben. Tatsächlich sind die in den USA produzierten Hühner, solange man ihnen keinen freien Auslauf ermöglicht, so »verzärtelt«, daß sogar ihr »dunkles Fleisch« so weiß ist wie die Brust.

Wenn bei mir zu Hause »englisch« gebratenes Fleisch wie Steak, Roastbeef oder Lamm übrigbleibt, möchte ich es am nächsten Tag aufwärmen, aber nicht weiter garen. Selbst ein kurzer Schub in der Mikrowelle würde es weniger »englisch« werden lassen, da gerade Mikrowellen tief eindringen. Statt dessen verstaue ich es in einem wiederverschließbaren Plastikbeutel, aus dem ich alle Luft herausdrücke, und lege diesen in eine Schüssel mit heißem Wasser aus der Leitung. Damit wird das Fleisch erwärmt, aber nicht gegart, weil die Hitze dazu nicht ausreicht.

Wow, braune Cowburger?

Das Rinderhack im Supermarkt ist außen immer hellrot, innen dagegen eher graurot. Sprühen die es mit einer Art Färbemittel ein, damit es frisch wirkt?

Nein, wahrscheinlich treiben die keine solchen Spielchen.

Die Oberfläche frischgeschnittenen Fleisches ist nicht hellrot, sondern von Natur aus rotviolett, weil es Myoglobin enthält, ein Muskelprotein mit dieser Farbe. Setzt man das Myoglobin jedoch dem Sauerstoff der Luft aus, verwandelt es sich rasch in das helle, kirschrote Oxymyoglobin. Deshalb zeigt nur die äußere Schicht Ihres Rinderhacks diese schöne hellrote Farbe, die wir in der Regel mit Frische assoziieren, während die inneren Anteile dafür nicht ausreichend mit Luft in Berührung kommen.

Von der Verpackungsabteilung des Schlachthauses wird das frischzerlegte rotviolette Rindfleisch in luftdichten Behältern zu den Märkten transportiert. Nachdem es im Supermarkt durch den Wolf gedreht worden ist, verpackt man es gewöhnlich in einer Folie, die Sauerstoff durchläßt. Dadurch kann die äußere Fleischschicht in der roten Farbe des Oxymyoglobins »erblühen«. Setzt man es dem Sauerstoff jedoch für längere Zeit aus, oxidiert das rote Oxymyoglobin zu bräunlichem Metamyoglobin, das nicht nur schlecht aussieht, sondern dem Fleisch einen Hauch von »verdorben« mitgibt. Es ist die braune Farbe des Metamyoglobins, die uns zeigt, daß das Fleisch »hinüber« ist. In Wahrheit vollzieht diese Verwandlung sich schon lange, bevor das Fleisch wirklich unbekömmlich wird.

Im Einzelhandel verwendet man Folien aus Kunststoffen (entweder Polyäthylen niedriger Dichte oder Polyvinylchlorid, PVC), die gerade so viel Sauerstoff durchlassen, daß die äußere Schicht des Fleisches im hellroten Oxymyoglobin-Stadium bleibt.

Kurzum: Zeigt Ihr Rindfleisch, ob nun geschnitten oder durch den Wolf gedreht, ein stumpfes Purpurrot, ist es wirklich sehr frisch. Doch selbst wenn es durch Metamyoglobin braun gefärbt ist, kann es immer noch für einige Tage genießbar sein. Nicht das Auge, die Nase ist letztlich das beste Sinnesorgan, um festzustellen, ob Ihr Cowburger vielleicht *allzu* braun ist.

Diese Knochen

Was tragen Knochen zu einer Brühe bei? Ich kann verstehen, wie Fleisch und Fett ihren jeweiligen Geschmack weitergeben, aber werden die Knochen irgendwie abgebaut? Oder werden sie nur wegen des Marks hinzugegeben?

Diese Knochen sind eine wesentliche Zutat, wenn Sie eine Suppe, Fleischbrühe oder einen Eintopf zubereiten, ganz genau so wichtig wie Fleisch, Gemüse und Gewürze. Ihr Zweck mag jedoch nicht sofort ersichtlich sein, wenn wir sie nur als harte, nicht reaktionsfähige mineralische Substanz ansehen. Ja, sie sind aus mineralischem Stoff aufgebaut, genauer gesagt, aus Kalziumphosphaten. Doch Kalziumphosphate lösen sich in heißem Wasser weder auf, noch werden sie abgebaut, weshalb wir, wenn Knochen wirklich nur daraus bestünden, ebensogut Stein statt Bein hineingeben könnten. Sie würden einer Brühe keinerlei Geschmack mitgeben.

Nun enthalten Knochen neben den mineralischen auch organische Substanzen, von denen vor allem die Knorpel und das Kollagen hervorzuheben sind. Bei jungen Tieren können die Knochen sogar mehr Knorpelsubstanz enthalten als mineralische Bestandteile, und alle Knorpel enthalten Kollagen, ein Protein, das beim Garen zu weicher Gelatine abgebaut wird. Knochen vermitteln der Brühe also letztlich ein fülliges und fettiges Mundgefühl.

Schienbein und Oberschenkelknochen mit ihren verbindenden Knöchelgelenken sind besonders reich an Kollagen. Wenn Sie eine Brühe oder einen Fleischtopf wollen, der beim Abkühlen wirklich fast wie mit Gelatine fest wird, sollten Sie einen stark kollagenhaltigen Kalbsfuß oder zwei Schweinsfüße mitkochen. Gekochte kalte Schweinsfüße im eigenen Aspik sind ein altehrwürdiger ländlicher Genuß. Falls Sie sie zubereiten, sagen Sie Ihren Gästen, es gäbe ein edles französisches Gericht namens *Pied de cochon*.

Die harten Anteile der Knochen scheinen sehr fest zu sein, doch sie enthalten eine verblüffende Menge Wasser, Nervenfasern, Blutgefäße und anderes Zeug (Sie würden auf der Stelle zum Vegetarier werden, wenn ich Ihnen all das aufzählte). Ein typischer Knochen besteht aus drei Schichten. Der Kern ist aus einem schwammigen Material aufgebaut, das eine Menge leckerer organischer Substanzen enthält, und in den Hohlräumen der langen Röhrenknochen findet sich das eher noch leckerere Mark. Deshalb – und das ist wichtig – hacken oder brechen wir die Knochen auf, ehe wir sie in den Topf für die Brühe geben. Um den Kern liegt die harte, weitgehend mineralische Schicht, gefolgt von einer zähen, faserigen äußeren Membran namens Periosteum (Knochenhaut).

An den Knochen, die wir in die Brühe werfen, hängt natürlich auch noch was dran. Haben Sie außer bei einem Halloween-Skelett oder in einer Anatomievorlesung je einen vollkommen sauberen Knochen gesehen, an dem keinerlei Fleisch, Fett, Knorpel oder anderes Bindegewebe hing? Wahrscheinlich nicht. All diese Teilchen tragen stark zum Geschmack der Brühe bei. Zudem werden sie schön braun, wenn wir unsere Kalbsknochen anbraten, ehe wir sie dem Topf überantworten, um eine braune Brühe zuzubereiten.

Heben Sie also alle Knochen in der Tiefkühltruhe auf, bis der Tag der Fleischbrühebereitung gekommen ist. Oder nutzen Sie das letzte, was es außer guten Ratschlägen auf der Welt noch umsonst oder fast umsonst gibt: Knochen von Ihrem Metzger.

Häute dünn – Gelatine
Griechische Lammhachse

Die Schienbeine junger Tiere wie etwa der Lämmer sind von einer Überfülle kollagenhaltiger Knorpel umgeben, die zu einer Menge den Mund wäßrig machender Gelatine im Fleisch zusammenkochen und gemeinsam mit den Fleischsäften, dem Fett und dem Knochenmark zu einer üppigen braunen Sauce beitragen (es dürfte kaum gelingen, das Mark aus den ziemlich dünnen Knochen zu lösen – ein Osso buco wird nicht daraus –, aber beim Garen tropft das wohlschmeckende Fett in die Sauce).

Der Erfolg hängt hier in hohem Maß vom richtigen Kochgefäß ab. Am besten nimmt man einen emaillierten gußeisernen Schmortopf mit dichtschließendem Deckel, der die Hitze hält und so für gleichmäßiges Garen und Bräunen sorgt. Das gegarte Fleisch ist braun, glänzend, mit Kräutern besprenkelt und fällt zart vom Knochen.

Das Gericht kann man einen Tag im voraus zubereiten. Hachsen und Gemüse getrennt von der Sauce im Kühlschrank aufbewahren, damit das erstarrte Fett von der Sauce abgehoben werden kann.

4 Lammhachsen von jeweils etwa 300–500 Gramm
30 Milliliter Olivenöl
Salz und frischgemahlener Pfeffer

2 große Karotten, grob in Stücke geschnitten
2 Stangen Sellerie, grob in Stücke geschnitten
1 große Zwiebel, grob gehackt
4–6 Zehen Knoblauch, grob gehackt
⅛ Liter Wein
⅛ Liter Wasser
240 Milliliter Tomatensauce (aus der Dose)
1 Teelöffel getrockneter Oregano, vorzugsweise aus
Griechenland
½ Teelöffel getrocknete Thymianblätter oder 1 Eßlöffel frische
Thymianblätter

1. Bratrohr auf 180°C vorheizen. Lammhachsen von überschüssigem Fett befreien. Olivenöl in einem schweren Schmortopf auf mittlerer Hitze erwärmen. Die Lammhachsen auf allen Seiten gut anbräunen, erforderlichenfalls nur je zwei zusammen. Großzügig pfeffern und salzen. Mit einer Zange herausnehmen und auf einem Teller beiseite stellen.
2. Karotten, Sellerie und Zwiebel bei mittlerer Hitze im selben Bräter etwa 5 Minuten lang leicht andünsten, bis alles weich, aber nicht braun ist. Knoblauch zugeben und weitere 2 Minuten auf dem Feuer lassen. Die Lammhachsen auf das Gemüsebett im Bräter legen.
3. Wein und Wasser mischen und über das Lamm gießen. Tomatensauce über das Fleisch und in den Bräter gießen. Mit Thymian und Oregano bestreuen. Auf der Flamme lassen, bis die Flüssigkeit leicht zu kochen beginnt.
4. Mit einem dicht schließenden Deckel oder Aluminiumfolie gut verschließen und im Bratrohr zwei Stunden oder so lange garen, bis das Fleisch zart ist und fast vom Knochen fällt.
5. Die Hachsen herausnehmen und auf eine Servierschüssel legen, mit Folie abdecken, damit sie warm bleiben. Gemüse mit einem Schaumlöffel herausheben und um das Fleisch legen. Sauce in einen Meßbecher gießen, überschüssiges Fett entfernen (siehe S. 165) und wegwerfen. Es sollten etwa 250 Milliliter Sauce bleiben. Falls nötig, nachwürzen und über das Lamm gegossen oder in einer Sauciere servieren.

Ergibt 4 Portionen.

❖ ❖ ❖ ❖ ❖

Wenn es niemand sieht ...

Warum sagt man, das Fleisch direkt am Knochen sei immer am süßesten?

Wir können diese Feststellung nicht *cum grano salis*, sondern höchstens mit einem Körnchen ... Zucker nehmen, weil das Wörtchen *süß* im gastronomischen Sprachgebrauch sowohl überstrapaziert als auch falsch verwendet wird. Oft bezeichnet man damit einen angenehmen Geschmack, ohne es buchstäblich so zu meinen. Vielleicht liegt es daran, daß von den Geschmacksempfindungen des Menschen die Süße uns das größte Vergnügen bereitet. Doch wie dem auch sei, das Fleisch direkt am Knochen ist jedenfalls aus mehreren Gründen schmackhafter.

Erstens sind der Knochen und seine Umgebung unter Fleisch begraben; diese Zone wird nicht so heiß und deshalb nicht so schnell gar wie die äußeren Teile. Wenn Sie beispielsweise ein T-Bone-Steak grillen, ist das Fleisch am Knochen schließlich blutiger als der Rest, und je »englischer« das Fleisch, desto saftiger und geschmackvoller ist es.

Ein zweiter Effekt ergibt sich aus der Fülle der Sehnen und anderen Bindegewebe, die das Fleisch am Knochen verankern. Das Kollagenprotein in diesen Geweben zerfällt beim Erhitzen und wird zu Gelatine, einem erheblich weicheren Protein. Gelatine hat zudem die Eigenschaft, große Mengen Wasser speichern zu können – etwa das Zehnfache ihres Eigenvolumens. Deshalb wird das Fleisch, wo immer der größte Anteil Kollagen vorliegt – und das ist gewöhnlich nahe beim Knochen –, sowohl zarter als auch saftiger bleiben.

Ein dritter Effekt der Knochennähe ist leichter zu erkennen. Bei gewissen Zuschnitten, besonders bei Rippen und Koteletts, befindet sich in der Umgebung des Knochens eine Menge Fett. Wenn also keiner zuguckt und Sie wie Heinrich der Achte an einem dieser Knochen nagen, können Sie es gar nicht vermeiden, eine große Dosis Fett abzubekommen. Und sehr zu unserem Bedauern (und dem unserer Arterien) sind hochgesättigte tierische Fette einfach köstlich.

Thermometrie-Geometrie

In Kochbüchern wird gewarnt, ich solle in jedem Fall vermeiden, mit dem Fleischthermometer bis auf den Knochen durchzustoßen, wenn ich feststellen will, wie weit ein Braten schon durch ist. Eine Erklärung dafür habe ich noch nie gefunden. Explodiert der Braten sonst, oder was?

Ich hasse grundlose Warnungen, Sie nicht auch? Sie verbreiten lediglich Ängste, aber keine Informationen. Wann immer ich auf einer Kiste die Warnung »Am anderen Ende öffnen!« lese, mache ich sie am falschen Ende auf, nur um zu sehen, was passiert. Ich bin immer noch am Leben.

Ein Knochen leitet die Wärme schlechter als das Fleisch. Zum einen ist der Knochen porös, und die Luftzellen wirken wie eine Wärmeisolation. Außerdem sind Knochen relativ trocken, und der Wärmetransport in einem Braten kommt weitgehend durch das Wasser im Fleisch zustande. Wenn also der größte Teil des Fleisches eine gewisse Temperatur erreicht hat, dürften die Bereiche um den Knochen wahrscheinlich immer noch einigermaßen kühl sein. Dadurch würde das Thermometer eine niedrigere Temperatur anzeigen und Sie dazu verleiten, Hühnchen, Truthahn oder Braten zu lange zu garen.

Hat jeder sein Fett weg?

Wenn ich Fleischbrühe oder Eintopf zubereite, schwimmt am Ende immer eine ölige Schicht darauf: Fett, das sich aus dem Fleisch ausgekocht hat. Ich möchte es abschöpfen, doch das ergibt immer eine Sauerei, und ich erwische auch nie alles. Gibt es ein einfaches Verfahren?

In Rezepten steht, man solle Suppen und Eintöpfe »entfetten«, als wäre das so leicht wie das Schälen einer Banane. Es wird unterstellt, man könnte einfach einen Löffel nehmen und die Fettschicht abschöpfen, ohne auch etwas von den darunterliegenden festen Bestandteilen oder der Flüssigkeit zu entfernen. Doch der Ausdruck *schöpfen* ist eine schöpferische Irreführung.

Zum einen ist nur schwer zu erkennen, wie tief man schöpfen kann, ohne eine Menge der darunterliegenden Flüssigkeit zu entfernen. Sind Topf oder Bratpfanne breit, dann kann die Fettschicht so dünn sein, daß sie mit einem Löffel nicht abzuheben ist. Zudem dürften wahrscheinlich Fleischbröckchen und Gemüsestücke über die Oberfläche ragen, was jede Abschöpfung behindert. Und zuletzt kann auch noch eine Menge Fett unter den festen Bestandteilen verborgen sein.

Wenn Sie nicht zuviel Flüssigkeit im Topf haben, können Sie alles in einen Schwerkraftseparator füllen – eines dieser Gefäße aus Glas oder Kunststoff, die wie kleine Gießkannen aussehen und den Inhalt von unten her abziehen lassen. So fließt der wäßrige Teil aus, die obere Fettschicht bleibt zurück.

Sie können die Flüssigkeiten auch in einen hohen, schmalen und hitzebeständigen Glasbehälter füllen, wodurch die Fettschicht an Mächtigkeit gewinnt und mit einer Tülle mit Gummiballon per Unterdruck abgesaugt werden kann.

Die verführerischste Methode ist es, den ganzen Topf in den Kühlschrank zu stellen. Das Fett wird hart, und Sie können es wie Eis von einem gefrorenen Teich in Stücken abheben. Das ist aber gefährlich, weil der Topf den Inhalt Ihres Kühlschranks auf eine bakterienfreundliche Temperatur aufheizen kann. Heiße Lebensmittel sollten Sie zunächst in mehreren kleinen Behältern abkühlen lassen, ehe Sie sie in den Kühlschrank bringen.

Für ein wunderbar schnelles und einfaches Verfahren ist eine Art kleiner Pinsel erforderlich, der das Fett gewissermaßen wegpinselt. Sie streichen damit über die Oberfläche Ihrer Brühe (oder Suppe oder Ihres Eintopfs), und er nimmt selektiv das Fett auf, ohne die wäßrige Flüssigkeit zu absorbieren. Aber wie, so fragen Sie vielleicht, kann ein Pinsel zwischen öligen und wäßrigen Flüssigkeiten unterscheiden?

Ein gewöhnlicher Pinsel nimmt Wasser auf, weil Wasser dessen Fasern benetzt, also an ihnen haftet. Zwischen den Wassermolekülen und der Oberfläche der Pinselfasern besteht eine Anziehungskraft. Zudem wird Wasser aufgrund von Kapillarkräften sogar zwischen den Fasern aufsteigen. Wenn Sie also einen gewöhnlichen Pinsel in Wasser tauchen und wieder herausziehen, kommt ein Menge Wasser mit.

Doch Wasser benetzt bei weitem nicht alle Substanzen – seine Moleküle haben für bestimmte andere Moleküle einfach nicht genug Anziehungskraft. Wenn Sie beispielsweise eine Kerze in Wasser tauchen, kommt sie trocken wieder heraus. An Wachs oder vielen Kunststoffen haftet zwar kein Wasser, Fette jedoch – und das ist der Punkt – sehr wohl. Der Fettpinsel besteht aus Plastikfasern, die von Öl, nicht aber von Wasser benetzt werden. Deshalb saugt er nur das flüssige Fett ab.

Nachdem der Pinsel mit Öl beladen ist (er kann bei jedem Durchziehen nur eine bestimmte Menge aufnehmen): Wie werden Sie das Fett vor dem nächsten Einsatz wieder los?

Sie können heißes Wasser über den Pinsel und das flüssige Fett in den Abfluß fließen lassen, doch es könnte am Ende ein kühles Plätzchen finden und dort fest werden. Damit verstopft es die Rohre vielleicht außerhalb der Reichweite jedes Klempners, es sei denn, er reißt das Haus ab. Alternativ dazu können Sie auch in den Garten hinters Haus gehen und den Pinsel flott ausschütteln. Ein kleiner Schauer aus flüssigem Fett schadet dem Gras nicht, und es ist biologisch abbaubar. Die Ameisen werden es Ihnen danken. Dann rasch zurück in die Küche und wieder drüberstreichen und ausschütteln, bis alles Fett aus dem Topf entfernt ist.

Schinkenprüfung

Seit ich nach Virginia gezogen bin, irritiert mich die Tatsache, daß »Virginia-Schinken« nie im Kühlschrank gelagert, sondern sogar von fliegenden Händlern am Straßenrand oder in Supermärkten direkt vom Regal verkauft wird. Was schützt ihn vor dem Verderb?

Schinken verdirbt nicht, weil er »haltbar gemacht« bzw. »gepökelt« worden ist, was ein Sammelbegriff für alle Verfahren ist, mit denen man das Wachstum von Bakterien auch bei Raumtemperatur hemmt. Doch Schinken können einen ganz schön verwirren. Wie macht man sie haltbar? Werden alle Schinken gesalzen? Geräuchert? Müssen sie eingelegt werden? Gekocht?

Auf diese Fragen gibt es keine einheitliche Sammlung von Antworten, weil es so viele verschiedene Arten von Schinken gibt, die zudem noch auf unterschiedlichste Weise zubereitet werden. Nur wenige Herausforderungen scheinen die Menschheit zu einer solchen Vielfalt von Lösungen angeregt zu haben wie die Frage, wie man das hintere Ende eines Mastschweins verzehrt.

Soweit es um Zuschnitte geht, findet man ganze Schinken, halbe Schinken (Ober- oder Unterschinken), Schinken mit und ohne Schwarte sowie gerollte und gebundene Schinken, ganz zu schweigen von Knochenschinken oder auch ausgebeintem Schinken.

Dann gibt es noch die Schinken, die nicht nach den chirurgischen Prozeduren benannt sind, die sie über sich ergehen lassen mußten, sondern nach der Art oder dem Ort ihrer Herstellung. Jede Region und Kultur außerhalb von Israel und den islamischen Ländern scheint ein eigenes Verfahren zu haben, mit dem die Hinterbacken eines Mastschweins behandelt werden. Einige der bekanntesten Schinken stammen aus England, Frankreich, Deutschland, Polen, Italien und Spanien. Und in den USA gibt es hochgelobte Schinken aus Kentucky, Vermont, Georgia, North Carolina und ... ja, Virginia (ich habe mir immer gewünscht, als Antwort auf eine Frage einmal »ja, Virginia« schreiben zu können).

Verzichten Sie bitte darauf, mir jetzt zu schreiben, ich hätte den »besten Schinken der Welt« ausgelassen. Über Politik, Religion oder Schinken diskutiere ich nicht.

Diese vielen Produkte werden deshalb unter dem allgemeinen Begriff »Schinken« geführt, weil sie alle aus den Hinterbeinen von Mastschweinen hergestellt werden, die man (mit Ausnahme von »frischem Schinken«, der unbehandelten Schweinekeule) nach einem oder mehreren der folgenden fünf Verfahren bearbeitet: Pökeln (Einsalzen), Räuchern, Trocknen, Würzen und Reifen. Es gibt fast so viele verschiedene Schinken wie Kombinationen und Abwandlungen dieser fünf Methoden, nur daß das Einsalzen allen Methoden gemeinsam ist und oft schon für sich allein als »Haltbarmachen« bezeichnet wird.

Einsalzen, Räuchern und Trocknen tragen dazu bei, Bakterien abzutöten, die die Nahrung verderben würden. Nun folgt, wie man das macht.

Pökeln

Fleisch ist über viele tausend Jahre hinweg mit Salz konserviert worden. Salz macht Nahrungsmittel haltbarer, weil es Bakterien durch Osmose abtötet oder deaktiviert.

Ein Bakterium ist im wesentlichen ein Klümpchen Protoplasma in einer Zellmembran, etwa wie ein mit Gelee gefülltes Kissen. Das Protoplasma enthält Wasser mit darin gelösten Stoffen – Proteinen, Kohlenhydraten, Salzen und einer Menge anderer chemischer Substanzen, die für das Bakterium von vitalem Interesse sind (uns aber im Augenblick nicht interessieren).

Nun wollen wir ein unglückliches Bakterium in sehr salziges Wasser tauchen, damit außerhalb seiner Zellmembran eine stärker salzhaltige Umgebung vorhanden ist als innerhalb. Wo auf den gegenüberliegenden Seiten einer wasserdurchlässigen

Schinkenprüfung 169

Sperre (der Zellmembran) ein Ungleichgewicht dieser Art vorliegt, versucht Mutter Natur, die Ungleichgewicht haßt, die Ausgewogenheit wieder herzustellen. In diesem Fall schafft sie das, indem sie Wasser von der Seite der geringeren Konzentration (den Innereien des Bakteriums) zwangsweise auf die Seite der höheren Konzentration (das Salzwasser der Umgebung) schafft. Das Ungleichgewicht verringert sich, weil die starke Lösung schwächer und die schwache Lösung stärker wird. Für das Bakterium hat das leider zur Folge, daß es Wasser verliert, einschrumpelt und stirbt. Zum allermindesten stellt es jedoch für uns keine Gefahr mehr dar, weil es von der Vermehrung abgehalten wird (»Heute abend nicht, Liebes – ich bin so dehydriert«).

Die spontane Wanderung von Wasser durch eine Membran, angetrieben vom Konzentrationsgefälle der Lösungen auf den beiden Seiten, nennt man Osmose. Dieser Vorgang spielt auch mit, wenn man Fleisch in Lake einlegt (beizt), um dessen Geschmack und Gareigenschaften zu verbessern (siehe S. 174). Und ganz nebenbei, eine starke Lösung von Zucker in Wasser kann das gleiche bewirken wie Salzwasser. Deshalb können wir zum Konservieren von Früchten und Beeren Unmengen Zucker verwenden, um, nun ja, Konserven herzustellen. Im Prinzip könnten Sie Ihre Erdbeermarmelade ebensogut mit Salz anstelle von Zucker herstellen. Aber laden Sie mich dann bitte nicht zum Frühstück ein.

Heutzutage werden Schinken und andere Produkte aus Schweinefleisch möglicherweise auch mit Salz haltbar gemacht, dem man zusätzliche Substanzen beigemischt hat, etwa Zucker, Gewürze und Natriumnitrit. Nitrite bewirken dreierlei: Sie hemmen das Wachstum des Bakteriums *Clostridium botulinum*, dem berüchtigten Urheber des Botulinustoxins; sie tragen zum Geschmack bei; sie reagieren mit Myoglobin, das frischem Fleisch die rote Farbe verleiht, wobei Stickoxid-Myoglobin entsteht, eine chemische Verbindung, die dem Fleisch während der beim Haltbarmachen erfolgenden leichten Erwärmung eine hellrosa Farbe gibt.

Im Magen werden Nitrite in Nitrosamine umgewandelt, die krebserregend sind. Die FDA legt deshalb (wie die EU) eine Obergrenze der Nitritmenge fest, die in haltbar gemachten Fleischprodukten vorhanden sein darf.

Räuchern

Beim Pökeln wird der Schinken nicht gegart, weshalb er in der Regel noch weiter behandelt werden muß. Räuchern über offenem Feuer tötet ebenfalls Keime ab, teils weil es das Fleisch trockener werden läßt, teils weil es eine Art Garen bei niedriger Temperatur ist, und auch, weil der Rauch bösartige chemische Stoffe enthält (die wollen Sie gar nicht erst kennenlernen). Doch es kann dem Fleisch, je nach Holzart, Temperatur, Dauer der Behandlung und dergleichen, auch eine wunderbare Vielfalt von Geschmacksrichtungen vermitteln. In der Regel müssen geräucherte Schinken, und das sind die meisten, nicht mehr zusätzlich gegart werden, ehe man sie verzehrt.

Nun also zu Ihrer Frage: Virginia-Schinken, darunter auch die renommierten Smithfields, sind sowohl durch Pökeln als auch durch Räuchern sorgfältig haltbar gemacht und müssen deshalb weder gekühlt noch gegart werden. Doch das scheint manche Leute nicht davon abzuhalten, sie einzulegen, zu köcheln, zu braten, zu glasieren und ganz allgemein daran herumzumachen, sobald sie einen davon nach Hause gebracht haben.

Trocknen

Die Aufgabe, Bakterien zu dehydrieren und abzutöten, läßt sich auch durch lange Perioden des Abhängens in trockener Luft erledigen. Der italienische *Prosciutto* und der spanische *Serrano* werden mit trockenem Salz gepökelt und dann zum Trocknen aufgehängt, herkömmlicherweise in winddurchwehten Höhlen oder Dachböden. Da sie nicht heiß geräuchert wurden, sind sie technisch gesehen immer noch roh und werden, in hauchdünne Scheiben geschnitten, auch so gegessen. Bakterienfreies rohes Fleisch kann man bedenkenlos essen.

Würzen und Reifen

Hier kommen nun wirklich individuelle Spezialitäten ins Bild. Man kann Schinken mit Salz, Pfeffer, Zucker und verschiedensten geheimen Gewürzmischungen einreiben und dann jahrelang reifen lassen. Falls sie gepökelt und getrocknet wurden, werden sie nicht durch Bakterien verdorben, doch mit dem Reifen können sie Schimmelbeläge entwickeln, die man abreiben muß, ehe man etwas von dem Schinken ißt. In dieser Kategorie finden sich oft sogenannte Landschinken. Der Schimmel mag widerlich aussehen, doch das Fleisch im Inneren kann köstlich sein. Auch hier kommt niemand zu Schaden, der davon ißt.

Am untersten Ende des Schinkenspektrums rangieren diese in Kunststoff eingeschweißten, quadratischen oder runden rosa Scheiben in den Kühlregalen der Supermärkte. Sie dürfen Schinken genannt werden, weil sie gepökeltes Schweinefleisch enthalten, aber damit hört jegliche Verwandtschaft mit echtem Schinken auf (oder haben Sie schon einmal ein vollkommen quadratisches Schweinebein gesehen?). Dafür werden Fleischfetzen in geometrisch geformte Laibe gepreßt (»Formschinken«), damit die Scheiben zwischen die labbrigen Weißbrotscheiben passen, die sie sich redlich verdient haben. Sogar geräuchert verderben sie schnell, weil sie so viel Wasser enthalten, weshalb sie im Kühlregal gelagert werden müssen.

Dort sollten Sie sie auch lassen.

Konservieren mit Zucker und Salz
Graved Lachs

Schinken und anderes Fleisch wird gewöhnlich durch Pökeln haltbar gemacht, während man Früchte normalerweise mit Zucker konserviert. Doch Salz wie Zucker sind beide sehr gut geeignet, Bakterien abzutöten. Sie entziehen ihnen das Wasser auf dieselbe Weise – durch Osmose.

Eine seit jeher haltbar gemachte Fleischsorte – eigentlich ist es Fisch – ist der skandinavische gravad Lachs. Ob man es nun schwedisch Lax, dänisch und norwegisch Laks, deutsch Lachs oder jiddisch Lox buchstabiert, es handelt sich immer um einen Fisch aus der Familie der Salmoniden, und Graved Lachs heißt »beerdigter Lachs«. Die Skandinavier hatten im Mittelalter die Gewohnheit, Lachs und Hering in Erdlöcher einzugraben, um sie fermentieren zu lassen. Heute macht man Lachs haltbar, indem man ihn mit Zucker und einem Schuß Salz einreibt. Die Franzosen nehmen dazu manchmal auch Salz mit einem Schuß Zucker. Beim vorliegenden Rezept verwenden wir beides halb und halb, weil wir das so mögen, doch das Verhältnis von Salz und Zucker kann jeder so wählen, wie es ihm paßt. Jedenfalls benötigt man insgesamt etwa 100 Gramm der Mischung.

Graved Lachs ist kinderleicht zuzubereiten, aber man muß vorausplanen, weil es insgesamt zwei oder drei Tage dauert. Am Ende hat man dann eine der hübschesten und schmackhaftesten Vorspeisen. Serviert wird er in dünnen Scheiben, mit süßer Senfsauce (Rezept unten) und Roggenbrot mit Butter.

1,5–1,8 Kilo frischer filetierter Lachs (Mittelstück)
mit unversehrter Haut, nicht flachgeklopft
1 großer Bund frischer Dill (etwa 120 Gramm)
50 Gramm grobes Salz
50 Gramm Zucker
2 Eßlöffel weiße oder schwarze Pfefferkörner,
im Mörser grob zerkleinert

1. Die fleischige Seite des Fischs mit dem Finger vom Kopfende zum Schwanzende nach Gräten abtasten. Mit einer Pinzette oder einer kleinen Zange mit spitzen Enden Gräten herausziehen und wegwerfen. Dill waschen und abtropfen lassen. Salz, Zucker und zerkleinerte Pfefferkörner in einer kleinen Schüssel miteinander

vermengen. Filet der Breite nach halbieren und die beiden Hälften mit der Hautseite nach unten nebeneinander auf eine Arbeitsfläche legen. Die Mischung aus Salz / Zucker / Pfeffer gleichmäßig über die Filets streuen und sanft in alle offenliegenden Fleischflächen einreiben.

2. Dillzweige auf eines der Fischstücke legen, mit dem anderen, Hautseite nach oben, bedecken. Es sollte wie ein dickes Sandwich mit Dillfransen aussehen.

3. Dieses »Sandwich« in zwei Lagen Plastikfolie einwickeln, in eine enge Backform legen und mit etwa 3–4 Kilo Gewicht beschweren. Gut geeignet sind volle Konservendosen oder in Folie eingeschweißte Bücher (wir selbst verwenden einen in Folie gewickelten Bleibarren, doch nicht alle Haushalte sind so privilegiert).

4. Drei Tage im Kühlschrank lassen, dabei den Lachs etwa alle 12 Stunden wenden. Auswickeln und mit Hilfe eines Messerrückens oder Spatels die salzig-zuckrigen Dillreste vom Fisch abkratzen. Zum Servieren diagonal in sehr dünne Scheiben schneiden, die einzeln von der Haut abgelöst werden müssen.

Ergibt 10–12 Portionen.

Süße Senfsauce

60 Gramm braunen Gewürzsenf, 1 Teelöffel Senfpulver, 40 Gramm Zucker und 30 Milliliter roten Weinessig mischen. In stetigem Strom 80 Milliliter pflanzliches Öl zugeben und die Mischung schlagen, damit die Konsistenz einer dünnen Mayonnaise erreicht wird. 3 Eßlöffel feingehackten Dill einrühren und im Kühlschrank 2 Stunden ziehen lassen.

Erst beizen, dann heizen

Beizen scheint heutzutage schwer in Mode zu sein – als hätten all die Küchenchefs und Kochbuchautoren plötzlich das Salzwasser entdeckt. Was soll damit genau bewirkt werden?

Beizen, also Fleisch, Fisch oder Geflügel in einer Lösung von Salz in Wasser ziehen lassen, ist alles andere als neu. Sicherlich gab es in der Geschichte der Meere jemanden, der eines Tages – vielleicht durch Zufall? – entdeckte, daß Fleisch, welches im Meerwasser gelegen hatte, saftiger war und besser schmeckte, wenn man es zubereitete.

Was geschieht beim Beizen? Was wird durch ein Bad in Salzwasser erreicht, wenn man davon absieht, daß dieser Vorgang die Nahrungsmittel ... nun ja, naß und salzig macht? Ist die Behauptung, es werde saftiger und zarter, gerechtfertigt?

Zunächst sollten wir unsere Terminologie klarstellen. Das Wort *Beizen* wird oft fälschlicherweise für alles mögliche verwendet, angefangen beim Einreiben eines Bratens mit Salz bis hin zum Einlegen in irgendein Gebräu aus Salz, Zucker, Pfeffer, Essig, Wein, Cidre, Öl, Gewürzen und, ach ja, Wasser. Doch etwas mit Salz einzureiben bedeutet eben nicht, es zu beizen; man macht eine Einreibung, was einem völlig anderen Zweck dient. Manche bezeichnen es als Beizen, wenn sie Fleisch in eine flüssige Mischung aus vielen Zutaten einlegen, obwohl das eigentlich Marinieren heißt, was wiederum eine andere Baustelle ist. Andererseits sagt die Fleischindustrie, die Injektion von Salzwasser in Schweinefleisch sei Marinieren, obwohl es sich in Wirklichkeit um eine Form des Beizens handelt.

Um diesen Abschnitt dennoch ein wenig kürzer zu halten als den ebenfalls salzhaltigen *Moby Dick*, werde ich meine Ausführungen auf das beschränken, was das Einlegen von Fleisch in pures Salzwasser bewirkt, auch wenn die meisten Beizen auch Zucker enthalten.

Eine typische Fleischzelle (Muskelzelle) ist eine lange, zylindrische Faser aus Protein und einer Flüssigkeit, die gelöste Stoffe enthält, und alles zusammen ist von einer Membran umschlossen, die für Wassermoleküle durchlässig ist. Badet man eine solche Zelle in einer Lake, die weit mehr freie Wassermoleküle pro Kubikzentimeter enthält als sie selbst, bemüht die Natur sich um einen Ausgleich und zwingt freie Wassermoleküle von dem Ort, wo sie im Überschuß vorliegen – in der Lake –, an einen Ort, wo sie geringer konzentriert sind – ins Innere der Zelle. Dieser Vorgang, bei dem Wasser von einer wasserreichen Lösung in eine relativ wasserarme Lösung wandert, heißt Osmose, und der dafür verantwortliche Druck heißt osmotischer Druck. In unserem Fall führt das dazu, daß Wasser aus der Beize in die Zelle übergeht, wodurch das Fleisch saftiger wird.

Was ist nun mit dem Salz? Innerhalb der Zelle liegt nur sehr wenig gelöstes Salz vor (im Jargon der Wissenschaft: sehr wenige Natrium- und Chlorionen), in der Lake dagegen Unmengen davon, gewöhnlich etwa 130–1000 Gramm auf 5 Liter. Auch hier versucht die Natur auszugleichen, dieses Mal durch den Vorgang der Diffusion: Aus der Überfülle der Salzionen außerhalb der Zelle diffundieren (oder wandern) einige durch die Membran in die Zelle. Dort erhöhen sie über einen Mechanismus, den wir noch nicht vollständig verstehen, die Fähigkeit der Proteine, Wasser an sich zu binden. Das ergibt ein gewürztes, feuchteres Stück Fleisch. Als Zugabe wird das Fleisch auch noch zarter, weil Proteinstrukturen, die Wasser binden, anschwellen und weicher werden.

Beizen wirkt deshalb am besten bei relativ geschmacklosem, magerem Fleisch, das beim Garen zum Trockenwerden neigt, etwa die weißfleischigen Puten oder die fettlosen Schweinelenden unserer Tage. Doch hier, meine Freunde, endet die Wissenschaft, und die Kunst übernimmt, weil es Dutzende verschiedener Möglichkeiten zum Beizen und Garen unterschiedlicher Fleischsorten gibt. Es kann keine allgemeine Antwort geben, wie lang in wie starker Salzlösung eine bestimmte Art Fleisch zu beizen ist, die anschließend in einer bestimmten

Art und bei bestimmter Temperatur für eine vorgegebene Zeit gegart werden soll. An dieser Stelle muß Ihr Vertrauen in den Erfinder des Rezepts zum entscheidenden Faktor werden, weil das Prinzip von Versuch und Irrtum regiert. Falls Sie auf ein Beizrezept stoßen, das Ihnen zarte, saftige, nicht zu salzige Ergebnisse liefert, dann sollten Sie das schätzen und keine Fragen stellen.

Wo wir schon in gesalzener Stimmung sind, wollen wir auch gleich über die Fähigkeit von Salz reden, aus Nahrungsmitteln »Feuchtigkeit herauszuziehen«. Bei dieser historischen Methode werden Fleisch und Fisch getrocknet und konserviert, indem man sie mit Steinsalz bedeckt. Ist das nicht genau das Gegenteil von dem, was ich gerade über die Fähigkeit von Salzwasser gesagt habe, die Feuchtigkeit in gebeiztem Fleisch zu *erhöhen*? Keineswegs (schauen Sie mir dabei zu, wie ich mich da wieder herauswinde).

Salzwasser und trockenes Salz wirken sich auf Nahrungsmittel nicht in gleicher Weise aus. Osmose findet statt, weil auf den verschiedenen Seiten einer Zellmembran unterschiedliche Mengen Wasser verfügbar sind. Beim Beizen sind außerhalb der Zelle mehr Wassermoleküle vorhanden als innerhalb, deshalb preßt der osmotische Druck einiges von dem Wasser nach innen. Wenn man dagegen ein Stück sehr viel Wasser enthaltende Nahrung (und das schließt fast alle Nahrungsmittel ein) mit festem Salz bedeckt, löst sich ein wenig von dem Salz in der Feuchtigkeit der Oberfläche auf. Das ergibt eine extrem konzentrierte Salzlösung mit einem extrem niedrigen Wassergehalt – geringer als innerhalb der Zelle. Damit liegen innerhalb der Zellen mehr verfügbare Wassermoleküle vor als außerhalb, und es wird Feuchtigkeit herausgezogen.

Gebeizte Wildhühner aus Cornwall
Bobs Mahagoni-Wildhühner

Wildhühner aus Cornwall* besitzen viel Geschmack und sind saftig, besonders wenn man sie vor dem Braten beizt. In diesem Rezept geben wir ihnen einen Hauch von Asien mit, indem wir sie mit einer Soja-Knoblauch-Ingwersauce einpinseln, die für eine wundervoll mahagonibraune Haut sorgt.

Wieviel Beize braucht man? Man legt die Hühner in die Schüssel, den Topf oder den verschließbaren Plastikbeutel, in dem man sie beizen möchte, und gibt so viel Wasser hinzu, daß sie vollständig bedeckt sind. Dann nimmt man die Hühner heraus und mißt die zurückbleibende Wassermenge.

Wie stark sollte die Beize sein? Als Faustregel gelten 130 Gramm grobes Salz auf jeweils 4 Liter Wasser. Um den Geschmack abzurunden, kann man noch Zucker und andere Zutaten hinzufügen.

2 Wildhühner (oder 4 Rebhühner)
4 Liter Wasser
130 Gramm grobes Salz
180 Gramm lose gepackter brauner Zucker
80 Milliliter Sojasauce
30 Milliliter Erdnußöl
4 Knoblauchzehen
3 Scheibchen Ingwer

1. Hühner aus der Folie nehmen, die Körperhöhlung säubern, gut waschen. Wasser in eine große Schüssel oder einen Suppentopf geben. Salz und Zucker einrühren, bis alles aufgelöst ist. Die Vögel mit der Brustseite nach unten in die Flüssigkeit legen. Mit einem Teller beschweren, damit sie völlig bedeckt sind. An einem kühlen Ort oder im Kühlschrank 1 Stunde ruhen lassen. Die Vögel aus der Beize nehmen, abspülen und mit Papierhandtüchern abtrocknen. Falls sie nicht sofort weiterverarbeitet werden, wieder in den Kühlschrank legen.
2. Das Backrohr auf 200°C vorheizen. Die Beine mit einem Faden locker zusammenbinden, damit sie nicht abstehen.

---

* Auch Rebhühner sind geeignet. – Anm. d. Ü.

3. Die Sojasauce in einen Meßbecher von ¼ Liter Fassungsvermögen gießen, Öl dazugeben. Die Knoblauchzehen mit der Knoblauchpresse zerdrücken und zu Sojasauce und Öl hinzufügen. Ingwer zerkleinern, in die Knoblauchpresse geben und Saft sowie alle eventuell hindurchgehenden Stückchen in die Sojamischung tropfen lassen. So gut wie möglich durchmischen (das Öl verbindet sich natürlich nicht vollständig mit dem Rest) und die Vögel rundherum damit einpinseln. Mit der Brustseite nach unten auf einen Rost über einen Bräter legen.

4. 30 Minuten grillen, dabei nach 10 und nach 20 Minuten mit der Sojamischung bestreichen. Die Mischung jedesmal gut aufrühren, damit Knoblauch und Ingwerstückchen vom Bratpinsel aufgenommen werden und auf der Haut haften können. Falls die abtropfende Flüssigkeit im Bräter zu rauchen beginnt, mit ⅛ Liter Wasser ablöschen. Die Vögel wenden und mit der Brust nach oben weitere 30–40 Minuten grillen, dabei alle 10 Minuten mit Sauce bestreichen. Es sollten auf jeden Fall feste Bestandteile der Sauce auf der Haut haften bleiben, vor allem beim letzten Einpinseln.

Die Vögel werden zart, saftig und rundherum mahagonibraun sein.

Ergibt 2 reichliche Portionen.

Läuft Saft davon, gibt's kein Pardon
Salzgetrocknete Hamburger

Hamburger (Buletten), die man auf einem Gas- oder Holzkohlengrill zubereitet, verlieren eine Menge Saft, der in die Flammen tropft. Brät man sie dagegen in einer Pfanne, bleiben durch Verdampfen des Wasseranteils der Säfte wohlschmeckende »braune Reste«, auch Bratfond genannt, zurück. Das wäre wunderbar, wenn man die Pfanne mit Wein oder einer anderen Flüssigkeit ablöschen würde, um eine Sauce zu erhalten. Brät man jedoch pure Buletten ohne Sauce in der Pfanne, sind diese braunen Rückstände verloren.

Die Lösung: Man brät die Buletten in der Pfanne auf einer dünnen Lage Salz. Das Salz zieht Säfte heraus und läßt sie schnell gerinnen. Es bildet sich eine Kruste, das Fleisch klebt nicht an der Pfanne, und die braunen Köstlichkeiten bleiben nicht darin zurück. So erhält man Buletten, die außen knusprig sind und delikat salzig schmecken.

> 350–450 Gramm Rinderhack vom Kamm
> ½ Teelöffel grobes Salz

1. Mit den Händen das Hackfleisch zu zwei dicken ovalen Bratlingen formen. Nur so stark zusammendrücken, daß das Fleisch die Form behält.
2. Das grobe Salz gleichmäßig auf den Boden einer gußeisernen Pfanne von ca. 18 cm Durchmesser streuen. Es sollte keine völlig geschlossene Schicht ergeben. Die Pfanne mit dem Salz 5 Minuten bei mittlerer Stufe anheizen.
3. Die Buletten direkt auf das Salz legen und auf einer Seite 3 Minuten braten, dann wenden und weitere 3 Minuten braten, wenn es blutig gewünscht wird, oder so lange, bis es gar ist wie gewünscht.

Ergibt 2 Buletten.

Gute Nacht, süße Marinade!

In den Rezepten lese ich dauernd, ich soll etwas über Nacht marinieren, über Nacht stehenlassen usw. Wie lange dauert »über Nacht«?

Ich bin auf Ihrer Seite. Warum über Nacht? Sollen wir glauben, Tageslicht würde den Vorgang des Marinierens irgendwie beeinflussen? Was ist, wenn wir bereits um zwei Uhr nachmittags den kritischen Punkt des Rezepts erreicht haben? Wie früh darf »über Nacht« anfangen? Wenn wir etwas über Nacht stehenlassen, müssen wir dann mit dem Rezept weitermachen, wenn der Hahn kräht? Wie, um Himmels willen, bringt man etwas davon ab, weiterhin einfach dazustehen?

Mit »über Nacht« meint man in der Regel acht bis zehn Stunden, und in den meisten Fällen würden wahrscheinlich auch zwölf Stunden nicht schaden. Ein sorgfältig verfaßtes Rezept sollte uns jedoch die Freiheit lassen, unseren Zeitplan selbst zu bestimmen. Sagt uns doch einfach, wie viele Stunden – vielen Dank, wir sind alt genug, selbst zu entscheiden, wann wir ins Bett gehen.

Schöpf den Schaum!

Wenn ich Hühnersuppe zubereite, erscheint kurz nachdem das Wasser um den Vogel zu kochen beginnt, ein flockiger weißer Schaum. Den größten Teil kann ich abschöpfen, doch der Rest verschwindet bald darauf. Was ist das für ein Zeug, und ist es korrekt, wenn ich es entferne?

Das Zeug besteht aus geronnenem Protein (Eiweiß), das durch Fett zusammengehalten wird. Es schadet Ihnen zwar nicht, schmeckt aber auch nicht gut, und am besten entfernt man es allein schon aus rein ästhetischen Gründen.

Wird Eiweiß erhitzt, gerinnt es, das heißt, seine langen, verwickelten Moleküle entfalten sich und verklumpen dann wieder in anderer Anordnung. In Ihrem Suppentopf hatte sich ein Teil des Hühnerproteins im Wasser gelöst, wo es mit steigender Temperatur zu gerinnen begann. Inzwischen war ein Teil des Vogelfetts flüssig geworden und, wie das bei flüssigem Fett eben so ist, an die Wasseroberfläche gestiegen, weil es weniger dicht ist als Wasser. Wo immer Protein und Fett aufeinandertrafen, umhüllte das Fett das geronnene Eiweiß und spielte den Lebensretter, indem es alles in Form eines öligen Schaums weiterschwimmen ließ. Alles eßbares Zeug, aber kein schöner Anblick.

Wenn die Temperatur steigt und das Ganze leicht zu köcheln beginnt, wird das Fett dünnflüssiger und fließt davon, und das Protein kann weiter verklumpen. Am Ende bildet es jene kleinen braunen Teilchen, die Sie in der fertigen Suppe sehen – aber nur dann, wenn Sie den Schaum nicht im frühen

Stadium entfernt haben. Er ist dann nicht verschwunden, sondern hat sich lediglich zu diesen kleinen braunen Fitzelchen verdichtet, von denen ein Teil an der Wasserlinie der Topfwand haftet und eine Art (man möge mir das Bild nachsehen) Badewannenrand bildet. Sie sollten also frühzeitig und rasch abschäumen, dann werden Sie mit einer hübschen klaren Suppe belohnt.

> Der zum Abschäumen von Suppen und Eintöpfen weithin empfohlene Schlitzlöffel ist nicht wirklich am besten geeignet, da seine Zwischenräume zu groß sind und einiges zurücklassen. Das beste Werkzeug zum Abschäumen nennt sich (Überraschung!) Schaumlöffel. Er ist rund und mit einem feinmaschigen Netzgewebe versehen. Man erhält ihn in der Küchengeräteabteilung von Kaufhäusern.

Schau doch, schau doch, ei: Was für eine Sauerei!

Nachdem ich ein Hähnchen gegrillt habe, bleiben in der Pfanne all diese widerlichen, heruntergetropften Reste zurück. Kann ich die für irgend etwas verwenden?

Nein. Wenn Sie das überhaupt fragen müssen, haben Sie es nicht verdient. Gießen Sie das Fett ab, kratzen Sie das verbleibende »widerliche Zeug« in ein Schraubglas, und senden Sie es per Expreß an mich ... Im Ernst, diese »Reste« setzen sich aus wundervoll aromatischen Fleischsäften und Gelees zusammen, und es wäre kriminell, sie an Ihre Geschirrspülmaschine zu verfüttern. Ich habe mir oft gedacht, ich würde, wenn ich ein König oder Kaiser wäre, meine Köche anweisen, hundert Hühner zu grillen, sie den Bauern zum Fraß vorzuwerfen und mir die abgetropften Reste zusammen mit ein paar frischen französischen Weißbrotstangen auf einem Silbertablett zu servieren.

Ansonsten hätte ich dann ein Fäßchen mit dem besten Bratenfond, der je hergestellt wurde, weil all diese wunderbaren Fette, Säfte von Hühnerfleisch, das gelierte Eiweiß und die gebräunten Reste die geschmacklichen Grundlagen großer Saucen sind.

»Weightwatcher« würden so etwas nicht anfassen

Warum wird meine Bratensauce entweder klumpig oder fettig?

Sie muß weder klumpig noch fettig sein. Und doch kennt jeder von uns Leute, die sie klumpig und fettig zugleich zubereiten können, oder?

Klumpen und fettige Schmiere verdanken sich demselben Grundphänomen: Öl und Wasser lassen sich nicht mischen. In Ihrer Bratensauce wollen Sie von beidem etwas, müssen es aber mit Tricks dazu bringen, sich zu vermischen.

Lassen Sie mich zunächst die Terminologie ein wenig klarstellen. Öl, Fett und Fettschmiere sind alle aus demselben Stoff. Fett heißt es, wenn es fest, und Öl, wenn es flüssig ist. Jeder Feststoff kann zu einer Flüssigkeit geschmolzen werden, und jedes flüssige Öl kann durch Abkühlung verfestigt werden.

In ihrer natürlichen Form findet man feste Fette in der Regel bei Tieren, flüssige Öle in Pflanzensamen. Profis für Nahrungsmittel bezeichnen ohnehin alles als Fett, weil es in der Ernährung immer dieselbe Rolle spielt.

Fettschmiere ist ein Übergangszustand zwischen festem Fett und flüssigem Öl. Das Wort riecht ein bißchen unappetitlich (ein mieses Restaurant wird in den USA als »fettiger Löffel« und in Deutschland schlimmstenfalls als »schmierig« bezeichnet), und am Eßtisch ist es nie zu hören, außer vielleicht unter den gräßlichsten Umständen. Im folgenden benutze ich die Ausdrücke *Fett*, *Öl* und *Fettschmiere*, um jeweils zu vermitteln, was ich sagen will. Oder, ehrlich gesagt, ich werde sie so verwenden, wie es mir gerade einfällt.

»Weightwatcher« würden so etwas nicht anfassen

Noch ein wenig Nomenklatur: Ursprünglich war mit *Bratenfond* nur der Saft gemeint, der beim Garen von einem Stück Fleisch herabtropft. Wird ein Braten mit dieser relativ unveränderten Flüssigkeit serviert, läuft das oft unter der Bezeichnung *au jus* – so sagen die Franzosen, wenn sie »mit Bratensaft« meinen (ist auf einer Speisekarte »mit *au jus*« zu lesen, hat es ein zweisprachiger Stotterer geschrieben). Leider besteht *jus* in den meisten Restaurants einfach aus einer pulverförmigen, industriell vorgefertigten »Grundlage« aus Salz, Geschmackszusätzen und Zuckercouleur, die in heißem Wasser aufgelöst wird.

Wenn Sie den in die Pfanne getropften Säften andere Zutaten beigeben und alles zusammen kochen, stellen Sie Bratenfond her. Und was ist dann eine Sauce? Diese wird in einer separaten Pfanne zubereitet, gewöhnlich unter Verwendung derselben abgetropften Fleischsäfte, aber angereichert mit einer beliebigen Zusammenstellung von Gewürzen, Geschmackszusätzen und anderen Zutaten.

Sprechen wir doch von der am meisten verbreiteten Art von Bratenfond – jenem, der aus den herabgetropften Säften von gegrilltem Fleisch oder Federvieh zubereitet wird.

Niemand mag einen wäßrigen Bratenfond, also muß man ihn andicken. Hier kommt das Mehl ins Spiel. Mehl enthält sowohl Stärke als auch Eiweiß. Das Andicken einer Sauce mit Stärke aus Mais oder Pfeilwurz, die keine Proteine enthalten, ist etwas ganz anderes – versuchen Sie also nicht, sie bei den folgenden Vorschlägen anstelle von Mehl zu verwenden.

Wenn Ihr Truthahn gar ist, dann nehmen Sie ihn aus dem Grill und begutachten das scheußlich aussehende Durcheinander in der Pfanne darunter. Wie Sie feststellen werden, gibt es da zwei Arten von Flüssigkeit: eine ölige, die aus geschmolzenem Putenfett besteht, und eine wäßrige, die sich aus den Fleischsäften, dem Gemüsesaft und der Brühe oder dem Wasser zusammensetzt, das Sie vielleicht zugegeben haben. Das Kunststück ist nun, diese beiden unvereinbaren Flüssigkeiten in Ihren Bratenfond einzuarbeiten, weil jeder Bestandteil seine

je einzigartige Garnitur von Geschmackskomponenten bei-
steuert. Das heißt, bestimmte Aromen sind fettlöslich, andere
dagegen wasserlöslich. Ihr Ziel ist es, die auf Fett wie auch die
auf Wasser aufbauenden Aromen zu einer sämigen, homoge-
nen Sauce zu vermischen.

Alles hängt davon ab, wie Sie das Mehl behandeln, denn es
ist nicht nur zum Andicken da, sondern auch dafür zuständig,
Öl und Wasser zu verbinden.

Mehl ist ein äußerst feiner Puder und enthält bestimmte
Proteine (Glutenin und Gliadin), die, wenn sie Wasser aufnehmen, gemeinsam eine klebrige Substanz, das Gluten, bilden.
Wenn Sie nun einfach ein wenig Mehl in die Bratreine geben
und umrühren, würden diese Proteine und das Wasser ver-
mengt und einen klebrigen Klumpen bilden. Und da dieser
Klumpen auf Wasser aufgebaut ist, könnte das Öl nicht in ihn
eindringen. Am Ende hätten Sie Ansammlungen von Klümpchen, die in einem Teich aus schmierigem Fett schwimmen. In
manchen Haushalten mag das die normale Kost sein, aber die
meisten Fachleute sind übereinstimmend der Meinung, daß
bei einem festlichen Weihnachtsessen nicht ausgerechnet der
Bratenfond den kernigsten Biß haben sollte.

Was können Sie statt dessen machen? Das geht so einfach
wie Eins-Zwei-Drei (plus Zwei): 1) Sie trennen die wäßrigen
und fetten Bestandteile in einem jener pfiffigen Schwerkraftseparatoren, die von der untersten Schicht her auszugießen
sind (das Fett ist die oberste Schicht, falls Ihnen die Frage auf
der Zunge liegt). 2) Sie mengen das Mehl unter einen Teil des
Fetts. Diese Mischung aus Mehl und Fett heißt *Roux* (etwas
profaner auch Mehlschwitze). 3) Diese Mehlschwitze bräunen
Sie ein wenig an, damit der Geschmack des rohen Mehls verschwindet. 4) Erst jetzt rühren Sie die wäßrigen Flüssigkeiten
hinein. Als wären Mehl, Fett und Wasser keine natürlichen
Feinde, vermischen sie sich wie durch Zauberei zu einer glatten Sauce. 5) Am Ende lassen Sie die Sauce schwach köcheln,
damit die Mehlkörnchen zerfallen und ihre eindickende Stärke
freigeben. Und das funktioniert so:

Indem Sie zunächst Mehl und Fett mischen, sorgen Sie dafür, daß jedes mikroskopisch kleine Mehlkörnchen mit einer Schicht flüssigen Fetts überzogen wird. So können die wäßrigen Säfte nicht durchdringen und das Protein des Mehls verklumpen lassen. Wenn Sie dann die Säfte in die Mehlschwitze einrühren, werden die Mehlkörnchen weiträumig verteilt, wobei sie ihre Fetthülle mitnehmen. Und genau das wollten Sie ja: Fett und Mehl sind gleichmäßig in der gesamten Flüssigkeit verteilt, was eine sämige, homogene Mischung ergibt. Kurz, Sie haben Fett und Wasser überredet, sich zu verbrüdern, weil Sie das Mehl dafür eingesetzt haben, das Öl im Wasser zu verteilen. Wenn Sie dann die Sauce köcheln lassen, damit das Mehl seine Aufgabe des Andickens erfüllen kann, tut es das überall gleichmäßig. Keine dicken oder dünnen Zonen, keine Klümpchen.

Bereiten Sie die Mehlschwitze jedoch mit zuviel Fett, dann wird nicht alles vom Mehl aufgenommen, und der Überschuß wird in schmierigen kleinen Pfützen herumdümpeln und Ihren Ruf ruinieren. Nehmen Sie dagegen zuviel Mehl, dann wird nicht alles mit dem verfügbaren Fett überzogen, und das zusätzliche Mehl wird sich in einen klebrigen Mehlpapp verwandeln, sobald Sie die wäßrige Flüssigkeit zugeben. Es ist deshalb entscheidend, Mehl und Fett in annähernd gleichen Mengen zu verwenden.

Wieviel Mehl, Fett und wäßrige Flüssigkeit? Zu einem Teil Mehl und einem Teil Fett nehmen Sie acht oder mehr Anteile flüssiger Säfte und / oder Fleischbrühe, je nachdem, wie dünnflüssig Sie es gern haben. Ihr Bratenfond wird ein Gedicht sein.

Legen Sie Wert darauf, Hähnchen und anderes Geflügel zu säubern, ehe Sie es braten? Haben Sie Probleme, all den Innereienschmodder aus der Körperhöhle zu entfernen? Ich persönlich verwende als »Innereienbürste« eine Haarbürste mit steifen Plastikborsten. Ich drehe sie in der Höhlung des Geflügels, um alle Reste von Leber, Lunge, und Gott-weiß-was-noch-alles aus dem Bereich zwischen den Rippen herauszubekommen. Anschließend spüle ich die Bürste unter dem Wasserhahn mit heißem Wasser ab und lege sie dann in die Geschirrspülmaschine.

 Ein Schnäppchen-Häppchen!
Jederzeit perfekter Bratenfond von Hühnchen oder Truthahn

Will man einen Bratenfond herstellen, sind drei wichtige Dinge zu beachten:
1. Gleiche Anteile Fett und Mehl vermengen und anbräunen.
2. Die entsprechende Menge Brühe für die bevorzugte Konsistenz einrühren.
3. Den Bratenfond insgesamt 7 Minuten schwach köcheln lassen.

Für Bratenfond werden normalerweise 1 Teil Fett, 1 Teil Mehl und 8–12 Teile Flüssigkeit verwendet. Ein Beispiel: 120 Milliliter abgetropftes Fett, 60 Gramm Mehl, 1–1½ Liter Flüssigkeit. Oder: 60 Milliliter Fett, 30 Gramm Mehl, ½–¾ Liter Flüssigkeit. Für Bratenfond bei Rindfleisch gelten dieselben Mengenverhältnisse.

Und so geht es: Puter oder Hühnchen sind schon aus dem Bratrohr genommen und ruhen. Nun folgt ein Blick in die untergestellte Bratreine. Sie sollte ein Gemisch aus Fett, Fleischsäften und gebräuntem Gemüse enthalten. Das Wesen eines Bratenfonds stammt aus diesen herabgetropften Resten, dazu kommt noch die Brühe, die man aus den Innereien kocht.

Natürlich können Sie den Bratenfond gleich in der Reine zubereiten, doch das hat einen Nachteil. Die Menge des Fetts ist nur schwer abzumessen, und das allein kann das richtige Verhältnis schon kippen lassen. Außerdem ist es nicht leicht, die gigantische Bratreine auf zwei Flammen aufzusetzen, und nach dem Essen muß man sowieso den großen Abwasch veranstalten.

Besser ist es, den Bratenfond so zu machen: Den Inhalt der Bratreine ohne das mitgebratene Gemüse, dafür aber Fett und Fleischsäfte gemeinsam in ein großes Meßgefäß gießen. Dort trennen die Bestandteile sich, wobei das Fett oben schwimmt, und lassen sich so leichter abmessen.

Grundfond für Truthahn oder Hähnchen (gebraten)

Truthahn oder Hähnchen
Je 100 Gramm Zwiebeln, Sellerie und Karotten in
groben Stücken
60 Milliliter Fett aus der Bratreine
30 Gramm Mehl
Bratensäfte
Etwa ½ Liter Truthahn- oder Hühnerbrühe
Salz und frischgemahlener Pfeffer

1. Geflügel zum Braten vorbereiten. Zerkleinerte Gemüse in die Reine geben, dann alles ins Bratrohr schieben.
2. Vogel je nach Rezept grillen.
3. In der Zwischenzeit mit den Innereien eine Brühe kochen.
4. Ist das Geflügel gar, läßt man es auf einem Teller ruhen, während man den Bratenfond zubereitet.
5. Alle Flüssigkeiten in ein gläsernes Meßgefäß umfüllen.
6. 60 Milliliter Fett abmessen und in die Reine zurückgeben.
7. Die braune herabgetropfte Flüssigkeit abmessen und aufheben (überschüssiges Fett wegwerfen oder aufbewahren, um für Reste zusätzlich Bratenfond bereiten zu können).
8. Gemüse und angebackene Reste aus der Reine kratzen.
9. Mehl in die Bratreine geben.
10. Fett und Mehl mit Hilfe eines Holzlöffels zu einer dicken, glatten Mischung vermengen.
11. Inhalt der Bratreine bei kleiner Hitze 2 Minuten anbräunen. Dadurch verschwindet der Geschmack nach rohem Mehl.
12. Die zurückgestellten braunen Bratensäfte und ausreichend Brühe für die gewünschte Konsistenz des Bratenfonds langsam einrühren, insgesamt etwa ½ Liter Flüssigkeit.
13. Knapp 5 Minuten weiter köcheln lassen, bis der Bratenfond dickflüssig und glatt ist. Mit Salz und Pfeffer würzen.
14. In eine Sauciere umfüllen.

Ergibt etwa ½ Liter Bratenfond.

❖ ❖ ❖ ❖ ❖ ❖

Im Meer
Das echte weiße Fleisch

Warum wird Fisch so viel schneller gar als andere Fleischsorten?

Genau wie Wein kann Fleisch rot oder weiß sein. Rindfleisch ist rot, Fisch und Schalentiere sind in der Regel weiß. Der Lachs ist rosa, weil er Krustentiere mit rosa Hülle frißt. Flamingos sind, falls es Sie interessiert, aus demselben Grund rosa.

In der Küche lernen wir schnell, daß weißes Fischfleisch weit schneller gar wird als rotes Fleisch. Das liegt natürlich nicht einfach nur an der Farbe: Bei Fisch ist Fleisch von Natur aus anders strukturiert als bei den meisten Kreaturen, die rennen, herumrutschen oder fliegen.

Vor allem kann man das Durchpflügen des Wassers nicht unbedingt als Training für Bodybuilder durchgehen lassen, zumindest nicht im Vergleich mit dem Galoppieren über Prärien oder mit dem Durchdüsen der Lüfte. Fischmuskeln entwickeln sich deshalb nicht so stark in Richtung Schwarzenegger wie die Muskeln anderer Tiere. Bei aktiveren Fischen wie etwa dem Thunfisch ist das Muskelfleisch stärker rot gefärbt, weil es mehr Myoglobin (siehe S. 157) enthält und deshalb dunkler ist. Wichtiger ist jedoch die Tatsache, daß das Muskelgewebe der Fische sich grundsätzlich von dem der meisten Landtiere unterscheidet. Um ihren Feinden pfeilschnell entkommen zu können, brauchen Fische schnelle, energiereiche Geschwindigkeitsexplosionen, während andere Tiere zum Laufen eher Ausdauer benötigen – oder einst benötigten, ehe wir einige von ihnen bis zur Trägheit domestiziert haben.

Muskeln bestehen im allgemeinen aus Faserbündeln, und die Fischmuskeln bauen sich in erster Linie aus sogenannten schnell kontrahierenden Fasern auf. Diese sind kürzer und dünner als die großen, langsamen Muskelfasern der meisten Landtiere und deshalb leichter zu zerteilen, etwa durch Kauen, oder chemisch abzubauen, wie das durch die Kochhitze geschieht. Deshalb ist Fisch so zart, daß man ihn in Sushi roh essen kann, während ein Steak zu Steak Tatar zerkleinert werden muß, damit unsere Backenzähne damit fertig werden.

Daß Fische in einer Umgebung leben, in der sie fast schwerelos sind, ist ein weiterer wichtiger Grund, weshalb Fischfleisch zarter ist als das Fleisch anderer Tiere. Im Wasser benötigen sie weniger Bindegewebe – Knorpel, Sehnen, Bänder und dergleichen, was andere Tiere brauchen, um ihre Körperteile gegen die Schwerkraft abzustützen und sie am Skelett zu befestigen. Deshalb besteht Fisch vor allem aus Muskeln mit nur sehr wenig knorpeligen oder zähen Anteilen, und in der Abteilung Knochen reicht wenig mehr als ein einfaches Rückgrat völlig aus. Der relative Mangel an Bindegewebe heißt auch, Fischfleisch enthält relativ wenig Kollagen, jenes Protein, das sich beim Erhitzen in schöne saftige Gelatine verwandelt. Unter anderem deshalb wird Fisch beim Garen leichter trocken als viele andere Fleischsorten. Dazu kommt, daß die Fische als Kaltblüter wenig isolierendes Fett benötigen, das ebenfalls für mehr Saftigkeit sorgen würde.

Aus all diesen Gründen besteht bei Fisch das Hauptproblem darin, ihn nicht übermäßig zu garen. Man sollte ihn nur so lange garen, bis das Fleisch seine Lichtdurchlässigkeit verliert und undurchsichtig weiß wird, ziemlich genau so, wie das mit dem Protein von Eiklar geschieht. Gart man Fisch zu lange, wird er trocken und fasrig, weil die Muskelfasern sich zusammenziehen, wodurch das Fleisch schrumpft und zäh wird. Gleichzeitig verliert es zuviel Wasser, was das Gewebe austrocknen läßt. Als Faustregel gilt: 8–10 Minuten Garzeit pro 2,5 Zentimeter Dicke.

Fisch auf den Punkt gegart
Fisch im Päckchen

Fisch läßt sich so leicht garen, daß man ihn sogar dämpfen kann, eine Methode, die ihn auch vor dem Austrocknen bewahrt. Ein klassisches Verfahren heißt ebenso klassisch en papillote (in der Papierhülle), der Fisch wird also in Pergament gepackt und in der Packung im Rohr gegart. Heutzutage können wir auch Alufolie verwenden.

Es funktioniert fast mit jedem Fischfilet: Zackenbarsch, Lachsforelle, Seelachs, Kabeljau, Viktoriabarsch oder Wels. Der Fisch gart jederzeit perfekt (und unbeobachtet). Die Säfte des gedämpften Fischs vermischen sich mit den Aromen der Gemüse und Gewürze.

2 Abschnitte Alufolie von jeweils ca. 40 cm Länge
2 Teelöffel Olivenöl
2 Fischfilets
Salz und Pfeffer
2 Lauchzwiebeln, grüne wie weiße Teile, einmal durchgeschnitten
2 Zweige Petersilie
2 kleine Zwiebelscheiben
8 reife Kirschtomaten
30 Milliliter trockener Weißwein oder Zitronensaft
Eventuell 30 Gramm Kapern, abgetropft

1. Backrohr auf 220°C vorheizen. Filets unter kaltem Wasser abspülen, auf Papierhandtüchern abtrocknen. Zwei Bahnen Alufolie von der Rolle abschneiden. Olivenöl jeweils auf die Hälfte einer jeden Folie träufeln.
2. Ein Filet am Ende nehmen und durch das Olivenöl ziehen, bis es ganz mit Öl überzogen ist. Vorgang mit dem anderen Filet in dessen eigener Folie wiederholen. Beide mit Salz und Pfeffer würzen. Mit den Lauchzwiebeln und der Petersilie belegen, darauf kommen die Zwiebelscheiben. Kirschtomaten, Wein und, falls gewünscht, Kapern zugeben.
3. Folie über dem Fisch und den Beigaben falten. Die Ränder umknicken und falten, damit ein dichtes Paket entsteht. Die Pakete auf einem Backblech mit Rand ins Rohr schieben und 10–12 Minuten garen.

4. Aus dem Rohr nehmen. Jedes Folienpaket auf einen großen Suppen- oder Pastateller legen, die ungefaltete Seite mit einem Messer oder einer Schere aufschlitzen und den Inhalt mitsamt der Flüssigkeit auf den Teller gleiten lassen.

Ergibt 2 Portionen.

Da fischelt was

Muß Fisch eigentlich immer nach Fisch riechen?

Absolut nicht. Die Leute nehmen fischelnden Fisch hin, weil sie wahrscheinlich denken: Nun, wonach sollte er denn sonst riechen? Doch auch wenn es seltsam erscheinen mag, muß Fisch keineswegs nach Fisch riechen.

Wenn Fische und Schalentiere, nur wenige Stunden nachdem sie noch fröhlich durchs Wasser gekurvt sind, vollkommen frisch sind, haben sie praktisch keinen Geruch. Vielleicht einen »frischen Hauch von Meer«, aber sicherlich nichts, was im geringsten unangenehm riecht. Erst wenn Meeresgetier anfängt, sich zu zersetzen, nimmt es dieses fischige Aroma an. Und Fisch beginnt sich sehr viel schneller zu zersetzen als andere Fleischarten.

Das Fleisch der Fische – das Muskelgewebe – besteht aus ganz anderen Proteinen als etwa Rindfleisch oder Huhn. Es wird nicht nur durch Garen schneller weich, sondern auch schneller durch Enzyme und Bakterien angegriffen; anders gesagt, es verdirbt rascher. Jener fischige Geruch stammt von den Abbauprodukten, insbesondere von Ammoniak, Schwefelverbindungen und chemischen Verbindungen mit der Bezeichnung Amine, die bei der Zersetzung der Aminosäuren in den Proteinen entstehen.

Die Gerüche jener chemischen Stoffe treten bemerkenswert lange vor dem Zeitpunkt auf, zu dem diese Nahrungsmittel wirklich nicht mehr genießbar sind. Insofern zeigt ein schwacher Fischgeruch nur, daß Sie eine gute Nase haben und der Fisch nicht mehr ganz so frisch ist, wie er vielleicht sein könnte, aber nicht zwangsläufig schlecht sein muß. Amine und Ammoniak werden von Säuren neutralisiert – deshalb wird Fisch oft mit Zitronenvierteln serviert. Jakobsmuscheln, die ein wenig überreif riechen, sollten Sie rasch mit Zitronensaft oder Essig abwaschen, ehe Sie sie kochen.

Es gibt noch einen Grund, weshalb Fisch rasch verdirbt. Die meisten Fische besitzen die unfreundliche Angewohnheit, andere Fische im ganzen zu verschlucken, und sind deshalb mit Enzymen ausgerüstet, die Fisch verdauen. Falls diese Enzyme nach dem Fang durch groben Umgang mit dem Fisch aus den Eingeweiden freigesetzt werden, machen sie sich rasch über das eigene Fleisch her. Aus diesem Grund sollte Fisch nach dem Fang so schnell wie möglich ausgenommen werden.

Zudem sind die zersetzenden Bakterien in und auf den Fischen wirksamer als jene in Landtieren, weil sie dafür eingerichtet sind, in den kalten, kalten Meeren und Flüssen zu funktionieren. Will man sie von ihrer schmutzigen Tätigkeit abhalten, muß man sie erheblich schneller und tiefer abkühlen, als wir das mit dem Fleisch von Warmblütern machen, wenn wir es konservieren. Deshalb ist Eis, weil es nie wärmer wird als 0°C, Fisherman's (best) friend. Der Kühlschrank bei Ihnen zu Hause bietet etwa 4°C.

Es gibt noch einen dritten Grund, weshalb Fischfleisch rascher verdirbt als das Fleisch von Landtieren: Es enthält mehr ungesättigte Fette. Ungesättigte Fette werden viel leichter ranzig (also oxidiert) als beispielsweise die gesättigten Fette in Rindfleisch. Durch Oxidation werden Fette in übelriechende Fettsäuren umgewandelt, die noch mehr zum fischigen Geruch beitragen.

Seehecht, echt toller Hecht?

Ich habe kürzlich sogenannte Krabbenstäbchen gekauft. Laut Etikett handelt es sich um Surimi, und die waren gar nicht mal schlecht. Was ist das, und wie wird es hergestellt?

Surimi ist Fleisch von Fischen, das man zerkleinert und in eine Form gebracht hat, die der von Krabben und Shrimps ähnelt. Es wurde in Japan entwickelt, um die Abfälle beim Filetieren von Fisch und einige der weniger begehrten, im Netz mitgefangenen Arten verwerten zu können. Als billige Alternative zur echten Ware hat es inzwischen weltweit Fuß fassen können.

Die Fischabfälle, meist von Pollack (einer Kabeljauart) und Seehecht, werden zerkleinert, gründlich gewaschen, um Fett, Pigmente und Geschmackskomponenten zu entfernen, gespült, durchgesiebt und so weit getrocknet, daß der Feuchtigkeitsgehalt auf unter 82 % sinkt, wonach man sie bis zu ihrer Verwendung einfriert. Das ist Surimi.

Damit ein bestimmtes Produkt daraus entsteht, wird das Surimi dann zum Beispiel zu Fasern zerrieben, worauf man Eiweiß, Stärke und etwas Öl hinzufügt. So nimmt es eine Konsistenz an, die der von echten Krebsen, Shrimps oder Hummern ähnelt. Diese Mischung walzt man dann zu Platten, die man kurz erhitzt, um sie als Gel zu stabilisieren. Die Platten werden dann aufgerollt, gefaltet und/oder mit Formen in Stäbchen oder in andere Gestalt umgewandelt, aromatisiert und gefärbt, um so die echten Vorbilder nachzuahmen, und für den Versand in den Handel eingefroren.

Möchten Sie das für Fritten oder für Kaviar?

In einem Katalog sind mir mehrere Arten von Kaviarlöffeln aufgefallen, deren Preis zwischen 12 und 50 Dollar lag. Warum muß Kaviar mit einem speziellen, schicken Löffel serviert werden?

Dafür kann man sich mehrere Gründe vorstellen: 1) Die Händler gehen davon aus, daß man jedem, der regelmäßig Kaviar ißt, leicht etwas andrehen kann. 2) Kaviar *verdient* so etwas. 3) (weniger romantisch) Es gibt dafür einen chemischen Grund.

Kaviar ist der Rogen des Störs, eines riesigen Fisches aus der Ära der Dinosaurier, der statt Schuppen eine Rüstung aus Knochenplatten trägt. Der Stör lebt vor allem im Kaspischen und im Schwarzen Meer, doch es gibt auch immer mehr Lieferungen guten amerikanischen Kaviars von Stören und anderen Fischen, die in Fischfarmen in den USA gezüchtet werden. Die Küsten des Kaspischen Meeres waren früher ein Monopol des Iran und der Sowjetunion, während heute Iran, Rußland, Kasachstan, Turkmenistan und zu einem kleinen Abschnitt auch Aserbeidschan sie unter sich aufteilen.

Von den drei wichtigsten Spezies des kaspischen Störs ist der *Beluga* die größte (bis zu 800 Kilo) und hat die größten Eier, deren Farbe von hellem zu dunklem Grau bis hin zu Schwarz rangiert. Als nächstes folgt der *Ossetra*, der bis zu 250 Kilo erreichen kann und dessen Eier grau, graugrün oder braun sein können. Am kleinsten ist der *Sevruga* (bis zu 120 Kilo), dessen kleine Eier grünlich-schwarz sind.

Da Kaviar zwischen 8 und 25 % Fett (und sehr viel Cholesterin) enthalten kann, verdirbt er leicht und muß mit Salz haltbar gemacht werden. Kaviar der höchsten Qualitätsstufe enthält höchstens 5 Gewichtsprozent zugefügtes Salz und wird *Malossol* genannt, was die russische Bezeichnung für »leicht gesalzen« ist.

Und hier liegt das Problem: Salz wirkt korrosiv. Es kann mit silbernen und stählernen Löffeln reagieren und dabei Spuren von Verbindungen entstehen lassen, die dem Kaviar angeblich einen metallischen Geschmack geben.

Deshalb hat man für Kaviar schon immer Löffel aus reaktionsträgen Materialien verwendet. Häufig benutzt man Gold, das von Salz nicht angegriffen wird, obwohl das bewährteste Material Perlmutt ist, die harte, weiße, glänzende Substanz, aus der Perlen sowie die Innenflächen von Molluskenschalen bestehen.

Doch dies ist das 21. Jahrhundert. Wir verfügen inzwischen über ein äußerst billiges Material, das durch und durch genauso reaktionsträge, korrosionsbeständig und geschmacksneutral ist wie Perlmutt: Wir sagen Kunststoff dazu. Zum Glück ist eine Vielzahl von Plastiklöffeln erhältlich, die man in Fast-Food-Restaurants auf Nachfrage kostenlos erhält, obwohl ich vermutlich nicht eigens darauf hinweisen muß, daß sie nicht für Kaviar gedacht waren.

Als Dienst für die Öffentlichkeit habe ich die Kaviarverträglichkeit der Löffel von Wendy's, McDonald's, KFC und Dairy Queen untersucht (Taco Bell stellt keine Löffel zur Verfügung. Dort gibt es *Gaböffel*: Geräte in Form eines Löffels mit Zinken am vorderen Ende). Leider waren all diese Löffel zu groß. Am Ende fand ich, daß die Probierlöffel einer großen Eisdiele das ideale Format besitzen – und obendrein herrlich rosafarben sind (die Höflichkeit gebietet allerdings, eine Portion Eis zu bestellen, wenn Sie sich Ihren kostenlosen Löffel beschaffen).

Falls es Ihnen als Sakrileg erscheint, Kaviar auf Plastik zum Mund zu führen, Sie aber dennoch keine 600 Dollar für einen vergoldeten Kaviarlöffel von Fabergé ausgeben wollen, können Sie ihn ja auch einfach aus der Hand essen (das ist der sogenannte *body shot*): Ballen Sie eine Hand so zur Faust, daß Daumen und Zeigefinger eine Vertiefung bilden, und bringen Sie dort einen Schlag Kaviar unter. Dann essen Sie ihn aus besagter Vertiefung und spülen ihn mit einem Schuß eiskalten russischen oder polnischen Wodka aus einem engen Tequilaglas runter.

Na sdorowje[*]!

---

[*] Russisch: »Auf die Gesundheit«, »Prost«.

Diese Welt ist – ach! – so grausam

Sind Venusmuscheln und Austern auf der Halbschale noch am Leben, wenn wir sie essen?

Sie sind an der Küste in Ferien, oder? Restaurants mit Meeresfrüchten im Überfluß. In vielen gibt es eine Bar, an der Horden hechelnder Hedonisten unbekümmert Hunderte unglücklicher Mollusken schlürfen, die man gewaltsam vom zweischaligen zum einschaligen Zustand degradiert hat. Es ist nur zu natürlich, sich einfühlsame Gedanken über das Herummampfen auf einem Geschöpf zu machen, das man vor so kurzer Zeit seiner behütenden Schalen beraubt hat, und Sie, edle Seele, die Sie nun mal sind, Sie müssen sich einfach fragen, ob es noch am Leben ist.

Um diese Frage ein für alle Mal beizulegen, lassen Sie mich folgende definitive Feststellung treffen: Frischgeöffnete Venusmuscheln und Austern sind in der Tat in gewisser Weise, sozusagen, irgendwie mehr oder weniger lebendig, könnte man sagen, wenn man es so ausdrücken will. Falls Sie also zu denen gehören, die glauben, Pflanzen würden Schmerzen spüren, wenn man sie abschneidet, dann sollten Sie den Rest dieser Antwort lieber auslassen.

Schauen Sie sich doch einmal die bescheidene Venusmuschel an. Sie verbringt ihre Tage, in die Schalen gekuschelt, in Sand oder Schlick vergraben, saugt durch eine ihrer beiden Röhren Wasser an, filtert die leckeren Sachen (Plankton und Algen) heraus und speit das Abwasser durch die andere Röhre wieder aus. Und selbstverständlich vermehrt sie sich ab und an. (Ja, auch bei den Venusmuscheln gibt es Mädels und Buben.)

Das ist aber auch schon alles, was sie so macht. Und wenn sie dann einmal im Restaurant ankommt, Schalen dicht geschlossen gegen die Unbill, in die Lufthülle befördert worden zu sein, tut sie nicht einmal mehr so viel. Sie hat keine Sinnesorgane zum Sehen oder Hören und spürt fraglos weder Freude noch Schmerz, besonders dann, wenn sie auf Eis liegt und deshalb betäubt ist. Nennen Sie das Leben?

Soweit die Biologie. Nun zur Physik: Wie kriegen Sie die verdammten Dinger auf, ohne *sich selbst* ums Leben zu bringen?

Au ... Austern!

Auf dem Fischmarkt habe ich lebende Venusmuscheln erstanden, aber es hat mich elend viel Zeit gekostet, sie aufzubekommen. Gibt es da eine einfache Methode?

Auf das Öffnen von Muscheln ist fast so viel menschlicher Erfindergeist verwendet worden wie auf das Öffnen kindersicherer Arzneifläschchen, allerdings mit erheblich mehr Verletzungen. Man hat dafür allen Ernstes alles mögliche empfohlen, angefangen bei Hämmern, Feilen und Metallsägen bis zur Hinrichtung in der Mikrowellenkammer. Doch brutale Gewalt ist vollkommen überflüssig, und die Hitze der Mikrowelle kann den Geschmack ziemlich beeinträchtigen.

Wollen Sie Venusmuscheln auf einfache Weise öffnen, legen Sie diese Meeresfrüchte zunächst, je nach Größe, 20–30 Minuten ins Gefrierfach. Sie sollen sehr kalt, aber nicht gefroren sein. In diesem anästhesierten Zustand können sie ihre Schalen nicht mehr fest zusammenhalten. Nun nehmen Sie die Muschel fest in eine mit einem Handtuch geschützte Hand und drücken ein flaches, vorne abgerundetes Venusmuschelmesser – *kein* spitzes Austernmesser – an der leichten Einkerbung in der Nähe des spitzeren Endes der Muschel zwischen die Schalen (hier streckt sie ihre Röhren, die Siphone, heraus). Ziehen Sie das Messer an einer Innenfläche der Muschel entlang, um die beiden Muskeln zu durchtrennen, von denen die Schalen zusammengehalten werden (im Jargon der Wissenschaft: die Adduktoren), klappen Sie die Schale am Scharnier auf und werfen Sie sie weg. Dann lösen Sie die Muskeln in gleicher Weise von der verbleibenden Schale, ohne das Muschelfleisch herauszunehmen. Geben Sie einen Schlag Meerrettich und die gleiche Menge Chilisauce und vielleicht noch einen Hauch Tabasco oder einen Spritzer Zitrone dazu, und lassen Sie alles zusammen in den Mund gleiten.

Sauber, sauber!

Im Urlaub an der See fand ich einmal einige lebende Venusmuscheln. Ich nahm sie mit ins Hotel und bat das Küchenpersonal, sie für mich zuzubereiten. Ich wollte sie roh essen. Nachdem ich sie verzehrt hatte, fragte ich den Küchenchef, wie er sie zubereitet hatte. »Ich habe sie geöffnet«, antwortete er. Warum müssen diese lebenden Wesen, direkt aus ihrem natürlichen Lebensraum geholt, nicht gereinigt oder sonstwas werden, ehe man sie unzerlegt verspeist?

Sollten sie eigentlich schon, aber es muß nicht unbedingt sein. Dieser Schritt wird häufig ausgelassen.

Wenn sie aus dem Meer oder vom Fischmarkt kommen, müssen Venusmuscheln in der Regel gereinigt werden. Als man sie ihren kuscheligen kleinen Sandbetten entriß, zogen sie ihre Siphone ein und machten die Schalen dicht, wobei sie möglicherweise ein wenig Sand und was sonst noch zufällig an Strandgut in der Umgebung lag, mit einschlossen. Zudem besitzen Venusmuscheln ähnlich wie Shrimps einen Verdauungskanal. Auch wenn Ihnen das nicht schadet, kann er ein wenig sandig sein, und er ist nicht besonders appetitlich zu essen. Es ist gut, ihn durchzuspülen.

Wenn Sie also die Schalen außen abgeschrubbt haben, sollten Sie Ihren Venusmuscheln ein erholsames Bad in vorgetäuschtem Meerwasser gönnen – 40 Gramm Tafelsalz auf 5 Liter Wasser –, in das Sie etwa 10 Gramm Maismehl eingerührt haben. Lassen Sie sie eine gute Stunde in Ruhe. Wenn Sie sie ruhig beobachten (sie schrecken bei Schwingungen zusammen, nicht sosehr bei Geräuschen), werden Sie sehen, wie sie das Maismehl aufnehmen und sich dabei innerlich reinigen. Nach einer Weile werden Sie sich wundern, wieviel ausgestoßene kleine Teilchen auf dem Grund des Behälters liegen. Es nützt jedoch nichts, sie allzulang dort zu lassen, weil sie den Sauerstoff im Wasser verbrauchen, ihre Öffnungen zuklappen und aufhören, sich zu reinigen.

In vielen Kochbüchern und Zeitschriftenartikeln wird uns erzählt, wir sollten lebende Venusmuscheln reinigen, indem wir sie in Leitungswasser setzen, mal mit, mal ohne Maismehl. Eine kurze Überlegung zeigt jedoch, wie zwecklos das ist. Es gibt zwar auch Süßwassermuscheln dieses Typs, aber die, von denen hier die Rede ist, leben in Salzwasser. Wären Sie eine Salzwassermuschel, die in Süßwasser geworfen wird, dann würden Sie sich auf der Stelle zuklappen und es nicht wagen, die Schalen auch nur einen Spalt breit zu öffnen, sondern darauf hoffen, daß die Umgebung irgendwann wieder salziger und damit gastlicher wird. Es bringt also gar nichts, Venusmuscheln in Leitungswasser zu legen. Ein Bad in Salzwasser der richtigen Konzentration täuscht die Muscheln hingegen so, daß sie glauben, wieder daheim zu sein, worauf sie ihre Siphone ausfahren, Nahrung aufnehmen und sich von Abfällen reinigen.

Manche Restaurants sparen sich die Reinigungsstufe, und so können die Muscheln dort sandig sein. Das ist nicht so wichtig, wenn sie gekocht werden, doch Sand auf dem Boden der Schüssel mit Muschelsuppe ist ein Hinweis auf dieses abgekürzte Verfahren. Immerhin wissen Sie dann, daß die Suppe aus lebenden und nicht aus tiefgefrorenen oder Dosenmuscheln zubereitet wurde.

Klaff- oder Sandmuscheln haben große Siphone und können ihre Schalen nicht vollständig verschließen. Darum wird immer ein wenig Sand in ihnen zu finden sein. So schwenkt man sie erst in Muschelbrühe, ehe man sie in geschmolzene Butter taucht und verspeist.

Zwischen Stein und Rückenpanzer

Die Schalen von Venusmuscheln und Austern sind hart wie Stein, die Schalen von Shrimps und Krebsen dagegen wie aus dünnem Kunststoff gemacht. Warum dieser Unterschied?

Schalen heißen sie, weil sie außen getragen werden, doch wenn wir von »Schalentieren« sprechen, fassen wir damit zwei völlig verschiedene Klassen von Tieren zusammen: Krebstiere (*Crustacea*) und Mollusken oder Weichtiere.

Zu den Krebstieren gehören Krabben, Hummer, Krevetten und Garnelen. Deren Schalen sind hornige, elastische Platten, die über Scharniere eine Art Rüstung ergeben. Die obere Hülle einer Krabbe oder eines Hummers bezeichnet man auch als deren Rückenpanzer (das mußte ich noch loswerden, um die Wortwahl in der Überschrift zu rechtfertigen).

Krebstiere stellen ihre dünnen Schalen vor allem aus organischem Material her, dem Chitin, einer komplexen Kohlenhydratverbindung, die sie aus ihrer Nahrung zusammenbauen. Es dürfte Ihnen wohl keine Freude bereiten, das zu erfahren, doch Krevetten, Krabben und Hummer sind enge Verwandte von Insekten und Skorpionen, die ihre äußere Hülle ebenfalls aus Chitin fabrizieren. (Falls Sie deswegen schockiert sind, sollten Sie wissen, daß viele Biologen inzwischen eher der Überzeugung zuneigen, Krebstiere und Insekten hätten sich unabhängig voneinander entwickelt. Auch Biologen essen gern Meeresfrüchte, müssen Sie wissen.)

Andererseits bauen zweischalige Weichtiere – Venusmuscheln, Austern, Miesmuscheln, Jakobsmuscheln und andere Kreaturen, die ihr Leben zwischen einem Paar harter Schalen zubringen – ihre Hülle vor allem aus anorganischen Mineralien auf, die sie aus dem Meer beziehen, in erster Linie Kalziumkarbonat, derselben vielseitigen Substanz, aus der auch Kalkstein, Marmor und Eierschalen bestehen. Wenn Sie das nächste Mal eine ganze Venus- oder Miesmuschel auf dem Teller haben, sollten Sie die gebogenen Wachstumslinien oder

Wachstumskanten beachten, die parallel zum äußeren Rand verlaufen. Diese stehen für das neue Schalenmaterial, das von dem Tier immer dann angelagert wurde, wenn es um so viel größer geworden war, daß es mehr Platz brauchte, gewöhnlich in der warmen Jahreszeit.

Schalenwild? Schalenspiel? Wilde Muscheln!
Miesmuscheln in Weißwein

Miesmuscheln sind Fastfood aus der Natur, das uns vom Meer geschenkt wird. In ihren ebenholzschwarzen, mit konzentrischen Wachstumslinien gezierten Schalen sind sie schön anzusehen. Sie sind fast auf der Stelle gar (sobald ihre Schalen aufklappen) und enthalten sehr wenig Fett, aber viel Eiweiß. Von fleischiger Konsistenz, bringen sie uns den Geschmack des Meeres, ein wenig salzig und eine Spur süßlich.

Miesmuscheln (Mytilus edulis) von Züchtern aus fast allen Küstenländern Europas werden in allen Fischfachgeschäften und auf vielen Märkten nach Gewicht verkauft. Die besten, größten, dicksten, saftigsten und schmackhaftesten, die wir je gegessen haben, sind jedoch die Miesmuscheln der Art Mytilus galloprovincialis eines Züchters aus dem Bundesstaat Washington, USA, die es natürlich auch in den Mittelmeerländern gibt.

Miesmuscheln aus der Zucht sind auf alle Fälle frei von Sandkörnchen und Seepocken und müssen vor dem Kochen nur leicht abgebürstet werden. Die meisten der dunklen, an Stahlwolle erinnernden Bartfasern sind bereits entfernt. Was noch zwischen den Schalen hervorschaut, läßt sich durch leichtes Ziehen lösen.

Zum Kochen und bei Tisch sollten Sie den gleichen Wein nehmen.

1 Kilo Miesmuscheln, gereinigt und von Bartfasern befreit
¼ Liter trockener Weißwein, etwa Sauvignon blanc, Sancerre, Muscadet oder Moselriesling
50 Gramm gehackte Schalotten
2 Zehen Knoblauch, zerkleinert
1 Bund Petersilie, gehackt
30 Gramm gesalzene Butter

1. Muscheln unter fließendem Wasser abspülen, eventuell durch die Schalen schauende Bartfasern abzupfen. Alle Muscheln aussortieren, deren Schalen zerbrochen sind oder die sich nicht sofort schließen, wenn man sie mit einer anderen Muschel anstößt. Sie sind entweder tot oder todkrank und verderben sehr rasch.
2. Wein, Schalotten, Knoblauch und Petersilie in einen großen, tiefen Topf mit dicht schließendem Deckel geben. Der Topf muß groß genug sein, um die Muscheln auch nach dem Aufklappen der Schalen aufnehmen zu können, dazu wird noch ein wenig Spielraum zum Schütteln benötigt – es sollte zumindest das Doppelte des Volumens der rohen Muscheln verfügbar sein. Den Wein aufkochen lassen, auf kleiner Flamme noch etwa 3 Minuten köcheln lassen. Dann die Flamme wieder auf groß stellen. Muscheln hineingeben; dicht abdecken und garen, den Topf dabei mehrmals schütteln, bis die Muscheln aufgehen. Das dauert 4–8 Minuten, je nach Größe des Topfes und der Muscheln.
3. Muscheln mit einem Schaumlöffel aus der Flüssigkeit heben und auf zwei große Suppenteller verteilen. Rasch die Butter in die Flüssigkeit einquirlen, so daß eine leicht gebundene Sauce entsteht.
4. Brühe über die Muscheln gießen und gleich servieren. Dazu knuspriges Weißbrot und den gekühlten Wein reichen.

Ergibt 2 Portionen.

Die beiden unterschiedlichen Arten von Schalen bei Krebstieren und Weichtieren weisen darauf hin, daß diese Geschöpfe beim Wachstum verschiedene Strategien verfolgen müssen. Weichtiere, die wachsen, indem sie an die äußeren Ränder ihrer Schalen weiteres Material anlagern, lassen gewissermaßen die Hosen ein Stück aus, während Krebstiere sich vollständig neue Anzüge fabrizieren.

Wenn Krabben oder Hummer aus ihren Wanderhosen herauswachsen, häuten sie sich: Sie trennen die Säume ihrer Hülle auf, kriechen heraus und produzieren eine neue, größere. Falls wir unmittelbar nach dem Entkleiden einen erwischen, dürfen wir uns die epikureische Köstlichkeit einer Krabbe oder eines

Schalenwild? Schalenspiel? Wilde Muscheln!

Hummers mit weicher Schale gönnen. Diese »weichen Schalen«[*] sind die neuen Hüllen im allerfrühesten Baustadium.

So benötigt die blaue Atlantikkrabbe zum Beispiel 24–27 Stunden, um den Aufbau abzuschließen, was lüstern sabbernden Raubtieren wie uns Menschen gerade genug Zeit läßt, sie zu fangen – was nicht leicht ist, da sie sich, weil ohne Rüstung, im Seetang verstecken und erst herausgekitzelt werden müssen. Wenn wir jedoch Glück haben, können wir sie noch im Freien erwischen, kurz bevor sie sich häuten. Erfahrene Wassermänner können auf einen Blick angeben, wann ein Krebs kurz davor steht, seine Hülle abzustreifen, und wenn solche »Häuter« gefunden werden, hält man sie in einem separaten Käfig, bis die Tat vollbracht ist.

Und was machen wir dann mit ihnen? Nun, wir kochen sie sobald wie möglich und essen sie sozusagen mit Stumpf und Stiel. Warum sollten wir Zeit darauf verschwenden, das Fleisch aus einer Schale zu pulen, wenn wir Krebse ohne Schalen finden? Es bleiben uns nur drei kleine Säuberungsschritte, die man am besten erledigt, solange die Krebse noch lebendig sind. Gut, wenn Sie da heikel sind, lassen Sie es Ihren Fischhändler erledigen. Trotzdem folgt hier, was zu tun ist: 1) Die Bauchschürze (siehe weiter unten) abziehen und wegwerfen. 2) Augen und Mundwerkzeuge abschneiden, die zwischen den großen Scheren jeweils auf der Längsseite des Kopfes sitzen. 3) Die spitzen Beinchen anheben und die gefiederten Kiemen suchen und entfernen. Diese werden von überschwenglichen Folkloristen gerne als Teufelsfinger bezeichnet, weil Kiemen wirksame Filter für alle möglichen Verunreinigungen des Wassers darstellen, so daß es riskant sein kann, sie zu essen. Übrigens schmecken sie auch nicht gut. Und was ist mit »all dem gelbgrünen Zeug« in den Krabben? Fragen Sie nicht. Einfach essen. Es ist köstlich.

Bei den blauen Krebsen sind die Männchen in der Regel größer als die Weibchen, weshalb man sie zumeist zum Dämp-

---

[*] Der entsprechende englische Begriff »soft shells« steht zudem auch für alle Krebstiere, die in diesem Stadium in den Handel kommen. – Anm. d. Ü.

fen und Pulen nimmt, während die Weibchen eher in Konservendosen wandern. Sie fragen, wie man Männchen und Weibchen unterscheidet? Schauen Sie auf die Unterseite, und Sie sehen eine Art Schürze, einen dünnen Chitinlappen, der den größten Teil des Hinterleibs überdeckt. Falls die Schürze genau die Form der Kuppel des Kapitols in Washington, D. C., zeigt (wirklich!), handelt es sich um ein reifes Weibchen. Hat die Schürze dagegen die Form des Pariser Eiffelturms, ist es ein Männchen. Bei einem noch jungen, unreifen Weibchen sieht dieses Anhängsel dagegen wie die Kuppel des Kapitols mit einem Stückchen Eiffelturm an der Spitze aus. Bei der letzten Häutung vor der Geschlechtsreife wirft sie den Turmteil ab.

Ach ja, und haben Sie sich je gefragt, warum diese düsteren, schwarzgrünen Schalen von Krebsen und Hummern beim Kochen rot werden? Die rote Farbe, ein chemischer Stoff namens Astaxanthin, ist in den ungekochten Schalen zwar vorhanden, aber unsichtbar, weil dieser an bestimmte Proteine gebunden ist (im Jargon der Wissenschaft: einen Komplex bildet), mit denen er blaue und gelbe Verbindungen bildet, die zusammen grün aussehen. Beim Erhitzen zerfällt der Astaxanthin-Protein-Komplex und setzt das Astaxanthin frei.

Susis »Soft Shells« an der See schmecken sensationell
Sautierte weichschalige Krabben

Manche Küchenchefs ziehen gern die große Schau ab und brezeln ihre Krabben mit Teig, Semmelbröseln, Crackerschrot, Mehlbestäubung oder Gewürzen auf. Das alles ist überflüssig. In Wahrheit überdecken sie den delikaten Geschmack einer wirklich frischen Krabbe. Die Gewürze kann man besser für die Verwendung bei Tisch aufsparen. Man benötigt nichts weiter als frische, lebende Krabben, brodelnd heiße Butter und ein wenig Aufmerksamkeit. Pro Portion sollte man 2 große oder 3 kleine Krabben vorsehen.

Sind die Krabben nicht schon vom Fischhändler vorbereitet

worden, zieht man die Schürze am Hinterleib ab und wirft sie weg, schneidet Augen und Mundwerkzeuge an der Längsseite zwischen den beiden großen Scheren ab und hebt die spitzen Beine an, um die gefiederten Kiemen zu finden und zu entfernen.

Eine Bratpfanne auf mittlerer Stufe erhitzen.

Ein oder zwei Stücke ungesalzener Butter in die Pfanne geben. Wenn die Butter zu rauchen beginnt und Bläschen bildet, die Krabben hineingleiten lassen. Nicht zuviel auf einmal in die Pfanne legen.

Etwa 2 Minuten anbraten, bis die Krabben goldbraun sind. Mit Salz und Pfeffer würzen. Mit einer Zange wenden und die andere Seite 2 Minuten bräunen lassen, bis die Krabben rundum eine schöne Farbe haben und knusprig sind. Sofort servieren.

Wasser oder Wasserdampf? – Meinungskampf!

Manche Leute sagen, lebende Hummer sollte man am besten kochen. Andere beharren darauf, Dämpfen sei besser. Welche Methode sollte ich anwenden?

Um eine verbindliche Antwort geben zu können, fuhr ich nach Maine[*] und befragte mehrere führende Küchenchefs und Hummerleute. Dabei stieß ich auf zwei Lager: die überzeugten Dämpfer und die leidenschaftlichen Tauchbad-Kocher.

»Ich werf' sie rein«, erklärte trotzig der Küchenchef eines bekannten französischen Restaurants. Er wirft seine Hummer in kochendes Wasser mit einem Schuß Weißwein und großen Mengen geschältem Knoblauch.

Der Küchenchef eines anderen Top-Restaurants meinte dagegen: »Kochen entzieht dem Hummer zuviel Aroma. Man kann sogar sehen, wie das Wasser sich grün verfärbt, weil die

---

[*] Dieser amerikanische Bundesstaat verfügt über das üppigste Hummerangebot in den USA. – Anm. d. Ü.

Leber ausläuft. Wir dämpfen unsere Hummer über Fischbrühe oder Gemüsebouillon.«

Der Chefkoch eines anderen renommierten Lokals schwor zunächst auf die Denkschule mit dem Motto »Kochen-zieht-Geschmack-raus« und erklärte, er würde seine Hummer über Salzwasser dämpfen: »So haben sie am Ende weniger Wasser drin.« Als ich jedoch nachbohrte, räumte er ein, für den Geschmack sei »Kochen und Dämpfen gleich gut. Darüber zu debattieren ist Haarspalterei.«

Diese Überzeugung wurde auch vom Inhaber einer ehrwürdigen Hummerstation geäußert, der seit vierzig Jahren Hummer fischt, verkauft und kocht. »Ich habe sie immer etwa 20 Minuten lang gedämpft«, berichtete er. »Einige meiner Kunden bestehen darauf, daß sie unbedingt über Salzwasser gedämpft werden müssen. Jeder hat seine eigene Meinung. Inzwischen koche ich sie 15 Minuten lang in Meerwasser.« Als Anhänger der Philosophie, wonach der Kunde immer recht hat, weigerte er sich, nach Steuerbord *oder* Backbord überzuhängen und das eine Verfahren gegenüber dem anderen zu bevorzugen.

Meine Schlußfolgerung? *Wer die Wahl hat, hat die Qual – Dämpfen, Kochen, ganz egal.* Also ein Unentschieden.

Immerhin schienen alle in einem Punkt übereinzustimmen: Dämpfen dauert länger. Warum das? fragte ich mich. Theoretisch sollte der Dampf über kochendem Wasser dieselbe Temperatur wie das Wasser besitzen. Aber stimmt das denn auch? Für die Antwort auf diese Frage bequemte ich mich in mein »Küchenlabor«.

Ich füllte einen Hummertopf mit 15 Litern Fassungsvermögen ein paar Zentimeter hoch mit Wasser, brachte es zum Kochen, deckte den Topf so dicht ab, wie das zum Dämpfen von Nahrungsmitteln nötig ist, und maß dann mit einem geeichten Laborthermometer die Temperatur des Dampfs in unterschiedlichen Höhen über der Wasseroberfläche. (Wie ich es geschafft habe, das Thermometer in den zugedeckten Topf zu halten, während ich außen die Temperatur ablas, erfahren Sie, wenn Sie mir einen frankierten Rückumschlag nebst Verrechnungsscheck in Höhe von 19,95 Dollar zusenden, damit ich allmählich meine Ausgaben für medizinische Behandlung wieder hereinbekomme.) Und was kam dabei heraus? Bei hoch eingestellter Brennerflamme und entsprechend ständig brodelnd kochendem Wasser lag die Temperatur in jeder Höhe über der Oberfläche exakt auf dem Wert des Wassers, nämlich auf 98,8°C. (Nein, nicht auf 100°C. Meine Küche liegt wie der Rest des Hauses 320 Meter über dem Meer, und in größerer Höhe kocht Wasser bei entsprechend niedrigerer Temperatur.)

Als ich die Flamme jedoch so weit reduzierte, daß das Wasser nur noch schwach kochte, fiel die Dampftemperatur beträchtlich ab. Ich erkläre das damit, daß ein Teil der Wärme des Dampfes ständig über die Topfwand (sie war in diesem Fall ziemlich dünn) abgeleitet wird, weshalb das Wasser ausreichend heftig kochen muß, damit diese Wärme immer wieder durch frischen heißen Dampf ergänzt wird.

Schlußfolgerung: Dämpfen Sie Ihre Hummer in einem gut verschlossenen, schweren Topf auf einem Rost über heftig kochendem Wasser, dann sind die Viecher genau derselben Temperatur ausgesetzt wie in kochendem Wasser auch.

Es bleibt dann aber rätselhaft, warum alle Köche erzählen, sie würden Hummer ein wenig länger dämpfen, als wenn sie sie kochen würden. In seinem umfassenden Werk *Lobster at Home* (Scribner, 1998; etwa: Hummer in der eigenen Küche) empfiehlt Jasper White beispielsweise, einen Hummer von 700 Gramm 11–12 Minuten zu kochen oder 14 Minuten zu dämpfen. (Diese Zeiten sind kürzer als die von den Küchenchefs in Maine genannten, weil diese immer mehrere Hummer in einer Charge garen, und da gilt die einfache Regel: Mehr Fleisch, mehr Hitze.) Meiner Ansicht nach liegt die Antwort in der Tatsache, daß flüssiges Wasser bei gleicher Temperatur mehr Wärme speichert (im Jargon der Wissenschaft: eine höhere Wärmekapazität besitzt) als Wasserdampf und damit mehr Wärme an die Hummer abgeben kann. Zudem ist flüssiges Wasser ein weit besserer Wärmeleiter als der Dampf, kann also diese Kalorien auch effektiver an die Hummer weitergeben, weshalb sie schneller gar werden.

Nun, ich bin kein Küchenchef. Andererseits sind die Köche keine Wissenschaftler. Insofern kann man es den von mir befragten Küchenchefs nachsehen, wenn sie aus wissenschaftlicher Sicht irrige Aussagen machen. Hier folgen einige davon, zusammen mit der Erklärung, weshalb sie falsch sind:

»Beim Dämpfen ist die Gartemperatur höher als beim Kochen.« Wie sich in meinen Versuchen gezeigt hat, sind die Temperaturen gleich.

»Salzwasser ergibt eine höhere Dampftemperatur.« Na schön, vielleicht ein ganz klein wenig, weil die Siedetemperatur mit dem Salz ansteigt, aber das macht höchstens ein paar Hundertstel Grad aus.

»Meersalz im Wasser verleiht dem Dampf einen besseren Geschmack.« Salz bleibt restlos im Wasser, es geht nicht in den Dampf über, die Variante Salz / gar kein Salz kann also keinerlei Auswirkungen haben. Ich habe sogar meine Zweifel, ob die Aromen von Wein oder Brühe im Kochwasser die Hummerschale so weit durchdringen können, daß der Geschmack des Fleisches davon irgendwie beeinflußt würde. Hummer sind gutgepanzerte Biester.

Nun folgt noch, wie ein Mann von der Ostküste (namens Chip Gray, aber das nur nebenbay) seine Hummer am Strand zubereitet: Als erstes besorgt man sich im Eisenwarengeschäft ein Ofenrohr von 120–180 Zentimeter Länge. Am Wasser legt man ein Lagerfeuer an. Nun verstopft man das eine Ende des Ofenrohrs mit Seetang und wirft zwei Hummer und eine Handvoll Venusmuscheln hinein. Dann stopft man wieder eine Lage Seetang in das Rohr, gefolgt von weiteren Hummern und Muscheln. Das setzt man fort, bis man entweder keine Hummer oder kein Ofenrohr mehr hat. Nun wird das Rohr mit einem letzten Stopfen aus Seegras verschlossen und quer über das Lagerfeuer gelegt. Während des Garens immer wieder mit ein oder zwei Tassen Seewasser begießen, das man in das höhergelegene Ende der Röhre einfüllt; es verdampft, während es hinabläuft. Nach etwa 20 Minuten leert man den Inhalt auf ein Tischtuch oder dergleichen. »Das ist schweinemäßig gut«, sagt Chip.

So kocht man Hummer
Lebendfrischer Hummer, gekocht

Beim Fischhändler wählt man pro Person einen lebhaften Hummer aus, der die Scheren anhebt. (Einen Hummer nimmt man hoch, indem man ihn hinter dem Kopf am Rücken packt.) Wenn er sich beim Hochheben hängen läßt, vergessen Sie's und kommen an einem anderen Tag wieder: Er ist nicht frisch.

Die Hummer transportiert man in einem Behälter nach Hause, der ihnen eine Menge Platz läßt, und hält sie kühl. Es sind zwar Wasserbewohner, aber sie können ein paar Stunden an der Luft überleben, wenn sie es kühl und feucht haben.

Nehmen Sie einen tiefen Suppentopf mit Deckel, in dem die Hummer vollständig mit Wasser bedeckt werden können (man braucht etwa 3 Liter Wasser pro 700–1000 Gramm Hummer, wobei zu berücksichtigen ist, daß der Topf nur zu drei Vierteln voll sein sollte). Wenn der Augenblick der Wahrheit naht, gibt man pro Liter Wasser etwa 6–8 Gramm Salz zu (um Meerwasser zu imitieren) und läßt das Wasser sprudelnd aufkochen. Hummer einzeln und mit dem Kopf voran ins kochende Wasser geben. Deckel auflegen, erneut aufkochen lassen, dann auf kleiner Flamme weiterköcheln lassen. Ein Hummer von 600 Gramm benötigt etwa 11 Minuten, bei 450 Gramm sind es 8, bei 900–1000 Gramm ungefähr 15 Minuten. Nicht zu lange garen, da das köstliche Fleisch sonst zäh und trocken wird.

Hummer mit einer Zange aus dem Wasser nehmen; aufpassen, daß er nicht zurückplumpst und heißes Wasser aus dem Topf spritzt. Auf eine mit Papier oder einem Tuch bedeckte Arbeitsfläche legen.

Überschüssiges Wasser läßt man aus dem Hummer ablaufen, indem man mit der Spitze eines kleinen Messers zwischen den Augen eine kleine Öffnung stößt. Dann hält man ihn mit dem

Kopf nach unten über einen Topf oder den Ausguß, damit die Flüssigkeit aus der Hülle abfließen kann. Sie würde sonst eine ziemliche Sauerei verursachen, wenn man den Hummer öffnet.

Rasch und mit geschmolzener Butter und Zitronenvierteln servieren.

6. KAPITEL

Feuer und Eis

Schauen Sie sich all die modernen Hilfsmittel in Ihrer Küche an: Toaster, Stabmixer, Küchenmaschine, Kaffeemühle, Mixer, Kaffeemaschine – lauter Geräte, die Sie nur ab und zu für ganz bestimmte Zwecke verwenden.

Und nun werfen Sie einen Blick auf die beiden einzigen Vorrichtungen in Ihrer Küche, die Sie täglich nutzen und nicht missen könnten: Eine erzeugt Hitze, eine erzeugt Kälte. Verglichen mit den anderen Küchenmaschinen kommen Ihnen Herd und Kühlschrank vielleicht nicht als moderne Geräte vor, aber sie sind dem menschlichen Arsenal für die Zubereitung und Konservierung von Nahrung erst vor überraschend kurzer Zeit hinzugefügt worden.

Der erste Küchenherd, ein Gehäuse um einen entflammten Brennstoff (anfangs war es Kohle), der zum Kochen eine glatte Oberfläche beheizt, wurde vor weniger als 375 Jahren »patentiert«, womit das Ende von mehr als einer Million Jahren des Kochens über offenem Feuer eingeläutet war. Und der Kühlschrank ersetzte das (natürliche) Eis zum Kühlen zu einer Zeit, an die manche Leser dieses Buches sich vielleicht noch erinnern können.

Wenn Sie frische Lebensmittel eingekauft haben und nach Hause bringen, dürften Sie diese in den Kühlschrank legen, dessen niedrige Temperaturen sie vor dem Verderb bewahren. Anschließend nutzen Sie vermutlich die hohen Temperaturen des Herds, um einen Teil dieser Nahrungsmittel in eine Form zu überführen, die besser genießbar und leichter verdaulich ist. Nachdem Sie die Speisen zubereitet und serviert haben, legen Sie einige Reste zum Aufbewahren vielleicht in den Kühlschrank oder die Gefriertruhe. Und einige Zeit darauf holen Sie das aus der Kühlung und wärmen es erneut auf. In der Küche scheint der Umgang mit Lebensmitteln ein immerwährender Kreislauf von Erwärmen und Kühlen zu sein, bildlich gesprochen: eine ständige Anwendung von Feuer und Eis. Erst heutzutage erledigen wir das alles mit Hilfe von Gas und Elektrizität.

Wie wirken Wärme und Kälte sich auf unsere Nahrung aus? Wie können wir sie so steuern, daß wir die besten Resultate erhalten? Mit zuviel Hitze können wir unsere Speisen verbrennen, doch andererseits können sie auch im Gefrierfach »Frostbrand« bekommen – aber was soll das überhaupt sein, Frostbrand? Und was läuft eigentlich ab, wenn wir einfach nur die elementarste Form aller Küchenoperationen durchführen, nämlich Wasser kochen? Da steckt mehr drin, als mancher sich vorstellen mag.

Das Zeug ist heiß
K steht für Kalorien

Eine Kalorie ist eine Wärmeeinheit, ich weiß, aber warum werde ich dick, wenn ich Wärme verzehre? Was wäre, wenn ich nur kalte Speisen essen würde?

Der Begriff der Kalorie umfaßt mehr als einfach nur Wärme – man kann damit den Betrag jeder beliebigen Art von Energie angeben. Zum Beispiel könnten wir die Energie eines rasenden 40-Tonners in Kalorien ausdrücken, wenn wir das wollten.

Energie ist alles, was etwas geschehen läßt; Sie könnten sie auch als »Umpf« bezeichnen, wenn Ihnen das besser gefällt. Sie tritt in vielerlei Formen auf: als Bewegung (sprich 40-Tonner), chemische Energie (sprich Dynamit), Kernenergie (sprich Reaktor), elektrische Energie (sprich Batterie), Gravitationsenergie (sprich Wasserfall) und, sicher, auch als die am meisten verbreitete Energieform überhaupt, Wärme.

Nicht die Wärme ist Ihr Feind, sondern die Energie – der Betrag an Energie-zum-Leben, den Ihr Körper gewinnt, indem er Nahrung durch den Stoffwechsel umwandelt. Und wenn Ihr Stoffwechsel mit diesem Stück Käsekuchen mehr Energie erzeugt, als Sie auf dem Weg vom Kühlschrank zum Fernseher verbrauchen, dann speichert der Körper diese überschüssige Energie als Fett. Fett ist ein Vorratslager konzentrierter Energie, weil es potentiell große Mengen Wärme freisetzen kann, wenn es verbrennt. Aber keine vorschnellen Schlüsse. Verspricht eine Anzeige, daß etwas »Fett verbrennt«, ist das nur eine Metapher – eine Lötlampe ist kein geeignetes Werkzeug zum Abspecken.

Wieviel Energie hat eine Kalorie, und warum »enthalten« (also erzeugen) verschiedene Lebensmittel unterschiedliche Kalorienbeträge, wenn sie den Stoffwechsel durchlaufen?

Da Wärme die allgemeinste und vertrauteste Energieform ist, hat man die Kalorie über die Wärme definiert – wieviel Wärme man benötigt, damit man die Temperatur von Wasser um einen bestimmten Betrag erhöhen kann. Genau gesagt entspricht eine Kalorie, wie sie auch im Bereich der Ernährungswissenschaft angewandt wird, der Wärmemenge, mit der man ein Kilogramm Wasser um ein Grad Celsius erwärmen kann.

(Im Gegensatz zu den Ernährungswissenschaftlern verwenden Chemiker eine »Kalorie« weit geringerer Größenordnung, die nur ein Tausendstel davon ausmacht. In ihrer Welt heißt die Nahrungskalorie »Kilokalorie«[*]. In diesem Buch werde ich *Kalorie* jedoch in dem gebräuchlichen Sinn verwenden, von dem Bücher über Ernährung, Etiketten von Lebensmitteln und Diäten ausgehen.)

Verschiedene Nahrungsmittel versorgen uns, wie jeder weiß, mit unterschiedlichen Mengen Nahrungsenergie. Ursprünglich

---

[*] Abkürzung Kcal; dies ist die wissenschaftlich korrekte Bezeichnung, die inzwischen jedoch durch die Einheit Joule ersetzt wurde: 1 Kcal = 4186,8 Joule = 4,1868 Kilojoule (kJ). – Anm. d. Ü.

hat man den Kaloriengehalt von Lebensmitteln gemessen, indem man sie in einem vollständig von Wasser umgebenen, sauerstoffgefüllten Behälter verbrannte und dann maß, wie stark die Temperatur des Wassers anstieg (diese Vorrichtung nennt man Kalorimeter). Das könnte man auch mit einer Portion Apfelkuchen machen, um herauszufinden, wie viele Kalorien sie freisetzt.

Stimmt aber der Energiebetrag, der beim Verbrennen von Apfelkuchen in Sauerstoff freigesetzt wird, überhaupt mit dem überein, der entsteht, wenn er im Stoffwechsel des Körpers umgesetzt wird? Bemerkenswerterweise ist das der Fall, auch wenn dabei etwas ganz anderes abläuft. Über den Stoffwechsel wird Energie sehr viel langsamer freigesetzt als bei der Verbrennung, und zum Glück geschieht das auch ohne Flamme (Sodbrennen wollen wir hier außer acht lassen). Insgesamt gesehen spielt sich jedoch genau die gleiche chemische Reaktion ab: Nahrung plus Sauerstoff ergibt Energie plus verschiedene Reaktionsprodukte. Und wenn die Ausgangs- und Endprodukte dieselben sind, so ist der dabei abgegebene Energiebetrag nach einem der Grundprinzipien der Chemie ebenfalls derselbe, gleichgültig, auf welchem Weg die Reaktion stattgefunden hat. Der einzige praktische Unterschied besteht darin, daß Nahrung im Körper nicht vollständig verwertet oder »verbrannt« wird, weshalb wir letztlich nicht den ganzen Energiebetrag aus ihr herausbekommen, der bei einer Verbrennung in einer reinen Sauerstoffatmosphäre freigesetzt würde.

Am Ende gewinnen wir aus jedem Gramm Fett durchschnittlich 9 Kalorien, aus jedem Gramm Eiweiß oder Kohlenhydrat jeweils 4 Kalorien. Anstatt also ins Labor zu rennen und jedes in Sicht kommende Nahrungsmittel in Brand zu stecken, nehmen die Ernährungswissenschaftler unserer Tage einfach das Gewicht von Fett, Protein oder Kohlenhydrat in einer Portion und multiplizieren mit 9 bzw. 4.

Der normale Grundstoffwechsel – der Energiebetrag, den jeder Mensch mindestens verbraucht, wenn er einfach nur atmet, das Blut durch den Körper pumpt, die Gewebe repariert, die Körpertemperatur normal hält und Leber, Nieren usw. ihre Aufgaben erfüllen läßt – liegt etwa bei einer Kalorie pro Stunde und Kilogramm Körpergewicht. Das ergibt bei einem männlichen Erwachsenen von 68 Kilo einen täglichen Energieverbrauch von ungefähr 1600 Kalorien. Dieser Wert schwankt jedoch ziemlich stark – je nach Geschlecht (Frauen benötigen etwa 10 % weniger), Alter, Gesundheitszustand, Körpergröße, Figur und dergleichen.

Eine Gewichtszunahme hängt unter anderem davon ab, wie weit die Aufnahme von Nahrungsenergie jenseits des jeweiligen Grundstoffwechsels den Verbrauch von Energie durch Tätigkeiten aller Art übersteigt (wobei Gabelstemmen nicht mitgerechnet wird). Für einen durchschnittlichen gesunden Erwachsenen empfehlen einschlägige Lehrbücher 2700 Kalorien für Männer und 2000 Kalorien für Frauen – mehr bei Sportlern und weniger bei *couch potatoes* (den berüchtigten schlaffen Säcken vor dem Fernseher).

Die hoffnungsfrohe Theorie einer Ernährung mit kalten und deswegen kalorienarmen Speisen ist einige Zeit in verschiedenen Versionen umgelaufen, doch leider funktioniert das nicht. Nach einer Variante, von der ich gehört habe, soll es einem beim Abnehmen helfen, wenn man Eiswasser trinkt, weil der Körper Kalorien aufwenden muß, um das Wasser auf seine Normaltemperatur zu bringen. Das ist prinzipiell richtig, aber belanglos. Um ¼ Liter Eiswasser auf Körpertemperatur zu bringen, braucht man weniger als 9 Kalorien, was gerade mal einem Gramm Fett entspricht. Wären Schlankheitsdiäten so einfach, würden die Wellness-Farmen zum Abspecken ihre Schwimmbecken mit Eiswasser füllen (auch Zittern verbraucht Energie). Und während die meisten Substanzen schrumpfen, wenn man sie abkühlt, geschieht das beim Menschen nicht. Jedenfalls nicht auf Dauer.

Wie Randfaktoren (z. B. Schokoladencreme) sich auf Schlankheitsdiäten auswirken

Wenn ich davon ausgehe, daß ein Gramm Fett 9 Kalorien enthält, dann sind das bei einem Kilo Fett 9000. Nun habe ich aber gelesen, daß ich, um ein Kilo Fett zu verlieren, nur 7000 Kalorien weniger aufnehmen muß. Wo kommt diese Diskrepanz her?

Ich bin kein Ernährungsfachmann. Deshalb habe ich Marion Nestle, Professorin und Vorsitzende des Fachbereichs für Ernährung und Nahrungsmittelforschung an der Universität New York, gefragt.

»Randfaktoren«, erklärte sie.

Zunächst einmal liegt der Energiegehalt eines Gramms Fett eher bei 9,5 Kalorien. Doch das würde den Unterschied sogar noch vergrößern. Tatsächlich aber liegt die nutzbare Energie der Kalorien, die wir beim Verzehr von einem Gramm Fett aufnehmen, ein ganzes Stück niedriger, weil Verdauung, Absorption und Stoffumsatz unvollständig ablaufen. Das ist einer der Randfaktoren.

»Ein weiterer Randfaktor«, fuhr Nestle fort, »hängt mit der Kalorienmenge in einem Kilo Körperfett zusammen. Dahinter steht der Gedanke, daß Körperfett letztlich nur zu 85 % aus Fett besteht.« Der Rest setzt sich aus Bindegewebe, Blutgefäßen und anderen Dingen zusammen, von denen Sie möglicherweise eher nichts wissen wollen.

Deshalb müssen Sie sich, um ein Kilo Schwabbelmasse zu verlieren, unter der Gürtellinie – Verzeihung, unter dem Strich – nur etwa 7000 Kalorien verkneifen.

Und halten Sie sich von den Randfaktoren (auch den Schokoladencremes) fern.

Wahrhaft *hohe* Kochkunst

Mein Mann, meine Tochter und ich werden wieder nach La Paz in Bolivien reisen, um noch ein Baby zu adoptieren. Wegen der Höhenlage kann es Stunden dauern, bis man etwas im Wasser gargekocht hat. Gibt es eine Faustregel, wie lange es auf verschiedenen Höhen jeweils dauert, um etwas zu kochen? Und kann man in dieser Höhenlage durch Abkochen Keime abtöten?

La Paz liegt auf Höhen zwischen 3500 und 4000 Metern über dem Meer, je nachdem, in welchem Ortsteil Sie sich befinden. Und wie Ihnen bewußt ist, kocht Wasser in größeren Höhen bei niedrigeren Temperaturen. Die Wassermoleküle müssen nämlich, um der Flüssigkeit entkommen und kochend in die Luft übergehen zu können, gegen den abwärts gerichteten Druck der Atmosphäre ankämpfen. Bei geringerem Luftdruck, wie er in größeren Höhen vorliegt, können die Wassermoleküle bereits abdampfen, wenn sie noch nicht so heiß sind.

Die Siedetemperatur des Wassers nimmt pro 300 Meter Höhendifferenz über dem Meeresspiegel um etwa 1 °C ab. Somit wird Wasser auf 4000 Meter Höhe etwa bei 86 °C kochen. In der Regel gelten 74 °C als ausreichend, um die meisten Keime abzutöten, und insofern sollten Sie damit noch auf der sicheren Seite sein.

Es ist schwierig, bei den Garzeiten zu verallgemeinern, weil verschiedene Speisen sich unterschiedlich verhalten. Ich würde vorschlagen, Sie erkundigen sich bei den Einheimischen, wie lange sie Reis, Bohnen und dergleichen kochen. Natürlich können Sie immer einen Dampftopf mit ins Flugzeug schleppen und nach Belieben Ihre eigene Hochdruckatmosphäre erzeugen.

Backen ist dagegen eine ganz eigene Geschichte. Erstens verdampft Wasser in großer Höhe viel leichter, weshalb Sie mehr Wasser an den Teig rühren müssen. Und weil zweitens weniger Luftdruck vorhanden ist, der das aus dem Backpulver freigesetzte Kohlendioxid zurückhalten würde, kann das Gas problemlos aus dem Kuchen entweichen, so daß dieser sitzenbleibt. Das dürfte alles ziemlich vertrackt sein. Ich würde vorschlagen, das Backen den örtlichen *Pastelerías* zu überlassen.

Projekt Frühstart

Mein Mann behauptet, warmes Wasser würde später kochen als kaltes Wasser, da ersteres sich mitten in der Abkühlungsphase befindet, wenn man es aufsetzt. Ich halte das für lächerlich. Aber er hat im College Physik gehabt, ich dagegen nicht.

Welchen Abschluß in Physik hat er denn gemacht? Wie es aussieht, ist Ihre Eingebung mehr wert als seine Verausgabung im Unterricht. Sie haben nämlich recht, und er liegt falsch. Ich kann mir jedoch vorstellen, welche Gedanken da bei ihm abgelaufen sind. Irgendwas mit Impulserhaltung, würde ich wetten, denn wenn ein Objekt bereits fällt – in seiner Temperatur, wie ich annehme –, müßte zusätzliche Zeit und Energie erforderlich sein, um das umzukehren und es wieder steigen zu lassen. Zuerst muß der abwärts gerichtete Impuls vernichtet werden.

Das ist alles sehr schön und trifft für physikalische Objekte auch zu, doch die Temperatur ist kein Objekt im physikalischen Sinn. Wenn es im Wetterbericht heißt, die Temperaturen würden fallen, werden wir wohl kaum erwarten, einen Aufprall zu hören.

Der Begriff Temperatur steht lediglich für die künstlich von Menschen geschaffene Art, die durchschnittliche Geschwindigkeit der Moleküle einer Substanz anzugeben, denn es ist diese Geschwindigkeit, die für die Wärme eines Stoffs verantwortlich ist – je schneller die Moleküle sich bewegen, desto wärmer ist er. Wir können nicht in die Substanz eingreifen und die Geschwindigkeit jedes einzelnen Moleküls stoppen, weshalb wir die Vorstellung von der Temperatur erfunden haben. Sie ist wirklich kaum mehr als eine handliche Zahl.

In einem Topf mit warmem Wasser flitzen die Abermillionen Moleküle mit höherer Durchschnittsgeschwindigkeit umher als in einem Topf mit kaltem Wasser. Um den Topf weiter zu erhitzen, müssen wir diesen Molekülen mehr Energie zuführen und sie noch schneller werden lassen – am Ende sind sie so schnell, daß sie kochend in Dampf übergehen. Demnach muß warmen Molekülen offenkundig weniger Energie zugeführt werden als kalten, weil sie ja auf dem Weg zur Ziellinie, dem Siedepunkt, schon ein Stück weiter sind. Das warme Wasser kocht also zuerst.

Und Sie können ihm mitteilen, ich hätte das gesagt.

Es könnte jedoch aus anderen Gründen unklug sein, heißes Wasser aus der Leitung zum Kochen zu verwenden. In älteren Häusern können die Wasserleitungen aus Kupfer sein, die man noch mit bleihaltigem Lötzinn verbunden hat. Heißes Wasser kann Spuren von Blei herauslösen, das giftig ist und sich im Körper anreichert. Insofern sollten Sie zum Kochen besser immer kaltes Wasser nehmen. Sicher dauert es länger, bis es kocht, doch da Sie vielleicht länger leben, holen Sie die Zeit locker wieder rein.

Deckel drauf!

Meine Frau und ich sind darüber uneins, ob ein Topf mit Wasser früher kocht, wenn man den Deckel darauf läßt. Sie sagt, das ist so, denn ohne Deckel ginge Wärme verloren. Ich dagegen sage, es dauert dann länger, bis es kocht, weil der Deckel den Druck im Topf und damit den Siedepunkt des Wassers wie in einem Dampftopf erhöht. Wer hat recht?

Ihre Frau gewinnt, auch wenn Sie einen Punkt gemacht haben.

Erwärmt man Wasser in einem Topf, entsteht über der Oberfläche mit steigender Temperatur immer mehr Wasserdampf. Das liegt daran, daß eine zunehmende Zahl von Wassermolekülen der Oberfläche genug Energie gewinnen, um in die Luft hinausfliegen zu können. Die wachsende Menge des Wasserdampfs trägt immer mehr Energie davon, die ansonsten dazu dienen könnte, die Temperatur des Wassers steigen zu lassen. Zudem nimmt jedes Molekül Wasserdampf, je näher das Wasser dem Siedepunkt kommt, entsprechend mehr Energie mit sich fort, weshalb es immer wichtiger wird, sie nicht zu verlieren. Ein Deckel verhindert zum Teil, daß all diese Moleküle davonfliegen können. Je dichter der Deckel schließt, desto mehr heiße Moleküle werden zurückgehalten, und desto früher kocht auch das Wasser.

Der Punkt, den Sie vorbringen, wonach ein Deckel den Druck im Topf wie in einem Dampftopf erhöht, was auch den Siedepunkt steigen läßt und das Kochen hinauszögert, ist theoretisch richtig, aber praktisch bedeutungslos. Selbst ein gut sitzender dicker, einpfündiger Deckel auf einem Topf von 30 Zentimetern Durchmesser würde den Innendruck um weniger als ein Zehntelprozent ansteigen lassen, was den Siedepunkt wiederum nur um ein Zweihundertstel Grad Celsius erhöhen würde. Wahrscheinlich könnten Sie das Kochen weit länger hinauszögern, wenn Sie den Topf beobachten – Sie wissen doch, daß es stets doppelt so lang dauert, wenn man auf etwas wartet.

Reduzieren ist nicht leicht

Kürzlich habe ich Kalbsbrühe auf einen Bruchteil ihres Volumens reduziert, um Fleischglasur zu erhalten. Doch das schien ewig zu dauern! Warum ist es so schwierig, Brühe einzukochen?

Wasser verdampfen zu lassen, das hört sich an, als sei es die einfachste Sache der Welt. Was soll schon groß dabei sein? Überlassen Sie eine Wasserpfütze einfach sich selbst, und alles geht von allein in Dampf über. Doch das erfordert Zeit, weil die dazu notwendigen Kalorien nicht besonders schnell von der relativ kühlen Raumluft ins Wasser übergehen. Selbst auf dem Herd, wo Sie mit dem Gasbrenner viele Kalorien in den Bouillontopf pumpen, müßten Sie den Inhalt wohl eine Stunde oder länger brodeln lassen, um diese blödsinnig einfach klingende Rezeptanweisung »auf die Hälfte einkochen« zu Ende zu bringen.

Überschüssiges Wasser zu reduzieren kann genauso frustrierend sein wie überschüssiges Körperfett abzubauen, da man es sehr viel schwerer los wird, als Sie vielleicht annehmen. Es erfordert einen überraschend großen Energiebetrag, auch nur eine kleine Menge Wasser wegzukochen.

Und hier folgt, warum das so ist:

Wassermoleküle haften sehr fest aneinander. Deshalb ist eine Menge Arbeit, also der Einsatz von viel Energie, erforderlich, um einzelne Moleküle aus der flüssigen Versammlung herauszulösen und als Dampf in die Luft zu schicken. Um beispielsweise einen halben Liter Wasser verkochen zu lassen, es also aus der flüssigen in die Dampfform zu überführen, wenn es bereits den Siedepunkt erreicht hat, muß der Gasbrenner Ihres Herds mehr als 250 Kalorien Wärmeenergie hineinpumpen. Das entspricht dem Energiebetrag, den eine 60 Kilo schwere Frau verbraucht, wenn sie 18 Minuten lang ohne Pause Treppen steigt. Nur um einen halben Liter Wasser zu verdampfen.

Natürlich können Sie den Brenner weiter aufdrehen, um rascher Wärme zuzuführen. Die Temperatur der Flüssigkeit wird zwar nie über den Siedepunkt ansteigen, aber sie wird heftiger sprudeln und mit mehr Blasen auch mehr Dampf davonfliegen lassen. Bei einer Brühe ist das jedoch nicht zu empfehlen, solange Sie sie nicht abgegossen und entfettet haben. Bis dahin werden durch Kochen (anders als durch schwaches Köcheln) nämlich feste Bestandteile in kleinste Partikel und Fett in winzige, schwebende Kügelchen zerlegt, was beides die Flüssigkeit trübt. Besser ist es, die Brühe in eine breitere, niedrigere

Pfanne umzufüllen. Je größer die freie Oberfläche der Flüssigkeit, desto mehr von ihr kommt mit der Luft in Berührung, was sie schneller verdampfen läßt.

Warum es nicht möglich ist, über einer Kerze zu kochen

Ich suche nach einem neuen Gasherd, und überall lese ich von »Btu's«. Ich weiß, das hat damit zu tun, wie heiß die Brenner werden können, aber was könnten diese Btu-Zahlen für mich bedeuten?

Ebenso wie die Kalorie bezeichnet die Btu (*British thermal unit*: Britische Wärmeeinheit) einen Energiebetrag. Beide werden sehr viel verwendet, um Energiemengen zu messen.

Diese Btu wurde von Ingenieuren erfunden, und so ist sie für die Jungs, die Herde entwerfen, sicherlich sinnvoll, während sie für uns in der Küche nicht viel bedeutet. Doch wie sich herausstellt, steht sie durch reinen Zufall ziemlich genau für ein Viertel einer Nahrungskalorie. Demnach entsprechen die 250 Kalorien, die nötig sind, um einen halben Liter Wasser zu verdampfen, 1000 Btu.

Noch ein Beispiel: Die Wärmemenge, die eine durchschnittliche Kerze beim Verbrennen insgesamt abgibt, beträgt etwa 5000 Btu. Dies ist die chemische Energie, die das Wachs von Natur aus enthält, und durch den Verbrennungsvorgang wird diese chemische Energie in Wärmeenergie umgewandelt. Eine Kerze gibt ihre Wärme jedoch über einen Zeitraum von mehreren Stunden ab, weshalb man mit ihr nicht gut kochen kann. Falls Ihnen die Frage bereits auf der Zunge lag: Deshalb können Sie über einer Kerzenflamme keinen Hamburger brutzeln.

Zum Kochen benötigen wir sehr viel Wärme, die in einem sehr kurzen Zeitraum bereitgestellt werden muß. Die Brenner von Gasherden werden deshalb danach eingestuft, wie schnell sie Wärme abgeben können, was auf dem Brennerdeckel in

Btu pro Stunde aufgeführt wird*. Die Verwirrung entsteht, sobald jemand nicht »Btu pro Stunde« sagt, sondern sich auf »Btu« beschränkt. Die Btu-Stufen der Brenner geben nämlich keine *Wärmemengen* an, sondern stehen für die maximale *Rate*, mit der sie Wärme abgeben können.

Die meisten Brenner bzw. Elektroplatten von Küchenherden stellen zwischen 9000 und 12000 Btu pro Stunde bereit (etwa 1,5 – 2 kW). Gasbrenner von Gastronomieherden können die Wärme fast doppelt so schnell liefern, weil zum einen die Gaszuleitungen dicker sind und mehr Gas pro Minute zuführen. Außerdem besitzen die Gastro-Brenner in der Regel mehrere konzentrische Brennerringe, nicht nur einen. In Chinarestaurants, die bei sehr hoher Temperatur auf dem Wok kochen, verwendet man breite Gasbrenner, die Hitze speien wie ein Drache, der das Maul voller Chilischoten hat.

Sie wissen noch, daß 1000 Btu Wärme benötigt werden, um ½ Liter Wasser einer Brühe einzukochen? Nun, mit dem Brenner, der 12000 Btu pro Stunde schafft, sollte das ein Zwölftel einer Stunde, also 5 Minuten, dauern. Doch wie Sie aus Erfahrung wissen, dauert es um einiges länger. Der größte Teil der vom Brenner abgegebenen Wärme wird nämlich vergeudet. Anstatt direkt in die Flüssigkeit im Topf zu gelangen, heizt sie vor allem den Behälter selbst sowie die Luft der Umgebung auf. Zwei verschiedene Töpfe mit Speisen, auf zwei übereinstimmende Brenner mit gleicher Reglerstufe gesetzt, werden je nach Form, Größe, Material der Töpfe und Art der enthaltenen Nahrungsmittel ganz unterschiedlich warm werden und das Essen garen. Deshalb müssen Sie den Topf im Auge behalten und den Brenner auf die jeweilige Situation einregulieren.

Achten Sie beim Kauf eines Herdes darauf, daß mindestens ein Brenner 12000 oder besser noch 15000 Btu pro Stunde (2 bzw. 2,5 kW) Leistung liefert. Mit einer so gro-

---

* In der übrigen EU wird jede Brennerleistung in den physikalischen Grundeinheiten Watt = W bzw. Kilowatt = kW angegeben. – Anm. d. Ü.

ßen Wärmeabgabe können Sie Wasser im Handumdrehen kochen, Fleisch schnell scharf anbraten und im Wok unter Rühren rasch andünsten wie ein chinesischer Küchenchef.

Wein oder nicht Wein?

Wenn ich mit Wein oder Bier koche, wird dann der gesamte Alkohol herausgekocht, oder bleibt etwas davon zurück, was für einen strikten Abstinenzler, etwa einen trockenen Alkoholiker, ein Problem sein könnte?

Geht der Alkohol wohl flöten aus dem Tontopf über Nacht?
Oder wird der Gast betrunken, wenn man Mozartkugeln macht?
Brennt der Sprit auch wirklich alle, wenn den Pudding ich flambier'?
Und bei Hühnchen in Burgunder, steigt der Wein zu Kopfe mir?
Merke: kochst mit Wein du oder Schnäpsen, hier der Hit:
Alkohol kriegt jeder Gast – immer noch ein wenig mit!

In vielen Kochbüchern wird behauptet, der gesamte oder fast der gesamte Alkohol würde beim Kochen »verbrennen« (gemeint ist verflüchtigen, denn er brennt ja erst, wenn Sie ihn anzünden). Als gängige »Erklärung«, wenn es denn überhaupt eine gibt, führt man an, Alkohol würde bei 78°C zu sieden beginnen, während Wasser erst bei 100°C koche, weshalb der Alkohol verdampfen würde, ehe es das Wasser tut.

Nun, so funktioniert das eben nicht.

Es trifft zwar zu, daß reiner Alkohol bei 78°C und reines Wasser bei 100°C siedet. Doch wenn man sie mischt, verhalten die beiden Stoffe sich keineswegs unabhängig voneinander, sondern beeinflussen wechselseitig ihre Siedetemperatur. Eine

Mischung aus Alkohol und Wasser siedet deshalb zwischen 78 und 100°C – näher bei 100°C, wenn es sich vorwiegend um Wasser handelt, und näher bei 78°C, wenn der Alkoholanteil überwiegt, was in Ihrer Küche hoffentlich nicht der Fall ist.

Wenn eine Mischung aus Wasser und Alkohol leise oder sprudelnd kocht, ist auch der Dampf aus Wasser- und Alkoholdampf zusammengesetzt – sie verdampfen gemeinsam. Weil aber der Alkohol bereitwilliger in dampfförmigen Zustand übergeht, ist sein Anteil im Dampf ein wenig höher als in der Flüssigkeit. Gleichwohl sind die Dämpfe immer noch bei weitem kein reiner Alkohol, und wenn sie von der Pfanne abziehen, nehmen sie nicht viel Alkohol mit davon. Dieser Vorgang, bei dem Alkohol verschwindet, ist weit weniger wirksam, als die Leute meinen.

Welche Menge Alkohol nun in Ihrer Pfanne wirklich zurückbleibt, hängt von so vielen Faktoren ab, daß eine für alle Rezepte gültige Antwort unmöglich ist. Aber die Ergebnisse einiger Tests dürften Sie doch überraschen:

1992 maßen einige Ernährungswissenschaftler an verschiedenen Institutionen der USA die Alkoholmenge, die jeweils vor und nach dem Kochen in zwei in Burgunder schwimmenden Gerichten von der Art eines *Bœuf bourguignon* und eines *Coq au vin* enthalten war, und dazu untersuchten sie noch eine Kasserolle mit überbackenen Austern, die mit Sherry zubereitet waren. Sie fanden heraus, daß die fertigen Gerichte noch zwischen 4 und 49 % des ursprünglich vorhandenen Alkohols enthielten, je nach Speise und Zubereitungsverfahren.

Höhere Temperaturen, längere Kochzeiten, unbedeckte Pfannen, breitere Pfannen, auf dem Herd statt im Backrohr – alle Voraussetzungen, mit denen die Verdunstung von Wasser wie auch von Alkohol ganz allgemein zu steigern ist, führten erwartungsgemäß zu verstärktem Abbau des Alkohols.

Glauben Sie vielleicht, Sie würden den ganzen Alkohol abbrennen, wenn Sie mit einem Tablett voller flambierter Himbeeren oder mit *Crêpes Suzette* triumphierend in Ihr abgedunkeltes Eßzimmer einziehen? Überlegen Sie doch noch mal:

Nach den Testergebnissen von 1992 dürften Sie allenfalls 20 % des Alkohols abgefackelt haben, ehe die Flamme erlischt. Damit eine Flamme aufrechterhalten werden kann, muß nämlich der Alkoholanteil im Dampf einen bestimmten Wert überschreiten. Denken Sie daran, Sie mußten einen hochprozentigen Cognac verwenden und sogar noch anwärmen, damit mehr Alkohol-dämpfe freiwurden, bevor sie ihn überhaupt anzünden konnten (Wein läßt sich zum Beispiel nicht entflammen). Sobald der Al-kohol in dem Gericht bis auf einen bestimmten, immer noch kräftigen Pegel verbrannt ist, sind die Dämpfe nicht mehr brennbar, und das Feuer erlischt. Das ist alles Show.

Wieviel Gewicht sollten Sie den genannten Testergebnissen beilegen, wenn Sie versuchen, Ihren Gästen gerecht zu werden? Was Sie unbedingt bedenken sollten, ist der Verdünnungsfaktor. Wenn Ihr Rezept für das Hühnchen in Burgunder bei sechs Por-tionen eine Flasche Wein vorsieht und etwa die Hälfte des Al-kohols nach dreißigminütigem Köcheln verkocht ist (das fanden die Tester heraus), dann bleibt in jeder Portion ungefähr eine Menge Alkohol zurück, wie sie in 60 Milliliter Wein enthalten ist. Dieselbe Flasche Wein in sechs Portionen eines *Bœuf bour-guignon*, das drei Stunden auf kleiner Flamme gart und dabei (den Tests zufolge) 95 % des Alkohols verliert, läßt jedem Teil-nehmer gerade noch so viel Alkohol übrig, wie in 6 Milliliter Wein enthalten sind. Aber *ein wenig* Alkohol ist immer noch Al-kohol. Sie müssen schon selbst entscheiden.

Isses dadefür heiß jenuch?

Kann es je so heiß werden, daß man auf dem Gehsteig ein Ei braten kann?

Das ist unwahrscheinlich. Doch es ist nie bekanntgeworden, daß die Wissenschaft Menschen davon abgehalten hätte, uralte Trivialmythen auf den Prüfstand zu stellen.

Isses dadefür heiß jenuch?   227

Als ich in der großen, großen Stadt vor dem Zeitalter der
Klimaanlagen noch ein Kind war, kochte immer zumindest
eine Zeitung die Story vom Ei auf dem Gehweg wieder auf –
in der »Sauregurkenzeit«, jenen Hundstagen im Sommer, wo
selbst die Bankräuber zu träge waren, für Nachrichten zu sorgen, und die Reporter wenig zu tun hatten. Aber soweit ich
mich erinnere, behauptete nie jemand, den Eiertrick wirklich
hingekriegt zu haben.

Das hat die 150 Einwohner des alten Bergbauortes Oatman
in der Mojave-Wüste Arizonas nicht davon abgehalten, jedes
Jahr am 4. Juli[*] entlang der sagenhaften Route 66 einen Wett-
bewerb im Eierbraten mit Sonnenenergie abzuhalten. Wie der
erhabene Eierbratkoordinator von Oatman, Ay Spiegel (alles
klar?), erklärt, gewinnt der Teilnehmer, dem es gelingt, allein
mit Sonnenenergie ein Ei innerhalb von 15 Minuten so weitgehend wie möglich zu garen. Ab und zu ist in Oatman tatsächlich ein Ei gegart worden, doch die Regeln erlauben auch
solche Scherze wie Vergrößerungsgläser, Spiegel, Aluminium-
reflektoren und dergleichen. Ich sage, das ist nicht fair. Wir reden hier davon, ein Ei direkt über dem Boden aufzuschlagen
und es sich selbst zu überlassen.

Als es mich vor ein paar Jahren während einer Hitzewelle
nach Austin, Texas, verschlagen hatte, beschloß ich herauszufinden, ob es möglich sei, ohne optische oder mechanische
Hilfsmittel ein Ei auf dem Bürgersteig zu braten. Um tragfä-
hige Schlußfolgerungen ziehen zu können, mußte ich die
Temperaturen des Gehsteigs messen. Zum Glück hatte ich
einen wunderbaren kleinen Scherzartikel dabei, der sich »be-
rührungsloses Thermometer« nennt. Es sieht aus wie eine
kleine Pistole, mit der man auf eine Oberfläche zielt, worauf
es, wenn man den Abzug betätigt, die Temperatur jener Oberfläche zwischen -20°C und 260°C anzeigt. Dieses Gerät namens MiniTemp des Herstellers Raytek im kalifornischen
Santa Cruz analysiert die von einer Oberfläche ausgehende

---

[*] Unabhängigkeitstag (Nationalfeiertag) der USA. – Anm. d. Ü.

und/oder reflektierte Infrarotstrahlung; heißere Moleküle senden mehr infrarote Strahlung aus. Für den Versuch, auf dem Bürgersteig zu kochen, war meine Sonde das ideale Werkzeug, weil ich bereits wußte, wie heiß es sein muß, damit man ein Ei braten kann. Wenn Sie weiterlesen, werden Sie es auch bald wissen.

An einem besonders glühendheißen Tag wanderte ich umher und maß die Nachmittagstemperaturen zahlreicher Bürgersteige, Fahrbahnen und Parkplätze, wobei ich mich bemühte, keinen Texaner zu verärgern, nur weil es aussah, als würde ich mit einer echten Kanone auf ihn zielen. Die Bodentemperaturen variierten, nicht ganz unerwartet, ein wenig, je nachdem, wie dunkel die Oberfläche war. Schwarzer Asphalt war weit heißer als Beton, weil dunkle Gegenstände mehr Licht und somit auch mehr Energie absorbieren. Hier also ein wertvoller Hinweis für alle, die draußen Eier braten wollen: In der Mitte einer schwarz asphaltierten Fahrbahn sind die Chancen besser als auf dem Gehweg.

Obwohl die Lufttemperatur um die 37°C schwankte, kam mir nie eine Fläche unter, die bei Beton mehr als 51°C und bei Asphalt mehr als 62°C gehabt hätte (merken Sie sich diese Zahl). In allen Fällen fiel die Temperatur fast sofort ab, wenn die Sonne hinter einer Wolke verschwand (na schön, wenn eine Wolke vor die Sonne zog), weil ein großer Teil der von der Oberfläche kommenden infraroten Strahlung schlicht reflektiertes Sonnenlicht ist. Helle, glänzende Metallflächen reflektieren in der Tat so viel Sonnenstrahlung, daß das Mini-Temp keine exakten Temperaturen der Oberfläche anzeigen kann.

Nun war es Zeit für das entscheidende Experiment. Zuvor hatte ich ein Ei aus dem Kühlschrank genommen und auf Zimmertemperatur erwärmt. Ich schlug es um 12 Uhr mittags direkt über der 62°C heißen Oberfläche eines asphaltierten Parkplatzes auf. Speiseöl ließ ich weg, weil es die Fläche vielleicht zu stark abgekühlt hätte. Dann wartete ich.

Und wartete ...

Wenn man die schrägen Blicke nicht rechnet, die mir Passanten zuwarfen, geschah absolut nichts. Na schön, vielleicht wurde das Eiweiß an den Rändern ein wenig dicker, aber da war nichts, was auch nur entfernt einem Garvorgang geglichen hätte. Die Fläche war einfach nicht heiß genug, um darauf ein Ei zu braten. Aber warum???

Zunächst einmal war es nur das flüssige Eiweiß, das mit der heißen Oberfläche Kontakt hatte – der Dotter schwimmt auf diesem –, folglich kam es darauf an, welche Temperatur nötig sein würde, um dieses Eiweiß zu garen. Und was meinen wir überhaupt mit »garen«? Eiweiß ist eine Mischung aus mehreren Proteinarten, von denen jede anders auf Hitze reagiert und bei jeweils anderer Temperatur gerinnt. (Hatten Sie vielleicht eine einfache Antwort erwartet?)

Doch kurz und knapp – also in der, nun ja, hier wohl Eierschale, nicht Nußschale* – läßt sich alles auf folgende Aussage einkochen: Eiweiß beginnt bei etwa 62°C einzudicken, hört bei 64°C zu fließen auf und wird bei 70°C einigermaßen fest. Der Dotter hingegen beginnt bei 64°C einzudicken und verliert bei 70°C seine Fließfähigkeit. Will man also ein ganzes Ei in einen nicht mehr flüssigen Zustand versetzen, bei dem die Dotterseite oben liegt, dann sollten Eiweiß wie Dotter 70°C erreichen und diese Temperatur lange genug halten, daß die ziemlich langsam ablaufenden Gerinnungsreaktionen stattfinden können.

Leider ist das um einiges heißer als jede unter vernünftigen Bedingungen erreichbare Bodentemperatur. Stärker wirkt sich jedoch aus, daß ein Ei von 21°C, das man über einem Untergrund mit 62°C aufschlägt, die Oberfläche beträchtlich abkühlt, wobei von unten keinerlei Wärme nachgeliefert wird, wie das bei einer Bratpfanne über einer Flamme der Fall ist. Zudem ist der Straßenbelag ein sehr schlechter Wärmeleiter, und damit kann auch keine aus der Umgebung nachfließen. Selbst wenn also die schwarze Oberfläche eines Parkplatzes an

---

* Kurz und knapp heißt auf englisch »in a nutshell«. – Anm. d. Ü.

einem wirklich sehr heißen Tag in die Nähe der Gerinnungs-
temperatur von 70°C kommen sollte, dürfte die Vorstellung,
man könnte ein Ei auf dem Bürgersteig braten, wie ich
fürchte, für immer nur ein Mittsommernachtstraum bleiben.

Aber halt! Das Dach eines sonnendurchglühten, dunkel-
blauen 94er Ford zeigte gemessene 96°C, mehr als ausreichend
heiß, um sowohl Eiweiß als auch Dotter gerinnen zu lassen.
Und weil Stahl ein guter Wärmeleiter ist, könnte diese Temperatur durch Wärme aufrechterhalten werden, die von anderen Partien des Dachs zum Ei weitergeleitet würde. Vielleicht
wären Autos eine Möglichkeit, wie man vorgehen könnte?

In der Tat teilte, nachdem ich diese Experimente in meiner
Zeitungskolumne geschildert hatte, ein Leser mir brieflich mit,
er hätte in einer deutschen Wochenschau aus dem Zweiten
Weltkrieg gesehen, wie zwei Soldaten des Afrikakorps ein Ei
auf dem Schutzblech eines Panzers brieten. (Die Straßen von
Austin waren zum Glück frei von Panzern, obwohl einige
schwere Geländewagen in meine Nähe kamen.) »Sie reinigten
eine kleine Fläche«, schrieb er, »träufelten ein wenig Öl darauf,
verteilten es und zerschlugen dann zwei Eier auf der Fläche.
Das Eiweiß wurde ebenso schnell undurchsichtig wie in meiner Bratpfanne.« (Ich sah in einem Almanach nach und fand
heraus, daß die höchste je registrierte Temperatur mit 57,7°C
am 13. September 1922 im libyschen El Azizia gemessen worden ist, nicht weit weg von jenem späteren deutschen Panzer.)

Eine Leserin berichtete, sie und einige Freunde hätten einst
auf einem Gehweg in Tempe in Arizona ein Ei gebraten, als
die Lufttemperatur bei 51°C gelegen hatte, wobei sie allerdings die Temperatur des Bürgersteigs nicht gemessen hatten.
»Das Ei kam direkt aus dem Kühlschrank«, schrieb sie. »Wir
schlugen es über dem Bürgersteig auf, und das Eiweiß begann
sofort zu braten. In weniger als 10 Minuten platzte der Dotter
... breitete sich aus, und das ganze Ei wurde gar. Wir dachten,
es sei vielleicht nur Dusel gewesen, daß der Dotter platzte, und
versuchten es noch mit einem zweiten Ei, doch auch da zerlief
der Dotter innerhalb der gleichen Zeitspanne.«

Nun mußte ich natürlich herausfinden, weshalb die Dotter platzten und so die Chance vermasselten, Straßenfutter mit dem sonnigen Dotter auf der Oberseite zu bereiten. Ich konnte nur raten, doch die Leserin gab mir einen Hinweis: »Wir gingen wieder ins Haus, und ein wenig später meinte meine Freundin, wir sollten die Eier besser beseitigen, bevor ihr Mann nach Hause käme. Wir gingen also wieder raus. Die Eier waren völlig eingetrocknet und in kleine Krümel zerfallen, und ein Haufen Ameisen war dabei, alles wegzutragen; wir mußten überhaupt nichts saubermachen.«

Aha! Das ist die Antwort: *Eingetrocknet*. In Arizona kann die Luftfeuchtigkeit praktisch auf Null sinken, so daß Flüssigkeiten blitzartig verdampfen und eintrocknen. Hier mußte also die Oberfläche des Eidotters schnell getrocknet sein, worauf sie brüchig wurde und die noch flüssigen Anteile ausfließen konnten. Am Ende trocknete die gesamte Eierschmiere ein und zerbröckelte in kleine Plättchen, wie man das auch bei Schlamm in einer Pfütze beobachtet. Die Plättchen hatten gerade die richtige Größe für die glücklichen Ameisen, die sie dorthin schleppen konnten, wo immer Ameisen ihren Nachmittagstee einnehmen mögen.

Das Wundervolle an der Wissenschaft ist, daß sie sogar Dinge erklären kann, die kein Mensch wissen muß.

Spiel mit dem Feuer

Womit kann man am besten grillen: mit Holzkohle oder mit Gas?

Die Antwort auf diese Frage ist ein entschiedenes »Hängt davon ab«. Außen verbrannte, innen rohe Hühnchen können Sie ebensogut über Holzkohle wie über einer Gasflamme zubereiten.

Wie bei jeder Art des Garens kommt es auch hier darauf an, wieviel Wärme die Nahrung letztlich aufnimmt – damit wird festgelegt, wie »durch« sie ist. Beim Grillen wird die notwendige Wärmemenge dadurch übertragen, daß das Grillgut für kurze Zeit einer sehr hohen Temperatur ausgesetzt ist. So kann ein geringfügiger Unterschied in der Garzeit entscheiden, ob etwas saftig bleibt oder zu Schlacke wird.

Grillen ist jedoch vor allem deshalb so schwierig, weil die Temperatur schwer zu steuern ist. Eine Gasflamme läßt sich leicht regulieren, doch bei Holzkohle müssen Sie die Temperatur fortlaufend kontrollieren. Das geht mit solchen Mätzchen wie etwa: das Grillgut immer wieder an heißere oder kühlere Stellen zu verschieben, den Grillrost zu heben, zu senken oder die Holzkohle aufzuhäufen, damit die Hitze steigt, oder sie auszubreiten, damit sie sinkt. Und die Spielregeln ändern sich, je nachdem, ob Sie einen abgedeckten Grill verwenden oder »oben ohne« grillen.

Jedes Feuer benötigt zwei Zutaten: Brennstoff und Sauerstoff. Ist nicht genügend Sauerstoff verfügbar, verläuft die Verbrennung unvollständig, und unverbrannter Brennstoff wird als Rauch und in Form einer gelben Flamme in Erscheinung treten. Die gelbe Farbe stammt von unverbrannten Kohlenstoffteilchen, die aufgeheizt werden, bis sie leuchtend glühen. Da Verbrennung niemals zu 100 % vollständig abläuft, wird statt Kohlendioxid auch ein wenig giftiges Kohlenmonoxid erzeugt. Aus diesem Grund sollten Sie niemals in der Wohnung grillen, ganz egal, wie niedlich Ihr japanischer Gartengrill sein mag.

Zum Garen wünschen wir uns vollständige Verbrennung, und dazu muß der Brennstoff in jedem Fall genug Luft erhalten. (Geräuchert werden Lebensmittel, indem man das erhitzte Holz vorsätzlich mit zuwenig Sauerstoff versorgt.) In einem richtig eingestellten Gasgrill wird das Gas auf dem Weg in den Brenner stets mit der richtigen Luftmenge gemischt; beim Holzkohlengrill müssen wir die Belüftungsöffnungen entsprechend steuern.

Als die Höhlenmenschen das Feuer zu nutzen begannen und ihre ersten Mastodonburger grillten, verwendeten sie zweifel-

Spiel mit dem Feuer 233

los Holz als Brennstoff. Holz enthält jedoch Harze und Säfte, die nicht vollständig verbrennen und deshalb schmutzige Flammen erzeugen. Harthölzer enthalten weniger von diesen Substanzen, und Hartholz ist immer noch das bevorzugte Brennmaterial der Puristen, die glauben, nur alter Brennstoff sei guter Brennstoff, und die den einmaligen, rauchigen Geschmack schätzen, den ein Holzfeuer verleiht.

Am häufigsten stellen die Leute heutzutage die wahrhaft brennende Frage, ob sie nun Holzkohle oder Gas verfeuern sollen – und natürlich, in welchem Gerät das zu geschehen hat. Das Angebot reicht vom japanischen Heimgrill für die Feuertreppe bis zum feuerspeienden Drachen für den Vorstadtgarten, der mit allem außer Heckflossen und Radar ausgestattet ist.

Holzkohle gewinnt man, indem man Holz unter Luftabschluß sehr hoch erhitzt, wobei es nicht wirklich verbrennen kann. Alle Säfte und Harze werden zersetzt oder ausgetrieben, so daß fast reiner Kohlenstoff zurückbleibt, der später langsam, ruhig und sauber abbrennt. Natürliche Holzkohle aus Hartholz, die noch die Form der Aststümpfe zeigt, aus denen sie hergestellt wurde, enthält keine Zusätze und gibt keinen abstoßenden Geschmack an die Speisen ab. Andererseits werden Holzkohlebriketts aus Sägemehl, Holzschnitzeln und Kohlenstaub fabriziert, die von einem Bindemittel zusammengehalten werden. Kohle ist jedoch alles andere als reiner Kohlenstoff – sie enthält eine Auswahl petroleumähnlicher chemischer Substanzen, deren Rauch den Geschmack der Speisen beeinträchtigen kann.

Von allen Brennstoffen brennt Gas am saubersten ab, ob es nun das in Flaschen verkaufte Propan ist oder Erdgas (Methan), das über Rohrleitungen ins Haus geliefert wird. Für beide Sorten Gas sind Gasgrillgeräte erhältlich. Diese Gase enthalten keine nennenswerten Verunreinigungen, und beim Verbrennen entsteht im wesentlichen nur Kohlendioxid und Wasser.

Aber was ist mit diesem »Holzkohlegeschmack«, den alle so sehr schätzen? Kriegt man den wirklich hin, wenn man über einer Gasflamme grillt?

Jener wunderbare Geschmack von Gegrilltem kommt nicht von der Holzkohle, sondern von der intensiven Bräunung, die sich wegen der hohen Temperatur auf der scharf angebratenen Oberfläche der Speisen einstellt. Außerdem ist geschmolzenes Fett daran beteiligt, das auf eine sehr heiße Fläche tropft – auf ein glühendes Brikett oder die Lavasteine oder die Porzellanauskleidung eines Gasgrills –, dort verdampft und seinen Rauch wieder hinaufschickt, wo es auf der Oberfläche des Grillgutes kondensiert.

Tropft hingegen zuviel Fett herab, entstehen Stichflammen, die nicht erwünscht sind, weil sie zwar ein großartiges Brennmaterial abgeben, aber weder genügend Zeit noch Sauerstoff zur Verfügung haben, um vollständig verbrennen zu können. Deshalb erzeugen sie eine rußige gelbe Flamme, die über die Speisen leckt, sie verkohlen läßt und gräßliche chemische Substanzen sowie unangenehmen Geschmack hinterläßt. Um Verbrennungen Ihrer Steaks zu vermeiden, sollten Sie vorher das meiste Fett abschneiden und, falls dennoch Stichflammen auftreten, das Fleisch beiseite schieben, bis die Flammen nachlassen.

Dann haben wir da noch das Problem, ein Holzkohlenfeuer in Gang zu bringen. Kein Brennmaterial beginnt zu brennen, ehe es nicht so heiß ist, daß ein Teil davon verdampft. Erst dann können seine Moleküle sich mit den Sauerstoffmolekülen der Luft mischen und mit ihnen die Verbrennung genannte Reaktion eingehen, die Wärme erzeugt. Sobald die Reaktion angelaufen ist, verdampft in der dadurch erzeugten Wärme weiterer Brennstoff, und der ganze Vorgang wird selbsterhaltend.

Gas liegt natürlich schon als Dampf vor, und so brauchen Sie nichts weiter als einen Funken oder ein Streichholz, damit es losgeht. Doch beim Grillen mit Holzkohle ist es eine schreckliche Angelegenheit, das Zeug so stark zu erhitzen, daß jenes alles entscheidende erste Verdampfen beginnt. Hier kommt der flüssige Grillanzünder ins Spiel, jener Brennstoff, welcher Brennstoff entfacht. Es handelt sich hier um eine aus Petroleum gewonnene Flüssigkeit, irgendwas zwischen Benzin und Dieselöl. Wenn Sie vor dem Anzünden einen Augenblick warten, damit sie in die Holzkohle eindringen kann, dürften die meisten Dämpfe absorbiert sein. Doch meiner Ansicht nach ist Holzkohle Weltmeister im Zurückhalten von Gerüchen (sie wird in Wasserfiltern und Gasmasken eingesetzt), und so brennt der Geruch des flüssigen Grillanzünders nie wirklich vollständig ab. Elektrische Heizspiralen arbeiten langsam, aber gut, wenn eine Stromquelle in der Nähe ist. Am besten zum Anheizen von Holzkohle eignet sich meiner Meinung nach jedoch der mit Zeitungspapier betriebene Kleinkamin, der sowohl schnell als auch geruchlos funktioniert. Man stopft einfach ein wenig Zeitungspapier hinein, belädt ihn mit Holzkohle und zündet das Papier an. Nach 15–20 Minuten ist die Holzkohle gut angebrannt und bereit, in den Grill geschüttet zu werden.

Die brennendste aller Fragen ist jedoch noch immer, welcher Brennstoff denn nun eigentlich besser ist, Gas oder Holzkohle? Na ja, welche politische Partei ist besser? Jede hat ihre glühenden Anhänger. Persönlich ziehe ich Holzkohle vor, und zwar aus zwei Gründen: Erstens sind zu viele mickrige Gasgrillgeräte auf dem Markt, die nicht viel mehr Hitze erzeugen als ein Sturmfeuerzeug. Und zweitens setzt das Verbrennen von Holzkohle nur Kohlendioxid frei, bei brennendem Gas dagegen entsteht Kohlendioxid plus Wasserdampf. Ich habe zwar keinerlei einschlägige Versuche gemacht, glaube aber, daß das Grillgut wegen des Wassers wohl nicht so heiß wird wie über einem Holzkohlenfeuer, und große, trockene Hitze ist das, worauf es beim Grillen vor allem ankommt.

Gemüse, im Backrohr »gegrillt«
Aus dem Garten auf den Rost

Grillen im Freien ist großartig, wenn es um Fleisch oder Fisch geht, aber bei den meisten Gemüsearten kann Grillen problematisch werden. Wenn Sie sie auf den Rost legen, fallen sie leicht zwischen den Stäben hindurch ins Feuer, und auf Spieße gesteckt, verbrennen einige Teile, während andere nur gedämpft werden.

Dagegen ist es sehr viel leichter, Gemüse im Backrohr zu rösten. Das ergibt hübsch gebräunte, zarte Gemüse, die durchaus wie gegrillt schmekken, aber süßer sind. Sie können eine Auswahl glänzend farbiger Gemüsearten rösten und sie im selben Geschirr auftischen, in dem sie geröstet worden sind, einer breiten, niedrigen, feuerfesten Backform oder Kasserolle. Oder Sie rösten sie auf einem Backblech und legen sie dann auf ein Serviergeschirr. Die verschiedenen Gemüse werden alle zur gleichen Zeit gar, weil sie annähernd die gleiche Größe haben.

2 große Gemüsezwiebeln, geschält und oben quer eingeschnitten
1 rote Gemüsepaprika, halbiert, entkernt, Rippen und Samen entfernt
1 gelbe Gemüsepaprika, halbiert, entkernt, Rippen und Samen entfernt
1 ganze mittelgroße grüne Zucchini
1 ganzer gelber, mittelgroßer Gemüsekürbis
4 reife Pflaumentomaten, halbiert, Kerne entfernt
3 große ganze Karotten, geschält
6 dicke Spargelstangen
1 Knolle Knoblauch, Oberteil abgeschnitten
Olivenöl *extra vergine*
Grobes Salz
Thymianzweige und Basilikumblätter zum Garnieren

1. Backrohr auf 200°C vorheizen. Gemüse waschen und in einer breiten, niedrigen, feuerfesten Form, in der man auch servieren kann, gefällig arrangieren. Oder in einer Schicht auf ein Backblech mit Rand legen. Überall mit Olivenöl beträufeln.
2. Im Rohr auf einem unteren Rost etwa 50–60 Minuten rösten, bis die Ränder der Gemüse ein wenig gebräunt sind. Form oder Backblech herausnehmen und das Gemüse abkühlen lassen.
3. Wurde ein Backblech verwendet, Gemüse auf einem Servierteller anrichten. Zwiebeln zum Servieren vierteln. Die Haut der Gemüsepaprika mit den Fingern abrubbeln und das Fleisch in große Abschnitte schneiden. Zucchini, Kürbis, Tomaten und Karotten in grobe Stücke oder in Streifen schneiden. Spargel und Knoblauchknolle ganz lassen. Darauf achten, daß nichts von den

Säften verlorengeht, und sie mit dem Löffel über die Gemüse verteilen.
4. Mit dem Olivenöl beträufeln und mit grobem Salz bestreuen. Mit den Kräutern garnieren. Zimmerwarm oder warm servieren, dazu gibt es getoastetes herzhaftes Brot. Die Brotscheiben werden mit den weichen, gerösteten Knoblauchzehen bestrichen.

Ergibt etwa 4 Portionen.

Echt cooles Zeug
So tauen Sie Ihre Schätze auf

Wie kann man eingefrorene Lebensmittel am besten und schnellsten auftauen?

Ich weiß, was Sie meinen. Sie kommen nach einem harten Arbeitstag nach Hause. Ihnen ist nicht nach Kochen oder danach, ein Restaurant aufzusuchen. Wohin lenken Sie Ihren Schritt? Natürlich zum Gefrierschrank. Und eine kleine Stimme in Ihrem Kopf fängt wie eine Horde Fußballfans zu skandieren an: AUF-TAUN! AUF-TAUN!

Während Ihr Blick prüfend über die tiefgefrorenen Schätze schweift, fragen Sie sich weniger, was wohl drin sein mag (»Warum hab ich diese Beutel nicht beschriftet?«), sondern eher, was in der kürzesten Zeit aufzutauen ist.

Ihre Optionen: a) Sie lassen es auf dem Küchentisch liegen, während Sie die Post durchsehen, b) versenken es in einem mit Wasser gefüllten Waschbecken oder c) verwenden das beste und schnellste aller Verfahren, das ich Ihnen in angemessener Zeit preisgeben werde und das Sie, versprochen, in Erstaunen versetzen wird.

Bei handelsüblichen gefrorenen Lebensmitteln brauchen Sie sich nur an die Anweisungen auf der Packung zu halten. Sie würden nicht glauben, welche Armeen von Haushaltsökonomen und Technikern Fronarbeit verrichtet haben, um die besten Verfahren zum Auftauen der eigenen Firmenprodukte im Haushalt auszutüfteln. Vertrauen Sie ihnen einfach.

Die Auftauanweisungen auf kommerziellen Produkten beziehen häufig eine Mikrowelle mit ein, was beim Auftauen der selbst eingefrorenen Speisen in der Regel nicht funktioniert, weil es schwierig ist, die äußeren Regionen des Gefrierguts vom Garen abzuhalten.

»Gefrorene Lebensmittel« ist ein in gewisser Weise irreführender Ausdruck. Technisch gesehen bedeutet Einfrieren, eine Substanz aus ihrer flüssigen Form durch Abkühlen unter ihren Gefrierpunkt in ihre feste Form zu überführen. Fleisch und Gemüse sind jedoch bereits fest, wenn man sie ins Gefrierfach legt. Es ist das in ihnen enthaltene Wasser, welches zu winzigen Eiskristallen gefriert, und diese lassen das gesamte Nahrungsmittel hart werden. Um es wieder aufzutauen, muß man also jene winzigen Eiskristalle wieder in die flüssige Form schmelzen lassen.

Wie bringt man Eis zum Schmelzen? Na wie schon? Man erwärmt es natürlich. Als erstes steht man also vor dem Problem, Wärme niedriger Temperatur aufzutreiben. Wenn Ihnen dieser Satz paradox erscheint, sollten Sie sich bitte bewußt machen, daß Wärme und Temperatur zwei sehr unterschiedliche Dinge sind.

Wärme ist Energie, nämlich die Energie, welche die sich bewegenden Moleküle besitzen. Nun bewegen alle Moleküle sich in gewissem Maß, weshalb überall, in allen Dingen, Wärme vorhanden ist. Selbst ein Eiswürfel enthält Wärme. Nicht soviel wie eine heiße Kartoffel, aber doch ein wenig.

Andererseits ist die Temperatur, wie ich oben ausgeführt habe, nichts weiter als eine bequeme Zahl, mit der wir ausdrücken, wie schnell diese Moleküle sind. Liegt die Geschwindigkeit der Moleküle in einer Substanz im Durchschnitt höher als in einer anderen, so sagen wir, die erste habe eine höhere Temperatur als die andere, sei also wärmer.

Nun wandert Wärmeenergie automatisch von einer wärme-

Echt cooles Zeug   239

ren zu einer benachbarten kälteren Substanz, weil die schnel-
leren Moleküle der ersteren gegen die Moleküle der letzteren
stoßen und *diese* schneller werden lassen. Gefrorene Lebensmittel können wir demnach offensichtlich am schnellsten erwärmen, wenn wir sie mit einem heißen Material in Berührung bringen, etwa der Luft in einem heißen Backrohr. Dabei
würden allerdings die äußeren Bereiche der Speisen gar werden, ehe viel Wärme in die inneren Zonen eindringen könnte.

Im Vergleich zur Luft in einem heißen Ofen ist die Luft der
Küche nur mäßig warm, enthält aber trotzdem noch immer
eine Menge Wärme, die man anzapfen kann, um gefrorene
Nahrung aufzutauen. Sollten wir die Speisen also einfach an
der Luft liegen lassen? Nein. Es würde zu lange dauern, bis die
Luft ihre Wärme weitergibt, einfach weil Luft so ziemlich der
schlechteste Wärmeleiter ist, den man sich vorstellen kann.
Ihre Moleküle sind zu weit voneinander entfernt, als daß sie
sehr oft mit anderen Molekülen zusammenstoßen könnten.
Außerdem ist es gefährlich, etwas langsam an der Luft aufzutauen, weil auf den Randzonen, die zuerst getaut sind, rasch
Bakterien wachsen können.

Was ist mit Eintauchen in Wasser? Wasser ist ein weit besserer Wärmeleiter als Luft, weil seine Moleküle viel enger beieinander liegen. Falls die Verpackung der Speise wasserdicht ist
(sind Sie nicht sicher, dann stecken Sie sie in einen Gefrierbeutel mit Zippverschluß, aus dem Sie die Luft größtenteils her-
ausgepreßt haben), sollten Sie sie auf alle Fälle in eine Schüssel
– ist es ein Hühnchen oder ein Truthahn, auch in ein Waschbecken – mit kaltem Wasser legen. Da das Wasser dabei natürlich abkühlt, sollten Sie es etwa alle 30 Minuten wechseln, was
den Vorgang weiter beschleunigt.

Und jetzt verrate ich die schnellste Methode überhaupt: Legen Sie die ausgepackte gefrorene Speise in eine nicht er-
wärmte, schwere Pfanne oder Bratreine. Ja, nicht erwärmt.
Metalle sind unter allen Substanzen die besten Wärmeleiter,
weil sie über Abermillionen freier Elektronen verfügen, mit
denen Energie sich sogar noch besser übertragen läßt, als das

kollidierende Moleküle können. Die Pfanne aus Metall wird die Raumwärme sehr effektiv auf das gefrorene Nahrungsmittel übertragen und es in Rekordzeit auftauen. Je schwerer die Pfanne, desto besser, weil dickeres Metall mehr Wärme pro Zeiteinheit übertragen kann. Flache Lebensmittel wie Steaks oder Koteletts tauen am schnellsten auf – sie kommen am besten mit der Pfanne in Berührung, und das sollten Sie mit bedenken, wenn Sie Ihre Päckchen für das Gefrierfach vorbereiten. (Runde, dicke Bratenstücke und ganze Hühner oder Puten tauen in der Pfanne nicht wesentlich schneller auf als auf dem Tisch. Die beiden Methoden sind hier aber ohnehin nicht zu empfehlen, weil allzuleicht Bakterien wachsen können. Sie sollten sie lieber in kaltem Wasser oder im Kühlschrank auftauen lassen.) Teflonpfannen eignen sich übrigens nicht dafür, weil die Beschichtung Wärme nur schlecht leitet, ebensowenig Pfannen aus Gußeisen, da sie zu porös sind.

Reservieren Sie also die Wassermethode für die umfangreichen Sachen, und legen Sie dafür das gefrorene Steak oder Filet in eine schwere Bratpfanne. Alles wird aufgetaut sein, bevor Sie sagen können: »Wo hab ich bloß die Tiefkühlerbsen hingelegt?« Nun ja, vielleicht nicht ganz, aber doch weit früher, als Sie glauben.

So macht man einen coolen Haufen Teig

Warum wird in Kochbüchern empfohlen, Pastetenteig auf einer Marmorfläche auszurollen?

Pastetenteig muß beim Ausrollen kühl gehalten werden, damit das Backfett – zumeist ein festes Fett wie Butter, Schmalz oder Palmin – nicht schmilzt und in das Mehl eindringt. Wenn das passiert, bekommt die Pastetenhülle eine Konsistenz wie Pappkarton. Blätterteiggebäck entsteht, wenn viele dünne Lagen Teig durch Fettschichten voneinander getrennt sind. Im Ofen

So macht man einen coolen Haufen Teig 241

fangen die separaten Teigschichten an, sich zu verfestigen, und wenn dann das Fett schmilzt, hat der Dampf aus dem Teig die Schichten perfekt auseinandergehalten.

Marmor wird als Fläche zum Ausrollen empfohlen, weil dieser den Büchern zufolge »kühl« ist. Doch da spielt man leichtfertig mit dem Konzept der Temperatur, denn Marmor ist um kein bißchen kühler als alles andere im Raum.

Aber, protestieren Sie, Marmor *fühlt sich* kalt an. Ja, das schon. Doch das gilt auch für den »kalten Stahl« Ihres edlen Messers und für all Ihre Töpfe, Pfannen und Teller. Laufen Sie doch gleich jetzt in Ihre Küche (ich warte so lange), nehmen Sie irgend etwas, nur nicht die Katze, und halten Sie es sich an die Stirn. Alles fühlt sich kalt an! Was ist da los?

Nun, ganz einfach. Die Temperatur Ihrer Haut liegt bei etwa 34°C, während die Küche mit allem, was darin ist, etwa 21°C hat. Ist es denn irgendwie überraschend, daß Dinge sich kalt anfühlen, die 13 Grad kühler sind als Ihre Haut? Wenn Sie einen solchen Gegenstand berühren, fließt Wärme von der Haut auf das Objekt ab, einfach weil Wärme stets von der höheren zur tieferen Temperatur übergeht. Die Haut, der Wärme entzogen wird, signalisiert Ihrem Gehirn die Botschaft: »Mir ist ungewöhnlich kalt.«

Nicht der Gegenstand ist demnach kalt, sondern Ihre Haut ist warm. »Alles ist relativ« – was Einstein aber nie gesagt hat.

Allerdings fühlen nicht alle Gegenstände sich gleich kalt an, auch wenn sie alle die 21°C der Raumtemperatur aufweisen. Bitte gehen Sie noch mal in die Küche. Überzeugen Sie sich, daß die Stahlklinge des edlen Küchenmessers kälter wirkt als, sagen wir, das hölzerne Schneidebrett. Ist sie wirklich kälter? Nein, denn die beiden Gegenstände waren so lange in derselben Umgebung, daß sie dieselbe Temperatur angenommen haben. Die Stahlklinge auf der Stirn kommt Ihnen kälter vor als das hölzerne Brettchen, weil Stahl, wie alle Metalle, die Wärme sehr viel besser leitet als Holz. Berührt er Ihre Stirn, transportiert er die Wärme viel schneller ab, als das Holz es kann, was die Haut natürlich rascher abkühlt.

Marmor ist ein schlechterer Wärmeleiter als Metall, aber immer noch zehn- bis zwanzigmal besser als Holz oder die plastikbeschichtete Arbeitsfläche. Und wie der Marmor sich auf der Stirn kühl anfühlt, weil er Wärme klaut, kommt er auch dem Pastetenteig kalt vor, weil er die beim Ausrollen erzeugte Wärme rasch ableitet. Damit wird der Teig nicht so weit erwärmt, daß das Backfett schmelzen könnte.

Also gut, ich gebe zu, das sind Haarspaltereien. Wenn etwas sich kalt anfühlt, kalt verhält und nur nicht quakt wie eine kalte Ente, warum zum Teufel können wir nicht einfach sagen, es sei kalt? Ich bitte Sie: Sagen Sie ruhig, Marmor ist kalt. Aber gönnen Sie sich das Vergnügen, insgeheim zu wissen, daß dies nicht wirklich korrekt ist.

Kalt gerollter Teig
Empanadas, leicht gemacht

Das spanische Wort Empanada ist aus dem Wort pan (Brot) hergeleitet und heißt auf deutsch »im Brotteig«. Allerdings ist das ein wenig irreführend, denn im heutigen Lateinamerika ist eine Empanada eine gefüllte Teigtasche – fast jede Art Teig aus Weizen- oder Maismehl, gefüllt mit so gut wie allem, was man sich vorstellen kann, zumeist aber mit Fleisch oder Meeresfrüchten bestimmter Art. Man könnte sie auch Maultaschen oder kleine Fleischpastetchen nennen, und man kann sie entweder backen oder fritieren. Jedes Land Lateinamerikas kennt seine eigenen Variationen. Sie lassen sich rasch herstellen, wenn man seinen Arbeitsbereich wie ein Montageband einrichtet.

Bei der vorliegenden Variante umhüllen wir eine traditionelle Füllung mit einem gekauften fertigen Blätterteig, anstatt die Pastetenkruste selbst zu fabrizieren. Das erspart einem die Mühe, einen Teig herzustellen. Bei Blätterteig ist es jedoch besonders wichtig, ihn auf einer »kühlen« Oberfläche wie etwa Marmor auszurollen. Ist keine Marmorplatte verfügbar, sollte man ihn auf einem Holzbrett möglichst schnell ausrollen.

Tiefgekühlten Blätterteig gibt es in der Tiefkühlabteilung der meisten Supermärkte. Statt Rindfleisch kann man auch gehacktes Puten- oder Hühnerfleisch verwenden.

Kalt gerollter Teig 243

1 Packung (500 Gramm) tiefgefrorener Blätterteig
15 Milliliter Olivenöl
100 Gramm Zwiebeln, gehackt
100 Gramm rote Gemüsepaprika, feingehackt
1 Knoblauchzehe, zerdrückt
500 Gramm mageres Rinderhack
2 Teelöffel Mehl
20 Gramm Chilipulver
1 Teelöffel Salz
½ Teelöffel getrocknete Chilischoten
½ Teelöffel getrockneter Oregano
½ Teelöffel Curcuma (Gelbwurz)
¼ Teelöffel Nelken, gemahlen
Frischgemahlener Pfeffer nach Belieben
50 Milliliter Ketchup
1 großer Eidotter, mit 15 Milliliter Wasser verquirlt

1. Blätterteig für 8–12 Stunden im Kühlschrank auftauen lassen.
2. Öl in einer großen Pfanne bei mittlerer Hitze erwärmen und Zwiebel sowie Paprika etwa 5 Minuten lang weich dünsten. Knoblauch hinzugeben und noch 1 Minute weiterdünsten. Hackfleisch zugeben und ungefähr 5 Minuten braten, bis es braun ist und grobe Krumen bildet. Ausgeschmolzenes Fett abgießen. Vom Feuer nehmen.
3. Mehl, Gewürze und Kräuter in einer kleinen Schüssel vermengen. Die Fleischmischung zugeben und gut durchmischen. Ketchup hinzufügen und erneut gut mischen. Das Ergebnis sollte herzhaft würzig schmecken.
4. Die Mischung auf ein Backblech bringen, zu einer dünnen Schicht ausbreiten und abkühlen lassen. Die Empanadas sind schnell zubereitet, wenn man sie nach dem Fließbandmodell fertigt. Die Füllung wird in 18 kleine Portionen von jeweils etwa 30 Milliliter Volumen zerteilt. Das geht zum Beispiel so: Die Mischung auf dem Blech mit einem Spatel in drei lange Reihen unterteilen, dann jede Reihe quer dazu in 6 Abschnitte zerlegen, was 18 kleine Portionen ergibt. Beiseite stellen, bis sie gebraucht werden.
5. Backrohr auf 200°C vorheizen.
6. Eines der aufgetauten Teigblätter aus dem Kühlschrank nehmen und auf eine gut mit Mehl bestäubte Arbeitsfläche legen. Der Teig

dürfte ziemlich steif sein. Sobald er gerade so warm ist, daß man ihn ohne Brüche entfalten kann, flach auslegen. Beide Seiten mit ein wenig Mehl bestäuben.

7. Den Teig mit einem scharfen Messer in drei lange Streifen schneiden. Jeden Streifen in Rechtecke von etwa 8 cm Seitenlänge zerschneiden, anschließend diese Rechtecke mit dem Nudelholz auf ca. 12 x 12 cm ausrollen. Die Quadrate leicht mit Mehl einstäuben und stapeln. Dasselbe geschieht mit dem zweiten Teigblatt, was insgesamt 18 Teigquadrate ergibt.

8. Nun zu den Empanadas: Ein Teigquadrat auf die mehlbedeckte Arbeitsfläche legen. Mit Hilfe eines kleinen, weichen Pinsels einen etwa 1,5 cm breiten Streifen der Eidottermischung entlang der Unterkante sowie der linken Kante des Quadrats auftragen. Eine Portion der Füllung, ein wenig zur eingepinselten Ecke hin versetzt, auf diese Teigschnitte legen. Die andere Hälfte des Quadrats diagonal zu einer dreieckigen Teigtasche falten. Die Ränder zusammendrücken und mit den Zinken einer Gabel perforieren, damit sie miteinander verschweißt werden. Falls notwendig, unregelmäßig geformte Randbereiche mit einem scharfen Messer gerade schneiden. Die Teigtasche auf ein Backblech legen. Den Vorgang wiederholen, bis alle Teigstücke und die Füllung verarbeitet sind.

9. Die fertigen Empanadas leicht mit der übrigen Eidottermischung einpinseln. Mit der Messerspitze je zwei kleine Löcher in die Oberseite stechen, damit der Dampf entweichen kann. 18–20 Minuten backen, bis sie aufgegangen und braun sind. Einzeln verpackt einfrieren.

Ergibt 18 Empanadas.

Heißes Wasser gefriert schneller

Die Gäste meiner Party sollten schon in drei Stunden kommen, und ich mußte eilig noch Eiswürfel vorbereiten. Wie ich gehört habe, gefriert warmes Wasser angeblich schneller als kaltes. Hätte ich heißes Wasser in meine Eiswürfelschalen einfüllen sollen?

Das Paradoxon vom schneller gefrierenden warmen Wasser ist zumindest seit dem 17. Jahrhundert, als Sir Francis Bacon darüber schrieb, immer wieder diskutiert worden.* In Kanada behauptet man, ein Eimer mit heißem Wasser würde, wenn man ihn bei Kälte im Freien stehen läßt, schneller gefrieren als ein Eimer mit kaltem Wasser. Wissenschaftlern ist es jedoch nicht gelungen, zu erklären, weshalb Kanadier bei Kälte Eimer mit Wasser im Freien stehen lassen.

Aber ob Sie es glauben oder nicht, heißes Wasser kann wirklich schneller gefrieren als kaltes. Manchmal. Unter gewissen Umständen. Das hängt von vielen Faktoren ab.

Vom Gefühl her kommt es einem unmöglich vor, weil das heiße Wasser auf seinem Abfahrtslauf hinunter zur Marke von $0\,°C$ einfach einen längeren Weg zurückzulegen hat. Um jeweils um etwa $2\,°C$ abzukühlen, muß ein halber Liter Wasser ungefähr eine Kilokalorie Wärme abgeben. Je mehr Grad das Wasser also zu verlieren hat, desto mehr Wärme muß ihm entzogen werden, und das bedeutet eine längere Abkühlungszeit, solange alle anderen Bedingungen dieselben sind.

Doch laut »Wolkes Gesetz der um sich greifenden Abwegigkeit« sind alle anderen Bedingungen nie dieselben. Wie wir noch sehen werden, unterscheiden heißes und kaltes Wasser sich in vielfältigerer Weise voneinander als nur in ihrer Temperatur.

Versucht man Chemikern eine Erklärung abzunötigen, wieso heißes Wasser möglicherweise zuerst gefrieren könnte, murmeln sie wahrscheinlich etwas von mehr gelöster Luft in kaltem Wasser und daß gelöste Stoffe den Gefrierpunkt des Wassers herabsetzen würden. Wahr, aber nichtssagend. Die in kaltem Leitungswasser gelöste Luftmenge würde dessen Gefrierpunkt um weniger als zwei Tausendstel Grad Celsius senken, und kein Wettlauf zwischen heiß und kalt könnte so präzise kontrolliert werden. Die Erklärung mit der gelösten Luft ist ganz einfach nicht wasserdicht.

---

* So auch in dem Buch *Warum fallen schlafende Vögel nicht vom Baum?* (Piper 1998, Hg. Nick O'Hare, S. 199–205). – Anm. des Verlags

Ein wirklicher Unterschied zwischen heißem und kaltem Wasser besteht darin, daß eine Substanz desto mehr von ihrer Wärme in die Umgebung abstrahlt, je heißer sie ist. Das heißt, heißes Wasser kühlt relativ schneller ab – um mehr Grad pro Minute – als kühleres Wasser. Besonders groß ist dieser Unterschied, wenn die Behälter flach sind und das Wasser somit eine große Oberfläche besitzt. Doch deswegen erreicht das heiße Wasser die Ziellinie noch lange nicht schneller, denn gleichgültig, wie schnell es anfangs abkühlt, gelingt es ihm allerhöchstens, mit dem kalten Wasser gleichzuziehen. Danach geht es Kopf an Kopf weiter.

Ein bedeutsamerer Unterschied zwischen heißem und kaltem Wasser besteht darin, daß das heiße Wasser schneller verdampft als das kalte. Wenn wir also versuchen, jeweils gleiche Mengen heißes und kaltes Wasser einzufrieren, wird im Behälter mit dem heißen Wasser weniger Wasser übrig sein, sobald die Schlottertemperatur von 0°C erreicht ist. Und weniger Wasser gefriert natürlich in kürzerer Zeit.

Kann das wirklich einen erheblichen Unterschied ausmachen? Nun, Wasser ist in mehrfacher Hinsicht eine sehr ungewöhnliche Flüssigkeit. Zum einen muß dem Wasser außerordentlich viel Wärme entzogen werden, ehe seine Temperatur nennenswert fällt (im Jargon der Wissenschaft: Wasser hat eine hohe Wärmekapazität). Wenn also der heiße Behälter durch Verdampfen auch nur ein wenig mehr Wasser verloren hat als der kalte, kann bereits erheblich weniger Zeit zum Einfrieren erforderlich sein.

Jetzt laufen Sie doch bitte nicht gleich in die Küche, um es mit Eiswürfelschalen auszuprobieren, denn hier sind einfach zu viele andere Faktoren beteiligt. Wolkes Gesetz zufolge können zwei solche Schalen nie völlig übereinstimmen. Sie befinden sich nicht bei exakt derselben Temperatur an exakt derselben Stelle, und sie werden nicht zwangsläufig mit derselben Geschwindigkeit abgekühlt (steht nicht eine näher an den Wärmetauschern im Gefrierfach?). Außerdem, wie wollen Sie genau feststellen, wann das Wasser gefriert? Sobald oben das erste

Eishäutchen erscheint? Damit ist nicht gesagt, daß die gesamte Schale samt Inhalt schon 0°C erreicht hat. Und allzuoft können Sie nicht reinschauen, denn das Öffnen der Tür des Gefrierschranks kann unvorhersehbare Luftströmungen erzeugen, die sich auf die jeweiligen Verdampfungsraten auswirken.

Was einen jedoch am meisten frustrieren dürfte: Wasser hat die abartige Angewohnheit, unter 0°C abzukühlen, ehe es gefriert (im Jargon der Wissenschaft: Es ist unterkühlt). Es kann sich einfach weigern, zu gefrieren, ehe es nicht durch einen weithin nicht vorhersagbaren äußeren Einfluß gestört wird – etwa durch eine Schwingung, ein Staubkörnchen oder einen Kratzer auf der Innenseite des Behälters. Kurz, Sie veranstalten ein Rennen mit einer höchst unscharfen Ziellinie. Tja, Wissenschaft ist nicht einfach.

Aber ich weiß, das wird Sie nicht aufhalten. Also machen Sie schon: Messen Sie gleiche Mengen heißen und kalten Wassers ab, füllen Sie diese in identische (ha!) Eiswürfelschalen, und schließen Sie keine allzu hohen Wetten auf das Ergebnis ab.

So schlecht hatte Humpty Dumpty es nie

Kann man rohe Eier, wie sie sind, einfrieren? Ich habe fast zwei Dutzend Eier, die ich einfach nicht aufbrauchen kann, ehe ich eine Reise antrete, und ich möchte sie nur höchst ungern auf den Müll werfen.

Auch ich sehe es nicht gern, wenn Nahrungsmittel weggeworfen werden, doch in diesem Fall könnte das Einfrieren der Eier mehr Ärger verursachen, als sie wert sind. Erstens dürften die Schalen wahrscheinlich bersten, weil das rohe Eiweiß, wie man sich denken kann, sich ausdehnt, wenn es gefriert, wie das auch Wasser tut, wenn es zu Eis wird. Das können Sie nicht beeinflussen. Außerdem kann es zu einigen negativen Geschmacksveränderungen kommen, je nachdem, wie lange die Eier im Gefrierfach aufbewahrt werden.

Ärgerlicher ist die Tatsache, daß die Dotter dickflüssig und gummiartig sein werden, wenn Sie die Eier auftauen. Das nennt man Gelieren – es bildet sich ein Gel. Das tritt ein, weil beim Einfrieren der Eier die Proteinmoleküle sich teilweise zu einem Netz verbinden, welches große Mengen Wasser an sich zieht, die beim Auftauen nicht wieder frei werden. Diese eingedickten Dotter eignen sich nicht mehr sehr gut zur Herstellung von Nachspeisen oder Saucen, wo es auf eine glatte Konsistenz ankommt. Feste Eidotter für andere Rezepte zu verwenden kann riskant sein, und wenn ein Gericht den Bach hinuntergeht, müssen Sie weit mehr als nur ein paar Eier wegwerfen.

Legen Sie sie beim nächsten Mal doch einfach in den Kühlschrank, falls die Reise nicht länger als zwei Wochen dauert, oder kochen Sie vor der Abfahrt alle hart.

In der industriellen Lebensmittelproduktion verwenden die Hersteller tonnenweise gefrorene Eier für Backwaren, Mayonnaise und andere Speisen. Eine zähe Konsistenz verhindert man durch die Zugabe von jeweils 10 Teilen Salz oder Zucker auf 100 Teile geschälter, verrührter Eier, bevor man sie einfriert. Ich nehme an, das könnten Sie auch machen, wenn es Ihnen die Mühe wert ist, aber Salz oder Zucker würden die spätere Verwendung der Eier einschränken.

Brennender Frost? Frostiger Brand!

Was ist eigentlich mit Lebensmitteln passiert, die Frostbrand zeigen?

»Frostbrand« muß man schon als ziemlich lächerliches Oxymoron (einen Widerspruch in sich) werten. Aber sehen Sie sich doch das Schweinekotelett für Notfälle genauer an, das schon weit länger in Ihrem Kühlschrank schmachtet, als Sie je vorhatten. Sieht dessen verdorrte und geschrumpelte Oberfläche nicht genauso aus, als wäre sie durch Hitze geschädigt worden?

Brennender Frost? Frostiger Brand! 249

Doch diese Schäden müssen nicht zwangsläufig auf Wärmeeinwirkung zurückzuführen sein. Eine »verwitterte« oder ausgetrocknete Oberfläche kann auch anders zustande kommen. Beachten Sie, daß die »verbrannten« Stellen Ihres vereinsamten Koteletts in der Tat trocken und rauh aussehen, als wäre alles Wasser herausgesaugt worden.

Kann denn Kälte allein tiefgekühlte Lebensmittel austrocknen lassen, besonders dann, wenn das Wasser in der Form von Eis vorliegt? Das geht tatsächlich. Während Ihr glückloses Kotelett in der Gefriertruhe schmachtete, hat irgend etwas Wassermoleküle von seiner eisigen Oberfläche gestohlen.

Hier folgt nun, wie Wassermoleküle, selbst wenn sie fest in solidem Eis verankert sind, beflügelt werden und an einen anderen Ort gelangen können.

Ein Wassermolekül wird immer spontan dorthin wandern, wo ihm ein gastfreundlicheres Klima geboten wird. Und für Wassermoleküle ist das ein möglichst kalter Ort, denn dort besitzen sie den kleinsten Betrag an Wärmeenergie, und wenn ansonsten »alle anderen Bedingungen dieselben sind« (siehe »Wolkes Gesetz der um sich greifenden Abwegigkeit« auf S. 245), bevorzugt die Natur immer den Zustand der niedrigsten Energie. Wenn also die Verpackung des Gefrierguts nicht absolut moleküldicht ist, wird Wasser hindurchwandern, nämlich von den Eiskristallen des Nahrungsmittels zu jedem anderen Ort, der ein klein wenig kälter ist, etwa zu den Wänden des Gefrierfachs. (Aus diesem Grund müssen Gefriergeräte ohne automatische Abtauvorrichtung entfrostet werden.) Unter dem Strich haben dann Wassermoleküle das Gefriergut verlassen, weshalb dessen Oberfläche verdorrt, verschrumpelt und entfärbt zurückbleibt. Und verbrannt aussieht.

Dies geschieht natürlich nicht über Nacht. Es handelt sich um einen langsamen Prozeß, der Molekül auf Molekül abläuft. Man kann ihn allerdings fast auf Null verlangsamen, wenn man die Lebensmittel mit einem Material umhüllt, das keine wandernden Wassermoleküle durchläßt. Das können manche Kunststoffhüllen besser als andere.

Moral Nr. 1: Wollen Sie tiefgekühlte Lebensmittel für längere Zeit aufbewahren, sollten Sie geeignetes Verpackungsmaterial verwenden, das für wandernde Wassermoleküle nicht durchlässig ist. Am besten sind hier vakuumversiegelte, dicke Kunststoffhüllen wie etwa Cryovac, die keinerlei Wasserdampf passieren lassen. Lesen Sie das Kleingedruckte auf dem Etikett, dann wissen Sie, was Sie verwenden können, etwa spezielle »Gefrierbeutel« aus extra dickem Polyethylen, die zudem gut wiederzuverwerten sind und (im Gegensatz zu PVC) keinem umweltschädlichen Produktionsverfahren entstammen.

Moral Nr. 2: Verpacken Sie die Lebensmittel ganz dicht und lassen Sie möglichst keine restliche Luft darin. Alle Luftblasen im Inneren eines Gefrierbeutels erlauben es den Wassermolekülen nämlich, zur kälteren Innenwand der Verpackung zu fliegen und sich dort als Reif niederzuschlagen.

Moral Nr. 3: Wenn Sie fertige Tiefkühlkost kaufen, sollten Sie darauf achten, ob Sie im Inneren der Packung Eiskristalle oder »Schnee« ertasten können. Wo könnte dieses gefrorene Wasser herkommen? Richtig: aus der Nahrung. Diese hat also entweder Wasser verloren, weil sie zu lange in einer lockersitzenden Packung aufbewahrt oder zwischendurch aufgetaut wurde, wobei Wasser aus dem Nahrungsmittel floß und anschließend wieder gefroren ist. In beiden Fällen ist es falsch behandelt worden, und selbst wenn es noch zum Verzehr geeignet ist, wird es doch unangenehm schmecken und eine jämmerliche Konsistenz zeigen.

Heiß und kalt geblasen

Warum kann man heiße Speisen abkühlen, indem man darüber bläst?

Wie wir alle aus der Erfahrung gelernt haben, als unser Anstandswauwau gerade in die andere Richtung schaute, funktioniert das Abkühlen durch Blasen am besten bei Flüssigkeiten

Heiß und kalt geblasen

oder zumindest wasserhaltigen Speisen. Einen Hot Dog kriegen Sie durch Blasen nicht entscheidend kühler, aber heißer Tee, Kaffee oder auch Suppe sind bekannt dafür, daß sie einen zu so unschicklichen Manieren inspirieren. Es funktioniert in der Tat so gut, daß noch andere Faktoren im Spiel sein müssen als die bloße Tatsache, daß die darüber geblasene Luft kühler ist als die Speise oder das Getränk.

Was dabei abläuft, nennt sich Verdampfen. Wenn Sie blasen, beschleunigen Sie das Verdampfen der Flüssigkeit in genau der Weise, wie Sie Nagellack schneller trocknen lassen, wenn Sie darüber blasen. Nun weiß zwar jeder, daß Verdampfen ein Kühlverfahren ist, doch fast niemand scheint zu wissen, warum.

Hier also der Grund:

Die Moleküle im Wasser sind mit unterschiedlichen Geschwindigkeiten unterwegs. Das Durchschnittstempo spiegelt sich in dem wider, was wir Temperatur nennen. Doch die ist eben nur ein Mittelwert. In Wahrheit ist die Spannweite der Geschwindigkeiten recht groß, und während einige Moleküle dahintrödeln, schießen andere wie verrückt durch die Gegend. Nun raten Sie mal, welche von denen mit größter Wahrscheinlichkeit in die Luft hinausfliegen, wenn sie zufällig in die Nähe der Oberfläche kommen? Richtig – die mit der hohen Energie, die flott unterwegs sind, die heißeren. Mit fortschreitendem Verdampfen fliegen folglich mehr heiße als kühle Moleküle davon, und das verbleibende Wasser wird kühler als vorher.

Aber warum dann blasen? Bläst man über die Oberfläche, wird das Verdampfen beschleunigt, weil die zuletzt verdampften Moleküle weggeschafft werden und so Platz für neue machen. Schnelleres Verdampfen führt zu rascherem Abkühlen.

Nur Herr Knigge mag einige der Anwendungen der Wissenschaft in der Gastronomie nicht so gern.

7. KAPITEL

Flüssige Erfrischungen

Wie wir alle im Chemieunterricht gelernt haben, kommt Materie in drei physikalischen Formen (im Jargon der Wissenschaft: Aggregatzuständen oder Zustandsformen) vor: fest, flüssig und gasförmig. Bei unserer Nahrung ist das genauso, obwohl die meisten Lebensmittel einer dieser Formen nicht eindeutig zuzuordnen sind.

Dauerhafte Kombinationen aus festem *und* gasförmigem Zustand nennt man Schäume und Schwämme, also poröse feste Strukturen, die mit Bläschen voller Luft oder Kohlendioxid ausgefüllt sind und gewöhnlich durch Schlagen und kräftiges Quirlen hergestellt werden. Darunter fallen Brot, Kuchen, Meringen, Marshmallows, Soufflés und Schaumcremes. Ein Schwamm liegt vor, wenn das Gebilde große Mengen Wasser aufnehmen kann, ohne sich aufzulösen, wie das bei Brot und Kuchen der Fall ist, während man von einem Schaum spricht, wenn es in Wasser zerfällt und sich auflöst, wie etwa die Meringen.

Dauerhafte Kombinationen aus zwei Flüssigkeiten, die sich gewöhnlich nicht mischen lassen, zum Beispiel Öl und Wasser, nennt man Emulsionen. In einer Emulsion ist eine der beiden Flüssigkeiten in so kleinen Kügelchen gleichmäßig im gesamten Volumen der anderen verteilt, daß sie in der Schwebe (suspendiert) bleibt und sich nicht absetzt. Ein bekanntes Beispiel dafür ist die Mayonnaise, eine aromatisierte Mischung aus Pflanzenöl, Ei oder Eidotter (die zur Hälfte aus Wasser bestehen) sowie Essig oder Zitronensaft. Man stellt sie her, indem man das Öl allmählich zugibt und kräftig in die wäßrige Mischung aus Ei und Essig einrührt. Das Öl wird dabei in winzige Tröpfchen zerlegt, die sich nicht von Ei und Essig abtrennen.

Getränke sind Nahrungsmittel in flüssiger Form. Ihr Grundbestandteil ist ausnahmslos Wasser, aber viele können unterschiedliche Mengen einer anderen Flüssigkeit enthalten: Äthylalkohol, manchmal auch Kornsprit genannt, weil er am einfachsten und wirtschaftlichsten durch Vergärung der Stärke in Getreidearten wie Mais, Weizen oder Gerste zu gewinnen ist. Gärung oder Fermentation (vom lateinischen *fervere*, brodeln oder brausen, abgeleitet) ist die chemische Zerlegung einer Substanz durch Enzyme – Bakterien und Hefen setzen diese frei, während sie sich von der Substanz ernähren. Verschiedene Arten der Gärung führen zu unterschiedlichen Produkten, aber meist verwendet man das Wort für die Umwandlung von Stärke und Zucker in Äthylalkohol (Äthanol) und blubberndes Kohlendioxidgas.

Die alkoholische Gärung wird seit mindestens zehntausend Jahren dazu eingesetzt, aus verschiedenen Stärkearten Bier und aus Fruchtzuckern Wein herzustellen. Unsere frühesten Vorfahren entdeckten schnell, daß sie nichts weiter zu tun brauchten, als ein paar zerstampfte Weintrauben oder andere Früchte an einem warmen Ort zu belassen, worauf die Säfte immer zu gären begannen und faszinierende berauschende Eigenschaften entwickelten.

In diesem Kapitel wollen wir uns die drei Hauptarten von Getränken ansehen: Auszüge aus pflanzlichem Material mit Hilfe heißen Wassers; Getränke mit Kohlensäure, ob diese nun durch Gärung entstand oder absichtlich zugegeben wurde, weil sie uns mit ihrer Spritzigkeit aufmöbelt; und Getränke mit Alkohol, ob dieser nun direkt aus der Gärung stammt oder durch Destillation vorsätzlich angereichert wurde, weil er einem einen Kick der anderen Art vermitteln soll.

Auf denn zu unseren Kaffees, Tees, Sprudeln, Champagnern, Bieren, Weinen und Schnäpsen. *Skol!*

Noch 'n Täßchen?
Schieben Sie es nicht auf den Kaffee

Können Sie mir sagen, wie ich den Kaffee mit den niedrigsten Säure-werten finde? Ich suche einen, der nicht bitter ist und mir nicht den Magen zerreißt.

Säure wird oft zu Unrecht beschuldigt. Vielleicht liegt es an all den Werbespots im Fernsehen, in denen man Arzneimittel an-preist, die gegen Sodbrennen und sauren Reflux helfen sollen. Doch die Säure, die sich von Natur aus in unserem Magen be-findet (Salzsäure), ist einige tausendmal stärker als jede Säure, die im Kaffee vorkommt. Erst wenn die Säure des Magens in die Speiseröhre hochschwappt, entsteht dieses Brennen. Bei manchen Menschen wird das durch Kaffee ausgelöst, aber was da brennt, ist nicht die Säure des Kaffees, sondern die aus dem Magen.

Einige der in Kaffee vorhandenen schwachen Säuren finden sich auch in Äpfeln und Trauben, und sie ärgern den Magen in keiner Weise. Wenn Sie aber noch immer nicht überzeugt sind: Die meisten dieser Säuren sind leicht flüchtig und werden beim Rösten freigesetzt. Auch wenn es Sie überrascht: Die dunkel-sten Röstungen haben vielleicht die niedrigsten Säurewerte.

Zitronen-, Apfel- und Essigsäure sowie andere Säuren im Kaffee machen den Geschmack aufregender, nicht bitterer. Säuren schmecken in der Regel nicht bitter, sondern eben sauer. Koffein ist bitter, doch es ist nur zu etwa 10 % für den bitteren Geschmack des Kaffees verantwortlich. Und Sie soll-ten wegen seiner Bitterstoffe nicht die Nase rümpfen – sie tra-gen nicht unerheblich zum Wohlgeschmack des Kaffees bei, ebenso wie bei den anderen beiden Gruppen von Nahrungs-mitteln, nämlich Bier und Schokolade.

Vergessen Sie also das mit der Säure, und suchen Sie sich einfach eine Kaffeesorte, die Sie mögen. Falls jeder Kaffee »Ihren Magen zerreißt«, muß ich Ihnen sicher nicht sagen, was zu tun ist. Sagen Sie einfach: »Nein, danke.«

Hibbelige Schöne

Nach einer Tasse Espresso ist meine Frau stundenlang high. Enthält Espresso mehr Koffein als normaler Kaffee?

Kommt darauf an. (Sie wußten, daß ich das sagen würde, oder?)

Ein direkter Vergleich wird durch die Tatsache erschwert, daß es so etwas wie »normalen Kaffee« nicht gibt. Wir haben schon alles erlebt, vom Spülwasser aus dem Kaffeeautomaten bis hin zur Batteriesäure in der Fernfahrerkneipe. Sogar zu Hause gibt es so viele Arten, Kaffee zu brühen, daß man nichts verallgemeinern kann.

Und wir sollten uns nichts vormachen: Was in unserer mit Starbucks-Filialen geschlagenen Gesellschaft in jedem Stehausschank, der das Geld für eine Maschine und einen Schüler als Aushilfskraft zusammenkratzen kann, als Espresso gilt, würde einen professionellen italienischen *barista* (der macht den Espresso in italienischen Bars) in seinen *Grappa* weinen lassen. Auch hier findet man also keine einheitlichen Standards.

Auf jeden Fall ist bei jedem Espresso das Volumen erheblich kleiner als bei einer normalen Tasse amerikanischen (und europäischen) Kaffees. Aber bietet die höhere Konzentration des Espresso mehr als einen Ausgleich für die geringe Menge?

Jeder Tropfen der Flüssigkeit in einem typischen Espresso von 30 Milliliter enthält sicherlich mehr Koffein – und insofern auch mehr von allem anderen – als ein Tropfen der Flüssigkeit in einer üblichen Portion Kaffee mit 180 Milliliter Inhalt. Doch in vielen Fällen dürfte die ganze Tasse eines gutgebrühten amerikanischen Kaffees insgesamt mehr Koffein enthalten als eine Tasse Espresso. (Nehmen Sie bitte zur Kenntnis, daß ich von »gutgebrüht« spreche. Ich rede nicht von jenem braunen Wasser, das man bei Ihnen im Büro als Kaffee bezeichnet, aber möglicherweise nicht nur eine winzige Menge Koffein enthält, sondern auch nur eine winzige Menge Kaffee.)

Was sagen die Fachleute? Francesco und Riccardo Illy kommen in ihrem wunderschön illustrierten Buch für den Kaffeetisch *From Coffee to Espresso* (1989; dt.: *Kaffee. Von der Bohne zum Espresso*, 1993) zum gleichen Ergebnis wie Sergio Michel in seinem Buch *The Art and Science of Espresso* (CBC Triest, ohne Jahr): Ein typischer guter Espresso kann zwischen 90 und 200 Milligramm Koffein enthalten, während eine Tasse guten amerikanischen Kaffees zwischen 150 und 300 Milligramm enthält. Wie Sie sehen, kann es da Überschneidungen geben, doch im Schnitt enthält Espresso weniger Koffein.

Wieviel Koffein in einer Tasse Kaffee vorhanden ist, hängt zunächst einmal von der Art der Kaffeebohne ab, aus der der Kaffee hergestellt wurde. Bohnen der Sorte Arabica enthalten durchschnittlich 1,2 % Koffein, während die Sorte Robusta es im Schnitt auf 2,2 % und in Spitzenwerten auch mal auf 4,5 % bringt. Solange Sie aber kein ausgesprochener Kenner sind, dürften Sie die Bohnensorte in Ihrem Gebräu – ob in der heimischen Espressobar oder zu Hause in Ihrer bevorzugten Mischung – nicht kennen. Die Chancen stehen gut, daß es sich in beiden Fällen um Bohnen der Sorte Arabica handelt, weil drei Viertel der Weltproduktion auf diese Sorte entfallen, auch wenn der Trend derzeit aus wirtschaftlichen Gründen zu einem größeren Anteil von Robusta geht.

Wichtig ist natürlich, wieviel Koffein beim Brühen aus den Bohnen gelöst wird und ins Wasser übergeht. Das hängt von mehreren Faktoren ab: wieviel gemahlener Kaffee verwendet wird, wie fein er gemahlen ist, wieviel Wasser man nimmt und wie lange das Wasser mit dem Kaffee in Berührung bleibt. Mehr Kaffee, feinere Mahlung, mehr Wasser und längerer Kontakt – all das extrahiert mehr Koffein. Hier kommen nun die Unterschiede zwischen dem Espressoverfahren und den anderen Brühmethoden ins Spiel.

Für Espresso wird der Kaffee feiner gemahlen als das zum Brühen vorgesehene Kaffeemehl, das Sie vielleicht zu Hause verwenden. Andererseits kommen beim Espressoverfahren nur etwa 30 Milliliter Wasser mit annähernd der gleichen Menge Kaffeepulver in Kontakt, die beim normalen Brühen von 180

Milliliter Wasser durchflossen wird. Zudem ist das Kaffeemehl bei der Zubereitung eines Espresso nur für etwa 30 Sekunden mit dem Wasser in Berührung, während es bei den meisten anderen Brühverfahren eher ein paar Minuten sind.

Somit werden Sie in Ihrem Café am Ort mit dem einen Schuß Espresso im großen Milchkaffee oder Cappuccino wahrscheinlich weniger Koffein aufnehmen als mit einem amerikanischen Standardkaffee (oder einem »Haferl« bei Tchibo oder Eduscho – Anm. d. Ü.). Andererseits ist alles wieder offen, wenn der Große Braune, der Caffè Latte oder der Cappuccino mit einem doppelten Espresso hergestellt werden.

Nun zu Ihrer Frau Gemahlin: Warum ist sie nach einer Tasse Espresso so aufgedreht? Einmal kann es an ihrem Stoffwechsel liegen, jener menschlichen Variablen, die mit keiner schlichten chemischen Analyse von 1,3,7-Trimethylxanthin, vulgo Koffein, zu erklären ist. Zwischen den einzelnen Individuen gibt es große Unterschiede in der Stoffwechselrate des Koffeins, und dem Buch von Illy zufolge setzen Frauen es tendenziell schneller um. Doch das würde natürlich für jede Art von Kaffee gelten.

Ich bin weder Mediziner noch Ernährungswissenschaftler, nehme aber an, Koffein wird von manchen Menschen rascher umgesetzt, wenn es in einer kleinen Flüssigkeitsmenge konzentriert und nicht über ein größeres Volumen verteilt ist. Andererseits weiß ich von einer Freundin, daß sie von normalem Kaffee eher Schlafstörungen und ein »hibbeliges« Gefühl bekommt als von Espresso.

Da es keine Reihe kontrollierter physiologischer Studien zu den Wirkungen verschiedener Espressoarten im Vergleich mit denen anderer Kaffees gibt, die alle jeweils mit oder ohne begleitendes Essen zu verschiedenen Tageszeiten getrunken wurden, kann niemand die allgemeine Aussage treffen, daß Espresso mehr koffeinbedingte Erregbarkeit verursacht als amerikanischer (oder irgendein europäischer) »Standardkaffee«. In Wahrheit dürfte es durchschnittlich eher umgekehrt sein.

Sagen Sie das Ihrer Frau, wenn sie wieder von der Decke heruntergekommen ist.

Ein Koffein-Doppelschlag
Mokka-Soja-Pudding

Jenes unbestimmte Geräusch, das Sie gerade hören, stammt von den Horden gesundheitsbewußter Menschen, die händeringend vor dem Rätsel stehen, wie sie ihren täglichen Mahlzeiten noch mehr Soja hinzufügen können. Die meisten würden ja gern, haben aber keine Ahnung, wie sie mehr Soja verzehren könnten. Sie wissen nicht einmal genau, was das eigentlich ist. Probieren Sie die folgende schnelle Lösung, einen fast ohne Vorbereitung zu machenden Pudding, der ohne Kochen auskommt und Soja in Form von Tofu mit der doppelten Koffeinladung von Schokolade und Espresso vereint.

150 Gramm Halbbitter-Schokolade, als Flocken oder zerkrümelt
350 Gramm fester Tofu, abgetropft
60 Milliliter Sojamilch oder Vollmilch
30 Milliliter übriggebliebener starker Kaffee oder Espresso
1 Teelöffel Vanillezucker
1 Prise Salz

1. Schokolade im oberen Einsatz eines Topfes mit doppeltem Boden, in einem schweren Kochtopf oder in einem geeigneten Behälter in der Mikrowelle zum Schmelzen bringen.
2. Tofu, Milch, Kaffee, Vanillezucker und Salz in den Behälter für einen Stabmixer geben und 30 Sekunden lang durchmischen.
3. Bei weiterlaufendem Motor die geschmolzene Schokolade dazugeben und für etwa eine Minute weiter rühren, bis eine glatte und cremige Masse entsteht. Nach einer Stunde im Kühlschrank servierfertig.

Ergibt eine sehr üppige oder 4 normale Portionen.

Die Koffeinfrei-Archive

Sind die chemischen Substanzen, die man zum Entkoffeinieren von Kaffee verwendet, wirklich unschädlich? Wie ein Chemiker mir erzählt hat, sind sie mit der Flüssigkeit verwandt, die in der chemischen Reinigung benutzt wird.

Verwandt ja, aber trotzdem anders. Wie mein Onkel Leon. Wie in den Familien der Menschen gibt es auch in den Familien der Chemikalien sowohl Übereinstimmungen als auch große Differenzen.

So gehört das Koffein beispielsweise zur Familie der Alkaloide, starken pflanzlichen Chemikalien, die Bösewichte wie Nikotin, Kokain, Morphin und Strychnin einschließen. Aber schließlich gehören Tiger und Miezekätzchen auch zur gleichen Familie. Das in manchen Entkoffeinierungsverfahren verwendete Methylenchlorid ist mit dem bei der Trockenreinigung eingesetzten giftigen Perchloräthylen zwar verwandt, unterscheidet sich aber beträchtlich von diesem. Doch es ist immer noch kein Miezekätzchen.

Chemiker haben im Kaffee zwischen 800 und 1500 verschiedene chemische Substanzen gefunden, je nachdem, wen man fragt. Wie Sie sich vielleicht vorstellen können, ist es nicht gerade einfach, diese 1–2 % Koffein herauszuholen, ohne die geschmackliche Ausgewogenheit der übrigen Bestandteile zu zerstören. Koffein löst sich leicht in vielen organischen Lösungsmitteln wie Benzol und Chloroform, aber die fallen klar heraus, weil sie giftig sind. (Nein, Chloroform hebt die Wirkung von Koffein nicht auf, wenn man Sie damit in den Schlaf schickt.)

Seit 1903, als es einem deutschen Chemiker namens Ludwig Roselius schlaflose Nächte bereitete, wie er das Koffein aus dem Kaffee herausbekommen könnte, und er schließlich bei Methylenchlorid landete, ist dieser Stoff das Lösungsmittel der Wahl gewesen. Es löst andere Bestandteile nur minimal und verdampft leicht, so daß verbleibende Spuren durch Hitze auszutreiben sind. Roselius vermarktete seinen Kaffee unter der Marke Sanka, einem Kunstwort, das er aus dem französischen *sans café*ine (ohne Koffein) zusammengezogen hatte. 1923 wurde Sanka in den USA auf den Markt gebracht und 1932 zu einem Markennamen der Firma General Foods.

In den 80ern kam Methylenchlorid jedoch als Karzinogen unter Beschuß. Man verwendet es noch immer zum Entkoffeinieren, doch die FDA begrenzt seine Menge im fertigen Produkt auf 10 ppm (Teile per Million). Aus Kreisen der Industrie wird erklärt, der tatsächliche Rückstand betrage nur ein Hundertstel dieser Menge[*].

Das Koffein entfernt man aus den grünen Kaffeebohnen, ehe man sie röstet. Zuerst werden sie mit Dampf behandelt, was den größten Teil des Koffeins an die Oberfläche schafft, und anschließend löst man es mit dem Lösungsmittel heraus. Ehe ein Kaffee als koffeinfrei bezeichnet werden darf, müssen ihm mehr als 97 % seines Koffeins entzogen worden sein.

Sehr oft verfährt man nach einer indirekten, manchmal auch als Wasserverfahren bezeichneten Methode: Das Koffein wird – zusammen mit vielen erwünschten Geschmacks- und Aromakomponenten – zunächst mit heißem Wasser extrahiert (Koffein ist natürlich wasserlöslich, sonst würden wir uns nicht darum sorgen, wieviel davon in unserer Tasse landet). Dann entzieht man dem Wasser das Koffein mit einem organischen Lösungsmittel, und das jetzt koffeinfreie Wasser mit allen ursprünglichen Geschmackskomponenten wird den Bohnen wieder zugeführt, wo man es eintrocknen läßt. Mit den Bohnen kommt das Lösungsmittel letztlich nie in Kontakt.

Ein interessanter neuer Kniff ist der Einsatz des organischen Lösungsmittels Äthylacetat anstelle von Methylenchlorid. Weil dieser chemische Stoff in Früchten und tatsächlich auch in Kaffee vorkommt, kann man ihn als »natürlich« bezeichnen. Auf

---

[*] In der EU ist der Einsatz von Methylenchlorid (auch als Dichlormethan bekannt) wegen seiner schädlichen Auswirkungen auf die Ozonschicht gänzlich verboten. – Anm. d. Ü.

dem Etikett eines mit Äthylacetat behandelten Kaffees könnte also behauptet werden, er sei »auf natürliche Weise entkoffeiniert«. Aber Sie sollten sich nicht beeindrucken lassen. Dasselbe könnte man nämlich auch von Zyanid sagen, weil es in jedem Pfirsichkern »natürlich« vorkommt.

Heute wird koffeinfreier Kaffee oft mit einem jüngst entwickelten Verfahren hergestellt, bei dem man das Koffein mit dem vertrauten, harmlosen alten Kohlendioxid extrahiert, das allerdings in einer Form vorliegt, welche die Chemiker als superkritisch bezeichnen – es ist weder gasförmig noch flüssig und auch nicht fest.

Am Ende haben wir noch das geniale »schweizerische Wasserverfahren«, bei dem man die Bohnen mit heißem Wasser wäscht, das bereits vollständig mit allen chemischen Bestandteilen des Kaffees mit Ausnahme von Koffein gesättigt ist. Hier hat außer dem Koffein aus den Bohnen nichts mehr Platz, um in die Lösung übergehen zu können.

Und wie ist nun all das im Supermarkt vor dem Regal mit dem Kaffee umzusetzen?

Als erstes werden Sie auf der Dose vielleicht die Worte »auf natürliche Weise entkoffeiniert« entdecken. Das kann bedeuten, daß man mit Äthylacetat gearbeitet hat, kann aber auch überhaupt nichts besagen. Kommt nicht alles von Mutter Natur? Was sollten wir denn sonst erwarten? Vielleicht Kaffee, der »auf übernatürliche Weise entkoffeiniert« wurde?

Auch der Ausdruck »Wasserverfahren« muß nicht viel bedeuten, denn Wasser wird bei vielen Methoden eingesetzt, nicht nur bei der Methode der Schweizer.

Am besten vergessen Sie alles, was die Technik betrifft – die Verfahren sind alle nicht gesundheitsschädlich –, und wählen Ihren koffeinfreien Kaffee auf der Grundlage objektiver intelligenter Kriterien aus, also zum Beispiel, ob Sie persönlich mehr zu der einen oder der anderen Marke neigen.

Tein oder nicht Tein?

Als ich in einem Restaurant einen heißen Tee verlangte, zeigte man mir einen Karton, aus dem ich mir unter einem Dutzend phantasievoll bezeichneter Sorten, unter anderem Lapsang Souchong, Darjeeling, Jasmin, Kamille und so weiter, einen aussuchen sollte. Wie viele Teesorten gibt es denn überhaupt?

Eine. Das heißt, es gibt nur *eine* Pflanze – *Camellia sinensis* samt einer Reihe ihrer Hybriden –, deren Blätter man für die Herstellung von echtem Tee in heißem Wasser ziehen lassen kann. Allerdings werden sie unter verschiedenen Namen gehandelt, was unter anderem davon abhängt, wo sie angebaut worden sind.

Einige dieser »Tee«-Beutel, die man Ihnen vorsetzte, wie etwa Kamille, enthalten keinen Tee. Sie setzen sich aus einer Vielzahl anderer Blätter zusammen, Kräutern, Blumen und Gewürzen, die man in heißem Wasser ziehen lassen kann. Das ergibt dann einen Kräuteraufguß, der aber leider auch unter dem Namen »Kräutertee« läuft. Wenn Sie das Wort »Kräutertee« hören, sollen Sie denken: Wow! Kräuter! Natur! Gesundheit! Gut! Wenn Sie wollten, könnten Sie jedoch auch aus giftigen Efeublättern einen Aufguß bereiten.

Echter Tee kommt in drei Varianten in den Handel, je nachdem, wie man die Blätter verarbeitet hat: unfermentiert (Grün), halbfermentiert (Oolong) und fermentiert (Schwarz). Die Fermentierung kommt durch Enzyme zustande, durch die einige Tanninbestandteile der Blätter oxidiert werden. Unter den schwarzen Tees, die bei weitem die Mehrzahl stellen, finden Sie Assam, Ceylon, Darjeeling, Earl Grey, Keemun, Souchong und auch Englischen Frühstückstee oder gar eine Friesische Mischung. Bei allen anderen Bezeichnungen sind Sie auf sich selbst gestellt: Es kann sich um echten Tee handeln oder um sonst irgend etwas, wovon jemand glaubt, das heiße Wasser könnte gut schmecken, wenn man etwas von dem Zeug darin ziehen läßt. Letzteres wird Sie wahrscheinlich nicht umbringen, aber nur echter Tee hat seine Bewährungsprobe im Langzeitversuch bestanden, ohne erkennbar schlimme Nebenwirkungen hervorzurufen – abgesehen vielleicht von einem britischen Akzent.

Heißer »Tee«, der kein Tee ist
Aufguß aus frischen Minzeblättern

Für einen Aufguß aus Minzeblättern (der häufig als Pfefferminztee bezeichnet wird) sollten Sie eine gläserne Kanne verwenden, weil die Farbe der Blätter sich in ein leuchtendes Grün verwandelt, das Sie sicher sehen möchten. Das Aroma wirkt zugleich beruhigend und erfrischend.

1 oder 2 Handvoll frischgepflückter Minze
Kochendes Wasser
Zucker nach Belieben

1. Die Minzeblätter waschen und in eine angewärmte Tee- oder Kaffeekanne aus Glas werfen. Kochendes Wasser darüber gießen, bis sie gerade bedeckt sind. 5 Minuten ziehen lassen.
2. In Teegläsern servieren, nach Geschmack süßen und vor dem Trinken tief inhalieren.

Eine (nicht so ganz) schöne Tasse Tee

Wenn ich meinen Tee mit Wasser zubereite, das ich in der Mikrowelle aufgeheizt habe: Warum schmeckt er nicht so gut wie mit Wasser aus dem Teekessel?

Wasser, das in der Mikrowelle erhitzt wird, ist nicht so heiß wie Wasser aus dem Kessel, selbst wenn es aussieht, als würde es kochen.

Eine (nicht so ganz) schöne Tasse Tee

Wenn das Wasser für den Tee Farbe und Geschmack vollständig extrahieren soll, muß es kochendheiß sein. Koffein zum Beispiel löst sich praktisch nicht in Wasser, das erheblich kälter ist als 79 °C. Deshalb sollte die Teekanne – oder die Tasse, falls Sie zu denen gehören, die den Tee immer nur beutelweise überbrühen – vorgewärmt werden, damit das Wasser während des Überbrühens nicht zu sehr abkühlt.

Wenn das Wasser im Teekessel richtig sprudelnd kocht, dann wissen Sie, es ist durch und durch kochendheiß – es hat überall ungefähr 100 °C. Das aufgeheizte Wasser vom Boden des Kessels steigt nämlich auf, wird durch kühleres Wasser ersetzt, das seinerseits heiß wird und aufsteigt, und so weiter. Folglich erreicht der gesamte Inhalt des Kessels einigermaßen gleichzeitig seine Siedetemperatur. Durch das Sprudeln wird alles noch weiter durchmischt, was für gleichmäßige Temperaturverteilung sorgt.

Die Mikrowelle heizt dagegen nur etwa die äußeren zwei Zentimeter des Wassers in der Tasse auf, weil die Strahlung nur so weit eindringen kann. Das Wasser im Zentrum der Tasse erwärmt sich langsamer, nur durch den Kontakt mit den äußeren Anteilen. Wenn die Außenbereiche den Siedepunkt erreicht haben und zu sprudeln beginnen, werden Sie möglicherweise zu der irrigen Annahme verleitet, das gesamte Wasser in der Tasse sei schon so heiß. Doch die Durchschnittstemperatur kann weit niedriger liegen, weshalb Ihr Tee weniger von den guten Aromen mitbekommt.

Es gibt noch einen anderen Grund, weshalb heißes Wasser aus dem Kessel besser ist: Eine Tasse Wasser in der Mikrowelle zum Kochen zu bringen kann schwierig, wenn nicht gar gefährlich werden (siehe S. 308).

Gut, dann wird eben meine Zunge gegerbt!

Was ist das eigentlich für ein brauner Satz, der sich in meiner Tasse bildet, wenn ich mit der Mikrowelle Tee zubereite?

Patient: Herr Doktor, es tut weh, wenn ich meinen Arm so biege.
Arzt: Dann biegen Sie Ihren Arm doch einfach nicht so.

Meine Antwort auf Ihre Frage lautet ähnlich: Machen Sie mit der Mikrowelle keinen Tee.

Das mit diesem Gerät aufgeheizte Wasser ist nicht so heiß, als wenn Sie sprudelnd kochendes Wasser aus einem Kessel verwendet hätten. Deshalb bleibt ein Teil des Koffeins sowie der Tannine (Polyphenole) im Tee nicht in Lösung, sondern fällt als bräunlicher Schaum aus. Tannine sind eine weit gefaßte Kategorie chemischer Substanzen, die Tee, Rotwein und Walnüssen jene bekannte zusammenziehende (adstringierende) Wirkung im Mund verleihen. Tannine werden sie genannt, weil man sie früher verwendet hat, um Häute zu Leder zu gerben. Und das machen sie, wenn auch in geringem Maß, ebenso mit den »Häuten« Ihrer Zunge und Ihres Mundes.

Prickelnde Physik: Mit Kohlensäure versetzt
Ein phosphoreszierender Sturm im Colaglas

Ich lese gerade von einer medizinischen Studie, wonach Mädchen, die als Heranwachsende sehr viel kohlensäurehaltige Erfrischungsgetränke zu sich nehmen, schwächere Knochen besitzen als Mädchen, die wenig davon trinken. Dem Artikel zufolge spekulieren die Forscher, es könne sich hier um eine Auswirkung »des Phosphors in kohlensäurehaltigen Getränken« handeln. Inwiefern soll Phosphor eine Rolle spielen, wenn Limonaden mit Kohlensäure versetzt werden?

Das hat absolut nichts miteinander zu tun. Der Artikel hätte nicht in diesem Maß verallgemeinern dürfen.

Die Annahme, alle kohlensäurehaltigen Erfrischungsgetränke würden Phosphor enthalten, beruht auf einem Irrtum. Kohlensäurehaltige Erfrischungsgetränke haben nur eines gemeinsam, nämlich Wasser, in dem Kohlendioxid gelöst ist, was wiederum Kohlensäure ergibt. Darüber hinaus enthalten sie eine breite Vielfalt von Geschmackszusätzen und anderen Zutaten.

Einige dieser Getränke, unter anderem Coca-Cola, Pepsi-Cola und noch ein paar andere Colagetränke (Limonaden, denen ein stark koffeinhaltiger Extrakt der tropischen Colanuß zugesetzt wurde), enthalten Phosphorsäure. Sie ist eine schwache Säure des Phosphors, wie auch das Wasser mit dem gelösten Kohlendioxid eine schwache Säure darstellt: Kohlensäure. Alle Säuren schmecken sauer, und die Phosphorsäure soll diesen Effekt verstärken und ein wenig mehr Schärfe beisteuern, um so die Süße zu verdecken. Man verwendet die Phosphorsäure auch, um Backwaren, Süßigkeiten und Schmelzkäse mehr Säure und Aroma zu verleihen.

Was nun die schwächende Wirkung auf die Knochen angeht: Möglicherweise war die Studie auf phosphorhaltige Colagetränke beschränkt. Doch wie eine einzige Schwalbe noch keinen Sommer macht, so beweist auch eine einzige Studie noch keinen kausalen Zusammenhang zwischen Coke und Knochen.

Die Theorie von der großen Brause

Wie ich gelesen habe, kann man eine Geschirrspülmaschine von allen Seifenrückständen und Flecken befreien, wenn man sie einmal leer mit Brausepulver durchlaufen läßt. Außerdem habe ich gelesen, daß Coca-Cola den Rost von der Kurbel eines Tennisnetzes entfernt. Was in aller Welt haben wir eigentlich dauernd getrunken?

Ich weiß nicht, was *Sie* dauernd getrunken haben, aber es gibt eine Fülle von Getränken, die gefährlicher sind als Brause oder Coke. Ich würde mir wegen dieses speziellen Duos nur dann Sorgen machen, wenn mein Magen aus Seifenrückständen oder Rost gemacht wäre. Nur weil eine chemische Substanz bei einer anderen Substanz etwas bewirkt, heißt das noch lange nicht, daß sie bei einer dritten Substanz dieselbe Wirkung hat. Genau das hält die Chemiker ja ständig auf Trab.

Zweifellos ist es die Zitronensäure in Brausepulver, Orangenlimonade und anderen Erfrischungsgetränken mit Fruchtgeschmack, welche die Kalziumsalze im Schmodder der Spülmaschine löst. Doch es ist auch die Zitronensäure, die uns diesen erfreulich sauren Geschmack beschert (ja, auch im Brausepulver). Zitronensäure ist selbstverständlich ein vollkommen natürlicher und harmloser Bestandteil von Zitrusfrüchten. Sie könnten Ihre Geschirrspülmaschine wahrscheinlich ebensogut mit einer selbstgemachten Zitronenlimonade reinigen.

Die Phosphorsäure in Coca-Cola kann Eisenoxid (Rost) lösen. Die Kurbeln von Tennisnetzen haben jedoch nichts Besonderes an sich, außer daß bei ihnen der Rostfilm wegen des häufigen Gebrauchs wahrscheinlich eher dünn ist. Einen rostigen alten Rasenmäher würde ich jedenfalls nicht dadurch zu verjüngen versuchen, daß ich ihn in ein Faß mit Coca-Cola werfe.

Nur ein Rülpser?

Trägt Rülpsen zur globalen Erwärmung bei?

Lachen Sie nicht. Das ist eine gute Frage. Sogar so gut, daß ich schon selbst daran gedacht habe, als ich erfuhr, daß in den USA 1999 ungefähr 75 Milliarden Liter kohlensäurehaltiger Erfrischungsgetränke und etwa 30 Milliarden Liter Bier konsumiert worden sind. Und was glauben Sie, was mit all der Kohlensäure in diesen Getränken passiert ist? Sie wurde letzten Endes über die Atmung und durch Aufstoßen in die Atmosphäre freigesetzt.

Auf der altehrwürdigen Rückseite eines Briefumschlags (wir Wissenschaftler sammeln eigens dafür alte Umschläge) rechnete ich rasch aus, daß die 105 Milliarden Liter amerikanisches Bier und Erfrischungsgetränke ungefähr 800 000 Tonnen Kohlendioxid enthalten. Wow, dachte ich, das ergibt ja wirklich einen höllischen kollektiven Rülpser! Und dabei ist der Chor des wunderbar darauf abgestimmten Aufstoßens rund um den Globus noch gar nicht berücksichtigt.

Warum sollten wir uns wegen des Kohlendioxids Sorgen machen? Es ist eines von den sogenannten Treibhausgasen, die anerkanntermaßen dazu beitragen, die Durchschnittstemperatur der Erde zu erhöhen. Schon klar, es ist nicht leicht gewesen, bei einem Planeten die Temperatur zu fühlen. Aber die neuzeitlichen wissenschaftlichen Analysen sind unendlich viel ausgefeilter als das Verfahren, bei dem man einfach Leute mit Thermometern an Straßenecken postiert. Heute bezweifelt kaum noch jemand, daß Kohlendioxid und andere durch Aktivitäten des Menschen hervorgebrachte Gase den »globalen Thermostat« hochgedreht haben.

Und so funktioniert der Treibhauseffekt:

Zwischen der Strahlung, die von der Sonne auf die Erde gelangt, und der, die von dieser wieder ins Weltall zurückgeworfen wird, besteht ein natürliches Energiegleichgewicht. Trifft Sonnenlicht auf die Erdoberfläche, werden zwei Drittel davon von Wolken, Land und Meer (nicht zu vergessen die vielen tiefbraunen Stars und Urlauber) absorbiert. Vieles von dieser absorbierten Energie wandelt sich in infrarote Strahlung (auch Wärmestrahlung genannt) um – in eine »niedrigere« Energieform. Normalerweise wird ein beträchtlicher Teil dieser Strahlung zurückgeworfen und kehrt durch die Atmosphäre hindurch wieder ins All zurück. Wenn jedoch in der Atmosphäre zufällig eine unnatürlich große Menge eines Infrarot absorbierenden Gases vorhanden ist – und Kohlendioxid ist großartig dazu in der Lage, infrarote Strahlung zu absorbieren –, dann gelangt ein Teil dieser »Wärmewellen« nie wieder hinaus. Sie bleiben in der Nähe der Erdoberfläche gefangen und heizen alles auf.

Sollten wir denn nun alle damit aufhören, Sprudel oder Bier zu trinken, weil wir befürchten müssen, sonst noch mehr Kohlendioxid in die Atmosphäre zu rülpsen? Zum Glück nicht.

Glaubt man den Zahlen des Energieministeriums der USA für 1999 (den neuesten, die verfügbar waren, als dieses Buch entstand), so machen die 800 000 Tonnen der durch kohlensäurehaltige Getränke inspirierten Kohlendioxid-Emissionen gerade mal 0,04 % der Kohlendioxidmenge aus, die durch benzin- und dieselfressende Autos in die Atmosphäre Nordamerikas gerülpst wurden. Was wir so an kohlensäurehaltigen Getränken wegschlürfen, ergibt also im Vergleich zu dem, was an Benzin und Diesel durch die Ansaugrohre gluckert, nichts als ein dezentes Rülpserchen.

Trinken Sie also auf alle Fälle weiter. Aber fahren Sie dafür nicht.

Nicht ganz dicht

Meine sparsame Schwägerin kauft ihr Sprudelwasser in großen Gebinden in einem Getränkegroßmarkt, und sie behauptet, es sei oft abgestanden, wenn sie eine Flasche öffnet. Kann eine Flasche Sprudel die Kohlensäure verlieren, auch wenn sie gar nicht aufgemacht wurde?

Meine erste Reaktion war nein, jedenfalls nicht, solange nicht irgendwo im Flaschenverschluß eine kleine undichte Stelle ist. Doch nach intensiven Nachforschungen, die darin bestanden, daß ich die auf einem Coca-Cola-Etikett angegebene gebührenfreie Telefonnummer der Kundeninformation anrief, stellte ich fest, das ist nicht nur möglich, sondern kommt sogar ziemlich oft vor.

Nachdem ich die nette Dame, die den Anruf entgegennahm, dazu gebracht hatte, die richtigen Worte in ihren Computer einzugeben, erfuhr ich schließlich, daß die entsprechenden Plastikflaschen (sie bestehen aus Polyäthylenterephtalat oder PET) für Kohlendioxidgas ein wenig durchlässig sind, wodurch im Lauf der Zeit so viel von dem Gas durch die Wände diffundieren kann, daß die Spritzigkeit nachläßt. Das ist auch einer der Gründe, weshalb auf dem Verschluß vieler Sprudelflaschen aus Kunststoff – was mich erneut überraschte – ein »Verfallsdatum« angegeben ist, bis zu dem man den Inhalt getrunken haben sollte. Dagegen sind Glasflaschen natürlich absolut nicht porös.

In Plastikflaschen hat klassisches Coke eine empfohlene Mindesthaltbarkeit von neun Monaten, in denen Geschmack und Qualität optimal bleiben, während es bei Diätcola nur drei Monate sind. Warum? »Geben Sie doch versuchshalber mal ›Aspartam‹ in den Rechner«, schlug ich vor, worauf wir nach einigen Sackgassen alle drei darauf kamen, daß der künstliche Süßstoff Aspartam in gewisser Weise instabil ist und mit der Zeit seine Süßkraft verliert.

Mittlerweile hatten wir mächtig viel *fun* mit dem Computer, und so suchte ich weiter nach Faktoren, welche die Qualität des Getränks beeinflussen. Tiefkühlen, meldete der Rechner, kann die Spritzigkeit herabsetzen. Den Grund dafür herauszufinden war mir eine Herausforderung, und hier folgt, was dabei meiner Ansicht nach geschieht: Wenn der Flascheninhalt gefriert, kann das sich ausdehnende Eis die Flasche ausbeulen, und beim Auftauen behält sie dann vielleicht ihre erweiterte Form bei. Das ergibt mehr Raum für Gas, in den mehr Kohlendioxid aus der Flüssigkeit entweichen kann, und damit nimmt die Spritzigkeit ab.

Die Moral von der Geschichte: Achten Sie bei Sprudelflaschen aus Kunststoff (und nicht nur da) immer auf das Haltbarkeitsdatum. Wie ein Besuch in meinem Supermarkt zeigte, tragen Produkte von Coke und Pepsi immer ein Verfallsdatum, was bei vielen anderen Marken nicht der Fall oder allenfalls in unverständlichen Codes vermerkt ist. Bewahren Sie alles kühl auf – Wärme beeinträchtigt den Geschmack – und kühlen Sie die Getränke zusätzlich, ehe Sie eine Flasche öffnen.

Ach ja, und wenn die Lieferanten Ihrer Schwägerin nicht darauf achten, wie sie beim Transport mit dem Sprudel umgehen, oder wenn dieser auf deren Regalen oder denen Ihrer Schwägerin schon Jahre zugebracht hat, dann kann es gut sein, daß das Zeug beim Öffnen so darniederliegt wie ihr Budget.

Abgestanden – auferstanden!

Was kann ich tun, damit mein Mineralsprudel seine Kohlensäure nicht verliert?

Wenn Sie die Flasche nicht ganz austrinken können und den Rest bis zur nächsten Pizza spritzig und witzig erhalten wollen, sollten Sie die Flasche einfach dicht zustöpseln und kalt lagern. Das wußten Sie ja schon. Aber warum macht man das?

Es geht darum, das gesamte verbliebene Kohlendioxid in der Flasche zu halten, weil dieses Gas mit seinen platzenden Bläschen auf unserer Zunge jenes prickelnde Gefühl auslöst. Außerdem ergibt in Wasser gelöstes Kohlendioxid eine Säure, die Kohlensäure, die für (Überraschung!) den angenehm sauren Geschmack sorgt. Ein dichter Verschluß hindert das Gas offensichtlich daran, zu entweichen. Weshalb man das Mineralwasser außerdem kalt aufbewahren soll, ist vielleicht noch nicht so klar.

Aus Gründen, die besser im Chemiekurs als in der Ernährungslehre aufgehoben sind, kann eine Flüssigkeit desto mehr Kohlendioxid (oder jedes andere Gas) absorbieren und bei sich behalten, je kälter sie ist. Ihr Sprudel kann zum Beispiel bei Kühlschranktemperatur doppelt soviel Kohlendioxid aufnehmen wie bei Raumtemperatur. Aus diesem Grund kommt Ihnen ein kräftiger Schwall entweichenden Gases entgegen, wenn Sie eine Dose mit warmer Limo oder warmem Bier öffnen: Da ist weit mehr Gas drin, als in der warmen Flüssigkeit gelöst bleiben kann.

Was ist nun mit diesen Verschlüssen zum Aufpumpen, welche das Prickeln erhalten sollen und überall zu kaufen sind? Sie wissen schon, diese Dinger, die wie eine verkleinerte Fahrradpumpe funktionieren. Sie schrauben das Ding oben in eine zum Teil geleerte Zweiliterflasche Mineralwasser, betätigen den Kolben ein paarmal und legen sie in den Kühlschrank. Wenn Sie die Flasche dann wieder aufmachen, erleben Sie das größte, höchst befriedigende Brausen, das Sie je gehört haben, und Sie werden vermutlich denken: Halleluja, mein Sodawasser ist wieder auferstanden!

Aber was glauben Sie, was das ist? Die Flasche enthält um keinen Pfifferling mehr Kohlendioxid, als wenn Sie einfach den Deckel dicht aufgeschraubt hätten. Sie haben nichts als Luft in die Flasche gepumpt, kein Kohlendioxid, und die Moleküle der Luft haben keinerlei Einfluß auf das, was die Moleküle des Kohlendioxids machen (im Jargon der Wissenschaft: Die Löslichkeit des CO_2 hängt allein von seinem Partialdruck ab).

Dieser Schnickschnack zum Aufpumpen ist nichts weiter als ein hochgestochener Stöpsel. Sparen Sie sich das Geld.

Auf Ihre Gesundheit – Prost!
Duschkraft

Wenn ich eine Flasche Champagner öffne, spritzt er oft durch den ganzen Raum, und ich hasse es, dieses teure Zeug zu vergeuden. Warum verhält der sich so?

Die Flasche ist zweifellos einige Zeit zuvor ein wenig grob behandelt worden, ohne daß Sie ihr genug Zeit gegeben haben, sich davon zu erholen. Sie muß eigentlich mindestens eine

Stunde lang im Kühlschrank auf Eis liegen, ehe sie sachte herausgenommen und geöffnet werden kann.

Champagner ist heutzutage ohnehin nicht zum Trinken gedacht. Vielmehr nimmt man ihn her, um die Sieger eines Endspiels oder eines Autorennens vollzuspritzen.

Die richtige Technik für diesen überschäumenden Unfug, die ich hier ausschließlich wegen ihres wissenschaftlichen und erzieherischen Wertes wiedergebe (MACHEN SIE DAS NICHT BEI SICH ZU HAUSE!), geht so: Erst gießen Sie ein wenig Flüssigkeit ab, damit mehr Platz zum Schütteln da ist. Dann drücken Sie einen Daumen auf die Flaschenöffnung, schütteln die Flasche wie verrückt und schieben den Daumen rasch ein wenig nach hinten – nicht zur Seite! –, so daß Sie einen konzentrierten Strahl herausprudelnder Flüssigkeit genau nach vorne richten können.

Der wissenschaftliche und erzieherische Aspekt, den ich vermitteln wollte, ist folgender: Die Flüssigkeit schießt nicht – wiederholen Sie: nicht – deswegen so heftig heraus, weil in der Flasche irgendwie ein stärkerer Gasdruck aufgetreten wäre. In diesem Punkt könnten Sie eine beliebige Anzahl von Chemikern und Physikern hereinlegen, aber es stimmt einfach. In einer geschlossenen Flasche steigt der Gasdruck zwar zeitweilig an, wenn man sie schüttelt, aber das treibt die Flüssigkeit nicht an – schließlich fällt der Druck in der Flasche in dem Augenblick auf den Wert der Umgebung ab, in dem Sie sie entkorken oder den Daumen wegnehmen. Und wie sollte Gasdruck im Flaschenhals *oberhalb* der Flüssigkeit überhaupt imstande sein, diese aus der Flasche herausschießen zu lassen? Die Pulverladung einer Patrone muß doch auch *hinter* dem Geschoß sein, oder?

Warum sprudelt die Flüssigkeit dann aber mit solchem Schwung heraus, sobald Sie ihr unmittelbar nach dem Schütteln den Weg freigeben? Die Antwort liegt in der extrem raschen Freisetzung von Kohlendioxidgas aus der Flüssigkeit – sie sorgt für die Duschkraft. Das ist wie bei einem Luftgewehr, das seine Energie aus der plötzlichen Freisetzung eingeschlos-

Auf Ihre Gesundheit – Prost!

sener Luft bezieht. Schüttelt man die Flasche, sorgt irgend etwas dafür, daß das Gas fast auf der Stelle aus der Flüssigkeit entkommen möchte. Und in dem irren Wettlauf zum Ausgang reißt es eine Menge Flüssigkeit mit sich.

Hier folgt die Begründung:

Kohlendioxid löst sich sehr leicht in Wasser, doch wenn es erst einmal drin ist, kommt es nur sehr widerstrebend wieder heraus. So können Sie etwa eine offene Flasche Bier, Sprudel oder Champagner mehrere Stunden stehenlassen, ehe der Inhalt völlig abgestanden ist. Das liegt unter anderem daran, daß Gasblasen nicht einfach spontan entstehen können. Die Gasmoleküle benötigen etwas, an das sie sich klammern können, eine Art attraktiven Versammlungsort, wo sie an einer Stelle zusammenbleiben, bis ihre Anzahl ausreicht, eine Blase zu bilden. Diese Versammlungsorte, die sogenannten Bläschenkeime, können etwa als mikroskopisch kleine Staubteilchen in der Flüssigkeit oder als winzige Unregelmäßigkeiten in der Wand des Behälters vorliegen. Sind nur sehr wenige dieser Bläschenkeime vorhanden, dann wird das Gas keine Blasen bilden und in der Flüssigkeit gelöst bleiben. Aus diesem Grund verwenden Getränkeabfüller hochrein gefiltertes Wasser.

Wenn aber zufällig viele Bläschenkeime verfügbar sind, sammeln sich in deren Umfeld rasch Gasmoleküle an und bilden kleinste Bläschen. So kommen immer mehr Gasmoleküle zusammen, die Blasen wachsen und sind schließlich so groß, daß sie an der Oberfläche entweichen können.

Beim Schütteln verteilt man Millionen winzigster Bläschen aus dem Gasvolumen im Flaschenhals über die gesamte Flüssigkeit. Diese Blasenbabys stellen nun äußerst wirksame, sofort verfügbare Bläschenkeime dar, an die rasch Abermilliarden anderer Gasmoleküle sich anlagern, was immer größere Blasen entstehen läßt. Und je größer die Blasen werden, desto mehr Oberfläche bieten sie ihren Genossen zum Anlegen an, wodurch die Blasen immer noch schneller wachsen. Folglich wird die Freisetzung von Gas erheblich beschleunigt, wenn man die Flasche energisch schüttelt, und als Ergebnis schießt es mit so explosivem Schwung heraus, daß es eine Menge Flüssigkeit mitreißt. Schon hat man eine sehr wirksame Waffe für den Krieg der Tröpfe, äh, der Tropfen natürlich.

Abgesehen von Flüssigsalven ergeben sich aus diesen Grundsätzen aber auch ein paar Anregungen als Friedensdividende.

Zum einen müssen Sie nicht befürchten, daß eine ungeöffnete Flasche oder Dose mit einem kohlensäurehaltigen Getränk explodieren könnte, wenn Sie damit irgendwo anstoßen oder sie schütteln. Durch Schütteln wird zwar tatsächlich ein wenig Gas aus der Flüssigkeit in das oberhalb liegende Gasvolumen übergehen, doch das in der Flasche verfügbare Volumen reicht nicht aus, große Druckkräfte aufzubauen. Daneben werden kurz nach dem Schütteln einer Dose oder Flasche all die winzigen Bläschenkeime wieder in das obenliegende Gasvolumen zurückgekehrt sein, wo sie ihre ruchlose Tat, nämlich ein wenig Gas fahren zu lassen (man möge mir den Ausdruck verzeihen), nicht mehr ausführen können. Verzichten Sie einfach darauf, einen Behälter gleich nach dem Schütteln zu öffnen, solange noch Bläschenkeime überall in der Flüssigkeit verteilt sind. Lassen Sie ihn zunächst ruhen, damit er zu dem zurückkehren kann, was die Chemiker einen »Gleichgewichtszustand« nennen.

Der Trick bei Champagner und anderen sprudelnden Getränken besteht darin, sie einige Stunden ruhig liegen zu lassen, ehe man sie öffnet. Der Krieg der Tröpfe, pardon, der Tropfen, verläuft deswegen so effektiv, weil Sie den Inhalt der Flasche direkt nach dem Schütteln freigeben, wo die Bläschen immer noch in der Flüssigkeit sind, um ihr »Blasengasen« zu vollführen. Doch denken Sie daran: Auch wenn der Champagner wohl geruht hat, verbietet die Genfer Konvention strengstens, mit einem Champagnerkorken auf Menschen zu zielen, gleichgültig, ob es sich um Kombattanten handelt oder nicht, denn das kann zu schweren Schäden führen.

Ein letzter Punkt: Da Wärme einen Teil des Gases aus der Flüssigkeit in das obere Gasvolumen treibt, spritzt ein warmes

Getränk nach dem Öffnen stärker als ein kaltes. Das ist der andere Trick beim Champagner – er muß wirklich kalt sein. Tatsächlich kann Hitze im Luftvolumen eines Getränkebehälters für so viel Gasdruck sorgen, daß im Kofferraum eines in praller Sonne geparkten Wagens schon mal eine Dose oder Flasche geplatzt ist.

Savoir faire – so geht's (auch auf deutsch)

Wie öffnet man am besten eine Flasche Champagner, ohne wie ein Vollidiot dazustehen oder den Korken an die Decke knallen zu lassen?

Beim Öffnen einer Flasche Champagner ist es am wichtigsten, die Aufgabe mit so viel Schwung anzugehen, daß Ihre Gäste glauben, Sie würden das jeden Tag machen. Das ist äußerst schwierig auszuführen, solange Sie in Erwartung einer bevorstehenden Katastrophe vor sich hin winseln. Überwinden Sie also Ihre Furcht, üben Sie ein paarmal im stillen Kämmerlein mit einem billigen Schaumwein, und zwar wie folgt:

Entfernen Sie zunächst die Metallfolie, die das Drahtkörbchen und den Korken umhüllt. Damit das leicht vonstatten geht und Sie nicht die ganze Folie vom Flaschenhals abziehen müssen, ist oft ein kleiner Streifen zum Ziehen vorgesehen. (Nach meiner Erfahrung kann ich ihn entweder nicht finden, oder er reißt ab, sobald ich daran ziehe.) Nun nehmen Sie die Flasche fest in die eine Hand, während Sie gleichzeitig mit dem Daumen auf die Oberseite des Korkens drücken, damit Sie die Peinlichkeit einer vorzeitigen Entleerung vermeiden können. Mit der anderen Hand bördeln Sie die Drahtschleife an der Basis des Körbchens auf und entfernen dieses. Jetzt bewegen Sie die Hand, die die Flasche hält, hinunter zu ihrem dicksten Abschnitt, und dann kippen Sie die Flasche im Winkel von 45° von sich weg (mehr dazu gleich). Mit der freien

Hand greifen Sie fest um den Korken, ehe Sie die Flasche – nicht den Korken – drehen, bis der Korken sich zu lösen beginnt. Nun machen Sie langsamer weiter, bis der Korken herausgleitet. Sind Sie mit einem widerspenstigen Korken konfrontiert, der sich einfach nicht bewegen will, dann ruckeln Sie ihn ein wenig vor und zurück, damit die Haftung zwischen Glas und Korken gelöst wird.

Warum habe ich nun gesagt, Sie sollen die Flasche und *nicht* den Korken drehen? Sowohl Newton als auch Einstein sagen übereinstimmend, daß es überhaupt keine Rolle spielt, was Sie drehen, weil Bewegung ja streng relativ ist. Sie könnten auch einen Laib Brot so aufschneiden, daß Sie ihn am Messer vorbeiziehen, oder nicht? Aber überlegen Sie: Wenn Sie einen Korken herausdrehen, müssen Sie die Finger mehrmals umsetzen und dazu zeitweilig den Griff lockern. In einem dieser Augenblicke könnte er unkontrollierbar davonschießen, worauf Ihr Fußboden mit Wein bekleckert wird, während Sie sich selbst nicht gerade mit Ruhm bekleckert haben dürften.

Was das Kippen der Flasche betrifft: Senkrecht werden Sie sie natürlich nicht halten wollen, weil Sie sich sonst der Gefahr aussetzen, sich selbst im Gesicht zu treffen, falls der Korken herausschießt. Wenn die Flasche dagegen fast in der Horizontalen liegt, würde der Hals sich mit Flüssigkeit füllen, während das Gas aus dem »Luftvolumen« in der Schulter der Flasche eine Blase bilden würde. Diese Blase könnte sich, sobald Sie mit dem Entfernen des Korkens den Druck vermindern, plötzlich ausdehnen und die Flüssigkeit im Hals in die Gegend schießen. Ein Neigungswinkel von 45° stellt in der Regel sicher, daß das Gas aus dem Luftvolumen im Flaschenhals bleibt, wo es auch hingehört.

Champagner als Nachtisch
Champagner-Gelee

Champagner kann man essen, nicht nur trinken. In diesem aufsehenerregenden Dessert bleiben Aroma und sogar ein paar Bläschen erhalten. Das funkelnde und weiche Gelee, das der kalifornische Patissier Lindsey Shere erfunden hat, zergeht buchstäblich auf der Zunge. Man kann einen preiswerten Champagner oder Prosecco* verwenden. Belegt man das Gelee mit Beeren oder Trauben, ist die Wirkung vollkommen. (Bei den Lebensmittelkonzernen schaut man schon ganz neidisch!)

1½ Päckchen Gelatinepulver
¼ Liter kaltes Wasser
200 Gramm Zucker
1 Flasche (0,75 l) trockener Schaumwein
250 Gramm Himbeeren

1. Gelatine über das kalte Wasser in einem mittleren Kochtopf streuen und 5 Minuten einweichen lassen.
2. Topfinhalt bei mittlerer Hitze erwärmen und mit einem Kochlöffel umrühren, bis die Gelatine aufgelöst ist. Nicht kochen.
3. 1 gehäuften Eßlöffel Zucker zurückbehalten, den übrigen Zucker einrühren, Topf vom Feuer nehmen. Rühren, bis der Zucker vollständig aufgelöst ist, dann den Champagner einrühren. Die Mischung in einen flachen Behälter gießen, zudecken und 8–10 Stunden im Kühlschrank lassen, bis sie fest geworden ist.
4. Kurz vor dem Anrichten Himbeeren mit dem restlichen Zucker bestreuen. Das Gelee mit einer Gabel in kleine Stücke zerbröckeln.
5. Einige Eßlöffel des fertigen Champagnergelees auf sechs Dessertschalen verteilen. Ein paar Beeren hinzugeben, eine Schicht Gelee darüber legen und schichtweise so weitermachen, bis Gelee und Beeren aufgebraucht sind, wobei Beeren den Abschluß bilden sollten. Bis zum Servieren kalt stellen.

Ergibt 6 Portionen.

---

* Natürlich ist auch deutscher Sekt geeignet. – Anm. d. Ü.

Ein ziemlich »verkorkstes« Problem

Einige der Weine, die ich kaufe, sind mit »Korken« aus Kunststoff verschlossen. Gibt es vielleicht eine weltweite Korkknappheit, oder sind eher technische Gründe dafür verantwortlich?

Auf einer Reise durch Portugal und das westliche Spanien, wo mehr als die Hälfte der weltweiten Korkproduktion herkommt, habe ich diese Frage auch gestellt, bekam jedoch keine zufriedenstellende Antwort. Es war, als würde man einen Seidenwurm etwas über Polyester fragen. Zu Hause erfuhr ich dann, daß viele Winzerbetriebe auf Plastikstöpsel umsteigen. Ja, sie sind wirtschaftlicher als natürliche Korken der besten Qualität, aber es geht dabei auch um technische Aspekte.

In der Schule haben wir alle gelernt, daß Kork auf Bäumen wächst, den sogenannten Korkeichen. Nachdem wir uns zunächst vorgestellt hatten, wie Tausende reifer Korken von den Zweigen herabhängen, waren wir enttäuscht, als man uns sagte, Korken würden aus der Borke des Baumes gestanzt.

Für eine erneuerbare Ressource sind Korkeichen das Vorbild schlechthin: Sobald die Bäume das Reifealter erreicht haben, etwa mit 25 Jahren, wächst die Rinde nach dem Schälen immer wieder nach. Dazu werden um den Stamm und um dicke Äste ringförmige Schnitte angelegt, dann schlitzt man die Rinde der Länge nach auf und schält sie in Form von ganzen Platten ab. Diese werden in Wasser gekocht, aufeinandergestapelt und flachgedrückt. In den sich viele Kilometer hinziehenden Korkeichenwäldern, die ich in Portugal sah, war jeder Baum mit einer großen Zahl aus weißer Farbe gekennzeichnet. Sie gibt das Jahr an, in dem die Borke zuletzt abgeschält worden ist; die nächste Ernte folgt dann neun Jahre später.

Beim Anblick einer frisch abgelösten Rinde konnte ich erfreut eine Frage beantworten, die ich mir immer wieder gestellt hatte: Ist die Borke wirklich dick genug für die Länge eines Weinkorkens? Ja, nach neun Jahren ist sie es. Die Korken

Ein ziemlich »verkorkstes« Problem   281

werden senkrecht aus den geplätteten Rindentafeln gestanzt, ein wenig wie hohe, schmale Plätzchen.

In all den Jahrhunderten, in denen man Kork zum Verstöpseln von Weinflaschen benutzt hat, stellte sich stets ein dringendes Problem. Es handelt sich um den unter der Bezeichnung Korkgeschmack oder einfach »Korken« bekannten Geruch eines Schimmelpilzes, der einen kleinen Prozentsatz von Korken befällt und den Weingeschmack beeinträchtigt. Die Qualitätskontrollen in modernen Winzerbetrieben, besonders in den großen, haben die Chance, daß Ihre Flasche »einen Korken hat« oder »korkt«, auf etwa 2−8 % verringert. Gleichwohl ist es eine attraktive Alternative, den Korken durch einen Verschluß aus Kunststoff zu ersetzen, weil auf Plastik kein Schimmel gedeihen kann.

Und so kommt der Korkengeschmack zustande:

Während man die Korkrinde schält, sortiert, lagert und weiterverarbeitet, gibt es für Schimmelpilze zahlreiche Gelegenheiten, sich darauf anzusiedeln. Die fertigen Korken werden in der Regel mit einer Chlorlösung desinfiziert und gebleicht. Das Chlor schafft es jedoch nicht, alle Schimmelpilze abzutöten, und als Nebeneffekt reagiert es mit natürlichen Phenolen im Kork zu sogenannten Chlorphenolen. Die überlebenden Schimmelarten sowie andere, die sich zum Beispiel während der langen Seereise von Portugal in die Abnehmerländer zu ihnen gesellen, können einige dieser Chlorphenole in eine stark riechende Chemikalie namens 2,4,6-Trichloranisol verwandeln, die man freundlicherweise mit dem Spitznamen TCA belegt hat. Dieses TCA läßt den Wein nach Korken riechen und schmecken. Man kann es noch in Konzentrationen von wenigen Teilen pro Billion wahrnehmen.

Mittlerweile werden »Korken« aus Plastik (der Handel nennt sie synthetische Verschlüsse) von mehr als zweihundert Winzerbetrieben in aller Welt in unterschiedlichem Ausmaß verwendet. Einige Hersteller setzen gepreßte Kunststoffstöpsel in Millionen ab, während ein anderer seine Plastikstöpsel im Spritzgußverfahren herstellt.

Wie bewähren die synthetischen Korken sich im Vergleich zu echten? Die Prüfungen auf Durchlässigkeit, Sauerstoffausschluß und Bedruckbarkeit – eines der geforderten Kriterien, weil viele Winzer mit einem Aufdruck auf dem Korken für sich werben – scheinen sie zu bestehen. Weil die synthetischen Verschlüsse aber noch nicht lange genug im Einsatz sind und somit keine Langzeitstudien zu ihrem Alterungsverhalten vorliegen, nehmen die meisten Winzer sie nur für Weine, die jung getrunken werden sollten – innerhalb von, sagen wir, sechs Monaten nach der Abfüllung (die Spanne reicht bis zu 18 Monaten).

Doch wenn Kenner mehr als 100 Dollar (oder Euro) für eine Flasche Wein der Spitzenqualität ausgeben, wollen sie in der Regel keine neumodischen Spielereien sehen. In einem Versuch, jeglichem Snobismus den Boden zu entziehen, haben manche Winzerbetriebe damit angefangen, einige ihrer Spitzenprodukte mit Plastikstöpseln und sogar – können Sie das fassen? – mit Schraubverschlüssen auszustatten. Schließlich ist eine Aluminiumkapsel wahrscheinlich der ideale Verschluß: Sie ist luftdicht, in keiner Weise anfällig für Schimmel und kann ohne jedes Werkzeug entfernt werden.

Was kommt als nächstes? Mouton-Rothschild im Weinschlauch aus Plastik?

> Heutzutage sind manche Weinflaschen mit synthetischen »Korken« verschlossen, die möglicherweise aus einem ziemlich zähen Kunststoff bestehen und Ihnen samt Ihrem Korkenzieher das Leben schwermachen. Prüfen Sie, ob die Spitze Ihres Korkenziehers wirklich scharf ist. Falls nicht, sollten Sie sie mit einer Feile anschärfen, damit sie auch in die zähesten »Korken« problemlos eindringt.

Naseweis

Was soll ich mit dem Korken anfangen, den der Kellner im Restaurant auf den Tisch legt, nachdem er den Wein geöffnet hat?

Niemand erwartet von Ihnen, daß Sie daran schnüffeln, um Anzeichen von Schimmel zu entdecken. Heutzutage kommt so etwas eher selten vor. Außerdem werden Sie, wenn der Kellner einen kleinen Schluck Wein eingegossen hat, damit Monsieur oder Madame ihn verkosten mögen, mit ein paar Schwenkern und ein wenig Schnuppern alles erfahren, was Sie wissen müssen. Wen interessiert schon, wie der Korken riecht, wenn der Wein gut schmeckt und duftet?

Falls Sie den unwiderstehlichen Drang verspüren, an irgend etwas zu schnüffeln, dann schnüffeln Sie doch am Glas, bevor der Wein eingeschenkt wird. Riecht es nach Desinfektionsmittel oder Seife oder sonstwas, dann sollten Sie – sauberes Glas ist geruchlos – um ein anderes Glas bitten, es sei denn, Sie hätten eine Flasche *Katzenstiege Hinterhof* geordert, denn dann könnte ein wenig Seife vielleicht sogar eine Verbesserung darstellen.

Aber vielleicht werfen Sie ja angelegentlich einen Blick auf den Korken und sehen nach, ob er ein Stück weit feucht (und bei Rotwein auch verfärbt) ist. Dann ist der Wein nämlich liegend aufbewahrt worden, wie es sich gehört, damit der Korken immer feucht bleibt und die Flasche richtig abdichtet.

Historisch gesehen diente die Präsentation des Korkens durch den Patron einem ganz anderen Zweck als dem Schnüffeln nach Korkengeruch. Diese Praxis setzte im 19. Jahrhundert ein, als skrupellose Händler darauf verfielen, billige Weine als teure auszugeben. Die Weinhersteller kämpften dagegen an, indem sie als Beleg der authentischen Herkunft ihren Namen auf den Korken druckten. Und dazu gehörte natürlich, daß die Flasche immer in Anwesenheit des Patrons geöffnet wurde, was bis heute so geblieben ist.

Anstatt den Weinkellner eines guten Restaurants vielleicht dadurch zu kränken, daß Sie entweder am Korken schnüffeln oder die Lesebrille aufsetzen, um ihn gründlich zu mustern, ist es heute wohl am besten, ihn einfach zu ignorieren. Ich persönlich spiele in Vorlesungspausen, in denen ich mir früher eine Zigarette angesteckt hätte, gerne ein wenig damit herum.

Sag »Halt!«

Immer wieder lese ich, mäßiger Alkoholkonsum könne für die Gesundheit des Herzens förderlich sein. Aber was ist »mäßiger Konsum« denn überhaupt?

Normalerweise lautet die ausweichende Antwort auf diese Frage: »Ein oder zwei ›Drinks‹ pro Tag.« Doch was soll das sein, ein »Drink«? Eine Flasche Bier? Ein Glas Wein? Ein randvoller Martini mit 18 cl Spirituosen? Es gibt lange, kurze, steife und schwache Drinks. Was dem einen sein Gläschen, mag dem anderen wie ein Fingerhut oder wie ein ganzer Eimer voll vorkommen.

Wenn Sie gewohnt sind, bei sich zu Hause eine Ladung Scotch ins Glas schwappen zu lassen, ohne sie abzumessen, werden diese Ladungen mit den Jahren tendenziell immer größer ausfallen. Aber wieviel Alkohol teilt Ihnen dieser Barmann in einem Lokal wirklich zu, wenn er entweder großzügig oder knickerig ist? Kurz, wieviel Alkohol enthält ein solcher »Drink« denn eigentlich?

Diese Frage geht keinem mehr aus dem Sinn – nun ja, zumindest mir nicht –, seit das Ernährungsministerium der USA seine jüngsten »Ernährungsrichtlinien für Amerikaner« (fünfte Auflage, 2000; das Buch wird alle fünf Jahre überarbeitet) herausbrachte. Ich bin wild entschlossen, diese brennende Frage gleich hier und jetzt zu beantworten. Vorab jedoch: Nachdem in den Richtlinien zunächst gewarnt wird, daß übermäßiges Trinken zu Unfällen, Gewalt, Selbstmord, hohem Blutdruck, Schlaganfall, Krebs, Fehlernährung, Geburtsfehlern sowie zu

Schäden an Leber, Bauchspeicheldrüse, Gehirn und Herz führen könne, wird unumwunden festgestellt, daß »mäßiges Trinken das Risiko für Herzkrankheiten verringern kann, vor allem bei Männern über fünfundvierzig und bei Frauen über fünfundfünfzig Jahren«.

(Aber aufgepaßt, ihr Jungs und Mädels im hoffnungsvollen Schulalter: Da steht auch, daß »mäßiger Konsum bei jüngeren Menschen, wenn überhaupt, nur sehr geringen gesundheitlichen Nutzen bringt«. Dann folgt: »Die Gefahr von Alkoholmißbrauch wächst, wenn in jungen Jahren mit dem Trinken begonnen wird.«)

Praktisch gleichzeitig berichtete eine im Juli 2000 im *New England Journal of Medicine* veröffentlichte epidemiologische Studie der Universität Harvard, eine Langzeituntersuchung an 84 129 Frauen zwischen 1980 und 1994 habe ergeben, daß für jene, die mäßig tranken, das Risiko einer Erkrankung der Herzkranzgefäße um 40 % geringer war als für jene, die überhaupt nicht tranken. Ähnliche Untersuchungsbefunde sorgen seit mehr als zehn Jahren für Schlagzeilen. Daraus scheint sich eindeutig ableiten zu lassen, daß, um es mit den Worten der Autoren der Harvard-Studie zu sagen, »mäßiger Alkoholkonsum mit einem verringerten Risiko einer Erkrankung der Herzkranzgefäße« bei Männern wie bei Frauen einhergeht.

Mäßiger Alkoholkonsum? Übermäßiges Trinken? Was bedeuten diese Begriffe denn nun?

In dem Bestreben, dem Mann und der Frau auf der Straße – oder in der Bar – hilfreich zur Seite zu stehen, dampft der Bericht des Ministeriums den Begriff »mäßiger Konsum« auf »nicht mehr als ein Drink pro Tag bei Frauen und nicht mehr als zwei Drinks pro Tag bei Männern« ein. Der Unterschied ist nicht durch Machismo zu erklären, sondern beruht auf dem unterschiedlichen Gewicht und Stoffwechsel der Geschlechter.

Doch das hilft noch immer nichts, solange »ein Drink« für Sie alles bedeuten kann, was Sie darin sehen wollen. Die Medizinforscher, allesamt gute Wissenschaftler, die sie nun mal sind, sprechen hier ausnahmslos nicht von »Drinks«, sondern formulieren alles in Gramm Alkohol, was selbstverständlich allein zählt. Mäßiger Konsum – jener eine Drink für Frauen – ist in vielen Studien definiert worden und liegt zwischen 12 und 15 Gramm reinem Alkohol. (Es freut einen zu sehen, daß ein »Standard-Drink« in anderen Ländern von 8 Gramm Alkohol in England bis zu 20 Gramm in Japan reicht.) 12–15 Gramm entspricht etwa der Menge Alkohol, die in ½ Liter Bier, ¼ Liter Wein oder 4 cl Schnaps von 40 % enthalten ist. Aber fragen Sie mal versuchshalber einen Barmann nach einem Drink, der 15 Gramm Alkohol bietet. Der glaubt, Sie hätten schon ein paar Gramm zuviel erwischt.

Die Eine-Million-Dollar-Frage lautet also: Wie kriegen Sie raus, wieviel Gramm reinen Alkohol Sie mit Ihren »ein oder zwei Drinks« abkriegen?

Das ist wirklich ganz einfach. Um herauszufinden, wieviel Gramm Alkohol Ihr Drink enthält, müssen Sie nur die Menge des alkoholischen Getränks in Millilitern mit dem Prozentsatz des Alkohols pro Volumeneinheit multiplizieren. Diesen Wert multiplizieren Sie dann mit der Dichte von Alkohol (sie wird in Gramm pro Milliliter angegeben), und am Ende dividieren Sie alles durch 100. Hier die Formel: *Multipliziere Volumen mit Alkoholgehalt in Prozent, dividiere durch 100 und multipliziere das Ergebnis mit 0,789.*

Beispiele: 4 cl (40 ml) *Gin*, *Wodka* oder *Whisky* von 40 % enthalten 40 x 40 : 100 x 0,789 = 12,6 Gramm reinen Alkohol.

Für Weintrinker: 0,1 l (100 ml) eines Weins von 13 % enthalten 100 x 13 : 100 x 0,789 = 10,2 Gramm Alkohol.

Für Bierfreunde: Eine Halbliterflasche Exportbier von 5 % enthält 500 x 5 : 100 x 0,789 = 19,7 Gramm reinen Alkohol.

Auf diese »typischen« Alkoholgehalte können Sie sich aber nicht immer verlassen. Die meisten Schnäpse sind zwar auf 40 % Volumenprozent Alkohol verdünnt, aber es sind auch ein paar harte Sachen mit bis zu 80 % in Umlauf (schöne Grüße aus Österreich). Wein kann zwischen 7 und 24 % (bei Süßweinen und Sherrys) variieren, und Bier gibt es zwischen 3 und 9 oder

10 Prozent*. Daheim sollten Sie die Etiketten lesen und Ihre Drinks entsprechend abmessen. Im Restaurant oder in der Bar sollte der Barmann immer das Volumen des Drinks sowie den Alkoholgehalt der darin vermischten Getränke angeben können.

Zusammengefaßt läßt sich sagen: Sind Sie bei guter Gesundheit und beschließen, etwas zu trinken, sollten Sie Ihre tägliche Alkoholaufnahme ausrechnen und sie auf etwa 15 Gramm beschränken, wenn Sie eine Frau, und auf 30 Gramm, wenn Sie ein Mann sind**.

Ein guter Barmann kühlt immer erst das Glas, ehe er einen Martini mixt und eingießt. Nach meiner Erfahrung machen es die meisten jedoch nicht richtig. Sie füllen das Glas mit Eis, geben in der Absicht, den thermischen Kontakt zwischen Eis und Glas zu verbessern, ein wenig Wasser dazu, und lassen es eine oder zwei Minuten stehen. Doch es ist falsch, Wasser hinzuzugeben. Eis aus der Maschine ist immer kälter als 0°C. Das muß es auch sein, sonst wäre es kein Eis. Das Wasser kann dagegen nie kälter als 0°C werden, vermindert also die Kühlfähigkeit des Eises. Für Ihre Martinis am heimischen Herd füllen Sie etwas Eis ins Glas (es kann ein wenig zerstoßen sein, wenn Sie wollen), aber bleiben Sie dicht, Verzeihung, hart, was das Wasser angeht. Direkt aus dem Gefrierschrank sollte Ihr Eis zumindest 15° unter Null haben. Wegen der Kälteübertragung brauchen Sie sich keine Sorgen zu machen – wo immer das Eis mit dem Glas in Berührung kommt, schmilzt es ohnehin.

---

* In Deutschland etwa die beliebten Starkbiere vom -ator-Typ. – Anm. d. Ü.
** In Deutschland ist vorgeschrieben, die entsprechenden Zahlen in der Getränkekarte auszuweisen. Bei komplizierten Mixgetränken muß man allerdings schon mal raten, und meist liegt man da ohnehin bereits mit dem ersten weit über dem »Tagessoll«. – Anm. d. Ü.

Zeit für die Margaritas!
Bob's Best Margarita

Nach drei Tagen erschöpfender Forschungsarbeit, in denen ich in San Antonio (Texas) so viele Margaritas wie möglich ausprobierte, kehrte ich nach Hause zurück, um ein eigenes Rezept zusammenzurühren, in das alles eingehen sollte, was ich für Spitzenqualität hielt. Viele Rezepte schreiben Orangenlikör der oberen Regalklasse wie Cointreau oder Grand Marnier vor, doch deren Öle aus der Orangenschale und die Branntweine übertönen den Geschmack des Tequila, um den es bei den Margaritas ja letztlich geht. Nach meiner Erfahrung ist ein anspruchsloser Triple Sec wie Hiram Walker am besten. Diese Margaritas gehen runter wie nichts, weil sie süß sind, doch sie enthalten 16 Gramm Alkohol pro Portion und sollten deshalb mit Vorsicht genossen werden.

Das Salz auf dem Rand des Margaritaglases sollte nur außen am Glas sein, weil es dann nicht in den Drink fallen kann. Ich feuchte den Rand mit dem Finger an, den ich vorher in den Limettensaft getaucht habe, und beschränke mich dabei auf die Außenseite des Glasrands.

>   30 Milliliter frischgepreßter Limettensaft
>   Grobes Salz mittlerer Körnung (etwa koscheres Salz)
>   90 Milliliter Tequila
>   30 Milliliter Hiram Walker triple sec
>   Kleine Eiswürfel oder zerstoßenes Eis

1. Einen Finger in den Limettensaft tauchen und damit den äußeren Rand von 2 Martinigläsern anfeuchten. Die Ränder im Salz rollen, so daß außen ein Salzrand bleibt. Gläser ins Gefrierfach stellen, bis die Drinks fertiggemixt werden.
2. Mit einem Schnapsglas mit Eichstrich die flüssigen Zutaten in einen Cocktailshaker einmessen. Eis zugeben, 15 Sekunden kräftig schütteln. In die gekühlten Gläser verteilen.

Ergibt 2 Margaritas mit jeweils 16 Gramm Alkohol.

Nichts fragen, nichts sagen

Manchmal sagt das Etikett auf einer Bierflasche, wieviel Prozent Alkohol drin sind, und manchmal nicht. Gibt es denn dafür kein Gesetz?

Es gab einmal eine Zeit, da verboten die US-amerikanischen Behörden den Brauereien, den prozentualen Alkoholgehalt des Bieres auf dem Etikett anzugeben, weil man die Leute davon abhalten wollte, ihre Getränke nach dem Alkoholgehalt auszuwählen. Doch das trifft nicht mehr zu.

1935, zwei Jahre nach der Rücknahme der Prohibition[*], wurde gesetzlich untersagt, die alkoholische Potenz von Bier auf das Etikett zu drucken, weil man befürchtete, unter den Brauern würden »Kämpfe um das stärkste Bier« ausbrechen. Ironischerweise wollten die Brauer 60 Jahre später, als leichte und alkoholfreie Biere in Mode kamen, das Recht erhalten, herauszustellen, wie *wenig* Alkohol ihre Produkte enthielten, worauf sie das Gesetz mit der Vorschrift »Nichts angeben« angriffen. 1995 entschied der Oberste Gerichtshof der USA, das Angabeverbot verstoße gegen den Ersten Verfassungszusatz, weil es das Recht der Brauer auf freie Rede behindere.

Hiermit zitiere ich aus der vom 1. April 2000 stammenden Neufassung des US-Gesetzes über bundeseinheitliche Regelungen, Punkt 27 (Alkohol, Tabakprodukte und Feuerwaffen), Kapitel 1 (Büro für Alkohol, Tabak und Feuerwaffen beim Schatzministerium), Teil 7 (Kennzeichnung und Werbung bei Malzgetränken), Unterabteilung C (Kennzeichnungsanforderungen bei Malzgetränken), Abschnitt 7.71 (Alkoholgehalt), Unterabschnitt (a): »Der Alkoholgehalt ... kann auf dem Etikett angegeben werden, soweit dem kein staatliches Gesetz entgegensteht.«

Den einzelnen Bundesstaaten der USA ist somit ausdrücklich gestattet, das Bundesgesetz nach Belieben außer Kraft zu

---

[*] Allgemeines Alkoholverbot (1919–1933) in den USA. – Anm. d. Ü.

setzen, was bei Wein oder destillierten Schnäpsen nicht gilt, weil hier Bundesgesetze den Vorrang haben. Wie Sie sich vorstellen können, variieren die Vorschriften zur Kennzeichnung von Bier je nach Bundesstaat erheblich.

Vom amerikanischen Bierinstitut erhielt ich im *Modern Brewery Age Blue Book* veröffentlichte Informationen, in denen der irre Flickenteppich der gesetzlichen Kennzeichnungsvorschriften aller 50 Bundesstaaten einschließlich des District of Columbia und von Puerto Rico zusammengefaßt ist.

Nach meiner Zählung ist es in etwa 27 Bundesstaaten immer noch verboten, den Alkoholgehalt anzugeben, vier Staaten verlangen die Kennzeichnung von Bieren mit weniger als 3,2 % Alkohol, und bei den übrigen scheint man sich entweder nicht darum zu kümmern oder hat so komplexe Vorschriften, daß sich die Frage nach dem Alkoholgehalt der Gesetzgeber stellt (Minnesota schießt dabei den Vogel ab). In Alaska ist, soweit ich sehe, eine Angabe der Stärke gleichzeitig verboten und erforderlich[*].

Wieviel ist gar nichts?

Ist in alkoholfreiem Bier wirklich gar kein Alkohol enthalten?

Das US-Gesetz über bundeseinheitliche Regelungen, Punkt 27, Kapitel 1, Teil 7 usw. usw. usw. besagt: »Die Begriffe ›alkoholarm‹ oder ›alkoholreduziert‹ dürfen nur für Malzgetränke verwendet werden, deren Alkoholgehalt weniger als 2,5 Volumenprozent beträgt.« Alkoholfreies Bier muß weniger als 0,5 Volumenprozent Alkohol enthalten.

Volumenprozent? Ja, das geht nach Volumen. Diese Änderung liegt auch noch nicht sehr lange zurück. Viele Brauer hat-

---

[*] In Deutschland wie in der EU ist die Angabe des Alkoholgehalts auf der Verpackung zwingend vorgeschrieben. – Anm. d. Ü.

Wieviel ist gar nichts?

ten sich angewöhnt, den Alkohol in Gewichtsprozenten anzugeben, also in Gramm Alkohol pro 100 Milliliter des Gebräus. Andere dagegen gaben ihn in Volumenprozent an, also in Milliliter Alkohol pro 100 Milliliter Bier. Aber auch hiergegen ist das US-Gesetz über bundeseinheitliche Regelungen, Punkt 27 usw., eingeschritten: »Eine Angabe des Alkoholgehalts soll in Prozent Alkohol pro Volumen und nicht in Prozent Gewicht erfolgen ...« Das ist gut, weil die Alkoholgehalte von Wein und Spirituosen ebenfalls in Volumenprozent angegeben werden, so daß nun alles einheitlich ist.

8. KAPITEL

Diese geheimnisvollen Mikrowellen

Den Schalk fest im Nacken, erzählt der britische Essayist und Kritiker Charles Lamb (1775–1834) in seiner »Dissertation on Roast Pig« (Eine gelehrte Abhandlung über Spanferkel), wie die Menschen erstmals entdeckten, daß man etwas kochen – oder genauer: rösten – konnte, nachdem sie »die ersten siebzigtausend Generationen hindurch« Fleisch roh gegessen hatten, indem sie »es mit Nägeln oder Zähnen aus dem lebenden Tier herausrissen«.

Die Geschichte, angeblich in einer alten chinesischen Handschrift entdeckt, berichtet vom jungen Sohn eines Schweinehirten, der durch Zufall die eigene Hütte in Brand steckte. Diese brannte bis auf die Grundmauern nieder, und die neun Schweine darin kamen um (Schweinehirten wohnten anscheinend so). Als der Sohn sich bückte und eines der toten Schweine berührte, verbrannte er sich die Finger und steckte sie instinktiv in den Mund, um sie zu kühlen, worauf er einen köstlichen Geschmack wahrnahm, den die Menschheit nie zuvor gekannt hatte.

Der Schweinehirt und sein Sohn, die Gutes auf der Stelle erkannten, wenn sie es schmecken konnten, bauten fortan eine Reihe immer nachlässiger konstruierter Hütten, die sie dann mitsamt den eingeschlossenen Schweinen niederbrannten, um dieses wunderbar geschmackvolle Fleisch herzustellen. Ihr Geheimnis wurde jedoch bekannt, und es dauerte nicht lange, bis alle Dorfbewohner schäbige Hütten bauten und mit eingeschlossenen Schweinen abbrannten. Schließlich »brachte die Zeit es mit sich, daß da ein weiser Mann kam ... welcher entdeckte, daß man das Fleisch von Schweinen, oder in der Tat von jedem anderen Tier, vielleicht kochen (brennen, wie sie es nannten) könnte, ohne gleich ein ganzes Haus abfackeln zu müssen, um es herzurichten«.

Bis zum Anfang des 20. Jahrhunderts machten wir Menschen dann weiterhin Feuer, wann immer wir etwas kochen wollten. Zu jener Zeit hatten wir gelernt, das Feuer in Küchenherden zu machen, und später schlossen wir es dann in eine Vorrichtung ein, die wir Ofen nannten. Doch jeder Koch mußte noch immer Brennmaterial beschaffen und Feuer machen, wenn er ein Schwein braten oder auch nur Wasser kochen wollte.

Doch das muß nicht sein.

Was, wenn wir an einem fernen Ort ein einziges riesiges Feuer machen könnten, dessen Energie wir dann irgendwie einfangen und wie frische Milch direkt in Tausende von Küchen liefern würden? Nun, heute können wir das, durch das Wunder der Elektrizität.

Erst vor hundert Jahren entdeckten wir die Möglichkeit, Brennstoff in großen Mengen in einer zentralen Anlage zu verbrennen, mit der Hitze des Feuers Wasser zum Kochen zu bringen und den Dampf anschließend in elektrischen Strom umzuwandeln. Diese elektrische Energie konnte man dann durch Kupferdrähte über Hunderte von Kilometern in Tausende von Küchen leiten, in denen Tausende von Köchen sie wieder in Hitze zurückverwandelten, um damit zu rösten, zu toasten, zu sieden, zu grillen und zu backen. Und all das mit einem einzigen Feuer.

Diese Form eines übertragbaren Feuers verwendeten wir zunächst nur dazu, das Gas der Straßenbeleuchtung und der Lampen in den Salons (soweit man über einen Salon verfügte) zu ersetzen. 1909 zog die Elektrizität dann in die Küche ein, als General Electric und Westinghouse ihre ersten elektrischen Toaster auf den Markt brachten. Elektroherde, elektrische Öfen und Kühlschränke folgten. Heutzutage können wir ohne unsere elektrischen Öfen, Herde, Grillgeräte, Küchenquirle, Mixer, Stabmixer, Küchenmaschinen, Kaffeemaschinen, Reiskocher, Brotmaschinen, Gefrierschränke, Bratpfannen, Woks, Niedertemperaturkocher, Dampftöpfe, Waffeleisen, Gurkenhobel und Messer (einmal erfand ich eine elektrische Gabel als Ergänzung zum Elektromesser, doch die konnte sich nicht durchsetzen) kaum mehr eine Mahlzeit auf den Tisch bringen.

Ist dies nun das Ende der Geschichte von der Energie zum Kochen für die Menschheit? Bis vor 50 Jahren war es das, doch dann hat man eine völlig neuartige, ohne Feuer auskommende Methode erfunden, mit der Wärme zum Kochen erzeugt werden kann: den Mikrowellenherd. Er funktionierte nach einem völlig neuen Prinzip, das nur wenige Menschen verstanden, weshalb viele Angst davor hatten. Es gibt immer noch Leute, die ihren Mikrowellenherd fürchten und ihm mißtrauen – trotz seiner Allgegenwart bleibt er das erstaunlichste von allen Küchengeräten. Zugegeben, er arbeitet mit Strom, doch er erwärmt Nahrungsmittel auf eine nie zuvor auch nur erträumte Weise, und das, ohne dabei selbst heiß werden zu müssen. Seit mehr als einer Million Jahren ist es die erste völlig neue Art des Kochens.

Zum Thema Mikrowellen habe ich wahrscheinlich mehr Anfragen erhalten als zu jedem anderen. Hier stelle ich nun einige der häufigsten Fragen vor. Ich hoffe, mit den Antworten so viel Verständnis für diese Anwendungen zu liefern, daß Sie imstande sind, Fragen, die sich Ihnen stellen, selbst zu beantworten.

Was ist eine Mikrowelle?

Bei den Köchinnen und Köchen am häuslichen Herd gibt es hinsichtlich der Mikrowellenherde so viele Ängste, daß man glauben möchte, es handle sich um Atomreaktoren im Küchenformat. Einige Kochbuchautorinnen und -autoren tragen auch nicht gerade zu einer Verbesserung dieser Situation bei, da sie den Unterschied zwischen Mikrowellen und radioaktiver Strahlung nicht zu kennen scheinen. Klar, beides sind Arten von Strahlung, doch das gilt auch für die Fernsehwellen, die uns belanglose Sitcoms ins Haus bringen. Schwer zu sagen, welche man eher meiden sollte.

Genau wie bei Radiowellen handelt es sich bei Mikrowellen um Wellen elektromagnetischer Strahlung, wenn auch mit kürzerer Wellenlänge und höherer Energie (Wellenlänge und Energie hängen zusammen: je kürzer die Wellenlänge, desto höher die Energie). Elektromagnetische Strahlung besteht aus Wellen purer Energie, die mit Lichtgeschwindigkeit durch den Raum eilen. Tatsächlich besteht ja auch das Licht aus elektromagnetischen Wellen mit noch kürzerer Wellenlänge und höherer Energie als Mikrowellen. Es sind gerade die spezielle Wellenlänge und die Energie einer Strahlung, auf denen ihre jeweils spezifischen Eigenschaften beruhen. So kann man Speisen nicht mit Licht kochen (mehr dazu auf S. 355) und beim »Schein« von Mikrowellen kann man nicht lesen.

Mikrowellen werden mit einer Art Vakuumröhre namens Magnetron erzeugt, die sie in Ihren Herd speit: eine verschlossene Metallkiste, in der die Mikrowellen ständig hin und her tanzen, solange das Magnetron in Betrieb ist. Ein Magnetron wird nach seinem Ausstoß an Mikrowellen eingestuft, der gewöhnlich zwischen 600 und 900 Watt liegt (dies ist die abgegebene Leistung in Watt, nicht die Leistungsaufnahme des Geräts, die höher liegt).

Doch damit ist noch nicht alles geklärt. Die Kochkraft eines Mikrowellenherds, von der auch abhängt, wie schnell er seinen Pflichten nachkommt, hängt davon ab, in welchem Verhältnis die abgegebene Leistung in Watt zum vorhandenen Garraum in Kubikzentimetern steht. Um Herde vergleichen zu können, müssen Sie die Wattzahl jeweils durch das Volumen des Garraums dividieren. Beispielsweise hat ein Gerät mit 800 Watt und 800 Kubikzentimetern nutzbarem Volumen eine relative Kochkraft von $800:800 = 1$, was recht typisch ist. Da verschiedene Mikrowellengeräte unterschiedliche Leistungsmerkmale aufweisen, kann in Rezepten nicht genau angegeben werden, wie lange eine bestimmte Zubereitung mit der Mikrowelle dauern sollte.

Wie erzeugen Mikrowellen Wärme?

Nach der Antwort auf diese Frage brauchen Sie in Büchern über Ernährung gar nicht erst zu suchen. Alle einschlägigen Bücher (mit einer Ausnahme) in meiner Sammlung, auch jene, die ausschließlich dem Kochen mit Mikrowellen gewidmet sind, umgehen dieses Thema entweder ganz oder geben die gleiche irreführende Antwort. Doch wenn man dieses Thema meidet, bestärkt man nur die alles andere als hilfreiche Ansicht, es handle sich um eine Zauberkiste. Schlimmer ist es allerdings, wenn man eine falsche Antwort in Umlauf bringt.

Die allgegenwärtige Nicht-Erklärung lautet: »Mikrowellen veranlassen die Wassermoleküle, sich aneinander zu reiben, und diese Reibung erzeugt Wärme.« Diese Fehlinformation reibt *bei mir* sehr gegen den Strich, weil Reibung (Friktion) überhaupt nicht ins Spiel kommt. Die Vorstellung, Wassermoleküle würden sich aneinander reiben und so Wärme hervorbringen, ist einfach nur dumm. Versuchen Sie doch mal, mit dem Reiben von zwei Wasserstückchen Feuer zu machen. Dennoch werden Sie die Fiktion von der Friktion sogar in einigen Gebrauchsanweisungen finden, die mit den Herden geliefert werden.

Hier nun, was wirklich geschieht:

Einige der Moleküle in Nahrungsmitteln – besonders die Wassermoleküle – verhalten sich wie winzige Elektromagneten (im Jargon der Wissenschaft: Die Moleküle sind elektrische Dipole oder, anders gesagt, sie sind polar). Sie neigen dazu, sich nach einem elektrischen Feld auszurichten, genau wie die Magnetnadel im Kompaß sich am Magnetfeld der Erde ausrichtet. Die Mikrowellen in Ihrem Herd, deren Frequenz bei 2,45 Gigahertz, also 2,45 Milliarden Schwingungen pro Sekunde liegt, erzeugen ein elektrisches Feld, das in einer Sekunde 4,9 Milliarden Mal die Richtung umkehrt. Die armen kleinen Wassermoleküle werden völlig verrückt bei dem Versuch, hier durch ständigen Wechsel der eigenen Ausrichtung im selben Rhythmus mitzuhalten. In ihrer Erregung stoßen die frenetisch zukkenden, durch Mikrowellen mit Energie aufgeladenen Moleküle mit benachbarten Molekülen zusammen und kicken diese umher, ungefähr in der Art, wie ein explodierendes Maiskorn bei der Popcornproduktion seine Nachbarn durch die Gegend schleudert. Sobald es einmal getroffen ist, wird ein vorher ortsfestes Molekül zu einem schnell bewegten Molekül, und das ist definitionsgemäß ein heißes Molekül. So verwandelt das durch die Mikrowelle induzierte Umherzappeln sich in weiträumig verteilte Wärme.

Beachten Sie, daß ich an keiner Stelle irgend etwas über »Reibung« zwischen Molekülen gesagt habe. Reibung ist, wenn ich Sie daran erinnern darf, der Widerstand, der zwei feste Oberflächen daran hindert, frei übereinander hinweggleiten zu können. Dieser Widerstand zieht einiges von der Bewegungsenergie ab, und diese abgezapfte Energie muß an einer anderen Stelle wieder auftauchen, weil Energie nun mal nicht ins Nichts verschwinden kann. Also tritt sie als Wärme in Erscheinung. Bei Gummireifen mit hohen Haftwerten und sogar bei Eishockey-Pucks mit niedriger Haftreibung ist das in Ordnung, aber ein Wassermolekül muß nicht von einer Art molekularer Masseuse gerubbelt werden, um in der Mikrowelle warm zu werden. Es muß nichts weiter tun, als sich von einem schnell zuckenden Nachbarn anstoßen zu lassen, der eine Mikrowelle verschluckt hat.

Seltsamerweise sind Mikrowellenherde nicht besonders gut dazu imstande, Eis zu schmelzen. In Eis sind die Wassermoleküle nämlich ziemlich fest in ein starres Gerüst eingebunden (im Jargon der Wissenschaft: in ein Kristallgitter), können also unter dem Einfluß der Mikrowellen-Oszillation nicht hin- und herzucken, selbst wenn sie vielleicht einen starken Drang

Diese geheimnisvollen Mikrowellen

dazu haben. Wenn Sie gefrorene Speisen in der Mikrowelle auftauen, dann heizen Sie vorwiegend die anderen, nicht aus Eis bestehenden Anteile des Gefrierguts auf, und die dabei entstehende Wärme geht dann auf die Eiskristalle über und läßt sie schmelzen.

> Falls Sie Waschbecken und Arbeitsfläche mit einem synthetischen Schwamm reinigen, sollten Sie diesen besser ab und zu sterilisieren, besonders dann, wenn Sie auf der Fläche rohes Fleisch oder Huhn bearbeitet haben (was Sie eigentlich unterlassen sollten – besser nehmen Sie Wegwerf-Wachspapier als Unterlage). Sie könnten den Schwamm auch auskochen, aber schneller geht es, wenn Sie ihn tropfnaß auf einen Teller legen und eine Minute auf höchster Stufe in der Mikrowelle lassen. Nehmen Sie ihn mit Vorsicht heraus – er dürfte zu heiß zum Anfassen sein. Manche waschen ihre Schwämme auch im Geschirrspüler mit, doch viele Geräte erreichen nicht die zum Sterilisieren erforderliche Temperatur.

Warum soll man Speisen nach dem Aufwärmen in der Mikrowelle manchmal eine Weile stehenlassen?

Im Unterschied zu ihren elektromagnetischen Vettern, den Röntgenstrahlen, deren Frequenz und Energie weit höher liegen, können Mikrowellen nicht tiefer als vielleicht 2–3 Zentimeter in die Speisen eindringen. Innerhalb dieser Zone wird ihre Energie vollständig absorbiert und in Wärme umgewandelt. Das ist einer der Gründe, weshalb Rezepte und »intelligente« Mikrowellenherde Sie auffordern: »Zudecken und warten« – es dauert einige Zeit, bis die äußere Hitze sich ins Innere der Speisen vorgearbeitet hat. Falls ein gebieterischer Herd fehlt, werden Sie in Rezepten öfter mal angewiesen, den Vorgang zu unterbrechen und umzurühren, ehe Sie die Erwärmung fortsetzen. Der Grund ist derselbe.

Die Wärme verteilt sich auf zwei Wegen. Zunächst kollidieren die heißesten Moleküle mit benachbarten, weniger heißen Molekülen der Speise und übertragen etwas von ihrer Bewegung – ihrer Wärme – auf diese, wodurch die Wärme sich allmählich tiefer in das Gericht hineinarbeitet.

Außerdem ist ein beträchtlicher Teil des Wassers letztlich in Dampf verwandelt worden, der in die Speise diffundiert und unterwegs seine Wärme weitergibt. Deshalb soll man in der Mikrowelle meist mit lose zugedeckten Behältern arbeiten – der heiße Dampf soll drin bleiben, doch es soll sich kein Druck aufbauen, der den Deckel abwirft. Beide Wege der Wärmeübertragung gehen langsam vor sich. Gibt man der Wärme also nicht genug Zeit, sich gleichmäßig zu verteilen, dann steht man am Ende mit einem Gericht da, in dem heiße und kalte Zonen nebeneinander liegen.

Praktisch alle Nahrungsmittel enthalten Wasser, also können auch praktisch alle mit der Mikrowelle erwärmt werden (mit getrockneten Pilzen sollten Sie es beispielsweise nicht versuchen). Doch bei manchen Speisen sind es nicht nur die Moleküle des Wassers, sondern auch andere wie die von Fetten und Zuckern, die von den Mikrowellen erwärmt werden. Aus diesem Grund kann Schinken so gut in der Mikrowelle gebacken werden, und die süßen Rosinen in einem in der Mikrowelle aufgebackenen Rosinenbrötchen können so gefährlich heiß werden, daß man sich die Zunge daran verbrennt, obwohl das Brötchen selbst kaum warm ist.

Es zahlt sich also aus, mit fett- und zuckerhaltigen Speisen vorsichtig umzugehen. Sehr heiße Wassermoleküle können als Dampf entweichen, aber sehr heiße Fett- und Zuckermoleküle bleiben als unerwartete Zwischenfälle an Ort und Stelle. Auch aus diesem Grund ist es nicht unklug, eine Weile zu warten, damit der Dampf nachlassen kann und die heißen Zonen Wärme abgeben können, ehe Sie mikrowellengegarte Speisen essen.

Diese geheimnisvollen Mikrowellen 301

*Warum klingt meine Mikrowelle so, als würde sie ständig
aus- und angehen?*

Weil das so ist. Das Magnetron wird periodisch an- und abge-
schaltet, damit die Hitze immer wieder Zeit hat, sich in der
Speise auszubreiten. Wenn Sie einen bestimmten Prozentsatz
der »vollen Leistung« vorwählen, stellen Sie nicht die Leistungsabgabe des Magnetrons ein: Dieses kann immer nur mit
voller Leistung gefahren werden (weiter unten folgt dazu noch
mehr). Sie geben also den Anteil der Zeit vor, in der es einge-
schaltet ist. »50 Prozent Leistung« heißt, das Gerät ist die halbe
Zeit hindurch an. Das sirrende Geräusch, das hörbar ist, solange das Magnetron läuft, ist dessen Kühlventilator.

Bei einigen der raffinierteren Herde hat man verschiedene
Sequenzen und Längen der ein- bzw. ausgeschalteten Perioden
einprogrammiert, um sie für spezielle Aufgaben zu optimie-
ren, etwa »Teller mit Speisen wieder aufwärmen«, »gebackene
Kartoffeln garen«, »Gemüse auftauen« und, was am wichtigsten
ist, »Popcorn«.

Eine relativ neue Entwicklung bei Mikrowellen ist die »In-
verter-Technik«. Hier kann der Herd, anstatt sich zyklisch ein-
und auszuschalten, letztlich kontinuierlich niedrigere Energie-
pegel liefern, die eine gleichmäßigere Erwärmung garantieren.

*Warum wird in der Mikrowelle alles so viel schneller gar
als im Backrohr herkömmlicher Herde?*

Bei einem herkömmlichen Gas- oder Elektroherd müssen, ehe
die Speisen warm werden, zunächst etwa 0,06−0,08 Kubik-
meter Luft aufgeheizt werden (»Backrohr vorheizen«). Diese
heiße Luft muß dann ihre Wärmeenergie auf die Speisen übertragen, was wie das Vorheizen sehr langsam und ineffizient abläuft. Dagegen heizt ein Mikrowellenherd die Speisen − und

nur sie –, indem er seine Energie unmittelbar in diesen ablädt, ohne dazu auf ein Medium wie Luft oder Wasser (wie beim Kochen) angewiesen zu sein.

Die in manchen Mikrowellen-Kochbüchern zu lesende Begründung, die Wellen könnten alles so schnell garen, »weil sie so winzig sind und deshalb schneller arbeiten«, ist purer Unfug. Alle elektromagnetische Strahlung ist mit Lichtgeschwindigkeit unterwegs, unabhängig von ihrer Wellenlänge. Und das »Mikro« im Namen steht nicht für »winzig«. Die Geräte heißen so, weil sie in erster Linie mit ultrakurzen Radiowellen betrieben werden.

Warum müssen die Speisen beim Kochen rotieren?

Es ist schwer, einen Mikrowellenherd zu entwerfen, bei dem die Intensität der Mikrowellen über das gesamte Volumen des Gehäuses vollständig gleich ist, so daß Speisen in jeder Position der gleichen Wärmeenergie ausgesetzt sind. Zudem absorbiert jede Speise im Ofen Strahlung, was jegliche gleichmäßige Verteilung, die ansonsten herrschen würde, zerstört. Sie können das ausprobieren, indem sie in einem Küchengeschäft irgendein billiges, für Mikrowellen empfindliches Meßgerät kaufen, es im Herd nacheinander an mehreren Orten deponieren und sich davon überzeugen, daß es an verschiedenen Stellen jeweils unterschiedliche Werte registriert.

Als Lösung hält man die Speisen in Bewegung, damit Unregelmäßigkeiten der Strahlungsverteilung sich im Schnitt ausgleichen. Heute verfügen die meisten Mikrowellengeräte über einen automatischen Drehteller, aber auch wenn bei Ihrem keiner vorhanden ist, werden Sie bei vielen Rezepten und in den Ratschlägen für das Auftauen gefrorener Lebensmittel daran erinnert, die Speisen während der Heizperiode immer wieder ein Stück zu drehen.

Diese geheimnisvollen Mikrowellen 303

*Warum darf man keine Metallgegenstände in den
Mikrowellenherd legen?*

Licht wird von Spiegeln zurückgeworfen, Mikrowellen von
Metalloberflächen (Radar ist eine Art Mikrowelle, die von
Ihrem rasenden Auto reflektiert wird und Ihren Führerschein
brutzelt). Wenn das, was Sie in die Mikrowelle legen, zu viele
Mikrowellen zurückwirft, anstatt sie zu absorbieren, kann die
Röhre des Magnetrons beschädigt werden. Im Herd muß im-
mer etwas sein, was die Mikrowellen absorbieren kann. Des-
halb sollten Sie so ein Gerät auch nie leer betreiben.

Metalle in Mikrowellenherden können sich in einer Weise
verhalten, die für Sie nicht vorhersehbar ist, solange Sie kein
Examen in Elektrotechnik haben. In Metallen verursachen
Mikrowellen elektrische Ströme, und falls das Metallstück zu
dünn sein sollte und dem Strom nicht standhält, wird es rot-
glühend und schmilzt wie eine überlastete Sicherung, die
durchbrennt. Und wenn es auch noch scharfe Spitzen besitzt,
kann es sich sogar wie ein Blitzableiter verhalten und so viel
Mikrowellenenergie in den Spitzen bündeln, daß dort blitz-
ähnliche Funken auftreten. (Diese mit Papier beschichteten
Verschlußdrähte sind berüchtigt, weil sie sowohl dünn sind als
auch Spitzen aufweisen – also Vorsicht!)

Andererseits können die Ingenieure, die Mikrowellenherde
konstruieren, für Metallteile sichere Formate und Formen vorsehen, von denen keine Probleme ausgehen, und es gibt ja
auch Herde, zu denen Bleche oder Roste aus Metall gehören.

Weil so schwer vorherzusagen ist, welche Größen und Formen bei Metallteilen ungefährlich sind und welche ein Feuer-
werk erzeugen, empfiehlt es sich sehr, niemals Metallgegenstände in eine Mikrowelle zu legen. Das gilt auch für edles
Geschirr, das mit Gold oder anderem metallischem Zierat versehen ist.

Toasten mit Mikrowellen
Brotkrumen zum Garnieren

Es gibt spezielles Zubehör für Mikrowellengeräte, das wegen seiner dünnen Metallbeschichtung recht heiß wird und die Speisen, die damit Kontakt haben, braun werden läßt. Gewöhnlich können Nahrungsmittel nicht mit Mikrowellen gebräunt werden, weil deren Energie größtenteils im Inneren der Speisen absorbiert wird, weshalb diese an der Oberfläche nicht so heiß werden, daß Bräunungsreaktionen ablaufen können.

Man sollte deshalb nicht erwarten, in der Mikrowelle Croutons oder Toast zubereiten zu können. Aber es ist möglich, mit ihr schnell frische Brotkrümel zu rösten, wenn man diese mit ein wenig Öl mischt. Das Öl absorbiert Mikrowellen, erhitzt sich und »fritiert« die Krumen.

Sind die letzten Scheiben eines Landbrotes zu altbacken, aber zum Wegwerfen zu schade, kann man sie in der Mikrowelle zu diesen Brotkrumen verarbeiten und zum Garnieren von Nudelgerichten oder Gemüse verwenden.

2–3 dicke Scheiben altbackenes Bauernbrot ohne Rinde
2 Teelöffel Olivenöl
Eine Prise grobes Salz

1. Brot in kleine Stücke brechen und in die Küchenmaschine füllen. Während das Brot auf die richtige Größe zerkleinert wird, durch das Einfüllrohr nach und nach das Öl zugeben. Mit einer Prise Salz würzen, im Schnellgang kurz untermischen.
2. Die Brösel in einer dünnen Schicht auf einer mikrowellenfesten Platte ausbreiten. Unbedeckt auf höchster Stufe für eine Minute im Gerät bräunen. Alles einmal umrühren, dann noch einmal für eine Minute einschalten, bis sie gleichmäßig geröstet sind. Sollten die Krumen zu groß und deshalb noch ein wenig feucht sein, für weitere dreißig Sekunden erhitzen. Den Vorgang sorgfältig überwachen, da die Brösel, besonders wenn sie sehr klein sind, leicht zu braun werden.

Ergibt eine gute Tasse voll (etwa 250 Milliliter).

Diese geheimnisvollen Mikrowellen   305

Können Mikrowellen aus dem Gehäuse austreten
und den Koch kochen?

Ein alter, zerbeulter Herd mit verzogener Tür könnte in der
Tat so viele Mikrowellen durch die Spalten entkommen lassen,
daß es gefährlich wird, doch bei den heutigen, sorgfältig konstruierten Modellen tritt extrem wenig Strahlung aus. Außerdem schaltet das Magnetron sich automatisch ab, sobald die
Tür geöffnet wird, worauf die Mikrowellen verschwinden wie
das Licht, wenn Sie eine Lampe ausschalten.

Was ist mit der Glastür? Mikrowellen können Glas, aber
kein Metall durchdringen. Also hat man die Glastür mit einer
perforierten Metallfolie ausgestattet, die lichtdurchlässig ist und
einen Blick ins Innere erlaubt, aber den Mikrowellen den Weg
versperrt, weil deren Wellenlänge (ca. 12 cm) für die Ausspa-
rungen in der Metallfolie schlicht zu groß ist – sie passen da
nicht hindurch. Es gibt also keinen Grund für die Annahme,
man bringe sich in Gefahr, wenn man sich einem eingeschalteten Mikrowellenherd auf weniger als etwa einen Meter nä-
hert.

Wie muß ein Gefäß beschaffen sein, daß es »mikrowellenfest« ist?

Im Prinzip ist die Antwort einfach: Das sind Gefäße, deren
Moleküle keine Dipole darstellen und die deshalb keine Mikrowellen absorbieren. Solche Moleküle werden von den Mikrowellen nicht herumgestoßen und erwärmen sich nicht. In
der Praxis ist die Antwort jedoch nicht ganz so einfach.

Überraschenderweise scheint es in unserer von vielen Menschen als überreguliert angesehenen Gesellschaft keine behörd-
liche, industrielle oder vom Handel festgelegte Definition der
Bezeichnung »mikrowellenfest« zu geben. Ich habe versucht,
bei der FDA, der Federal Trade Commission (Handelsausschuß

der USA) und der Consumer Product Safety Commission (Ausschuß für Produkt- und Verbrauchersicherheit in den USA) eine genaue Bestimmung zu bekommen, überall ohne Erfolg. Es ist mir auch nicht gelungen, irgendwelche Hersteller »mikrowellenfester« Produkte dazu zu bringen, mir mitzuteilen, weshalb sie diese Behauptung aufstellen. (Sofort Klage erheben! Sofort Sammelklage erheben!)

Es scheint also, als wären wir auf uns allein gestellt. Doch hier ein paar Grundsätze zur Orientierung:

METALLE: Weshalb Metalle besser nicht in Mikrowellenherde eingebracht werden sollten, habe ich bereits erläutert.

GLAS UND PAPIER: Glas (also normales Küchenglas, kein edles Kristallglas), Papier sowie Pergament sind immer gefahrlos zu verwenden – sie absorbieren Mikrowellen nicht. Sogenanntes Kristallglas, also Glas mit hohem Bleigehalt, absorbiert Mikrowellen in gewissem Umfang und kann deshalb möglicherweise warm werden. In einem dickeren Gegenstand könnte die Hitze vielleicht Spannungen aufbauen, die zu Brüchen führen. Es empfiehlt sich, teure Sachen nicht diesem Risiko auszusetzen.

KUNSTSTOFFE: Auch Kunststoffe absorbieren keine Mikrowellen. In der Mikrowelle zubereitete Speisen können jedoch ziemlich heiß werden, und jedes Gefäß wird dann, ungeachtet seines Grundmaterials, erwärmt. Manche schwächlichen Kunststoffbehälter, etwa dünne Frischhaltebeutel, Margarineschälchen und Styroporschalen, können durch die Hitze der Speisen sogar schmelzen. Gewisse Kunststoffbehälter für den Kühlschrank verformen sich möglicherweise. Das müssen Sie einfach ausprobieren.

KERAMIK: Tassen und Teller aus Keramik sind in der Regel in Ordnung, doch einige enthalten möglicherweise Mineralien, die die Energie der Mikrowellen absorbieren und dann heiß werden. Haben Sie Zweifel, dann testen Sie das verdächtige Objekt, indem Sie es leer, aber zusammen mit ein wenig Wasser in einem gläsernen Meßbecher aufheizen. (Das Wasser soll Mikrowellen absorbieren und damit das Problem mit dem

Diese geheimnisvollen Mikrowellen 307

leeren Mikrowellenherd ausschalten, von dem ich oben berichtet habe.)

Um uns das Leben noch etwas schwerer zu machen, können manche Krüge und Tassen aus Ton in der Mikrowelle zerbrechen, obwohl sie aus gänzlich unschuldigem Lehm bestehen, der keine Energie absorbiert. Ist die Glasur mit der Zeit abgesplittert oder rissig geworden, kann Wasser in Poren oder hohle Stellen im Ton unterhalb der Glasur eindringen, etwa beim Geschirrspülen. In der Mikrowelle beginnt das eingeschlossene Wasser dann zu sieden, und sein Dampfdruck kann die Tasse sprengen. Das kommt zwar selten vor, aber dennoch empfiehlt es sich, angeschlagene oder rissige Erbstücke nicht in der Mikrowelle zu benutzen.

Weshalb werden manche »mikrowellenfeste« Gefäße in dem Gerät dennoch heiß?

»Mikrowellenfest« heißt nur, daß der Behälter sich nicht direkt über aufgenommene Mikrowellen erwärmt. Die darin enthaltenen Speisen absorbieren die Wellen jedoch und werden deshalb auch heiß, und wie ich schon erwähnt habe, wird ein beträchtlicher Teil der Wärme auf das Geschirr übertragen. Wie heiß dieses dabei wird, hängt davon ab, wie gut es die Wärme aus dem Gericht aufnehmen kann, und verschiedene Materialien – selbst verschiedene »mikrowellenfeste« Materialien – können sich in dieser Hinsicht erheblich voneinander unterscheiden. Beim Herausnehmen eines Behälters aus der Mikrowelle sollten Sie deshalb stets Topflappen verwenden. Und wenn Sie ihn öffnen, müssen Sie sich vor aufsteigendem Dampf in acht nehmen, da dieser sehr heiß sein kann.

Ist es gefährlich, Wasser in der Mikrowelle heiß zu machen?

Nein und ja. Nein, es ist unwahrscheinlich, daß etwas Schlimmes geschieht; ja, Sie sollten vorsichtig sein. Mit in der Mikrowelle erhitztem Wasser, das noch nicht vollständig und sprudelnd kocht, kann man wirklich böse hereinfallen.

Da die Energie der Mikrowellen nur von den äußeren zwei Zentimetern des Wassers in der Tasse aufgenommen wird, muß die dabei entstehende Wärme in die inneren Zonen übergehen, ehe das gesamte Wasser gleichförmig den Siedepunkt erreicht. Dieser Wärmeübergang verläuft langsam, und so kann ein Teil des äußeren Wassers in der Tat sehr heiß werden, ehe der ganze Tasseninhalt sprudelnd kocht. Dieses Wasser im Außenbereich kann sogar über den Siedepunkt hinaus erhitzt werden, ohne zu kochen – in diesem Fall wird es als überhitzt bezeichnet, und das Ergebnis nennt man Siedeverzug. Wasser – eigentlich jede Flüssigkeit – kann über seinen Siedepunkt hinaus erhitzt werden, weil seine Moleküle, damit es sieden kann, einen Ort brauchen, an dem sie sich versammeln können, bis ihre Zahl ausreicht, eine Dampfblase bilden zu können (im Jargon der Wissenschaft: Sie benötigen Bläschenkeime). Als Bläschenkeime kommen Staubkörnchen oder winzige Verunreinigungen des Wassers in Frage, außerdem kleine Luftbläschen und sogar mikroskopische Unregelmäßigkeiten der Gefäßwand.

Nehmen Sie nun einmal an, Sie hätten sauberes, reines Wasser in einer sauberen, glatten und makellosen Tasse, so daß praktisch keinerlei Bläschenkeime vorhanden sind. Die Tasse stellen Sie in die Mikrowelle, und weil Sie es natürlich eilig haben, schalten Sie auf volle Leistung, was die äußeren Bereiche des Wassers intensiv aufheizt. Unter diesen Umständen kann es sein, daß Ihnen einige Einschlüsse mit überhitztem Wasser gelingen, die danach lechzen, heftig zu kochen, sobald sie eine Chance bekommen. Wenn Sie dann die Tür öffnen und nach der Tasse greifen, geben Sie ihnen diese Möglichkeit, weil Sie

Diese geheimnisvollen Mikrowellen

das Wasser erschüttern. Und durch diese Erschütterung findet ein Teil der »Überhitze« ihren Weg in eine geringfügig kühlere, noch nicht ganz siedende Zone und bringt diese zum Kochen. Diese Störung wiederum läßt die überhitzten Anteile ebenfalls sofort zum Sieden übergehen. Damit beginnt alles in einer unerwarteten Eruption zu sprudeln, wodurch heiße Flüssigkeit verspritzt werden kann.

Bei Wasser, das man auf dem Herd erhitzt, kommt dieser Siedeverzug deswegen nie vor, weil die Hitze unter dem Boden des Kessels ständig kleine Bläschen aus Luft und Wasserdampf erzeugt, die als Bläschenkeime dienen. So kann es nie zu einer lokalen Überhitzung kommen. Außerdem steigt das von unten beheizte Wasser andauernd auf und zirkuliert, was ebenfalls größere Hitzestaus an einzelnen Stellen verhindert.

Gehen Sie einfach auf Nummer Sicher, nehmen Sie die Tasse nicht schon aus der Mikrowelle, wenn Sie erst ein leichtes Sprudeln sehen – es könnten noch immer einige Zonen nicht richtig sieden und dann unerwartet explosionsartig aufkochen. Beobachten Sie das Wasser durch die Glastür und warten Sie einige Sekunden ab, in denen es sprudelnd kocht, ehe Sie den Herd abschalten und es herausnehmen. Dann können Sie sicher sein, daß das gesamte Wasser gut durchmischt ist und überall Siedetemperatur aufweist.

Dennoch sollten Sie heiße Flüssigkeiten jeder Art stets mit Vorsicht aus der Mikrowelle holen, da sie immer noch unerwartet aufwallen und Sie mit ihren Spritzern verbrühen könnten. Ich persönlich habe mir angewöhnt, zuerst eine Gabel in die Flüssigkeit zu tauchen, damit alle überhitzten Zonen freigesetzt werden, ehe ich sie aus dem Herd nehme.

Wenn Sie dann anschließend einen Teebeutel oder (igitt!) löslichen Kaffee in mikrowellengeheiztes Wasser geben, werden Sie noch ein schwaches Aufbrausen beobachten, doch das ist kein Sieden und harmlos, weil es vorwiegend Luftbläschen sind. Die eingebrachten Feststoffe stellen neue Bläschenkeime bereit, die zuvor nicht vorhanden waren, und diese setzen Luft frei, die ursprünglich im kalten Wasser gelöst war, aber in den wenigen Minuten des Aufheizens keine Zeit hatte, zu entweichen.

Gib der Suppe Feuer!
Sommersuppe Jadegrün

Weg mit euch, Vichyssoise (eine eiskalt servierte Lauchsuppe aus Frankreich) und Gazpacho (eine kalte Gemüsesuppe aus Spanien). Unsere Sommersuppe Jadegrün ist ebenso kühl und erfrischend.

Suppen müssen nicht stundenlang geköchelt werden. Diese hier benötigt dank der Mikrowellenzauberei nur etwa 15 Minuten. Sie könnte von einer Bauersfrau erfunden worden sein, die darauf aus war, die mittsommerliche Fülle ihres Küchengartens zu nutzen.

Diese Suppe sieht am hübschesten aus, wenn man sie in eine weiße oder hell gefärbte Schüssel löffelt und mit frischen gehackten Kräutern garniert. Warum sollte man nicht, wo sie doch so wenig Kalorien hat, noch ein wenig mehr hinzufügen? Versuchen Sie es mit einem Schuß Olivenöl extra vergine oder einem Löffelchen saurer Sahne zur Abrundung des Geschmacks.

1¼ Liter Hühnerbrühe
250 Gramm grüne Bohnen, roh geschnippelt
150 Gramm Romana-Salat, kleingeschnitten
250 Gramm rohe Zucchini, in Stücke geschnitten
250 Gramm frische grüne oder tiefgefrorene Erbsen
100 Gramm Selleriestangen, kleingeschnitten
50 Gramm Lauchzwiebeln, grüne und weiße Anteile, kleingeschnitten
1 Bund Petersilie, gehackt
Salz und frischgemahlener schwarzer Pfeffer
Frische Kräuter, gehackt
Olivenöl oder saure Sahne (wenn gewünscht)

1. Hühnerbrühe, Bohnen, geschnittenen Romana-Salat, Erbsen, Sellerie, Lauchzwiebeln und Petersilie in eine große Glasschüssel geben. Mit einem Papierteller abdecken und in der Mikrowelle

für 15 Minuten auf höchster Stufe erhitzen – das Gemüse muß weich sein.

2. Die Mischung sollte sehr heiß sein. Vorsichtig aus der Mikrowelle nehmen und ein wenig abkühlen lassen. Im Mixer gründlich pürieren, bis alles glatt ist – nicht alles auf einmal, sondern nach und nach jeweils etwa einen Viertelliter in den Mixer nachgießen. Großzügig mit Salz und Pfeffer würzen, da der Geschmack der Suppe, wenn sie kalt serviert wird, ein wenig abgeschwächt ist. Nun die Suppe auf mehrere kleine Behälter verteilen und weiter abkühlen lassen, ehe sie in den Kühlschrank kommt, da sonst dessen übriger Inhalt zu warm werden könnte.

3. Jede Portion mit gehackten frischen Kräutern garnieren. Man kann auch einen Spritzer Olivenöl oder einen Schlag saure Sahne hinzugeben, wenn man das mag.

Man beachte: Soll die Suppe auf dem Herd zubereitet werden, füllt man Brühe und Gemüse in einen großen Kochtopf und läßt alles, lose zugedeckt, 15–20 Minuten schwach köcheln. Dann geht es wie unter Punkt 2 weiter.

Ergibt 6–8 Portionen.

Wird in der Mikrowelle die molekulare Struktur von Nahrungsmitteln verändert?

Ja, selbstverständlich. Den Vorgang nennt man »Garen«. Alle Garmethoden verursachen chemische und molekulare Veränderungen in unserer Nahrung. Ein gekochtes Ei unterscheidet sich in seiner chemischen Zusammensetzung ganz gewiß von einem rohen Ei.

Zerstören Mikrowellen die Nährstoffe in Lebensmitteln?

Keine Garmethode wird Mineralien zerstören. Aber beispielsweise zerstört Hitze Vitamine, ungeachtet der Methode, nach der man die Speisen kocht.

Weil die Speisen in der Mikrowelle ungleichmäßig erhitzt werden, sind Teile der Nahrungsmittel weit höheren Temperaturen ausgesetzt als bei anderen Verfahren. Es kann also sein, daß einiges an Vitaminen zerstört wird. Doch selbst wenn die Mikrowellen den gesamten Gehalt an Vitamin X in Ihrem Gericht zerstören sollten, dürfte es sicherlich in keiner Weise ungesund sein, ab und zu etwas zu essen, was kein Vitamin X enthält. Bei ausgewogener Ernährung muß nicht jedes Gericht alle Vitamine und Mineralien enthalten.

Warum werden die in der Mikrowelle gegarten Speisen schneller kalt als jene, die auf einem herkömmlichen Herd gekocht wurden?

Die Antwort könnte Sie verblüffen, weil sie enttäuschend schlicht ausfällt: Vielleicht war das Gericht aus der Mikrowelle von Anfang an nicht so heiß.

Wie Nahrungsmittel sich in der Mikrowelle erwärmen, hängt von vielen Faktoren ab, etwa von der Art, der Menge oder der Dicke der Speise. Falls zum Beispiel der gewählte Zyklus für das Ein- und Ausschalten des Magnetrons nicht genau auf das spezielle Gericht und dessen Behälter abgestimmt ist, es nicht sorgfältig genug umgerührt oder in Rotation versetzt wird oder falls das Gefäß nicht zugedeckt wurde, um den Dampf darin festzuhalten, dann wird die Wärme möglicherweise nicht gleichmäßig über die ganze Speise verteilt. Deren Randbereiche sind dann vielleicht siedend heiß, während die inneren Zonen noch relativ kühl erscheinen. Dadurch ist die durchschnittliche Temperatur möglicherweise niedriger, als Sie glauben, weshalb alles schneller auf Raumtemperatur abkühlt.

In einem konventionellen Backrohr dagegen ist das Nahrungsmittel längere Zeit hindurch von heißer Luft umgeben, so daß die Wärme reichlich Zeit hat, sich in alle Bereiche des Gerichts vorzuarbeiten. So erreichen die Speisen schließlich dieselbe Temperatur wie die Luft im Rohr (soweit Sie Ihren

Diese geheimnisvollen Mikrowellen 313

Braten nicht vorsätzlich innen roh belassen wollen) und brauchen länger, bis sie abgekühlt sind.

Es gibt noch einen Grund: In einem herkömmlichen Herd wird das Kochgefäß ebenso heiß wie die Luft im Backrohr und leitet seine Wärme direkt an die Speisen weiter. »Mikrowellenfeste« Behälter sind dagegen speziell dafür konstruiert, sich nicht zu erwärmen. Deshalb sind Speisen in der Mikrowelle in Kontakt mit einem Behälter, der kühler ist als sie selbst, was ihnen einiges von ihrer Hitze abzieht.

Zum Schluß noch zwei merkwürdige Mikrowellenrätsel, die ich auf Wunsch ängstlicher und verwirrter Heimköche lösen sollte.

(1) Wenn ich in der Mikrowelle frische Erbsen zubereite, kocht das Wasser auf und spritzt aus dem Behälter. Wenn ich das dagegen mit Erbsen aus der Dose mache, benehmen die sich anständig. Was ist der Unterschied?

Die Energie der Mikrowellen wird in erster Linie vom Wasser der Speisen absorbiert. Die mit Wasser vollgesogenen Erbsen aus der Dose und die sie umgebende Flüssigkeit nehmen die Mikrowellen ziemlich gleich schnell auf, weshalb sie auch mehr oder weniger gleichzeitig heiß werden. Beginnt das Wasser zu sieden, besitzen die Erbsen dieselbe Temperatur, worauf Sie zweifellos alles als gar ansehen und den Herd abschalten.

Die frischen Erbsen enthalten dagegen weit weniger Wasser und absorbieren die Mikrowellen nicht so bereitwillig wie das sie umgebende Wasser, das sich deshalb rascher erwärmt. Doch die relativ kühlen Erbsen verhindern, daß das Wasser gleichmäßig aufgeheizt wird. Gleichzeitig stellen die Erbsen Ansatzpunkte für die Blasenbildung (im Jargon der Wissenschaft: Bläschenkeime) dar, was das Wasser ermutigt, überall dort heftig aufzuwallen, wo es heiß ist. All das läuft ab, bevor die Erbsen richtig gar sind und Sie glauben, sie aus dem Herd nehmen zu können.

Sie könnten es einmal mit einer niedrigeren Leistungsstufe versuchen, bei welcher der Mikrowellenherd sich periodisch ein- und ausschaltet. Das gibt dem Wasser Zeit, seine Wärme an die Erbsen abzugeben. Auf diese Weise sind sie gar, ehe das Wasser eine Möglichkeit findet, überzukochen.

Noch besser ist es, wenn Sie Tiefkühlerbsen kaufen. Der Hersteller hat ausprobiert, wie man sie in der Mikrowelle am besten gart, und die Anweisung ist gleich auf der Packung nachzulesen.

(2) Als ich tiefgefrorenes Mischgemüse in einer gläsernen Schüssel in der Mikrowelle erhitzte, begann es plötzlich Funken zu sprühen, als würde es Metall enthalten. Ich schaltete den Herd schnell ab und untersuchte das Gemüse, konnte jedoch keine Metallteilchen finden. Aber das Gemüse war durch die Funken schwärzlich angekokelt! Ich wiederholte es mit einer frischen Packung derselben Marke, und es passierte wieder. Der Mann vom Mikrowellen-Kundendienst erzählte mir etwas anderes als die Beschwerdeabteilung im Supermarkt, die meine Beschwerde an ihren Lieferanten weiterreichte, welcher den Fall an seine Versicherung abgab. Was ging da eigentlich vor sich?

Da wurde ausgiebig Schwarzer Peter gespielt. Ach so, Sie meinten: in Ihrer Mikrowelle?

Immer mit der Ruhe. Gehen Sie nicht vor Gericht. In Ihrem Gemüse waren keine Metalle enthalten. Ich wette, vor allem die Karotten waren verkohlt, richtig? Nun, wahrscheinlich hat sich folgendes ereignet:

Tiefgefrorene Nahrungsmittel enthalten gewöhnlich Eiskristalle. Festes Eis absorbiert, wie ich oben ausgeführt habe, die Mikrowellen nicht annähernd so gut wie flüssiges Wasser. Die Auftauschaltung von Mikrowellenherden ist deshalb nicht dafür ausgelegt, das Eis direkt zu schmelzen, sondern arbeitet in

Diese geheimnisvollen Mikrowellen   315

kurzen Intervallen, in denen die Speisen erhitzt werden, wobei die Wärme zwischen den Heizphasen Zeit hat, sich zu verteilen und das Eis schmelzen zu lassen.

Sie hatten aber nicht das Auftauprogramm gewählt, oder? Möglicherweise ist Ihr Gerät ja auch nicht damit ausgestattet. Jedenfalls haben Sie den Herd auf eine hohe Stufe im Dauerbetrieb eingestellt, wodurch eng umrissene Bereiche des Gerichts sehr stark erhitzt wurden, ohne daß die Wärme genug Zeit bekam, sich im gesamten Schüsselinhalt auszubreiten. Deshalb brannten diese eng umrissenen Bereiche an und verkohlten schließlich.

Warum die Karotten, und warum die Funken? (Das werden Sie mit Vergnügen lesen.) Erbsen, Mais, Bohnen und was sonst noch alles sind eher rund, während Karotten meist gewürfelt oder gestiftet werden, was scharfe Ränder ergibt. Diese dünnen Randzonen vertrockneten und verkohlten schneller als das übrige Gemüse. Nun kann aber ein verkohlter, scharfer Rand oder eine Spitze sich wie die Spitze eines Blitzableiters verhalten, die elektrische Energie auf sich zieht und diese davon abhält, anderswo einzuschlagen (im Jargon der Wissenschaft: In der Umgebung elektrisch leitender scharfer Spitzen entwickelt sich ein elektrisches Feld mit stark verdichtetem Gradienten). Die hochverdichtete, von den Karotten angezogene Energie erzeugt diese Funken.

Ich weiß, das klingt ein wenig weit hergeholt, ist aber ganz logisch. Das ist schon öfter vorgekommen. Nächstes Mal sollten Sie das Programm »Gemüse auftauen« oder eine andere Schaltung mit niedriger Leistungsabgabe wählen. Oder Sie geben einfach so viel Wasser dazu, daß das Gemüse völlig bedeckt ist.

Jedenfalls ist Ihre Mikrowelle wirklich nicht vom Teufel besessen.

9. KAPITEL

Gerätschaften und Technologie in der Kochkunst

Wie andere Künstler verfügen auch die Köche unserer Tage, bildlich gesprochen, über ihre eigenen Paletten und Pinsel, nämlich über ein Arsenal von Ausrüstungsgegenständen, mit dem überlieferte Tätigkeiten leichter und neue Tätigkeiten erst möglich gemacht werden. Die Küchen von heute sind mit zahlreichen mechanischen und elektrischen Geräten ausgestattet, angefangen beim schlichtesten Mörser mit seinem Pistill bis hin zu technisch höchst ausgeklügelten Mikrowellenöfen und Herden.

Als Spezies haben wir uns so weit von Holzfeuern, heißen Steinen und Geschirr aus gebranntem Ton entfernt (ob künftige Archäologen wohl Überreste von Brotmaschinen aus dem frühen 21. Jahrhundert ausgraben werden?), daß wir möglicherweise nicht einmal mehr wissen, wie manche unserer Geräte funktionieren. Wir gebrauchen sie, und oft gebrauchen wir sie falsch, ohne sie ganz zu verstehen.

Mikrowellenherde waren erst der Anfang. Begleiten Sie mich nun in eine Küche, die angefüllt ist mit solchen High-Tech-Scherzen wie magnetischen Induktionsspulen, Lichtöfen, Thermistoren (»Heißleitern«) und Computer-»Gehirnen«, die manchmal mehr zu wissen scheinen als man selbst. Unterwegs werden wir erfahren, wie wir unsere vertrauten alten Bratpfannen, Meßbehälter, Messer und Backpinsel am vorteilhaftesten benutzen.

Am Ende schließen wir uns noch Alice im Wunderland an – ein angemessener Ort, um unsere Reise durch die einzigen Orte der Welt abzuschließen, wo sich noch jeden Tag Wunder ereignen: in unseren chaotischen und wundervollen Küchen.

Utensilien und Verfahren
Pfanne mit beschränkter Haftung?

Warum bleibt an Kochgefäßen mit Antihaftbeschichtung absolut nichts haften? Und wenn diese Beschichtung schon an rein gar nichts haftet, wie schaffen die es dann, daß sie an der Pfanne haftet?

Haftung verläuft in beiden Richtungen. Damit so etwas wie Anhaften geschehen kann, muß es ein Haftmittel geben, und dazu etwas, was verhaftet, Entschuldigung, verklebt wird. Zumindest einer der beiden Beteiligten muß klebrig sein.

Quiz: Finden Sie heraus, wer bei den nachfolgend genannten Paaren der klebrige Partner ist: Leim und Papier; Kaugummi und Schuhsohle; Dauerlutscher und kleiner Junge.

Sehr gut.

In jedem Fall muß einer aus dem Paar Moleküle besitzen, die sich mit Wonne an anderen festklammern. Leim, Kaugummi und Dauerlutscher enthalten Moleküle, die für ihre wahllose Leidenschaft berüchtigt sind: Fast alles kann zum Objekt ihrer Begierde werden. Chemiker erschaffen vorsätzlich Klebstoffe, die zu möglichst vielen Substanzen starke, haltbare Bindungen herstellen.

Doch weit drüben auf der anderen Seite gibt es PTFE, diese schwarze Antihaftbeschichtung auf der Pfanne. Deren Moleküle weigern sich einfach, Haftmittel zu sein *oder* sich irgendwo ankleben zu lassen, ganz egal, wer der potentielle Partner sein mag. Und in der chemischen Welt der intermolekularen Anziehungskräfte ist das äußerst ungewöhnlich. Selbst der stärkste Sekundenkleber haftet nicht an PTFE.

Was ist an diesem PTFE, was andere Moleküle nicht haben?

Diese klebrige Frage stellte sich 1938, als ein Chemiker namens Roy Plunkett bei der Firma E. I. DuPont de Nemours Corp. eine neuartige chemische Substanz zusammenbraute, die von den Chemikern als *Polytetrafluoräthylen* bezeichnet wird, aber zum Glück das Kürzel PTFE mitbekam und von DuPont unter der Schutzmarke *Teflon* auf den Markt gebracht wurde.

Utensilien und Verfahren

Nachdem Teflon in vielfältigen industriellen Anwendungen eingesetzt worden war, etwa in gleitfähigen Kugellagern, die kein Öl benötigen, tauchte es in den 60ern allmählich in der Küche auf – als Beschichtung von Bratpfannen, die im Handumdrehen wieder sauber waren, weil sie gar nicht erst schmutzig wurden.

Die modernen Varianten sind unter vielen Markennamen bekannt, bestehen aber im wesentlichen aus PTFE, kombiniert mit verschiedenen Verfahren, es an der Pfanne haften zu lassen, was, wie Sie sich vorstellen können, nicht ganz einfach ist. Ich werde darauf zurückkommen. Aber zunächst wollen wir zu verstehen versuchen, warum Eier die Neigung zeigen, an einer nicht antihaftbeschichteten Pfanne klebenzubleiben:

Gegenstände können entweder aus vorwiegend chemischen oder vorwiegend mechanischen Gründen aneinander haften (und auch wieder voneinander gelöst werden). Zwischen Proteinmolekülen und Metallen bestehen zwar geringe Anziehungskräfte, doch ein Ei haftet vor allem auf mechanischem Weg an der Pfanne – das gerinnende Eiweiß krallt sich an mikroskopisch kleinen Erhebungen und in winzigen Spalten fest. Wenn Sie Küchengeräte aus Metall zu heftig einsetzen und damit Kratzer in Ihre Pfannen machen, wird das eher noch schlimmer. Ich verwende teflonbeschichtete Schaber, und das sogar bei Pfannen mit Metalloberfläche.

Um das mechanische Anhaften möglichst gering zu halten, verwenden wir zum Kochen Öl. Es füllt die Spalten und läßt das Ei auf einer dünnen Flüssigkeitsschicht über den Erhebungen schwimmen. (Das funktioniert mit jeder Flüssigkeit, doch in einer heißen Pfanne würde Wasser nicht so lange erhalten bleiben, daß es viel nützen könnte, falls Sie nicht sehr viel davon nehmen. Aber dann hätten Sie am Ende ein pochiertes Ei und kein Spiegelei.)

Demgegenüber ist die Oberfläche der Pfannen mit Antihaftbeschichtung in mikroskopischem Maßstab extrem glatt. Weil hier praktisch keine Risse vorhanden sind, können die Speisen sich an nichts festkrallen. Diesen Vorzug weisen natürlich auch Glas und viele Kunststoffe auf, doch Teflon ist unverwüstlich und hält hohe Temperaturen gut aus.

Allerdings spielt auch das chemische Anhaften eine wichtige Rolle. Die stärksten Haftkräfte überhaupt, etwa in Klebstoffen, beruhen weitgehend auf jenen Anziehungskräften zwischen Molekülen, die ich angesprochen habe. Um sie wieder lösen zu können, ist chemische Kriegführung erforderlich. Die Kaugummireste auf Ihren Schuhsohlen kriegen Sie zum Beispiel mit Farb- oder Universalverdünnung (Mineralöldestillaten) auch dann noch ab, wenn Sie mit dem mechanischen Abkratzen gescheitert sind.

In der Küche können die Atome oder Moleküle der Pfannenoberfläche schwache Bindungen zu gewissen Molekülen von Nahrungsmitteln herstellen. Die Moleküle von PTFE sind jedoch insofern einzigartig, als sie keinerlei Bindungen zu anderen Molekülen eingehen. Warum? PTFE ist ein Polymer, das nur aus den Atomarten Kohlenstoff und Fluor besteht, wobei auf jeweils zwei Atome Kohlenstoff vier Atome Fluor kommen. Tausende dieser sechsatomigen Moleküle sind zu gigantischen größeren Molekülen verknüpft. Diese ähneln einem langen Rückgrat, aus dem die Fluoratome herausragen wie die Borsten bei einer behaarten Raupe.

Nun ist Fluor von allen Atomen dasjenige, welches am wenigsten Neigung zeigt, mit irgend etwas zu reagieren, sobald es sich erst einmal gemütlich mit einem Kohlenstoffatom verbunden hat. Die borstig abstehenden Fluoratome von PTFE stellen somit eine wirksame Hülle nach Art einer Raupenrüstung dar, mit der die Kohlenstoffatome davor bewahrt werden, sich mit anderen möglicherweise auftauchenden Molekülen zu verbinden. Deshalb bleibt an PTFE nichts haften, auch nicht die Moleküle von Eiern, Schweinekoteletts oder diesen weichen Brötchen, den Muffins. PTFE erlaubt es selbst den meisten Flüssigkeiten nicht, sich so stark anzuheften, daß seine Oberfläche benetzt würde. Sie können das sehen, wenn Sie ein paar Tropfen Wasser oder Öl auf eine Pfanne mit Antihaftbeschichtung träufeln.

Was uns (endlich) zu der Frage bringt, wie die Hersteller es anstellen, daß die Beschichtung überhaupt an der Pfanne haftet. Vermutlich ahnen Sie bereits, daß sie eher eine Vielfalt mechanischer als chemischer Verfahren anwenden, um die Pfannenoberfläche so aufzurauhen, daß die aufgesprühte PTFE-Beschichtung gut verankert wird. Aufgrund dramatischer Verbesserungen bei diesen Methoden sind die heutigen antihaftbeschichteten Kochgefäße weit besser als die dünnen, abschilfernden und für Kratzer anfälligen Beschichtungen früherer Jahre. Manche Hersteller trauen ihren Pfannen sogar zu, daß man sie mit Küchenwerkzeug aus Metall mißhandelt.

Es gibt einige Arten von Antihaftbeschichtungen, und die meisten beruhen nach wie vor auf PTFE. Bei einem Verfahren zum Beispiel werden winzige Tröpfchen weißglühend geschmolzenen rostfreien Stahls unter hohem Druck auf die Oberfläche einer Pfanne aus rostfreiem Stahl geblasen. Die Tröpfchen zerplatzen und verschweißen mit der Pfanne, was eine zerklüftete, gezähnte Oberfläche ergibt. Nun sprüht man mehrere Lagen auf PTFE beruhender Substanzmischungen auf, die eine dicke, kräftige und mit den mikroskopisch kleinen Stahlzähnchen fest verbundene Beschichtung bilden. Dieses spezielle Verfahren (Excalibur der US-Firma Whitford Corp.) funktioniert nur mit rostfreiem Stahl, aber andere Prozesse, etwa das Autograph-Verfahren von DuPont, arbeiten mit Aluminium.

Braten sollst du!

(... ich bitte alle Krimiautoren um Verzeihung, die ebenfalls nicht der Versuchung widerstehen konnten, eine Anspielung auf den elektrischen Stuhl zu verwenden.)

Ich möchte eine universell einsetzbare Bratpfanne von hoher Qualität kaufen, aber es gibt so viele verschiedene Arten von Metallen und Be-

schichtungen, daß ich nicht überblicke, was am besten geeignet ist. Worauf sollte ich achten?

Als erstes sollten Sie schon mal Ihre Geldbörse lockermachen, denn Sie reden von »hoher Qualität«, und das kommt nicht billig.

Die ideale Bratpfanne verteilt die Wärme des Brenners gleichmäßig über ihre Oberfläche, überträgt sie rasch auf die Speisen und reagiert sofort auf Änderungen der Brennereinstellung. Das läßt sich auf zwei Eigenschaften eindampfen: Dicke und Wärmeleitfähigkeit. Halten Sie also Ausschau nach einer dicken Pfanne aus einem Metall, das die Wärme möglichst effizient überträgt.

Eine Bratpfanne sollte aus einem Metall schweren Kalibers bestehen, denn je mehr Masse sie hat, desto besser kann sie die Hitze halten. Wenn Sie Zutaten mit Zimmertemperatur in eine heiße, dünne Pfanne legen, kann dem Metall so viel Wärme entzogen werden, daß es bis unter die optimale Gartemperatur abkühlt. Zudem werden die heißesten Zonen der Brennerflamme über den Boden einer dünnen Pfanne direkt auf das Bratgut durchgeleitet und nicht seitlich verteilt, was dort verbrannte oder versengte Stellen hinterläßt. Eine dicke Pfanne hingegen verfügt über ausreichende Wärmereserven (»Wärmeträgheit«), weshalb sie trotz solcher Wechselfälle eine konstante Gartemperatur aufrechterhalten kann.

Die wichtigste Eigenschaft für das Metall einer Bratpfanne ist, wie gut es Wärme übertragen kann – es muß über eine hohe Wärmeleitfähigkeit verfügen. Das gilt aus drei Gründen:

Erstens sollte die Pfanne die Hitze des Brenners rasch und effizient auf die Speisen übertragen. In einer Pfanne aus Glas oder Porzellan würde das Braten nicht besonders zufriedenstellend verlaufen, weil beide die Wärme furchtbar schlecht leiten.

Zweitens sollten alle Bereiche der Pfannenoberfläche die gleiche Temperatur aufweisen, damit alle Teile des Bratguts trotz ungleichmäßiger Temperaturverteilung des Brenners den gleichen Bedingungen ausgesetzt sind. Die separaten Flammenzungen der Gasbrenner heizen den Pfannenboden dort am stärksten auf, wo sie ihn berühren, und elektrische Herdplatten werden mit heißen Metallspulen beheizt, zwischen denen kühlere Zonen liegen. Ein Pfannenboden mit guter Wärmeleitung gleicht diese Unregelmäßigkeiten rasch aus.

Drittens soll die Pfanne schnell darauf ansprechen, wenn Sie die Regelung des Brenners nach oben oder unten verstellen. Beim Braten und Sautieren besteht ein ständiger Widerstreit: Das Bratgut soll auf hoher Temperatur gehalten werden, aber nicht verbrennen, und so müssen Sie häufig den Brenner einregulieren. Eine Pfanne aus hoch leitfähigem Metall reagiert rasch auf solche Veränderungen.

Also gut, welches Metall ist am besten geeignet?

Und der erste Preis geht an … Silber! Die beste Bratpfanne der Welt hätte einen schweren Boden aus dem einen Metall, das Wärme besser leitet als alle anderen: Silber.

Sie sagen, Sie können sich eine Bratpfanne aus Sterling-Silber nicht leisten? Nun, es gibt einen knapp dahinterliegenden Zweiten, nämlich Kupfer, das über 91 % der Wärmeleitfähigkeit des Silbers verfügt. Zu viel Kupfer in der Nahrung kann jedoch ungesund sein, und deshalb müssen die Innenflächen von Kupferpfannen mit einem weniger giftigen Metall ausgekleidet sein. Jahrelang hat man hierfür Zinn eingesetzt, doch es ist weich und schmilzt schon bei 232 °C. Mit der neuzeitlichen metallurgischen Technik lassen sich aber auch dünne Schichten aus Nickel oder rostfreiem Stahl mit den Innenflächen von Kupferpfannen verbinden.

Meiner Ansicht nach können Sie also nichts Besseres finden als eine schwere Kupferbratpfanne, die mit rostfreiem Stahl oder Nickel ausgekleidet ist. Leider müssen Sie vielleicht einen Teil Ihres anderen edlen Geschirrs verscherbeln, um sich eine leisten zu können. Es ist das teuerste Kochgeschirr, weil Kupfer stärker zu Buche schlägt als Aluminium oder rostfreier Stahl, weil es ein schwierig zu bearbeitendes Metall ist und weil es

324 Gerätschaften und Technologie in der Kochkunst

überdies nicht einfach ist, Kupfer im Rahmen einer Massen-
produktion mit einer Auskleidung aus Stahl oder Nickel zu
verbinden.

Welches Metall folgt dann auf dem nächsten Platz? Aluminium. Es ist sehr billig, leitet aber die Wärme immerhin mit
55 % der Leitfähigkeit des Silbers – im Derby der Wärmeübertragung kommt es noch lange nicht unter »ferner liefen« ein.
Eine dicke Aluminiumpfanne kann sehr gut zum Braten und
Sautieren eingesetzt werden, und sie hat außerdem den Vorteil, daß ihr Gewicht (die Dichte) nur 30 % von dem des Kup-
fers beträgt.

ABER (denn es gibt immer ein Aber): Aluminium wird von
den Säuren der Speisen leicht angegriffen, weshalb man es
ebenfalls oft mit einer chemisch beständigen Beschichtung wie
zum Beispiel rostfreiem Stahl der Klasse 18/10 versieht: Es
handelt sich dabei um eine Legierung mit 18 % Chrom und
10 % Nickel. Eine harte Schicht aus rostfreiem Stahl beseitigt
auch das Hauptproblem des Aluminiums – es ist nämlich relativ weich. Es läßt sich leicht zerkratzen, und an einer Pfannenoberfläche mit Kratzern bleiben die Speisen haften.

Aluminium ist jedoch auch auf andere Weise zu schützen.
Man kann seine Oberfläche elektrochemisch in eine Schicht
dichten, harten, chemisch nicht reaktionsfreudigen Alumini-
umoxids verwandeln. Diesen Vorgang bezeichnet man als
anodische Oxidation – in einem Bad aus Schwefelsäure läßt
man zwischen dem Aluminium und einer anderen Elektrode
elektrischen Strom fließen. Die ansonsten weiße oder farblose, durch einen Farbstoff im Säurebad jedoch schwarzge-
färbte Oxidschicht schützt die Aluminiumoberfläche sowohl
mechanisch – sie ist um 30 % härter als rostfreier Stahl – als
auch vor den Säuren, obwohl das Oxid von alkalischen Chemikalien wie etwa Spülmitteln angegriffen wird. Die anodisch
oxidierte Oberfläche ist auch weniger anfällig für das Anhaften
der Speisen, aber keine echte Antihaftbeschichtung. Eine
wirklich schwere Bratpfanne aus Aluminium mit anodisch be-
handelter Oberfläche ist es sicherlich wert, für den Kauf in Be-

Braten sollst du!

tracht gezogen zu werden. Sie sollte mindestens 4 Millimeter dick sein.

Stahl mit der Bezeichnung »rostfrei« belegt im Qualitätsfeld der Bratpfannen den letzten Platz, da er unter allen Materialien für Pfannen mit 4 % des Wertes für Silber der schlechteste Wärmeleiter ist. Neu kann er glänzend und hübsch aussehen, doch die Bezeichnung »rostfrei« ist irreführend, denn er korrodiert oder rostet in Wahrheit sehr wohl: Salz kann ihn anfressen, und bei hohen Temperaturen kommt es zu Farbveränderungen.

Die jeweiligen Vorzüge von Kupfer, Aluminium und rostfreiem Stahl lassen sich im Verbund verschiedener Metallschichten vereinigen, wie wir bei Kupfer und Aluminium mit einer Auskleidung aus rostfreiem Stahl gesehen haben. Zum Beispiel gibt es Pfannen mit einem Aluminiumkern, der zwischen zwei Schichten aus rostfreiem Stahl liegt. Bei den Pfannen einer anderen Serie liegt die Aluminiumschicht zwischen Stahl innen und Kupfer außen, doch oft ist das Kupfer nichts als Kosmetik, weil es nicht dick genug ist. Und da wir schon von Schichten sprechen: Sie können natürlich bei vielen dieser Pfannen eine Ausführung wählen, die innen mit einer Antihaftbeschichtung versehen ist[*].

Ganz zum Schluß kommt noch die erschwinglichste von allen, nämlich die gute alte Bratpfanne aus schwarzem Gußeisen, die eine Klasse für sich darstellt. Mit ihr pflegen die Hausfrauen in den Comics ihren Männern eins über den Kopf zu geben. Sie ist dick und schwer (Eisen hat 80 % des spezifischen Gewichts von Kupfer), leitet aber mit 18 % des Wertes von Silber die Wärme nur schlecht. Folglich ist eine Pfanne aus Gußeisen schwer aufzuheizen, aber sobald sie erst heiß ist – und sie kann auf deutlich über tausend Grad erwärmt werden, ohne sich zu verziehen oder zu schmelzen –, wird sie die Hitze ausdauernd aufrechterhalten. Das macht sie zu einer ausgezeichneten

---

[*] In Deutschland ist das Angebot verschiedener Hersteller ziemlich vielfältig – die angeführten Kriterien gelten jedoch sinngemäß genauso. – Anm. d. Ü.

Pfanne für bestimmte Anwendungen, bei denen für längere Zeit eine hohe, gleichmäßige Temperatur beibehalten werden muß. Eine solche Pfanne sollten Sie also für häusliches Geflügelbraten wie auch für häusliches »Eins-Überbraten« bereithalten, aber sie ist nicht das Allzweckwerkzeug, nach dem Sie sich erkundigt haben.

Magnetische Zaubereien

Wie kann ich meine Küchenmesser am besten aufbewahren? Hängt man sie an einer Magnetschiene auf, dann kann es, wie ich gelesen habe, dazu kommen, daß die Klingen beschädigt werden. Stimmt das?

Nein. Ob Sie es glauben oder nicht, aber an einer Magnetschiene könnten Ihre Messer sogar länger scharf bleiben. In einem jener Hochglanzkataloge mit technischen Scherzartikeln, die keiner braucht, habe ich doch tatsächlich ein magnetisches Gehäuse zur Aufbewahrung des Rasierapparates entdeckt, das zwischen den Rasuren angeblich die Klinge scharf halten soll. (Wie sie allerdings zwischen zwei Rasuren stumpf werden sollte, wurde nicht erläutert.)

Wie Sie vielleicht bemerkt haben, werden Messer an einer Magnetschiene selbst magnetisch (heben Sie versuchsweise einmal Büroklammern damit auf). Und laut Professor Bob O. Handley vom Fachbereich Materialforschung und Ingenieurwesen am Massachusetts Institute of Technology (MIT) wird ein magnetisiertes Stück Stahl ein wenig steifer als im nicht magnetisierten Zustand. Es kann dann möglicherweise etwas schärfer zugeschliffen werden und bleibt im Gebrauch vielleicht länger scharf.

Darauf sollten Sie sich jedoch nicht verlassen. Es gibt Messerklingen aus verschiedenen Stahllegierungen, von denen einige vielleicht nicht sehr lange magnetisch bleiben. Außer-

Magnetische Zaubereien   327

dem ist der Versteifungseffekt wahrscheinlich in keinem Fall
besonders groß.

Andererseits können Sie Ihre Messer an der Magnetschiene
tatsächlich beschädigen, wenn Sie sie allzu sorglos aufhängen
oder abnehmen und dabei mit der Schneide anstoßen oder
diese darüber hinwegziehen. So kann die Geschichte aufge-
kommen sein, Magnetschienen würden die Schneiden stumpf
machen.

Falls Sie befürchten, Scharten in die Klingen zu schlagen,
wenn Sie Ihre Messer zu hastig von der Magnetschiene pflük-
ken, sollten Sie die Messer vielleicht eher in einem Holzklotz
auf der Arbeitsplatte aufbewahren. Manche halten das sogar für
die beste Methode. Aber wer, außer vielleicht ein Fernsehkoch
oder die Empfänger von Hochzeitsgeschenken, besitzt schon
eine Garnitur perfekt abgestufter Messer, von denen jedes in
seinem genau passenden Schlitz im Holz steckt? Der Nachteil
ist, daß die Schlitze schwer zu reinigen sind und Sie an den
herausragenden Messergriffen nicht leicht erkennen können,
nach welchem Messer Sie gerade greifen. Mit einer Magnetschiene an der Wand können Sie für jede Aufgabe sofort das
richtige auswählen.

Wie jedes kulinarische Lehrbuch warnt, ist nur ein scharfes
Messer ein ungefährliches Messer – es rutscht nicht von den
Speisen auf den Finger ab. Es gibt im Handel sehr gute elektrische und manuelle Geräte zum Schärfen der Messer – damit
ist die seit langer Zeit bewährte, aber auch viel Zeit raubende
Methode, sie auf einem Stein zu wetzen, nicht länger notwendig.

Eine Warnung allerdings: Jene brutalen Schärfgeräte, in denen das Messer durch zwei ineinander verschränkte Scheiben-
sätze gezogen wird, schaben ganze Metallpartikel ab, die an der
Klinge haften, falls diese magnetisiert ist (diese Geräte sind
nicht zu empfehlen, wenn Sie keine Messer mögen, die fortwährend dünner werden). Es ist aber auch nicht gerade schön,
Metallteilchen zu verzehren, weshalb Sie das Messer, wenn Sie
ein solches Gerät benutzt haben, mit einem feuchten Papier-

tuch abwischen sollten. Das ist vor allem dann eine gute Idee, wenn Ihre Messer an der Magnetschiene hängen, gleichgültig, womit Sie sie schärfen, weil abgetragene Metallteilchen unsichtbar klein sein können.

Pinsel abpinseln

Wie es scheint, gelingt es mir nicht, meine Backpinsel sauberzuhalten oder unbeschädigt zu lassen. Im letzten Jahr dürfte ich bestimmt zehn neue gekauft haben. Irgendwelche Vorschläge?

Ja. Gründlich waschen und nicht für Zwecke verwenden, für die sie nicht gemacht sind.

Wurde ein Backpinsel dazu benutzt, etwas mit Eigelb oder zerlassener Butter zu bestreichen, dann verklebt er und wird ranzig, wenn Sie ihn nicht sorgfältig waschen, bevor Sie ihn wieder verstauen. Tauchen Sie ihn in heißes Wasser und erzeugen Sie Schaum, indem Sie damit auf einem Seifenstück herumwischen – so, als würden Sie einen Rasierpinsel einschäumen. Anschließend drücken Sie die Borsten wiederholt gegen Ihre Handfläche, um den Schaum einzuarbeiten. Sie können ihn aber auch mehrmals kräftig in ein Gefäß mit heißem Wasser und Spülmittel drücken. In beiden Fällen sollten Sie ihn gründlich mit heißem Wasser nachspülen und an der Luft trocknen lassen, ehe Sie ihn wieder in die Schublade legen.

Was die Beschädigungen angeht: Sie sollten einen Backpinsel niemals mit einem Bratenpinsel verwechseln, wie das in einigen Artikeln in beliebten Zeitschriften zum Thema Essen getan wurde. Das sind zwei verschiedene, für unterschiedliche Aufgaben konzipierte Werkzeuge. Backpinsel sind nicht dafür gedacht, Hitze auszuhalten. Ihre weichen, natürlichen Schweineborsten können schmelzen, wenn man mit ihnen Fett oder Sauce auf heiße Bratenstücke im Backrohr oder auf dem Grill aufträgt. Dagegen können die Bratenpinsel mit ihrem längeren

Schnell fettig gemacht 329

Stiel und den steiferen synthetischen Borsten die Hitze vertragen, ohne zu schmelzen. Und so wie ein Backpinsel nicht zum Einpinseln von Braten verwendet werden sollte, ist ein Bratenpinsel zu unelastisch, als daß man ihn für zartes Gebäck verwenden könnte.

Die billigen Farbpinsel mit unlackiertem Holzgriff und weißen Naturborsten im Eisenwarenladen oder Baumarkt sind praktisch identisch mit den teuren Backpinseln, die in Küchengeschäften angeboten werden.

Schnell fettig gemacht

Weil ich meinen Fettkonsum einschränken wollte, habe ich Öl in eine Sprühflasche umgefüllt. Es kam aber nur ein schwerer, kalorienbeladener Strahl heraus. Gibt es eine bessere Möglichkeit, mir einen eigenen »Kochspray« zu basteln?

Ja, die gibt es wirklich.

Normale Sprühflaschen aus Kunststoff sind dafür ausgelegt, wäßrige Flüssigkeiten zu versprühen, ölige dagegen nicht. Wasser ist dünner (weniger viskos) als Öl und läßt sich leicht in Nebeltröpfchen zerlegen, doch der armselige Druck der »Wasserpistolenpumpe« reicht nicht aus, das Öl zu mikroskopisch kleinen Tröpfchen zu zerstäuben, wie es eine Sprühdose mit Treibgas kann.

Küchenfachgeschäfte und Versandhäuser bieten Sprühgeräte für Olivenöl an, die sich großartig dafür eignen, Bratpfannen und Grillpfannen mit einer Ölschicht zu versehen, Backformen zu fetten, Knoblauchbrot zuzubereiten, Blattsalate zu besprühen und vieles andere mehr. Sie füllen das Öl hinein, das Sie durch Pumpen mit der Verschlußkappe unter Druck setzen. Das Öl wird dann genau wie bei einer Sprühdose auf Knopfdruck als feiner Nebel versprüht.

In meiner Küche steht immer eine kleine Plastiksprühfla-
sche mit reinem Wasser bereit, mit deren Hilfe alles ange-
feuchtet werden kann, was so anfällt. Zum Beispiel läßt
französisches Stangenweißbrot sich am besten auffrischen, wenn man es mit einem Spritzer Wasser leicht anfeuchtet und bei 175°C für zwei Minuten aufbäckt. Viele
Gerichte wirken glänzender und frischer, wenn man sie
unmittelbar vor dem Auftragen anfeuchtet. Fast jedes
warme Gericht, das vor dem Servieren für eine Weile in
der Küche stehen mußte, wird von dieser Schönheitskur
profitieren können. Food-Designer wenden diesen Trick
an, um ein Gericht für die Kamera frisch aussehen zu lassen.

Eine saftige Geschichte

*Ich stelle oft Zitronencreme her, die ich als Füllung für kleine Törtchen
verwende, und selbstverständlich nehme ich dafür frischgepreßten Zitronensaft. Doch anscheinend vergeude ich eine Menge Saft, weil ich
ihn nicht vollständig herauskriege. Gibt es eine Möglichkeit, aus Zitronen oder Limetten die maximale Saftmenge herauszuholen?*

In diversen Büchern und Zeitschriften, die sich mit Essen befassen, werden Sie lesen, daß Sie sie auf der Arbeitsplatte kräftig rollen sollen. Andere empfehlen, sie für eine Minute oder
so in die Mikrowelle zu legen. Das klingt alles vollkommen
vernünftig, doch ich habe mich stets gefragt, ob es wirklich
funktioniert.

Als mein Freund Jack, der es liebt, Schnäppchen aufzustö-
bern, entdeckte, daß ein Supermarkt am Ort zuviel Limetten
vorrätig hatte und sie zum Preis von einem Dollar für zwanzig
Stück anbot, bekam ich meine Chance, das herauszufinden.
Visionen von Margaritas ohne Ende tanzten ihm durch den
Kopf, und so kaufte er vierzig für sich und rief mich an, um die
Nachricht weiterzugeben.

Eine saftige Geschichte

Was für eine Gelegenheit! Hier war meine Chance, das Experiment durchzuführen, das ich mir schon immer gewünscht hatte. Aus meiner langen Erfahrung als akademischer Wissenschaftler wußte ich allerdings, daß bei einem Forschungsantrag an die National Science Foundation der USA die erforderlichen Mittel wohl eher nicht bewilligt werden würden. Also griff ich meine eigenen Reserven an und beschaffte Limetten im Wert von vier Dollar, ohne noch weitere Angebote einzuholen, und lieferte sie persönlich mit einem Toyota an mein Labor – äh, meine Küche. Es waren große, grüne, gut aussehende Limetten, wie sie in unseren Supermärkten vorwiegend angeboten werden.

Ich wollte herausfinden, ob man aus einer Limette (oder Zitrone, das sollte im Prinzip keinen Unterschied machen) wirklich mehr Saft herausholen kann, wenn man sie in der Mikrowelle erhitzt oder auf dem Küchentisch rollt, ehe man sie auspreßt. Diese Empfehlungen, die wie so viele Lehrsätze der Küchenbräuche, soweit ich weiß, niemals wissenschaftlich überprüft worden sind, waren mir schon immer verdächtig vorgekommen. Ich wollte sie nun mit der ganzen Strenge eines kontrollierten wissenschaftlichen Versuchs testen. Das habe ich auch gemacht, und die Ergebnisse dürften Sie vielleicht überraschen.

Hier also die Schilderung, was ich alles getan habe, im Stil eines Laborprotokolls, wie man es mir in den naturwissenschaftlichen Kursen an der Oberschule beigebracht hat.

Experiment Nr. 1

Vorgehensweise:
Ich teilte 40 Limetten in vier Gruppen auf (der mathematische Teil war einfach). Eine Gruppe heizte ich in einem Mikrowellenherd von 800 Watt 30 Sekunden lang auf. Die zweite rollte ich mit der Handfläche kräftig über die Arbeitsfläche. Die dritte wurde sowohl mit der Mikrowelle als auch mit der Hand

332 Gerätschaften und Technologie in der Kochkunst

bearbeitet. Die vierte Gruppe diente als Kontrollgruppe und blieb unbehandelt. Ich wog jede Limette, unterzog sie der jeweils vorgesehenen Prozedur, schnitt sie in zwei Hälften, preßte den Saft mit Hilfe eines elektrischen Entsafters aus und maß die so erhaltene Menge Saft. Dann verglich ich die Ausbeute in Millilitern Saft pro Gramm Fruchtmasse.

Ergebnisse und Bewertung:
Zwischen den vier Gruppen von Limetten war kein Unterschied festzustellen. Weder Mikrowellenbehandlung, noch Rollen, noch Rollen plus Mikrowelle führte zu einer höheren Ausbeute an Saft.

Warum auch? Eine Frucht enthält je nach Varietät, Wachstumsbedingungen und Behandlung nach der Ernte eine bestimmte Menge Saft. Warum um alles in der Welt sollte man erwarten dürfen, diese Saftmenge durch Erhitzen oder groben Umgang verändern zu können? Für mich hatte dieser Teil der Zitrus-Erzählungen nie einen Sinn ergeben, und nun habe ich bewiesen, daß er falsch ist.

Aber natürlich wird mit einem elektrischen Entsafter praktisch der gesamte Saft einer Limette ausgepreßt. Vielleicht ist der Saft leichter zu gewinnen, wenn man sie in der Mikrowelle erhitzt oder sie rollt. Falls Sie die Früchte mit der Hand auspressen, erhalten Sie also möglicherweise bei gleicher Preßkraft mehr Saft.

Experiment Nr. 2

Vorgehensweise:
Wie zuvor teilte ich weitere Limetten (im Wert von 2 Dollar) in vier Gruppen auf, die ich dieses Mal jedoch mit aller Kraft mit der Hand auspreßte. Natürlich erhielt ich so weniger Saft: durchschnittlich zwei Drittel der Ausbeute bei maschineller Gewinnung. Ein viel stärkerer Mann könnte zweifellos mehr herausholen. Ich halte mir jedoch immerhin zugute, daß die

Kraft meiner rechten Hand die einer typischen Köchin wahrscheinlich übertrifft.

Ergebnisse und Bewertung:
Das Auspressen der unverändert belassenen Limetten mit der Hand ergab im Schnitt eine Ausbeute von 61 % des Gesamtsaftgehalts. Nach Behandlung in der Mikrowelle waren es 65 %, durch Rollen kamen 66 % heraus. Diese drei Resultate stimmen innerhalb der Fehlergrenzen praktisch überein. Erneut war meine Skepsis bestätigt: Preßt man die Früchte von Hand aus, wird die Menge des gewonnenen Safts weder durch Rollen noch durch Erhitzen in der Mikrowelle signifikant erhöht.

Doch hier kommt die große Überraschung: Wurden die Limetten erst gerollt und dann in der Mikrowelle erhitzt, waren sie so leicht auszupressen, daß sie 77 % ihres Saftgehalts lieferten, was 26 % mehr sind als bei unbehandelten Limetten. Der Saft schoß praktisch aus ihnen heraus, und ich mußte sie über dem Auffanggefäß halbieren, damit nichts davon verlorenging.

Nach meinen Schlußfolgerungen ist dabei folgendes abgelaufen: Durch Rollen werden einige der Vakuolen aufgerissen – jene winzigen »Kissenbezüge« voll Saft in den Zellen der Frucht. Weil Oberflächenspannung (dieser »Oberflächenleim« sorgt dafür, daß Tropfen von Flüssigkeiten ihre Kugelform beibehalten wollen) und Viskosität (geringe Fließfähigkeit) des Safts jedoch beide ziemlich groß sind, kann der Saft noch immer nicht sehr leicht herausfließen. Erhitzt man die Flüssigkeit jedoch anschließend, dann lassen Oberflächenspannung und Viskosität erheblich nach. So kann der Saft sehr viel leichter herausfließen, als ich mir ohne einen Blick auf die tatsächlichen Viskositäten erwartet hätte. Es zeigt sich, daß Wasser (das dem Limettensaft insofern ausreichend ähnlich ist) bei den durchschnittlichen Temperaturen vor und nach der Mikrowellenbehandlung viermal leichter fließt, nachdem es erhitzt wurde. Demnach werden durch Rollen die Schleusen geöffnet, und durch Erhitzen kann die Flut dann leichter ausströmen.

Zusammenfassung

Falls Sie einen elektrischen oder mechanischen Entsafter verwenden, wird es nichts nützen, die Früchte zu rollen und/oder in der Mikrowelle zu erhitzen. Das gilt ebenso für die geriffelten Geräte aus Holz oder Plastik, die in die Frucht einzudrehen sind, und auch jene altmodischen gläsernen Entsafter aus geripptem Glas, da auch sie praktisch den gesamten Saft herausholen, den eine Frucht enthält.

Falls Sie Ihre Limetten jedoch von Hand ausquetschen und eine Mikrowelle besitzen, sollten Sie sie erst auf der Arbeitsplatte rollen und dann in die Mikrowelle geben. Allein durch Rollen werden sie schon weicher, was sie saftiger erscheinen läßt, aber die Ausbeute nicht nennenswert erhöht. Und in der Mikrowelle allein erreicht man kaum mehr, als daß der Saft unangenehm heiß wird: In meinen Versuchen waren es 76–87°C.

Auch wenn ich Zitronen nicht untersucht habe, würde ich erwarten, daß diese Verfahren bei ihnen zu ähnlichen Resultaten führen. Ich habe Jack gebeten, die Augen offenzuhalten.

Und zuletzt, mit welcher Menge Saft können Sie bei einer Limette bestenfalls rechnen? Limetten sind besonders scheinheilige Früchte, und in Rezepten sollte man daher eher das erforderliche Volumen angeben, anstatt »den Saft einer halben Limette« vorzuschreiben. Mit dem elektrischen Entsafter lag die Ausbeute von all meinen Limetten im Durchschnitt bei 60 Milliliter pro Frucht; Rollen, Aufheizen und Ausquetschen mit der Hand erbrachten 45 Milliliter. Der Sieger meiner Stichprobe lieferte 75 Milliliter, während zwei sehr gesund aussehende Exemplare jeweils nur 9 Milliliter hergaben.

Meine Experimente haben es mit sich gebracht, daß ich nun über Limettensaft für 130 Margaritas verfüge. Geben Sie mir einfach ein wenig Zeit (falls Sie mir Gesellschaft leisten wollen, finden Sie auf S. 288 das Rezept).

So wird der Saft schnell weggeschafft
Zitronencreme

Wir können nur unterstellen, daß unsere Technik des Limettenentsaftens bei Zitronen ebenso gut funktioniert (da wir von Jack bisher nichts über Ramschangebote bei Zitronen gehört haben). Jedenfalls ist es der Mühe wert, Zitronen auszupressen, um diesen köstlichen Aufstrich für Toast oder Biskuits herzustellen. Außerdem gibt Zitronencreme eine großartige Füllung für Torten oder Kuchen ab, und in einer süßen Rolle schmeckt sie wunderbar. Im Kühlschrank hält sie sich monatelang.

5 große Eidotter
110 Gramm Zucker
80 Milliliter Zitronensaft
Schale von zwei (unbehandelten) Zitronen, zerkleinert
Prise Salz
60 Gramm Butter, ungesalzen

1. In einem schweren Kochtopf oder im oberen Einsatz eines doppelstöckigen Topfes die Eidotter mit dem Zucker vermengen und bei kleiner Hitze ständig umrühren. Zitronensaft, Schalen und Salz hinzugeben.
2. Die Butter unter Rühren stückchenweise zugeben. 3–4 Minuten kochen, bis die Mischung andickt, dabei ständig weiterrühren.
3. In ein sauberes Marmeladenglas füllen und ein passend zugeschnittenes Wachspapier auf die Oberfläche legen, damit sich keine Haut bilden kann. Im Kühlschrank aufbewahren.

Ergibt ungefähr ¼ Liter.

Autowaschen? Nicht mit einem nassen Champignon

In allen Kochbüchern wird gesagt, man solle Pilze niemals waschen, weil sie das Wasser wie ein Schwamm aufsaugen. Statt dessen sollte man sie nur kurz unter den Wasserstrahl halten oder sie einfach nur abwischen. Aber sind die Dinger nicht in Dung gewachsen?

Wasser aufsaugen? Falsch. Diese Bücher haben unrecht.

In Dung gewachsen? Ich fürchte ja.

Fangen wir mit dem Dung an.

Der gewöhnliche weiße oder braune Zuchtchampignon im Supermarkt (*Agaricus bisporus*) wird in sogenannten Substratmischungen kultiviert, die von Heu über gehäckselte Maiskolben bis hin zu Hühnermist und der gebrauchten Stroheinstreu aus Pferdeställen so ziemlich alles enthalten können.

Das hat mich viele Jahre hindurch gestört. Da ich andererseits wiederholt davor gewarnt worden bin, meine Pilze ins Wasser zu werfen, behalf ich mich mit einer weichborstigen Pilzbürste, die vermutlich geeignet war, die garstigen Sachen von den trockenen Pilzen abzubürsten, ohne daß man sie abbrausen mußte. Doch das half nicht viel. Manchmal schälte ich meine Pilze sogar, eine zeitraubende und lästige Beschäftigung.

Doch wie heißt es in einem Kirchenlied mit dem Titel »Wunderbare Gnade« so schön: »Verirrt ich war, bin wieder da; war blind, doch seh ich nun ...« Ich weiß also inzwischen, daß die Pilzzüchter das Substratmaterial 15–20 Tage kompostieren, wobei die Temperatur auf sterilisierende Werte steigt. Der Kompost ist ungeachtet seiner Herkunft keimfrei, ehe er mit den Pilzsporen »geimpft« wird.

Ich kann mir aber nicht helfen, ich glaube einfach, daß Dung nichtsdestoweniger noch anderes an sich hat als nur Keime. Also säubere ich meine Pilze nach wie vor. Und ja, ich wasche sie in Wasser, weil sie wirklich nicht mehr als eine winzige Menge davon aufnehmen, wie ich gleich belegen werde. Überdies bezweifle ich ernstlich, daß eine Wäsche mit Wasser das Aroma mindert, wie in manchen Büchern behauptet wird. Das würde allenfalls dann zutreffen, wenn das Aroma vor allem nahe der Oberfläche der Pilze säße und größtenteils wasserlöslich wäre.

Die Vorstellung, Pilzfleisch würde einem Schwamm ähneln, hat mich seit jeher mißtrauisch gemacht, weil es mir nie auch nur im geringsten porös erschienen ist, auch nicht unter dem Mikroskop (ja, auch das habe ich gemacht). Als ich dann Harold McGees Buch *The Curious Cook* (»Der neugierige Koch«, North Point Press, 1990) las, fühlte ich mich bestätigt. McGee wog eine Packung Pilze, legte sie für fünf Minuten ins Wasser – etwa zehnmal länger als bei jeder Wäsche –, wischte sie ab und wog sie erneut. Und siehe da, sie wogen nur geringfügig mehr.

Ich habe McGees Versuch mit zwei Packungen weißer Pilze der Gattung *Agaricus* (40 Stück mit einem Gesamtgewicht von ca. 700 Gramm) und einer Packung brauner Pilze (ca. 300 Gramm) wiederholt. Ich wog jede Charge sorgfältig auf einer Laborwaage, legte sie für die von McGee vorgegebenen fünf Minuten in kaltes Wasser, das ich ab und zu umrührte, entfernte den größten Teil des anhaftenden Wassers mit Hilfe einer Salatschleuder und wog sie erneut.

Die weißen Pilze, alle mit dicht geschlossenem Hut, hatten lediglich 2,7 % ihres Eigengewichts an Wasser aufgenommen, was mit dem Resultat McGees übereinstimmte. Die braunen Pilze behielten mehr Wasser bei sich: 4,9 % ihres Eigengewichts, ungefähr vier Teelöffel pro Pfund. Das lag möglicherweise daran, daß die Köpfe schon ein wenig geöffnet waren, weshalb Wasser in den Zwischenräumen der Blätter unter dem Hut eingeschlossen wurde – nicht aber daran, daß ihr Fleisch mehr Wasser absorbiert hätte. Viele andere unregelmäßig geformte Gemüsesorten würden ebenfalls auf mechanischem Wege ein wenig Wasser einschließen. Und mit dem »raschen Abspülen« von Pilzen, das in vielen Kochbüchern empfohlen wird, dürfte höchstens die gleiche Menge Wasser zurückgehalten werden wie bei meinem fünfminütigen Bad.

Also machen Sie schon, waschen Sie Ihre Pilze nach Herzenslust – zumindest die üblichen Zuchtchampignons mit geschlossenen Köpfen, da ich keine der exotischeren Arten getestet habe. Sie sollten jedoch bedenken, daß nicht jede braune Verschmutzung, die Sie sehen, aus Dung besteht. Es könnte wahrscheinlich eher sterilisierter Torf sein, mit dem die Züchter das Substrat abdecken und durch das die Pilze ihre Köpfchen stecken.

Ach ja, übrigens: Falls die Pilze in Ihrer Pfanne so viel Wasser ziehen, daß sie eher gedünstet als gebräunt werden, liegt das nicht daran, daß sie gewaschen wurden. Vielmehr bestehen die Pilze selbst fast ganz aus Wasser, und Sie haben so viele davon in die Pfanne geschichtet, daß der ausgetriebene Dampf nicht entweichen kann. Sie sollten sie in kleineren Portionen oder in einer größeren Pfanne sautieren.

Quietschsaubere Pilze

Bürst sie, spül sie oder wasch sie – wen interessiert das schon? Diese Pilzpastete nach Wäldlerart wird alle Gäste begeistert aufstöhnen lassen.

Verwenden Sie eine Mischung aus Pilzen mit kräftigem Aroma, etwa Steinpilze, Pfifferlinge, Maronen und Täublinge. Damit es nicht zu teuer wird, können Sie auch zur Hälfte weiße Champignons nehmen, obwohl der Geschmack dann nicht ganz so »schwammerlmäßig« wird. Die Füllung kann bis zu einem Tag im voraus zubereitet werden.

> Fertigteig für zwei Schichten in einer 20-cm-Pastetenform
> 3–4 mittlere Zwiebeln, feingehackt
> 60 Gramm Butter, ungesalzen
> 1,5 Kilo gesäuberte gemischte Pilze, grob zerkleinert
> 1 Teelöffel getrocknete Thymianblätter
> 50 Milliliter trockener Marsala oder Portwein
> Salz
> Frischgemahlener schwarzer Pfeffer
> 10 Gramm Mehl
> 1 Eidotter, mit 1½ Teelöffel Wasser verquirlt
> Einige Zweige frischen Thymian zum Garnieren, falls gewünscht

1. Für die Füllung zunächst die Zwiebeln bei mittlerer Hitze für etwa 10 Minuten in einer 30-cm-Bratpfanne in Butter sautieren, bis sie weich und goldfarben, aber noch nicht braun sind. Pilze und getrockneten Thymian dazugeben. Die Pilze werden Saft abgeben und Volumen verlieren.
2. Marsala dazugeben und kochen lassen, bis die Flüssigkeit auf die Hälfte eingedampft ist. Großzügig mit Salz und Pfeffer abschmek-

ken. Das Mehl über die Mischung streuen und etwa eine Minute einrühren, bis die Säfte ein wenig angedickt sind. Vom Feuer nehmen. Die Füllung muß abgekühlt sein, bevor die Pastete vorbereitet wird.

3. Backrohr auf 210°C vorheizen. Den Teig für die untere Kruste in eine 20-cm-Pastetenform einlegen. Pilze dazugeben, gleichmäßig und glatt verteilen. Teigrand mit ein wenig Wasser anfeuchten. Mit dem übrigen Teig bedecken, die Ränder rundum zusammendrücken, um alles zu versiegeln. Ränder zuschneiden und abrunden.

4. Eidotter und Wasser in einer kleinen Schüssel mit einer Gabel verquirlen. Diese Mischung mit einer Fingerspitze oder einem weichen Backpinsel sachte auf die obere Teigschicht auftragen. Pastete 35 Minuten backen – die Kruste muß goldgelb sein. Warm oder mit Raumtemperatur servieren. Wenn gewünscht, jede Portion mit Thymianzweigen garnieren.

Ergibt 6 Portionen für einen kleinen Imbiß oder als Beilage.

❖ ❖ ❖ ❖ ❖ ❖ ❖

Omas Überlebenstest

Mein Vater sagt, mein Großvater sei immer in den Wald gegangen, um Pilze zu sammeln, die meine Großmutter dann zubereitete. Einmal fragte mein Vater sie, wie sie erkennen könne, ob die Pilze auch gefahrlos zu essen seien. Oma erklärte, sie würde einen Silberdollar in die Pfanne mit den Pilzen legen, und wenn dieser sich nicht dunkel verfärbe, seien die Pilze in Ordnung. Mein Dad und ich fragen uns, ob es für diese Methode eine wissenschaftliche Grundlage gibt.

Halt! Ich hoffe, ich habe Sie noch erwischt, bevor Sie Omas angebliche Weisheit ausprobieren. Für den Trick mit dem Silberdollar gibt es keinerlei wie auch immer lautende wissenschaftliche Begründung. Das ist Unsinn. Ich würde es als Altweibergeschwätz abtun, nur daß Frauen, die so alt werden, wohl nie an so etwas geglaubt haben.

Es gibt keine einfache Methode, mit der man giftige Pilze von eßbaren unterscheiden könnte – man muß die einzelnen Arten kennen und benennen können. Wir kennen Zehntausende Pilzarten, und viele der giftigen sehen den eßbaren sehr ähnlich. Ich persönlich habe kein sehr gutes Gedächtnis für Formen, und deshalb wage ich nur, zwei oder drei Arten ohne bösartige Doppelgänger zu sammeln. Ich lasse mich von Pilzkennern (oder meinen Lieblingsrestaurants) mit den Steinpilzen, Morcheln, Goldröhrlingen, Porcini, Shii-Take, Enoki und Austernseitlingen (auf den Speisekarten gern als »Austernpilz« tituliert, weil das vornehmer klingt) beliefern, die in den letzten Jahren so viel dazu beigetragen haben, die Küche in den USA zu beleben.

Übrigens sind die heutzutage auf Speisekarten allgegenwärtigen »Portobellos« keine eigene Art, sondern gewöhnliche braune Egerlinge, die man vor der Ernte groß werden ließ.

Ihre Großmutter hat Ihrem Vater, wenn ich so sagen darf, einen Bären aufgebunden, als sie ihn an den Silbermünzentest glauben ließ. Sie kannte die Pilze einfach.

Von Flecken rein soll Kupfer sein?

Ich habe mir kürzlich einen Satz Kupfergeschirr angeschafft, und es sieht wirklich toll aus. Wie kann ich das neuwertige Aussehen bewahren?

Glänzendes Kupfer ist schön, und es gibt im Handel auch einige wunderbar wirksame Polituren. Aber sind Sie Koch oder Dekorateur? Der große Vorteil von kupferverkleidetem Kochgeschirr ist doch, daß es die Wärme hervorragend und gleichmäßig weitergibt. Deswegen sollten Sie es nutzen und nicht exzessiv putzen. Falls Sie versuchen, Ihr Kupfergeschirr in seinem jungfräulichen Zustand zu erhalten, haben Sie sich eine Vollzeitbeschäftigung eingehandelt.

Mit ein paar einfachen Vorkehrungen können Sie jedoch vermeiden, daß es allzu fleckig aussieht. Reinigen Sie es nie in der Spülmaschine – das äußerst alkalische Spülmittel kann das Kupfer verfärben. Trocknen Sie es sorgfältig ab, nachdem Sie es mit Handspülmittel abgespült haben. Achten Sie darauf, mit einem sanft wirkenden Topfreiniger alles Fett restlos zu entfernen, da es beim Erhitzen zu einem schwarzen, harten Belag verbrennt. Schließlich sollten Sie die Pfannen nicht allzu heiß werden lassen, ob sie nun mit Öl eingefettet oder gar völlig leer sind. Das dunkle Kupferoxid entsteht vor allem an den heißesten Stellen; am Ende bleibt das Muster der Brennerflamme auf dem Pfannenboden wie eingeprägt sichtbar.

Maß für Maß (Shakespeare sei Dank!)
Wenn eine Unze keine Unze ist

Warum haben wir für flüssige und trockene Zutaten verschiedene Meßgefäße? Eine Tasse* Zucker hat doch das gleiche Volumen wie eine Tasse Milch, oder nicht?

Kommt darauf an, wie Sie das definieren wollen.

Eine Tasse (*cup*) ist in der Tat in ganz Amerika eine Tasse: Es sind acht sogenannte *U. S. fluid ounces* (Unzen für Flüssigkeiten, ebenfalls eine Maßeinheit für Volumina), ob naß oder trocken. Aber nun fragen Sie sich vielleicht: Wenn die *fluid ounce* ein Maß für Flüssigkeiten ist, wie kommt es dann, daß wir sie auch verwenden, um Mehl und andere trockene Fest-

---

* *Cup* ist in den USA eine offizielle Maßeinheit und entspricht 237 Milliliter. Der ganze folgende Abschnitt behandelt ein Thema, das für uns Kontinentaleuropäer fast so exotisch sein dürfte wie die Ernährungsgewohnheiten mancher Eskimos. Weil wir das metrische System schon seit einiger Zeit verinnerlicht haben, können wir die geschilderten Probleme nur mit einem milden Lächeln zur Kenntnis nehmen. – Anm. d. Ü.

stoffe abzumessen? Und was ist der Unterschied zwischen einer Unze Volumen und einer Unze Gewicht?

Die Verwirrung wurzelt in unserem antiquierten amerikanischen System der Maßeinheiten. Hier folgt, was wir eigentlich in der Schule gelernt haben sollten (gut aufgepaßt jetzt, und achten Sie auf die tunzende – Entschuldigung, tanzende – Unze): Eine *U. S. fluid ounce* bezeichnet ein bestimmtes Volumen oder eine entsprechende Masse und muß von der *British fluid ounce* unterschieden werden, mit der ein anderes Volumen gemeint ist. Diese beiden sind wiederum nicht dasselbe wie die *avoirdupois ounce*, die nun absolut kein Volumen bezeichnet, sondern eine Gewichtseinheit darstellt und nicht mit der *troy ounce* verwechselt werden darf, die für eine andere Gewichtsmenge steht und sich ihrerseits *nicht* von der *apothecary's ounce* unterscheidet, welche genau dasselbe darstellt wie die *troy ounce*, außer in einem Februar mit 28 Tagen ... Ist das alles hinreichend klar?

Wenn das kein Argument für das Internationale Einheitensystem ist, das in aller Welt unter der Bezeichnung SI (nach dem französischen »Système International«) bekannt und uns als metrisches System geläufig ist, dann weiß ich nicht, was sonst in Frage käme. Im SI wird Gewicht immer in Kilogramm und Volumen stets in Litern angegeben. Auf der ganzen Welt sind die USA das einzige Land, das noch immer mit etwas arbeitet, was üblicherweise als britisches Maßsystem bezeichnet wurde, bis selbst die Briten es aufgaben und metrisch wurden.

Formulieren wir die Frage nun etwas anders. Stellen acht gute alte amerikanische Flüssigunzen (*fluid ounces*) Milch nicht exakt das gleiche Volumen dar wie acht gute alte amerikanische Flüssigunzen Zucker?

Das ist sicherlich richtig. Wäre das nicht so, hätten wir wirklich ein Problem. Doch wir brauchen immer noch eine Garnitur von gläsernen Meßgefäßen für Flüssigkeiten und einen separaten Satz von Meßbehältern aus Metall für feste Stoffe.

Versuchen Sie doch mal, eine Tasse (*cup*) Zucker in einem gläsernen Meßgefäß mit zwei Tassen Fassungsvermögen abzumessen, und Sie werden nur unter Schwierigkeiten genau feststellen können, wann der Zucker den Meßstrich für eine Tasse erreicht hat, weil die Oberfläche des Zuckers nicht vollkommen eben ist. Aber selbst wenn Sie das Gefäß auf die Unterlage stoßen, um den Zucker einzuebnen und genau mit der Markierung in Übereinstimmung zu bringen, bekommen Sie nicht die Menge, die das Rezept eigentlich vorschreibt. Der Rezept-Tester verwendete nämlich einen metallenen Meßbecher mit einer Tasse Fassungsvermögen (für »trockene« Zutaten), der gestrichen voll war. Und ob Sie es glauben oder nicht, damit erhalten Sie eine andere Zuckermenge, als wenn Sie einen Meßbecher aus Glas verwendet hätten.

Pobieren Sie es aus. Messen Sie exakt eine Tasse (*cup*) Zucker ab, indem Sie ein Meßgefäß aus Metall ein wenig übervoll machen und den Überschuß mit einer geraden Kante, etwa dem Rücken eines Küchenmessers, abstreichen. Nun füllen Sie den Zucker in ein gläsernes Meßgefäß mit zwei Tassen Fassungsvermögen und schütteln dieses, bis die Zuckeroberfläche glatt ist. Jede Wette, daß die Markierung für eine Tasse nicht erreicht wird!

Könnte das vielleicht an Unregelmäßigkeiten der Meßgefäße selbst liegen? Nicht, solange Sie kein Schnäppchen vom alternativen Flohmarkt verwenden, dessen Markierungen aussehen, als wären sie im Kindergarten von Hand aufgepinselt worden. Seriöse Hersteller von Küchengeräten achten ziemlich sorgfältig auf die Maßgenauigkeit ihrer Produkte. Nein, die Antwort liegt in dem fundamentalen Unterschied zwischen Flüssigkeiten und granulierten festen Stoffen wie Zucker, Salz oder Mehl.

Gießen Sie eine Flüssigkeit in einen Behälter, dann fließt diese in jede Vertiefung und läßt nicht einmal mikroskopische Hohlräume frei. Ein Feststoff-Granulat kann sich dagegen je nach Form und Größe der Körnchen sowie des Behälters unvorhersehbar absetzen. Werden solche Stoffe in ein weites Gefäß eingefüllt, dann erhalten die Körnchen in der Regel die Möglichkeit, sich weiter auszubreiten und alle Zwischenräume

344 Gerätschaften und Technologie in der Kochkunst

besser auszufüllen. Damit setzen sie sich kompakter ab, als wenn sie in einem engen Behälter aufeinandergetürmt wären. Und weil sie dichter gepackt sind, nehmen sie ein kleineres Volumen ein. Eine Zuckermenge gleichen Gewichts wird in einem weiten Gefäß letztlich weniger Raum beanspruchen als in einem engen.

Aber zurück in die Küche zu Ihren Meßgefäßen. Dort werden Sie, das ist so sicher wie das Amen in der Kirche, feststellen, daß auf der gleichen Kapazitätsebene der Durchmesser Ihres Meßbechers aus Glas erheblich größer ist als die Öffnung des Metallbechers. Deshalb nehmen Zucker und vor allem Mehl, das für sein unberechenbares Absetzverhalten berüchtigt ist, im Glasgefäß weniger Volumen ein. Wenn Sie also für trockene Zutaten ein gläsernes Meßgefäß verwenden, werden Sie mehr dazugeben, als das Rezept vorsieht.

Um das festzuklopfen, habe ich den gegenteiligen Effekt überprüft: Ich füllte Zucker aus einem gestrichen vollen Metallmeßbecher in ein hohes, schmales Meßgefäß – einen geeichten Meßzylinder für Chemiker. Wie zu erwarten war, reichte er hier ein ganzes Stück über die Marke von acht Unzen (237 Milliliter).

Die Öffnung der modernen Meßutensilien aus Glas ist leider sogar noch weiter als die ihrer Vorgänger, wahrscheinlich, weil die Leute heutzutage darin auch Milch und andere Flüssigkeiten in der Mikrowelle erhitzen wollen, und in weiten Gefäßen kochen diese nicht so leicht über oder fangen an zu schäumen. Die neuesten Meßbehälter für Flüssigkeiten sind also besonders schlecht geeignet, trockene Zutaten abzumessen. Doch selbst wenn man damit Flüssigkeiten abmißt, gibt es ein Problem. In einem weiten Gefäß kann ein kleiner Fehler in der Füllhöhe zu einer relativ großen Abweichung des Volumens führen. Jene großen Glasmeßgefäße mit weiter Öffnung sind deswegen weniger genau als die alten, schmalen. Falls Sie noch einen der Oldies besitzen, sollten Sie ihn in Ehren halten.

Und dann ist da noch das Problem, Flüssigkeiten nach Teelöffeln oder Eßlöffeln abzumessen. Haben Sie bemerkt, wie

Maß für Maß (Shakespeare sei Dank!) 345

die Flüssigkeit wegen der Oberflächenspannung über dem Rand des Meßlöffels sich ein wenig aufwölbt? Diese Löffel sind für feste Stoffe gedacht, nicht für Flüssigkeiten.

Die perfekte Lösung für all diese Probleme ist, wie ich feststellen konnte, der zu Recht so genannte Perfect Beaker (der perfekte Meßbecher) der Firma EMSA Design von Frieling, USA. Er ist für jede Art von Flüssigmaßen geeicht, die Sie sich nur wünschen können: Unzen, Milliliter, Eßlöffel (ebenfalls ein offizielles Hohlmaß: $1/16$ *cup*), Teelöffel, Tassen und *Pints* (ca. 0,6 Liter) einschließlich ihrer Bruchteile. Sie brauchen nur dieses eine Meßgefäß, von einer Unze bis hin zu einem *Pint*. Die konische Form in der Art einer Eistüte stellt sicher, daß kleinere Mengen automatisch in einem engeren Behälter abgemessen werden, was größte Ablesegenauigkeit mit sich bringt. Sie können damit auch von einer Einheit in eine andere umrechnen, was sehr praktisch werden dürfte, wenn die USA, berücksichtigt man das bisherige Fortschrittstempo, zu Anfang des nächsten Jahrtausends endlich dazu übergehen, das metrische System anzuwenden. Sie suchen einfach nach der Menge auf der amerikanischen Skala und lesen dann auf derselben Höhe ihr metrisches Äquivalent ab.

(Oder bin ich vielleicht zu pessimistisch? Es ist schließlich erst siebenundzwanzig Jahre her, daß der Kongreß ein Gesetz verabschiedet hat, das die Umstellung auf das metrische System fordert, und Coke sowie Pepsi kriegt man tatsächlich schon in Zweiliterflaschen.)

Die ultimative Lösung für Genauigkeit und Reproduzierbarkeit in der Küche ist ganz einfach, aber abgesehen von professionellen Bäckern und Küchenchefs wollen wir Amerikaner sie einfach nicht akzeptieren: Statt feste Zutaten nach Volumen abzumessen, etwa in »Tassen«, wiegt man sie, denn das machen die meisten Köche in der übrigen Welt. In metrischen Einheiten sind 100 Gramm Zucker immer dieselbe Menge Zucker, egal, ob es sich nun um Kristall- oder Puderzucker handelt oder in welchem Gefäß er abgemessen wird. Für Flüssigkeiten gibt es nur eine metrische Einheit: den Milliliter und dessen

Vielfaches, den Liter (1000 Milliliter). Keine Tassen, Pints, Quarts, Gallonen, mit denen man sich herumschlagen muß*.

Schnell: Wie viele Tassen passen in eine halbe Gallone? Verstehen Sie, was ich meine?

 ### Kuchen zum Kaffee am laufenden Meter
Brombeer-Streuselkuchen

Hier ein Rezept in SI oder metrischen Einheiten, nur um zu zeigen, wie es im Jahr 3000 einmal sein wird. Die amerikanischen Entsprechungen stehen in Klammern dahinter, wer will, kann also die eine oder die andere Variante ignorieren.

Umrechnungstabellen finden sich in vielen Kochbüchern, doch sie sind oft nicht schlüssig. Zum einen werden die Zahlen immer aufgerundet, und jeder scheint das nach anderen Kriterien zu machen, je nachdem, wie pingelig er ist. Die in diesem Rezept angegebenen äquivalenten Mengen sind von abgewogenen Mengen abgeleitet und nur auf die nächste ganze Zahl von Gramm oder Milliliter aufgerundet. Wenn Sie jedoch ein wenig mehr aufrunden und etwa 300 statt 296 nehmen, wird der Kuchen deswegen nicht gleich explodieren. Mengen von weniger als einem halben Teelöffel haben wir nicht umgerechnet, weil sie in Gramm für die Praxis einfach zu klein gewesen wären. Peilen Sie über den Daumen. Oder verwenden Sie Ihren Meßbecher mit den Bruchteilen von Teelöffeln, wenn die Polizei zur Überwachung des metrischen Systems gerade mal nicht herschaut.

Für die Streusel

108 Gramm (½ Tasse) kompakter brauner Zucker
18 Gramm (2 Eßlöffel) Mehl
14 Gramm (1 Eßlöffel) ungesalzene Butter, gekühlt
14 Gramm (½ Unze) Halbbitter-Schokolade, fein zerkleinert

---

* Sämtliche Mengenangaben in den Rezepten des vorliegenden Bandes wurden selbstverständlich in metrische Einheiten umgerechnet. Aus schwerwiegenden Gründen verzichtete der Übersetzer jedoch darauf, sie alle nachzukochen.

Für den Kuchen

135 Gramm (1 Tasse) Mehl
160 Gramm (¾ Tasse) Zucker
2 Gramm (½ Teelöffel) Backpulver
¼ Teelöffel (¼ Teelöffel) Natron
¼ Teelöffel (¼ Teelöffel) Salz
1 großes Ei
79 Milliliter (⅓ Tasse) Buttermilch
5 Milliliter (½ Teelöffel) Vanilleextrakt
76 Gramm (⅓ Tasse) ungesalzene Butter, zerlassen und wieder abgekühlt
175 Gramm (1¼ Tassen) frische Brombeeren oder Himbeeren

1. Den braunen Zucker in einer kleinen Schüssel mit dem Mehl vermengen und die Butter zugeben. Mit dem Teigrührwerk oder mit Hilfe zweier Messer kneten, bis die Mischung mehlig ist. Schokolade hinzugeben und gut durchmischen. Die Streuselmischung bis zur Verwendung beiseite stellen.
2. Backrohr auf 190°C (375°F) vorheizen, und eine Springform von 20 cm (8 inch) mit Ölspray einsprühen. Mehl, Zucker, Backpulver, Natron und Salz in eine mittlere Schüssel sieben. In einer zweiten Schüssel Ei, Buttermilch, Vanilleextrakt und zerlassene Butter gut verquirlen.
3. Die flüssige Mischung auf einmal in die Mehlmischung gießen. Glattrühren. Den Teig gleichmäßig in der vorbereiteten Form ausbreiten. Beeren und danach die Streuselmischung gleichmäßig darüber streuen.
4. 40–45 Minuten backen, bis der Kuchen gut braun ist. Warm servieren.

Ergibt 8–10 Portionen.

Ein langer Augenblick

Warum braucht mein »schnell ablesbares« Küchenthermometer so lange, um die Temperatur einer Speise anzuzeigen?

Es gibt zwei Arten sogenannter schnell ablesbarer Thermometer: den Skalentyp sowie den Typ mit digitaler Anzeige. Aber können Sie mit denen die Temperatur wirklich augenblicklich ablesen? Was Sie alles wollen! Diese angeblich rasenden Dämonen können 10−30 Sekunden brauchen, um auf den jeweils höchsten Wert zu klettern, was natürlich genau die Zahl ist, die Sie sehen müssen. Denn wenn Sie das Ding aus dem Kochgut ziehen, ehe die maximale Anzeige erreicht ist, werden Sie die Temperatur für zu niedrig halten.

Sicher, Sie haben es eilig, den Wert angezeigt zu bekommen. Sie wollen nicht mit der Hand im Backrohr rumstehen, bis ein trödelndes Thermometer beschließt, Ihnen die richtige Innentemperatur des Bratens zu verraten. Doch die traurige Wahrheit ist leider, daß kein Thermometer die Temperatur eines Gerichts anzeigen kann, ehe es nicht selbst – das Thermometer oder zumindest sein Fühler – die Temperatur des Bratens erreicht hat, in den es hineingestochen wurde. In Wahrheit könnte man sagen, alles, was ein Thermometer anzeigen könne, sei eigentlich seine *eigene* Temperatur. Auf die Zeit, die das Thermometer benötigt, um sich auf die Temperatur der Speise zu erwärmen, haben Sie nur wenig Einfluß. Sie können sich allenfalls für ein digitales statt für ein analoges Instrument entscheiden, weil digitale Thermometer, wie ich noch näher erläutern werde, in der Regel schneller anzeigen als Skaleninstrumente.

Immerhin haben Sie Einfluß darauf, den genauen Punkt innerhalb des Bratens in Erfahrung zu bringen, an dem Sie seine Temperatur messen. In dieser Hinsicht unterscheiden die beiden Typen der »schnell ablesbaren« Instrumente sich beträchtlich.

Skalenthermometer greifen die Temperatur mit Hilfe eines Bimetallstreifens im Stiel ab. Dieser besteht aus zwei verschiedenen, fest miteinander verbundenen Metallen. Weil die beiden Metalle sich bei Erwärmung unterschiedlich stark ausdehnen, verdreht der Streifen sich durch Wärme, was wiederum auf den Zeiger einer Skala übertragen wird. Leider ist der Bimetallstreifen, der als Temperaturfühler dient, gewöhnlich mehr als 2,5 cm lang, so daß Sie letztlich die Durchschnittstemperatur einer beträchtlich ausgedehnten Zone innerhalb des Bratens ablesen. Oft ist es jedoch notwendig, daß Sie die Temperatur genau an einem bestimmten Punkt nehmen. In einem brutzelnden Truthahn variiert die Temperatur beispielsweise je nach Ort recht stark, doch um zu wissen, wie durch das Fleisch ist, müssen Sie die genaue Temperatur an der dicksten Stelle der Keule kennen.

Dagegen nimmt ein digitales Thermometer die Temperatur an einem genauer umrissenen Punkt der Speisen ab. Es enthält einen winzigen, batteriebetriebenen Halbleiter, dessen elektrischer Widerstand sich mit der Temperatur ändert (im Jargon der Wissenschaft: ein Thermistor). Ein Computerchip rechnet den Widerstand in elektrische Signale um, mit denen die numerische Anzeige gesteuert wird. Da der winzige Thermistor unten an der Spitze des Fühlers sitzt, ist ein digitales Thermometer besonders gut geeignet, beispielsweise ein Steak oder Kotelett auf dem Grill zu kontrollieren, bei denen Sie die Temperatur kennen müssen, die genau in der Mitte herrscht.

Ein weiterer Vorteil der Digitalen besteht darin, daß sie, weil der Thermistor so klein ist, rasch die Temperatur der Speisen annehmen. Deshalb liefern sie gewöhnlich schneller eine Anzeige als die analogen Geräte mit Skala.

Jetzt kochen wir
Kochen unter Druck

Wie es scheint, kommt der diabolische Druckkocher meiner Mutter aus den 1950er Jahren in moderner Gestalt zurück. Was geht in einem solchen Topf eigentlich vor?

Er beschleunigt das Garen, weil das Wasser in ihm bei höherer Temperatur kocht als normal. Dabei kann er pfeifen, rattern und zischen wie eine Höllenmaschine, was wie die Drohung erscheint, er wolle Ihre Küche mit Gulaschfarbtönen neu dekorieren. Doch der Druckkochtopf Ihrer Mutter ist so umgebaut worden, daß er sich manierlicher aufführt und nahezu narrensicher ist. Wie bei allen Küchenanwendungen ist Sicherheit jedoch eine Sache des Verständnisses. Leider sind die mit den Dampftöpfen gelieferten Gebrauchsanweisungen voll mit unheimlichen Anweisungen, was zu tun und was zu lassen ist, die keinen Sinn ergeben, solange man nicht begriffen hat, wie das eigentlich alles funktioniert. Aber dafür bin ja ich da.

Gegen Ende des Zweiten Weltkriegs platzten – entschuldigen Sie, kamen – die Dampftöpfe erstmals ins Bild, nämlich als die »moderne« Art des Kochens für Hausfrauen, deren Zeit mit Kochen, Putzen und Kindern mehr als ausgefüllt war. Heute sind die Kinder jener Jahre des Baby-Booms erwachsen und ihrerseits durch Jobs, Fitneßcenter und gewaltige Geländewagen überfordert. Jeder Schnickschnack, der eine Goldmedaille für Tempo in der Küchenolympiade verspricht, verkauft sich wie von allein.

Doch welche Abkürzungen Sie auch finden mögen – jede Art des Kochens ist mit zwei unvermeidlichen, zeit*raubenden* Schritten verbunden. Der erste ist die Wärmeübertragung – die Hitze muß ins Innere der Speisen gelangen. Bei manchen »schnellen« Rezepten kann dies der Engpaß sein, weil die meisten Nahrungsmittel schlechte Wärmeleiter sind. Der andere zeitaufwendige Schritt liegt in den Garvorgängen selbst. Die chemischen Reaktionen, mit denen unsere Nahrung vom rohen in den gegarten Zustand überführt werden, können recht langsam ablaufen.

Mit einem Mikrowellenherd läßt sich die langsame Wärmeübertragung umgehen, da bei ihm die Wärme direkt im Inneren der Speisen erzeugt wird. Aber viele Gerichte wie Suppen und Eintöpfe gewinnen durch die langsame Vermählung der Aromen, die bei einem Garverfahren auf Wasserbasis wie dem

Schmoren stattfindet, also dem scharfen Anbraten und anschließenden Köcheln von Fleisch und Gemüse bei geschlossenem Deckel und in wenig Flüssigkeit. In der Mikrowelle geht das nicht, weil hier die Mikrowellen und nicht die simmernde Flüssigkeit das Garen erledigen.

Damit das Schmoren schneller geht, hätten wir gern eine höhere Temperatur, weil dann alle chemischen Reaktionen, also auch das Kochen, schneller ablaufen. Doch da gibt es ein schwer überwindbares Hindernis: Wasser hat einen auf 100°C eingestellten automatischen Temperaturbegrenzer, nämlich seinen Siedepunkt auf Meereshöhe. Wenn Sie die Hitze auf Intensitäten im Bereich eines Flammenwerfers hochdrehen, werden Wasser oder Sauce sicherlich heftiger kochen, aber um kein bißchen heißer werden.

Hier tritt der Dampftopf ins Bild. Er treibt den Siedepunkt des Wassers auf 121°C hoch. Wie? Es freut mich, daß Sie gefragt haben, denn die Kochbücher verraten das kaum, ebensowenig wie die mit den Dampftöpfen gelieferten Gebrauchsanweisungen.

Soll Wasser sieden, müssen seine Moleküle so viel Energie aufnehmen, daß sie aus der Flüssigkeit entkommen und als gasförmiger Wasserdampf frei in die Luft hinausfliegen können. Dazu müssen sie gegen die Atmosphäre ankämpfen, die den ganzen Planeten wie eine Decke einhüllt. Luft ist zwar leicht, doch sie reicht bis in Höhen von mehr als 160 Kilometern, was diese Decke recht schwer werden läßt. Auf Meereshöhe drückt sie mit etwa 1050 Gramm* auf jeden Quadratzentimeter. Unter Normalbedingungen müssen die Wassermoleküle eine Energie erreichen, die 100°C entspricht, ehe sie es schaffen, diese Decke mit ihren ca. 1000 Gramm pro Quadratzentimeter zu durchstoßen und davonzufliegen.

Nun wollen wir eine kleine Menge Wasser in einem Dampftopf erhitzen, einem dicht verschlossenen Behälter mit einem kleinen, einstellbaren Ventil, durch das Luft und Dampf

---

* Eine »Atmosphäre« gleich 1050 Hektopascal (hPa) Druck. – Anm. d. Ü.

352 Gerätschaften und Technologie in der Kochkunst

entweichen können. Sobald das Wasser zu sieden beginnt, setzt
es Dampf frei, und wenn das Ventil geschlossen ist, baut sich
innerhalb des Behälters Druck auf. Erst wenn dieser auf einen
Wert von 2100 hPa (1050 von der Atmosphäre plus weitere
1050 vom Dampf, was früher durch die Bezeichnung »1 Atü«
gleich »1 Atmosphäre Überdruck« wiedergegeben wurde) gestiegen ist, läßt die Ventilsteuerung Dampf in die Küche ab,
um den Druck zu verringern. Anschließend hält sie ihn kon-
stant auf dem Niveau von 2100 hPa.

Um gegen diesen höheren Druck der »Decke« ankommen
und weiter sieden zu können, müssen die Wassermoleküle jetzt
ein höheres Energieniveau erreichen als zuvor. Bei dem im
Dampftopf herrschenden Druck benötigen sie eine Energie,
die einer Temperatur von 121 °C entspricht, was nun zum
neuen Siedepunkt wird. Der heiße und unter hohem Druck
stehende Dampf beschleunigt den Garvorgang, weil er alle Bereiche der Speisen durchdringt.

Wird der dicht verschlossene Dampftopf erwärmt, läßt das
Ventil zunächst Luft entweichen, bis das Wasser zu sieden beginnt und Dampf entsteht. Der gewünschte Druck von 1 Atü
wird dann durch eine Vorrichtung zur Druckregelung aufrechterhalten. Das ist oft ein kleines Gewicht auf dem oberen
Ende der Ventilöffnung. Während des Kochens wird es vom
Überdruck hochgehoben, worauf Dampf entweichen kann, bis
der Regeldruck wieder erreicht ist. Dabei zischt der Dampf,
was bei manchen Leuten die Angst aufkommen läßt, das Ding
würde gleich explodieren. Das macht es aber nicht. Neuere
Modelle arbeiten statt mit einem Gewicht mit einer Ventil-
feder, um den Druck auf der erwünschten Höhe zu halten.

Während des Kochens regeln Sie die Hitzezufuhr so, daß
der siedende Inhalt gerade den Überdruck aufrechterhält und
nicht so heftig kocht, daß durch das Ventil übermäßig viel
Dampf abgeblasen wird. Auf alle Fälle wird die Druckregelung
verhindern, daß Sie das Ding in eine Bombe verwandeln.
Nach der vorgesehenen Garzeit kühlen Sie den Topf ab, damit
der Dampf im Inneren wieder kondensiert – in den flüssigen

Zustand zurückkehrt – und der Druck sich abbaut. Eine Sicherheitsvorrichtung sorgt dafür, daß kein Überdruck mehr herrscht (manche Konstruktionen lassen bis dahin nicht einmal zu, daß Sie den Topf öffnen), und dann können Sie den Deckel abnehmen und servieren.

Magnetismus in der Küche

Meine Nachbarn haben gerade ihre Küche umgebaut und dabei im Küchenherd eine Induktionsheizplatte installieren lassen. Wie funktioniert so etwas?

Der Mikrowellenherd war in mehr als einer Million Jahren die erste neue Methode, mit der die Menschen Wärme erzeugen konnten. Und nun gibt es eine zweite: Heizen mit Hilfe der magnetischen Induktion.

In einigen europäischen und japanischen Gewerbeküchen hat man die magnetische Induktion schon während des vergangenen Jahrzehnts angewandt, in US-amerikanischen erst in jüngerer Zeit. Mittlerweile taucht sie auch in der Heimküche auf.

Induktionsherde unterscheiden sich von Elektroherden insofern, als die herkömmlichen, elektrisch betriebenen Kochplatten die Wärme mit Hilfe des *elektrischen* Widerstands von Metall (in den Heizspulen) erzeugen, während Induktionsheizplatten dazu den *magnetischen* Widerstand von Metall nutzen, nämlich des Metalls, das der Kochtopf selbst mitbringt.

Und das funktioniert so:

Unter der schönen, glatten Keramikoberfläche auf dem Herd Ihres Nachbarn befinden sich mehrere Drahtspulen ähnlich den Spulen eines Transformators. Schaltet man eine der Heizeinheiten ein, fließt Wechselstrom mit seinen 50 Hertz durch deren Spule. Aus Gründen, auf die wir hier nicht eingehen wollen (und die selbst Einstein nicht zu seiner vollen Zufriedenheit erklären konnte), verhält eine Spule, durch die ein Strom fließt, sich wie ein Magnet, komplett mit Süd- und Nordpol. Da Wechselstrom 100mal pro Sekunde seine Richtung wechselt, ändert der Magnet seine Polung mit eben dieser Frequenz.

Bis dahin läßt sich in der Küche nicht feststellen, daß überhaupt etwas geschieht, da wir Magnetfelder nicht sehen, fühlen oder hören können. Die Heizzone auf dem Herd bleibt kühl.

Nun stellt man eine eiserne Bratpfanne über die Spule. Das Wechselmagnetfeld magnetisiert das Eisen abwechselnd in entgegengesetzte Richtungen – seine Polung ändert sich also 100mal pro Sekunde. Magnetisiertes Eisen ist jedoch nicht so leicht dazu zu bringen, seine Polung umzukehren – es widersetzt sich den Schwingungen in beträchtlichem Ausmaß. Dadurch wird ein erheblicher Teil der magnetischen Energie vergeudet, und die vergeudete Energie zeigt sich letztlich als Wärme innerhalb des Eisens. Deshalb wird nur die Pfanne heiß. Es gibt keine Flamme oder rotglühende elektrische Spule, und die Küche bleibt kühl.

Durch diese magnetische Induktion kann jedes magnetisierbare (im Jargon der Wissenschaft: ferromagnetische) Metall erhitzt werden. Beim Eisen ist das ohnehin klar, ob emailliert oder nicht. Bei vielen, aber nicht bei allen rostfreien Stählen funktioniert es auch. Bei Aluminium, Kupfer, Glas und Keramik geht es jedoch nicht. Wollen Sie feststellen, ob ein vorhandenes Utensil auf einer Induktionsplatte verwendbar ist, dann nehmen Sie einen dieser dummen kleinen Magneten von der Kühlschranktür und prüfen, ob er am Pfannenboden haftet. Falls ja, kann die Pfanne zum Kochen mit Induktion genutzt werden.

So kommt zu den erheblichen Kosten für einen Induktionsherd noch hinzu, daß Sie die geschätzten und kostspieligen Kupferpfannen darauf nicht verwenden können. Haben Ihre Nachbarn das bedacht, ehe sie auf diesen eindrucksvollen High-Tech-Kocher abgefahren sind?

Es werde ... heiß!

Es gibt da eine neue Art von Küchenherd, der angeblich mit Licht statt mit Wärme betrieben wird. Wie funktioniert das?

Gibt es nach Feuer, Mikrowellen und Induktionsherden womöglich noch eine vierte Art, Wärme zum Kochen zu erzeugen? Nein. Der sogenannte Lichtofen sorgt so ziemlich auf dieselbe Weise für Wärme wie der Elektroherd, nämlich mit Hilfe der Erwärmung von Metall aufgrund seines elektrischen Widerstands.

Für spezielle gewerbliche Anwendungen werden Lichtöfen seit etwa 1993 eingesetzt, doch mittlerweile stellt man auch Geräte für den Hausgebrauch her. Als ich erstmals von ihnen erfuhr, drückte das kräftig auf meinen Auslöseknopf für Skepsis. Manche der Werbeaussagen klangen wie pseudowissenschaftliche Jubelarien: Sie »machen die Kraft des Lichts nutzbar«. Sie kochen »mit Lichtgeschwindigkeit« und »von innen nach außen« ...

Licht bewegt sich in der Tat, wie es sich ja wohl gehört, mit Lichtgeschwindigkeit, dringt aber nicht gerade weit in Feststoffe ein. Versuchen Sie nur mal, diese Seite durch ein Steak hindurch zu lesen. Wie soll dann aber Licht genug Energie ins Innere einer Speise bringen, um sie zu garen, solange es nicht unglaublich intensiv ist? Mir fielen Laser ein, jene ultrastarken Lichtstrahlen, die wir für alles mögliche verwenden, angefangen bei der Augenchirurgie bis hin zum Ärgern der Nachbarn mit diesen kleinen roten Lichtpunkten. Deren Licht ist jedoch so kompakt gebündelt, daß sie allenfalls ein einzelnes Reiskorn auf einmal garen könnten.

Aber ach, da haben wir »Licht«, und dann haben wir da noch einmal »Licht«. Das Geheimnis des Lichtofens liegt nicht allein in der Intensität seiner Abstrahlung, sondern in der Mischung der Wellenlängen, die er erzeugt. Wie das funktioniert, folgt jetzt, wobei ich mich auf Informationen stütze, die ich von ein paar Technikleuten von General Electric erhalten habe (*alle* ihre Geheimnisse wollten sie allerdings nicht preisgeben):

»Und Gott sprach: Es werde sichtbares Licht, aber auch ultraviolettes und infrarotes Licht, und dazu ein ganzes Spektrum längerer und kürzerer Wellenlängen.« (Das Zitat ist nicht ganz korrekt.) Was wir Menschen »Licht« nennen, ist nichts als jener schmale Ausschnitt des Spektrums der Sonnenenergie, den unsere Augen wahrnehmen können. In einem umfassenderen Sinn erfordert das Wort Licht jedoch wirklich eine genauere Erläuterung.

In die Lichtöfen sind Bänke mit speziell konstruierten, langlebigen Halogenlampen von 1500 Watt eingebaut, die sich nicht wesentlich von den Halogenlampen in vielen modernen Beleuchtungseinrichtungen unterscheiden. Doch nur etwa 10 % der Energieabgabe einer Haushalts-Halogenleuchte bestehen aus sichtbarem Licht, 70 % werden als Infrarotstrahlung ausgesandt und die verbleibenden 20 % als Wärme. Die Halogenlampen der Lichtöfen erzeugen eine geheimgehaltene Mischung aus sichtbarem Licht, verschiedenen infraroten Wellenlängen und Wärme. Die Kombination dieser drei Komponenten besorgt das Garen.

(Auch wenn das in manchen wissenschaftlichen Büchern behauptet wird, ist infrarote Strahlung nicht gleich Wärme. Es handelt sich vielmehr um eine Form der Strahlungsenergie, die erst dann in Wärme umgewandelt wird, wenn sie auf einen Gegenstand trifft. Ich nenne sie »Wärme unterwegs«. Die Infrarotstrahlung der Sonne ist keine Wärme, solange sie nicht vom Dach Ihres Wagens absorbiert wird. Die »Wärmelampen«, mit denen man in manchen Restaurants Ihr Essen warmhält, bis der Kellner aus dem Urlaub zurück ist, senden infrarote Strahlung aus, und die Speisen bleiben warm, weil sie diese Strahlung absorbieren.)

Die Anteile des sichtbaren und fast sichtbaren Lichts im Lichtofen dringen in der Tat ein Stück weit in Fleisch ein – in einem dunklen Raum können Sie Ihren Daumen mit einer

Es werde . . . heiß! 357

Taschenlampe durchleuchten. Und weil die Lichtwellen, anders als Mikrowellen, nicht von Wassermolekülen absorbiert werden, können sie ihre gesamte Energie vollständig an die festen Anteile der Speisen abgeben, anstatt sie zunächst für heißes Wasser zu vergeuden. Einige der von den Halogenlampen abgegebenen Wellenlängen können 0,8–1,0 Millimeter weit in Nahrungsmittel eindringen. Das hört sich nicht gerade nach viel an, aber die abgegebene Wärme gelangt durch Konduktion weiter in die Speisen hinein. Und außerdem tricksen diese Öfen, indem sie die Halogenlampen durch Mikrowellen ergänzen, die tiefer eindringen (die Lichtöfen sind auch als reine Mikrowelle zu verwenden).

Während die Oberfläche der Speisen die langwelligeren Infrarotstrahlen und die Wärme nun absorbiert, wird sie braun und knusprig, was mit der Mikrowelle nicht zu schaffen ist. In einem gewöhnlichen Backrohr dauert es lange, bis Speisen schön braun werden, weil nur ein Teil der Wärme durch Infrarotstrahlung übertragen wird; der Rest muß über die Luft dorthin gelangen, die ein sehr schlechter Wärmeleiter ist. Die Infrarotstrahlung des Lichtofens bringt die Oberfläche des Bratens unmittelbar auf eine höhere Temperatur, als das ein herkömmlicher Ofen kann, weshalb das Bräunen schneller geht.

Das wichtigste Verkaufsargument für Lichtöfen ist in der Tat ihre Schnelligkeit. Als die Marktforscher von General Electric fragten, was die Verbraucher sich für ihre Küchenanwendungen am dringendsten wünschen, lagen die Antworten Tempo, Tempo und nochmals Tempo auf den drei ersten Plätzen. Die Leute erklärten, sie würden ein ganzes Hühnchen gern in 20 Minuten braten und ein Steak in 9 Minuten grillen.

Wirklich bemerkenswert an den Lichtöfen ist ihre Computertechnik. Ein mit eigener Software laufender Mikroprozessor steuert das periodische Ein- und Ausschalten der Lampen und des Mikrowellengenerators so, daß jedes Gericht in einer sorgfältig ausgearbeiteten Sequenz genau den optimalen Garvorgang erfährt. Wie die Marktforscher von General Electric herausgefunden haben, wählen 90 % der Verbraucher in den

USA ihre Gerichte aus einem Fundus von lediglich 80 Gerichten (kein Kommentar). Also hat man der Datenbank des Ofens diese Gerichte einprogrammiert, damit jeder auf Knopfdruck kochen kann. Sie, werte/r Leser/in, brauchen nur noch einzugeben, welche Art Steak Sie haben, wie dick und wie schwer es ist und wie durch Sie es wünschen, und schon liegt es auf Ihrem Teller, bevor Sie das Tischgebet sprechen können.

Jetzt bräuchten wir nur noch einen Computer, der uns all dieses zeitraubende Zeug wie leise Musik, Kerzenlicht, gepflegte Unterhaltung und Wein ersparte ...

High-Tech, Low-Tech, No-Tech
Warum auch weltliche Cracker löchrig sind[*]

Warum findet man auf Crackern und Matzen all diese kleinen Löcher?

Es gibt praktisch keine Knabbergebäcksorten vom Crackertyp (die Namen Ihrer Lieblingsmarken kennen Sie sicher selbst am besten), die nicht mit einem Muster aus kleinen Löchern versehen sind. Die Hersteller von Matzen, dem ungesäuerten Fladenbrot zum jüdischen Passahfest, scheinen heiligmäßig (ich bitte den Ausdruck zu entschuldigen) auf Perforierung zu stehen. Matzen sind weit löchriger als weltliche Cracker. Doch das folgt nicht nur einer Tradition, sondern erfüllt einen sehr praktischen Zweck. Und nein, die 18 Löcher in den Crackern mancher Marken sind kein Golfplatz für Elfen.

Glaubt man dem Sprecher eines in den USA bekannten Herstellers, dann bergen die Löcher in den Crackern ein Geheimnis. Sie beschäftigen das Denken von Menschen, die an-

---

[*] Das Wortspiel des Originals, holey (»löchrig«) gegenüber holy (»heilig«), ist leider nicht angemessen wiederzugeben. – Anm. d. Ü.

scheinend sehr wenig zu tun haben. Diese neigen dazu, die Nummer der Kundenbetreuung anzurufen und Fragen wie die folgende zu stellen: »Warum haben die Saltines 13 Löcher, während es bei den Graham-Crackern unterschiedliche Zahlen gibt und Cheez-it sogar nur ein Loch besitzt?« Antwort: »Das ergibt sich einfach so.«

Hier also eine Einführung in die Wissenschaft vom Crackerlöchern.

Wenn es darum geht, Mehl und Wasser in ein mächtiges Rührwerk zu kippen, um daraus eine Charge von 500 Kilo Teig herzustellen, wie sie das in der Crackerfabrik tun, dann läßt es sich einfach nicht vermeiden, daß eine gewisse Menge Luft in die Mischung eingearbeitet wird. Wird der Teig dann wirklich dünn ausgerollt und in einen heißen Backofen (bei 340–370°C) gebacken, dann bilden die eingeschlossenen Luftbläschen Aufwölbungen, die sogar aufplatzen können. Luft dehnt sich beim Erwärmen aus, weil ihre Moleküle sich schneller bewegen und heftiger gegen die sie umgebenden Wände stoßen.

Diese dünnhäutigen Wölbungen sehen erstens nicht gut aus, und zweitens können sie zu schnell gebacken und gedörrt sein, ehe der übrige Teig gar ist. Und falls sie platzen, hinterlassen sie in der Oberfläche Pockennarben und kleine Krater. Ein Cracker, der wie ein ausgedörrtes, von »Fuchslöchern« durchzogenes Schlachtfeld aussieht, macht auf dem gepflegten Teetisch einen erbärmlichen Eindruck.

Deshalb läßt man, unmittelbar bevor der dünne Teig in den Ofen wandert, eine große Walze mit Dornen über seine Oberfläche laufen. Die Dornen punktieren die Luftbläschen und lassen diese verräterischen Löcher im Teig zurück. Für verschiedene Arten von Crackern sind die Dornen je nach Zutaten, Backtemperatur und gewünschtem Aussehen jeweils in anderen Abständen angebracht.

Wenn das nicht schon mehr ist, als Sie je über Cracker wissen wollten, dann sollten Sie noch folgendes bedenken: Bei Crackern, die mit Treibmitteln wie Backnatron hergestellt werden, gleicht der aufgehende und sich ausdehnende Teig die Löcher teilweise wieder aus, während er ruht oder gebacken wird. Doch deswegen sind sie immer noch vorhanden, zumindest als leichte Vertiefungen. Glauben Sie vielleicht, in den dünnen weißen Weizencrackern sind keine Walzenlöcher? Halten Sie einen gegen das Licht, und Sie werden die »fossilen« Spuren entdecken. Sogar bei einem Triscuit mit seiner zerklüfteten Oberfläche finden sich 42 Löcher.

Bei Matzen ist es besonders wichtig, die Bläschen anzustechen, weil man dieses Brot bei sehr hoher Temperatur (420–500°C) rasch bäckt. Bei dieser Temperatur trocknet die Teigoberfläche schnell aus, weshalb alle sich ausdehnenden Bläschen durch die verhärtete Kruste brechen würden – man bekäme einen Ofen voller koscherer Schrapnellsplitter. Somit ist verschärftes Löchern mit schweren Walzen durchaus in Ordnung. In diesem Fall sitzen die Dornen sehr viel dichter beisammen, was diese parallel laufenden Furchen hinterläßt.

Da die Essensvorschriften für das Passahfest verbieten, irgendwelche Treibmittel zu verwenden, stellt man Matzen ausschließlich aus Mehl und Wasser her. Eigentlich perforiert man den Teig ja auch, um jeden Anschein zu vermeiden, man hätte Treibmittel benutzt, obwohl dieser Anschein ganz unschuldig zustande kommt, weil die Luftbläschen sich ausdehnen. Da der Matzenteig ungesäuert ist, geht er im Ofen nicht auf, wodurch die Spuren der Walzenbehandlung nicht überdeckt werden und im fertigen Produkt ziemlich auffallen. Dennoch kann man bei Matzen zwischen der Perforation noch einige kleine Hohlräume entdecken. Sie stammen von sehr kleinen Luftbläschen, die der Walze entgingen, aber keine Möglichkeit bekamen, zu zerstörerischer explosiver Größe anzuwachsen. Die nicht zerplatzten Bläschen tragen mit zu dem interessanten Aussehen des fertigen Brotes bei, weil ihre dünne Haut schneller bräunt als der übrige Teig.

Ganz nebenbei wissen Sie nun auch, weshalb Sie eine Pastetenhülle vor dem Backen anpieksen oder, um ganz sicher zu gehen, den Teig zusätzlich mit geeigneten Gewichten niederhalten müssen. Neben den Lufteinschlüssen im Teig selbst kann auch zwischen dem Teig und dem Boden der Form noch Luft zurückgeblieben sein. Da wird zwar nichts explodieren, aber wahrscheinlich kriegen Sie am Ende einen aufgewölbten Pastetenboden, wenn Sie diese Vorkehrungen nicht treffen.

> Hier eine einfache Methode, wie man eine Olive oder eine Essiggurke aus einem dichtgepackten Glas herausbekommt (aber wie hat man sie überhaupt da reingekriegt?). In Küchengeschäften findet man einen Greifer für kleine Objekte, der ein wenig wie eine subkutane Spritze aussieht. Drückt man auf den Kolben, erscheinen unten drei oder vier spinnwebdünne Drahtfinger. Diese senkt man auf die Beute. Dann läßt man den Kolben los, worauf die Finger bestrebt sind, wieder in das Gehäuse zurückzuspringen, und dabei ihren Fund festhalten. Auf erneuten Druck geben sie den Gefangenen wieder frei.

Strahlende Erleuchtung, was Bestrahlung ist

Die Bestrahlung von Nahrungsmitteln ist heftig umstritten. Was geschieht eigentlich bei dieser Bestrahlung? Und ist sie ungefährlich?

Von einer Bestrahlung von Lebensmitteln spricht man, wenn Hersteller ihre Nahrungsprodukte intensiver Gamma- oder Röntgenstrahlung oder auch Elektronen hoher Energie aussetzen, ehe sie die Ware auf den Markt bringen.

Doch warum sollten sie das tun? Nun, aus folgenden Gründen:

- Strahlung tötet schädliche Bakterien ab, darunter *E. coli*, Salmonellen, Staphylokokken und Listerien, was die Gefahr ernährungsbedingter Erkrankungen vermindert.
- Strahlung tötet Insekten und Parasiten ohne den Einsatz chemischer Insektizide. Viele der in den USA (und in

Europa) verwendeten Gewürze, Kräuter und Würzmittel sind zu diesem Zweck für einige Zeit bestrahlt worden.

– Strahlung hemmt den Verderb von Nahrungsmitteln und kann so den verfügbaren Nahrungsvorrat der Welt strecken. In mehr als 30 Ländern in aller Welt bestrahlt man ungefähr 40 verschiedene Lebensmittel wie Obst und Gemüse, Gewürze, Getreide, Fisch, Fleisch und Geflügel routinemäßig.

Der Widerstand gegen die weitverbreitete Bestrahlung von Lebensmitteln verteilt sich auf zwei Gruppen. Die eine kreist um sozioökonomische Probleme, die andere um Sicherheitsfragen.

Der wichtigste sozioökonomische Einwand lautet, eine Bestrahlung von Lebensmitteln könnte von der Nahrungsmittelindustrie vor allem für eigene, nur ihr selbst zugute kommende Zwecke eingesetzt werden. Anstatt ihre eher unbefriedigenden Hygienemaßnahmen auf ein angemessenes Niveau zu bringen, könnten Nahrungsindustrie und Landwirtschaft sich auf Bestrahlung verlassen, um am Ende der Produktionskette verseuchtes, schlampig hergestelltes Fleisch und andere Lebensmittel zu »neutralisieren«.

Ich bin keiner, der den agroindustriellen Komplex oder, was das angeht, irgendein beliebiges Unternehmen verteidigen würde, welches keinen anderen Zweck verfolgt, als Geld zu machen – wenn es ihnen nutzt, sogar zum Schaden der öffentlichen Sicherheit. Es gibt beispielsweise nicht zu leugnende Geschichten über die illegale Entsorgung giftiger Abfälle, ganz zu schweigen von den geheimen Absprachen innerhalb einer gewissen Branche, das eigene Wissen zurückzuhalten, wonach es tödliche Folgen haben kann, wenn man deren Produkte anzündet und den Rauch inhaliert. In diesem Licht ist nur schwer zu glauben, daß die Bestrahlung von Lebensmitteln für die Produzenten aus Gründen, die so mancher für die falschen halten dürfte, nicht höchst verführerisch sein sollte.

Doch hier umgehe ich die politischen, sozialen und wirtschaftlichen Argumente für und gegen eine Bestrahlung von

Strahlende Erleuchtung, was Bestrahlung ist   363

Lebensmitteln, auch wenn ich als Bürger durchaus meine Meinung dazu habe. Statt dessen halte ich mich ausschließlich an die wissenschaftlichen Probleme, da ich glaube, für deren Behandlung eher qualifiziert zu sein. Erst wenn die wissenschaftlichen Fakten klar sind, können die anderen Fragen mit einem gewissen Anschein von Objektivität ausgefochten werden.

Ist die Bestrahlung von Lebensmitteln ungefährlich? Ist Fliegen ungefährlich? Sind Impfungen gegen Grippe ungefährlich? Ist Margarine ungefährlich? Ist das Leben ungefährlich? (Natürlich nicht, es endet immer mit dem Tod.) Damit möchte ich die Frage nicht herunterspielen, aber »safe«[*] ist vielleicht das nutzloseste Wort der englischen Sprache. Es ist so sehr mit verschiedenen Zusammenhängen, Querverbindungen, Deutungen und Implikationen beladen, daß es jegliche Bedeutung verliert. Und natürlich läuft ein bedeutungsloses Wort dem eigentlichen Zweck von Sprache vollkommen zuwider.

Wie Ihnen jeder Wissenschaftler bestätigen wird, ist es praktisch unmöglich, eine negative Aussage zu beweisen. Das heißt, es ist sinnlos, beweisen zu wollen, etwas (zum Beispiel ein unheilvolles Ereignis) werde *nicht* geschehen. Daß etwas *tatsächlich* geschieht, ist dagegen relativ leicht zu demonstrieren: Man versucht es einfach einige Male und stellt fest, es geschieht. Wenn es dagegen nicht eintritt, gibt es immer das nächste Mal, und wer hier ein Ergebnis voraussagt, betreibt Wahrsagerei, keine Wissenschaft. Will man es auf den Punkt bringen, befaßt Wissenschaft sich nur mit der *Wahrscheinlichkeit* des Eintretens von Ereignissen.

Gestatten Sie mir nun, die Frage neu zu formulieren. Wie sind die Chancen – wie wahrscheinlich ist es –, durch den Verzehr bestrahlter Lebensmittel seine Gesundheit zu schädigen? »Sehr gering«, sagt die Wissenschaft übereinstimmend.

Hier ein paar kurze Antworten eines Nuklearchemikers (das

---

[*] In diesem Zusammenhang wird »safe« immer mit »ungefährlich« wiedergegeben. – Anm. d. Ü.

364 Gerätschaften und Technologie in der Kochkunst

bin ich), der zu seiner Zeit seinen Teil Strahlung sowohl erzeugt als auch abbekommen hat:

Rufen bestrahlte Lebensmittel Krebs oder genetische Schäden hervor? Das ist nie eingetreten.

Werden Nahrungsmittel durch Bestrahlung radioaktiv? Nein. Die Energie der Strahlung ist zu gering, als daß sie Kernreaktionen auslösen könnte.

Verändert die Bestrahlung die chemische Zusammensetzung der bestrahlten Substanzen? Ja, natürlich. Deshalb funktioniert es ja. Mehr dazu später.

Ein großes Problem ist, daß viele Menschen das Wort »Strahlung« erstmals im Zusammenhang mit der »tödlichen Strahlung« kennengelernt haben (die Medien lieben diese Phrase), die von Atombomben und geborstenen Atomreaktoren ausgespien wird. Doch Strahlung ist ein viel breiterer – und harmloserer – Begriff.

Jede wellenförmig auftretende Energie sowie alle Teilchen, die sich annähernd mit Lichtgeschwindigkeit von einem Ort zum anderen bewegen, werden unter dem Begriff Strahlung zusammengefaßt. Die Lampe auf Ihrem Schreibtisch sendet sichtbare Strahlung aus, die man Licht nennt. Das Grillelement im Herd sendet unsichtbare Infrarotstrahlung zu Ihrem Steak. Die Mikrowelle sendet entsprechende Strahlen in Ihre tiefgefrorenen Erbsen. Handys, Radio- und Fernsehsender arbeiten mit Strahlung, die dummes Geschwätz, Schrottmusik und schwachsinnige Sitcoms überträgt.

Und richtig, in einem Atomreaktor geben radioaktive Substanzen intensive nukleare Strahlung ab, unter anderem jene Gammastrahlen, mit denen man Lebensmittel bestrahlt. Zusammen mit Röntgenstrahlen und energiereichen Elektronenstrahlen kennt man sie als »ionisierende Strahlung«, weil ihre Energie ausreicht, Atome in »Ionen« zu zerlegen – in deren geladene Bruchstücke. Sie sind in der Tat sehr gefährlich für Lebewesen, angefangen bei Mikroben bis hin zum Menschen.

Aber die Hitze, mit der wir kochen, ist dieselbe, die im Höl-

Strahlende Erleuchtung, was Bestrahlung ist

lenfeuer wütet. Im Ofen neben Ihrem Braten möchten Sie sicher ebensowenig sein wie im Inneren eines Atomreaktors oder in der Nähe von Lebensmitteln, während diese bestrahlt werden. Doch das macht weder Kochen noch Bestrahlen gefährlich. Es kommt immer darauf an, wer oder was diesen Vorgängen ausgesetzt ist.

Röntgen- wie Gammastrahlen dringen tief in pflanzliches und tierisches Gewebe ein und schädigen auf ihrem Weg Atome und Moleküle in lebenden Zellen. Nun setzt man diese beiden Strahlungsarten zusammen mit Elektronenstrahlen genau deswegen zum Bestrahlen von Lebensmitteln ein, *weil* sie die Zellen von Insekten und Mikroorganismen schädigen – sie verändern deren DNA und hindern sie daran, sich zu vermehren, oder sogar daran, am Leben zu bleiben. Selbstverständlich bringt Wärme das auch fertig. Deshalb pasteurisiert man Milch, Fruchtsäfte und andere Lebensmittel durch Erhitzen. Viele Keime sind jedoch nicht so leicht abzutöten wie die Bakterien, zu deren Deaktivierung das Pasteurisieren entwickelt wurde. Hier sind drastischere Maßnahmen erforderlich. Höhere Temperaturen würden aber Geschmack und Konsistenz der Speisen zu sehr verändern. Hier kommt nun die Bestrahlung ins Spiel.

Ionisierende Strahlung kann die chemischen Bindungen aufbrechen, von denen Moleküle zusammengehalten werden, worauf die Bruchstücke sich möglicherweise zu neuen, ungewöhnlichen Konfigurationen zusammenfinden und Moleküle neuer Verbindungen bilden, die man Radiolyseprodukte nennt. Bestrahlung verursacht also tatsächlich zerstörerische chemische Veränderungen. So tötet sie Bakterien ab. Doch während für die Bakterien die Veränderungen ihrer DNA tödlich sind, werden Lebensmittel bei den eingesetzten Strahlungsintensitäten nur in sehr geringem Umfang chemisch verändert. 90 Prozent der so erzeugten neuen chemischen Substanzen sind ohnehin von Natur aus in Lebensmitteln vorhanden, vor allem in gegarten Speisen (auch Kochen führt natürlich zu chemischen Veränderungen). Und die übrigen

10 Prozent? In mehr als 400 Studien, welche die FDA geprüft hat, ehe sie die Lebensmittelbestrahlung genehmigte, hat man keinerlei schädliche Effekte gefunden, die durch den Verzehr bestrahlter Nahrung hervorgerufen worden wären, weder bei Menschen noch bei Versuchstieren, die über mehrere Generationen hinweg damit gefüttert worden sind.

Während nichts, nicht einmal Schokoladenpudding, als nachweislich »unschädlich« bezeichnet werden kann, glaube ich persönlich an das bekannte wissenschaftliche Prinzip, wonach man Pudding überprüft, indem man ihn ißt. Offenbar halten es in den USA die FDA, das Landwirtschaftsministerium, die Zentren für Krankheitskontrolle und Vorbeugung, das Institut für Nahrungsmitteltechnologie, der amerikanische Ärzteverband sowie im globalen Rahmen die Weltgesundheitsorganisation (WHO) genauso, denn sie alle haben die Ungefährlichkeit verschiedener Arten bestrahlter Lebensmittel bestätigt.[*]

Häufig wird die Befürchtung geäußert, mit einer größeren Verbreitung von Bestrahlungsgeräten könnte es zu erheblichen Problemen bei der Endlagerung radioaktiver Abfälle kommen. Beim Gedanken an die gewaltigen Mengen stark radioaktiver Abfälle aus der Wiederaufbereitung von Kernbrennstoffen fragen die Menschen wohl ganz selbstverständlich danach, wie ausgemusterte Geräte der Lebensmittelbestrahlung zu entsorgen sind. Zwar sind diese Einrichtungen gefährlich, sie unterscheiden sich aber von einem Kernreaktor etwa so wie eine Taschenlampenbatterie von einem Großkraftwerk. Obwohl tatsächlich radioaktive Stoffe verwendet werden, werden dabei keine zusätzlichen Abfälle angehäuft.

Sehen wir uns doch einmal an, welche Gefahren von den drei Typen von Bestrahlungsgeräten jeweils ausgehen:

---

[*] In der EU ist bislang nur die Bestrahlung einiger Gewürze zulässig. Da man hier jedoch ebenfalls von der Ungefährlichkeit des Verfahrens ausgeht, arbeitet man an einer »Positivliste« von Lebensmitteln, bei denen Bestrahlung zulässig sein soll. Bis dahin gelten allerdings abweichende Regelungen einzelner Mitgliedsländer weiter. Bestrahlte Lebensmittel sind in jedem Fall zu kennzeichnen. – Anm. d. Ü.

Strahlende Erleuchtung, was Bestrahlung ist

Röntgen- und Elektronenstrahlen, mit denen man Lebensmittel bestrahlt, verschwinden wie das Licht einer Lampe, wenn man sie abschaltet. Hier lauern keinerlei unerkannte Gefahren, und Radioaktivität ist überhaupt nicht im Spiel.

Strahlungsquellen auf der Basis von Kobalt-60 sind seit Jahrzehnten in aller Welt gefahrlos eingesetzt worden. Das radioaktive Kobalt, vor dem die Menschen durch dicke Betonmauern abgeschirmt werden müssen, liegt in Form kleiner »Stifte« aus solidem Metall vor, die nicht auslaufen können. Niemand wird sie einfach in den nächsten Bach werfen. Gegner der Lebensmittelbestrahlung bringen vor, 1984 sei eine Kobaltkapsel aus der Strahlentherapie irgendwie auf einem Schrottplatz in Mexiko gelandet, worauf die Radioaktivität am Ende in Produkten aus wiederverwertetem Stahl wie etwa Tischbeinen zu den Verbrauchern gelangt sei. Doch die Angelegenheit war nicht spezifisch für radioaktiven Abfall. Vielmehr war sie ein beklagenswertes Beispiel für Dummheit oder für schuldhaftes Handeln, und diese beiden Züge der menschlichen Psyche lassen sich durch keinerlei Vorbeugungsmaßnahmen oder Regelungen ausmerzen.

Caesium-137, die andere radioaktive Quelle für Gammastrahlung in manchen Geräten, ist als Pulver in rostfreiem Stahl eingekapselt. Die Halbwertszeit dieses Nebenprodukts der Wiederaufbereitung von Kernbrennstoffen beträgt 30 Jahre. Es kann also, wenn seine lange nutzbringende Lebensdauer abgelaufen ist, als ein zusätzliches Sandkorn im Sandhaufen wieder in die Reaktorabfälle zurückgebracht werden. 1989 ist eine zur Sterilisierung medizinischer Geräte verwendete Caesium-137-Quelle mit verheerenden Folgen undicht geworden, doch man hat das Problem erkannt und beseitigt.

Nun einige der üblicherweise angeführten »technischen« Einwände gegen die Lebensmittelbestrahlung:

Die Bestrahlung erfolgt mit einer Intensität, die einer Milliarde Röntgenaufnahmen der Brust entspricht, womit man einen Menschen 6000fach umbringen könnte.

Ich frage mich, inwiefern das von Bedeutung ist. Bestrah-

368 Gerätschaften und Technologie in der Kochkunst

lung von Lebensmitteln trifft nur diese, aber keine Menschen. In einer Stahlhütte beträgt die Temperatur des geschmolzenen Stahls 1650°C, heiß genug, um einen Menschen in Dampf zu verwandeln. Die Arbeiter in Hüttenwerken und in Einrichtungen zur Lebensmittelbestrahlung sind also gut beraten, nicht in Behältern mit Stahlschmelze zu baden oder ein Nikkerchen auf den Förderbändern des Bestrahlungsgerätes abzuhalten.

Mit jedem Bissen bestrahlter Nahrung setzen wir uns indirekt ionisierender Strahlung aus.

In den Lebensmitteln ist keinerlei Strahlung vorhanden, weder indirekt noch direkt, was immer das heißen mag. Oder sind wir bei jedem Stück Stahl, das wir berühren, auch dieser Temperatur von 1650°C »indirekt ausgesetzt«?

Ionisierende Strahlung kann nützliche wie gefährliche Mikroorganismen töten.

Das stimmt. Doch das gilt auch für das Eindosen und praktisch für alle Verfahren zur Nahrungskonservierung. Na und? Eine Portion eines Gerichts ohne nützliche Mikroorganismen ist ja deswegen nicht gleich schädlich.

Ionisierende Strahlung kann nicht zwischen, sagen wir, E. coli und Vitamin E unterscheiden. Was von ihr getroffen wird, kann Veränderungen unterworfen sein, auch die Nährstoffe.

Auch das ist in gewissem Umfang richtig, je nach Nahrungsmittel und Strahlendosis. Ich sehe im Verlust an Vitaminen jedoch keinen Grund, die Sterilisierung von Lebensmitteln durch Bestrahlung zu verbieten. Alle Konservierungsverfahren verändern das Nährstoffprofil von Speisen in gewissem Umfang. Und ich habe meine Zweifel, ob der Speisezettel irgendeines Menschen ausschließlich auf bestrahlte Lebensmittel beschränkt ist.

Stellt die Bestrahlung von Lebensmitteln also keine Gefahr dar? Ist überhaupt zu beweisen, daß etwas absolut unschädlich ist? Sie brauchen nur das Kleingedruckte mit den »möglichen Nebenwirkungen« auf dem Beipackzettel jeder gesundheits-

Strahlende Erleuchtung, was Bestrahlung ist 369

fördernden und lebensrettenden Arzneidroge zu lesen. Wäre »absolute Unschädlichkeit« ein Kriterium bei der Zulassung neuer Medikamente, gäbe es überhaupt keine marktfähigen Arzneien. Darauf hat etwa James B. Kaper, Professor für Mikrobiologie und Immunologie an der Universität von Maryland, hingewiesen, der die verheerenden Folgen einer E.-coli-Vergiftung bei Kindern erlebt hat: »Vielleicht könnte man am Ende einige geringfügige schädliche Wirkungen mit dem Verzehr von bestrahlten Lebensmitteln in Verbindung bringen. Aber bis dahin werden viele Menschen, vor allem Kinder, an E. coli gestorben sein, die davor zu bewahren gewesen wären, wenn sie bestrahlte Nahrung zu sich genommen hätten.«

Das Leben ist eine fortwährende Kosten-Nutzen-Analyse. Ein gewisses Risiko ist der unvermeidliche dunkle Schatten jeden technischen Fortschritts. Bis ins letzte Jahrzehnt des 19. Jahrhunderts gab es in unseren Häusern zum Beispiel keine Elektrizität. Im letzten Jahrzehnt des 20. Jahrhunderts starben in den USA jedes Jahr durchschnittlich mehr als 200 Menschen an den Folgen eines Stromschlags, der auf elektrische Haushaltsgeräte wie Lampen, Schalter, Fernsehgeräte, Radios, Waschmaschinen, Trockner und so weiter zurückzuführen war, und weitere 300 kamen bei ungefähr 40 000 elektrisch bedingten Bränden ums Leben. Wir beklagen diese Folgen des im Haus verfügbaren elektrischen Stroms, akzeptieren sie aber, weil die Risiken durch die Vorteile bei weitem ausgeglichen werden.

Die Vorteile der Konservierung von Lebensmitteln und der Zerstörung schädlicher Bakterien – was die Nahrungsmittelvorräte der Welt erweitert und Leben rettet – müssen wir gegen die sehr viel weniger wahrscheinlichen und sicherlich nicht lebensbedrohlichen Risiken abwägen.

Gespräch in einem Winter-Wunderland

All die verschiedenen Unterteilungen in meinem Kühlschrank bringen mich ganz durcheinander. Was soll ich jeweils in welchem Abteil aufbewahren? Was zum Beispiel bietet das »Gemüsefach«?

Immer wenn ich den Kühlschrank öffne, schaut Alex, mein Siamkater, auf den Inhalt wie ein Panzerknacker auf Onkel Dagoberts Geldspeicher. Er weiß, dieser weiße, uneinnehmbare Panzerschrank enthält all die Freuden, die ihm das Leben zu bieten hat (er ist kastriert).

Wir Menschen sind nicht sehr viel anders. Unsere Kühlschränke sind unsere Schatzhäuser. Ihr Inhalt spiegelt unseren jeweiligen Lebensstil eher noch mehr wider als die Kleidung, die wir tragen, oder das Auto, das wir fahren.

Vor allem ist ein Kühlschrank natürlich dazu da, jeden albernen Gegenstand auszustellen, der irgendwie an einen Magneten gepappt werden kann, ganz zu schweigen von der gekritzelten »Kunst« der Kinder oder Enkel. Doch darüber hinaus erzeugen Kühlschränke niedrige Temperaturen, und die verlangsamen ihrerseits jeden Prozeß, der Nahrungsmittel verderben läßt, von chemischen Enzymreaktionen bis zu den Verwüstungen durch lebende Schädlinge wie Bakterien, Hefen und Schimmelpilze.

Zwei Arten von Bakterien wollen wir hemmen: pathogene (krankheitserregende) Keime und solche, die für den Verderb verantwortlich sind. Letztere lassen Lebensmittel abstoßend und ungenießbar werden, machen uns aber gewöhnlich nicht krank. Dagegen sind Krankheitserreger aufgrund des Geschmacks oder des Aussehens möglicherweise nicht zu entdecken, ohne deswegen weniger gefährlich zu sein. Niedrige Temperatur dämmt beide Arten ein.

(Als Ausgleich für den eher »trockenen« Artikel über Bestrahlung überläßt der Autor nun dem Weißen Kaninchen aus *Alice im Wunderland* die weiteren Erläuterungen.) (Anm. d. Ü.)

Gespräch in einem Winter-Wunderland 371

Möchtest du, Alice, jetzt einen Ausflug durch das Kühlschrank-Wunderland machen? Dann trink aus dieser Flasche mit der Aufschrift »Trink mich«, damit du klein wirst, und folge dem weißen Kaninchen in den Kühlschrank.

Alice: *Brr. Ist das kalt hier!*

Weißes Kaninchen: *Richtig. Wir sind im Gefrierfach gelandet, das häufig oben zu finden ist, weil eventuell entweichende kalte Luft nach unten fällt und dazu beiträgt, die unteren Regionen zu kühlen.*

A: *Wie kalt ist es hier eigentlich?*

WK: *Ein Gefrierfach sollte immer auf minus 18 °C oder darunter abgekühlt sein.*

A: *Wie kann ich feststellen, ob das Gefrierfach bei mir zu Hause kalt genug ist?*

WK: *Dafür solltest du dir ein Kühlschrankthermometer kaufen, das bei niedrigen Temperaturen besonders genau anzeigt. Steck es zwischen die Packungen mit Tiefkühlkost, schließ die Tür, und warte sechs bis acht Stunden. Zeigt das Instrument nicht bis auf ein oder zwei Grad die erforderliche Temperatur, mußt du den Regler entsprechend verstellen und nach weiteren sechs bis acht Stunden nochmals kontrollieren. Aber jetzt wollen wir in den wichtigsten Teil des Kühlschranks hinunterklettern, wo es ein ganzes Stück wärmer ist.*

A: *Das nennst du warm?*

WK: *Alles ist relativ. Draußen in der Küche ist es mindestens 16 Grad wärmer. Die Technik des Kühlschranks entfernt Wärme aus der Kiste, in der wir uns befinden, aber Wärme ist Energie, und die kann man nicht einfach zerstören. Wenn du sie irgendwo weghaben willst, mußt du sie an einen anderen Ort schaffen. Und so wird sie vom Kühlschrank in die Küche rausbefördert. Der Verrückte Hutmacher behauptet ja, ein Kühlschrank sei in Wahrheit eine Küchenheizung, und er hat recht. Tatsächlich gibt ein Kühlschrank mehr Wärme ab, als er seinem Innenraum entzieht, weil die Vorrichtung zum Abtransport selbst Wärme erzeugt. Deshalb kannst du ja auch die Küche nicht dadurch kühlen, daß du die Kühlschranktür offenläßt. Du würdest bloß Wärme von einem Ort zum anderen schaffen und sogar noch welche hinzufügen, aber keine loswerden.*

A: *Wie schafft der Kühlschrank die Wärme weg?*

WK: *Das geschieht mit Hilfe einer leicht zu verdampfenden Flüssigkeit, dem Freon, oder zumindest war das so, bis Wissenschaftler entdeckt haben, daß Freon die Ozonschicht der Erde zerstört. Die neueren Kühlschränke enthalten eine freundlichere chemische Substanz mit der irren Bezeichnung HFC 134 a. Wie dem auch sei, wenn eine Flüssigkeit verdampft (siedet), nimmt sie Wärme aus der Umgebung auf, weshalb diese kälter wird (der Platz reicht nicht für eine Erklärung, warum das so ist). Wird der Dampf dann wieder zu einer Flüssigkeit verdichtet, gibt er die Wärme ab. Bei einem Kühlschrank verdampft die Flüssigkeit hier innerhalb des Kastens, was diese Metallflächen abkühlen läßt, die du da an der Wand siehst. Dann wird der Dampf mit einem Kompressor verflüssigt (das Brummen, das du hörst, ist dessen Motor), und die dabei entstehende Wärme wird außerhalb des Gehäuses verteilt. Dazu dient ein Gitter von feinen Röhren, die dahinter oder darunter verborgen sind. Ein Thermostat schaltet den Kompressor nach Bedarf ein oder aus, damit die richtige Temperatur erhalten bleibt.*

A: *Was gilt als die richtige Temperatur?*

WK: *Das Hauptabteil eines Kühlschranks sollte stets unter 4°C liegen. Darüber können Bakterien sich schnell genug vermehren, um eine Gefahr darzustellen.*

A: *Kann ich das mit meinem neuen Thermometer messen?*

WK: *Sicher. Stell ein Glas Wasser in die Mitte von deinem Kühlschrank und warte sechs bis acht Stunden. Zeigt es nicht die 4°C oder darunter an, mußt du den Regler entsprechend verstellen und nach sechs bis acht Stunden erneut die Temperatur ablesen.*

A: *Ich bin sicher, jeder von meinen Kühlschränken wird genau die richtige Temperatur aufweisen, danke. Aber was soll ich denn überhaupt darin aufbewahren?*

WK: *Nun, du weißt schon, das übliche Zeug halt. Lebende Krebse – das dämpft sie sehr, und so werfen sie ihre Scheren nicht ab, wenn du sie dämpfst. Oder Tischtücher mit Kerzenwachs darauf – das kannst du abkratzen, wenn es hart ist. Oder vielleicht feuchte Wäsche im Kunststoffbeutel, wenn du sie nicht sofort bügeln kannst. Alte Unterwäsche . . .*

A: *Das reicht, du Schlaumeier. Gibt es auch Dinge, die ich besser nicht im Kühlschrank aufbewahren sollte?*

Gespräch in einem Winter-Wunderland 373

WK: *Ja. Tomaten verlieren Aroma, wenn sie unter 10 °C gekühlt werden, weil ein wichtiger chemischer Aromastoff zerfällt. Kartoffeln werden unangenehm süß, weil ein Teil ihrer Stärke sich in Zucker verwandelt. Brot trocknet aus und wird altbacken, wenn es nicht luftdicht verpackt ist, aber in einem Plastikbeutel können dann Schimmelpilze wachsen. Am besten frierst du es ein. Und eine große Menge übriggebliebener Speisen, die noch warm sind, kann die Temperatur im Kühlschrank auf ein gefährlich bakterienfreundliches Niveau hochtreiben. Du solltest Reste auf kleinere, leicht zu kühlende Behälter verteilen und diese zunächst in kaltem Wasser vorkühlen, ehe du sie hineinstellst. Auf dem Küchentisch dürfen sie nicht abkühlen, weil sie sonst zu lange eine gefährliche Temperatur beibehalten.*
Alice, paß bloß auf! Du bist zu nahe am Rand des Gitters!

A: *Hilfe! Ich bin in diese Schublade hier gefallen. Wo bin ich?*

WK: *Du bist im Fach für knackiges Gemüse.*

A: *Ich glaube, ich will gar nicht knackig sein.*

WK: *Das gilt nur für Obst und Gemüse, und es regelt eher die Feuchtigkeit als die Temperatur. Gemüse wird trocken und welkt, wenn die Luftfeuchtigkeit nicht relativ hoch ist. Das Gemüsefach ist ein geschlossenes Abteil, das den Wasserdampf zurückhält. Obst benötigt aber weniger Feuchtigkeit als Gemüse, deshalb besitzen manche Gemüsefächer einstellbare Öffnungen, die du jedesmal umstellen sollst, wenn du den Inhalt austauschst.*

A: *Ja doch, sicher. Und was soll dieses andere Fach hier unter uns?*

WK: *Das ist für Fleisch. Der kälteste Ort im Kühlschrank, abgesehen vom Gefrierfach. Es liegt ganz unten, weil kalte Luft absinkt. Fleisch und Fisch müssen möglichst kalt gelagert werden, aber frischer Fisch sollte ohnehin höchstens einen Tag aufbewahrt werden.*
Und wo wir schon von der Zeit sprechen, ich habe eine sehr wichtige Verabredung und bin spät dran. Trink diese andere Flasche »Trink mich«, damit du wieder groß wirst und wir hier rauskommen.
Und vergiß nicht, das Licht auszumachen.

Anhang

Weiterführende Literatur

Die Welt der Ernährung ist grenzenlos. Die Welt der Wissenschaft ist gleichfalls grenzenlos. Keine einzelne Arbeit vermag mehr als einen kleinen Kratzer in die Oberfläche eines der beiden Gebiete zu ätzen oder, wie in diesem Fall, in die Schnittstelle zwischen ihnen.

Für dieses Buch habe ich eine Anzahl praktischer Fragen ausgewählt, die dem neugierigen Hobbykoch, wie ich annehme, von Nutzen sein werden, und dabei möglichst auf technische Formulierungen der Fachsprache verzichtet. Ich kann nur hoffen, mit diesen Aperitifs den Appetit meiner Leser auf ein weitergehendes Verständnis der Küchenwissenschaft angeregt zu haben. Für jene, die Lust auf mehr bekommen haben, sind nachstehend ein paar Bücher aufgeführt, die sich eingehender mit der Wissenschaft von den Nahrungsmitteln befassen.

Wissenschaftliche Grundlagenwerke
(Ohne Rezepte)

AUTORENKOLLEKTIV: *Lebensmittel-Lexikon.* Leipzig, VEB Fachverlag, 1979. – Gutes Nachschlagewerk, auch für Gerichte und deren Zutaten.

BELITZ, HANS-DIETER und GROSCH, WERNER: *Lehrbuch der Lebensmittelchemie.* Berlin, Heidelberg, Springer Verlag, 5. Auflage, 2001. – Eine sehr detaillierte, anspruchsvolle Abhandlung über die Chemie der Lebensmittel und des Kochens, mit einem umfassenden Stichwortverzeichnis.

FRANZKE, CLAUS: *Lehrbuch der Lebensmittelchemie.* Berlin, Akademie-Verlag, 1982. – Ausführliche Beschreibungen der chemischen Vorgänge beim Konservieren und Kochen.

HEIMANN, WERNER: *Grundzüge der Lebensmittelchemie.* Darmstadt, Steinkopff, 1976. – Ernährungslehre, Bestandteile der Nahrungsmittel und ihr Verhalten bei der Zubereitung.

TERNES, WALDEMAR: *Naturwissenschaftliche Grundlagen der Lebensmittelzubereitung.* Hamburg, Behr's Verlag, 1993.

Allgemeiner gehaltene Werke
(Weniger wissenschaftlich, aber mit Rezepten)

BARHAM, PETER: *The Science of Cooking.* Berlin, Heidelberg, Springer Verlag, 2000. − Einführung in die chemischen Grundlagen, gefolgt von Kapiteln über Fleischarten, Brotsorten, Saucen etc. Mit 41 Rezepten.

CORRIHER, SHIRLEY O.: *Cookwise: The Hows and Whys of Successful Cooking.* New York, Morrow, 1997. − Was die verschiedenen Zutaten eines Rezepts bewirken, wie sie das tun, und wie man sie am vorteilhaftesten anwendet, mit besonderer Betonung des Backens. 224 Rezepte.

GROSSER, ARTHUR. E.: *The Cookbook Decoder, or Culinary Alchemy Explained.* New York, Beaufort Books, 1981. − Eine wunderliche, aber auch praktische Sammlung von Informationen zur Küchenwissenschaft von einem kanadischen Chemieprofessor. Mit 121 Rezepten.

HILLMAN, HOWARD: *Kitchen Science.* Boston, Houghton Mifflin, 1989. − Fragen und Antworten. Mit 5 Rezepten.

MCGEE, HAROLD: *The Curious Cook: More Kitchen Science and Lore.* San Francisco, North Point Press, 1990. − Eine Sammlung spezieller Fragen, die ausführlich abgehandelt werden. Mit 20 Rezepten.

PARSONS, RUSS: *How to Read a French Fry and Other Stories of Intriguing Kitchen Science.* Boston, Houghton Mifflin, 2001. − Bodenständige, praxisnahe Erörterungen, u. a. Fritieren, Gemüse, Eier, Stärke, Fleisch, Fette etc. Mit 120 Rezepten.

Glossar   379

Glossar

(Begriffe, die auch ein eigenes Stichwort haben, sind kursiv
wiedergegeben)

◆ ALKALI-VERBINDUNG: Im Alltagsgebrauch jede chemische Verbindung, die in Wasser Hydroxid-*Ionen* (OH^-) freisetzt, etwa Na-
tronlauge (Natriumhydroxid) und Backnatron (Natriumbikarbonat). Chemiker bezeichnen solche Verbindungen als Basen. Im
engeren Sinn ist eine Alkali-Verbindung eine besonders starke
Base, also die Hydroxide von Natrium, Kalium oder einem der
anderen sogenannten Alkalimetalle. Säuren und Basen (einschließlich der Alkali-Verbindungen) neutralisieren einander, wobei sie *Salze* bilden.

◆ ALKALOID: Gehört einer Familie bitter schmeckender, in Pflanzen vorkommender chemischer Verbindungen mit starken physiologischen Wirkungen an. Dazu gehören unter anderem Atropin,
Koffein, Kokain, Kodein, Nikotin, Chinin und Strychnin.

◆ AMINOSÄURE: Eine organische Verbindung, die neben einer
Aminogruppe ($-NH_2$) eine Säuregruppe ($-COOH$) enthält (N =
Stickstoff, H = Wasserstoff, C = Kohlenstoff und O = Sauerstoff).
Etwa 20 verschiedene Aminosäuren bilden die natürlichen Bau-
steine der Proteine (Eiweiße).

◆ ANTIOXIDANS: Eine chemische Verbindung, die in Lebensmitteln oder im Körper unerwünschte *Oxidation* verhindert. Die
häufigste zu verhindernde Oxidation in Nahrungsmitteln ist das
Ranzigwerden von Fetten. Zu den gebräuchlichsten Antioxidantien für Lebensmittel gehören butyliertes Hydroxytoluol (BHT),
butyliertes Hydroxyanisol (BHA) und *Sulfite*.

◆ ATOM: Die kleinste Einheit eines chemischen Elements. Jedes
der mehr als 100 bekannten chemischen Elemente besteht aus
Atomen, die allein für dieses Element spezifisch sind.

◆ BLÄSCHENKEIM: Ein Punkt, Teilchen, Kratzer oder eine winzige
Blase in einem Behälter mit Flüssigkeit, der als Versammlungsort
für *Moleküle* eines gelösten Gases dient. Dort können sie sich zu
größeren Blasen zusammenfinden.

◆ BTU: British thermal unit, eine englische Wärmeeinheit. Vier
BTU entsprechen in etwa einer Nahrungs- oder *Kilokalorie*.

◆ DIPOL: Ein *Molekül*, dessen zwei Enden einander entgegengesetzte, also positive bzw. negative Ladungen tragen.

◆ DISACCHARID: Ein Zucker, dessen *Moleküle* in zwei Moleküle
Einfachzucker oder *Monosaccharide* zerlegt (hydrolysiert) werden

können. Ein bekanntes Disaccharid ist die Saccharose, der wichtigste Zucker in Zuckerrohr, Zuckerrüben und Ahornsaft.

♦ ELEKTRON: Eines von den sehr leichten, negativ geladenen Elementarteilchen, welche den Raum in der Umgebung der sehr schweren Kerne der *Atome* besetzen.

♦ ENZYME: Proteine, die von Lebewesen produziert werden und dazu dienen, bestimmte biochemische Reaktionen zu beschleunigen (zu katalysieren). Weil biochemische Reaktionen natürlicherweise sehr langsam ablaufen, würden die meisten ohne das passende Enzym überhaupt nicht stattfinden. Da es sich um Proteine handelt, können sie durch extreme Bedingungen wie etwa hohe Temperaturen zerstört werden.

♦ FETTSÄUREN: Organische *Säuren*, die sich mit Glyzerin zu den Glyzeriden in natürlichen Fetten und Ölen verbinden. Die meisten natürlichen Fette sind *Triglyzeride*, in denen jeweils drei Glyzeridmoleküle zu einem *Molekül* Fett verbunden sind.

♦ FREIES RADIKAL: Ein *Atom* oder *Molekül*, das ein oder mehrere ungepaarte *Elektronen* besitzt und deshalb äußerst reaktionsfreudig ist, weil die Elektronen der Atome am stabilsten sind, wenn sie paarweise vorkommen.

♦ GLUKOSE: Ein Einfachzucker oder *Monosaccharid*. Es zirkuliert im Blutstrom und ist unter den *Kohlenhydraten* der wichtigste Energielieferant.

♦ HÄMOGLOBIN: Das rote, eisenhaltige Protein, mit dem der Sauerstoff im Blut transportiert wird.

♦ ION: Ein *Atom* oder eine Gruppe von Atomen, die elektrisch geladen sind. Ein negativ geladenes Ion besitzt einen Überschuß an *Elektronen*, während bei einem positiv geladenen Ion ein oder mehrere Elektronen der normalen Elektronenkonfiguration fehlen.

♦ KILOKALORIE: Energieeinheit, die wie ihre Untereinheit Kalorie meist im Zusammenhang mit der Energiemenge benutzt wird, die ein Lebensmittel bei seiner Umsetzung im Stoffwechsel des menschlichen Körpers liefert.

♦ KOHLENHYDRAT: Gehört zu einer Klasse chemischer Verbindungen, die in Lebewesen vorkommen; dazu gehören verschiedene Zucker, Stärken und Zellulose. Kohlenhydrate dienen Tieren als Energiequelle und Pflanzen als Strukturkomponenten.

♦ LIPID: Alle fettigen, wachsartigen oder öligen Substanzen in Lebewesen, die sich in organischen Lösungsmitteln wie Chloroform oder Äther lösen lassen. Lipide sind letztlich Fette sowie Öle, dazu kommen noch andere verwandte Verbindungen.

Glossar   381

♦ MIKROWELLEN : Eine Form elektromagnetischer Energie, deren
Wellenlänge über der von Infrarotstrahlung und unter der von
Radiowellen liegt. Mikrowellen dringen bis mehrere Zentimeter
tief in Feststoffe ein.

♦ MOLEKÜL: Die kleinste Einheit einer chemischen Verbindung
aus mindestens zwei oder mehr miteinander verbundenen *Atomen*.

♦ MONOSACCHARID : Ein Einfachzucker, der nicht weiter in andere Zucker zerlegt (hydrolysiert) werden kann. Das bekannteste
Monosaccharid ist *Glukose*, der Blutzucker.

♦ MYOGLOBIN : Ein rotes, eisenhaltiges Protein, das dem *Hämoglobin* ähnelt. Es findet sich in den Muskeln von Tieren, wo es als
Verbindung zur Speicherung von Sauerstoff dient.

♦ OSMOSE : Bei diesem Vorgang wandern Wasser*moleküle* aus
einer stärker verdünnten Lösung einer löslichen Substanz durch
eine Membran, etwa eine Zellwand, zur konzentrierteren Lösung
dieser Substanz, um so das Konzentrationsgefälle auszugleichen.

♦ OXIDATION : Die Reaktion einer Substanz mit Sauerstoff, in der
Regel mit dem der Luft. Weiter gefaßt handelt es sich um eine Reaktion, bei der ein *Atom, Ion* oder *Molekül Elektronen* abgibt.

♦ POLYMER : Ein riesiges Molekül aus vielen, oft Hunderten von
identischen molekularen Untereinheiten, die alle miteinander
verbunden sind.

♦ POLYSACCHARID : Ein Zucker, dessen *Moleküle* in mehrere *Monosaccharide* zerlegt (hydrolysiert) werden können. Beispiele sind
Zellulose und Stärken.

♦ SALZ : Das Produkt einer Reaktion zwischen einer *Säure* und
einer Base oder *Alkali-Verbindung*. Natriumchlorid, das Tafelsalz,
ist bei weitem das häufigste.

♦ SÄURE : Jede chemische Verbindung, die in Wasser *Ionen* des
Wasserstoffs (H^+) freisetzt (Chemiker verwenden manchmal weiter gefaßte Definitionen). Säuren sind von Natur aus verschieden
stark, schmecken aber alle sauer.

♦ SULFIT : Ein Salz der schwefligen *Säure*. Sulfite reagieren mit
Säuren unter Bildung des Gases Schwefeldioxid und werden als
Bleichmittel und Bakterizid eingesetzt.

♦ TRIGLYZERID : Ein *Molekül* aus drei *Fettsäure*molekülen, die an ein
Glyzerinmolekül gebunden sind. Natürliche Fette und Öle sind
meist Mischungen von Triglyzeriden.

Verzeichnis der Rezepte

Blaubeerpfannkuchen (aus blauem Maismehl) 152

Bratenfond vom Hühnchen 186

Brombeer-Streuselkuchen 346

Brotkrumen, mikrowellengetoastet 304

Buttersterne 85

Champagner-Gelee 279

Empanadas (Teigtaschen) 242

Fisch im Päckchen 190

Gemüse gegrillt 235

Graved Lachs 172

Hamburger, salzgetrocknet 178

Hummer, lebendfrisch, gekocht 209

Knusperkartoffeln Anna 100

Krabben (weichschalige), sautiert 204

Lammhachse, griechisch 161

Mahagoni-Wildhühner 177

Margarita (Bob's Best) 288

Melasse-Gewürzkuchen mit Ingwer 36

Meringen 26

Miesmuscheln in Weißwein 201

Minzeblätter-Aufguß 264

Mokka-Kakao-Glasur 51

Mokka-Soja-Pudding 259

Pilzpastete Wäldlerart 338

Portugiesische pochierte Meringen 131

Ricotta-Beignets 107

Samtige Schokoladenmousse 47

Schokoladentörtchen (»Teufelsfutter«) 50

Senfsauce süß 173

Sommersuppe Jadegrün (kalt) 310

Tapa-Mandeln 60

Weiße Schokoladenriegel 52

Zitronencreme 335

Sachregister

2-Aminoacetophenon 151
Abflußrohre (und Fett) 109, 166
Acesulfam 55
Acetobacter aceti 145
Aktivitätskoeffizienten 66
Algen (Seetang) 196, 203, 208
Algen 68, 73, 76
Alkali-Verbindungen 49, 150 f.
Alkaloide 19, 147, 150, 260
Alkohol 56, 91, 110
   abbrennen (verdampfen) 225
   entzünden 225
   Essig und – 143 f.
   Gärung 254
   mäßiger Konsum 285
   Mißbrauch 285
   Siedetemperatur 224
Alufolie 125
Aluminium 125 f., 140 f., 324
   anodische Oxidation 324
Amine 192 f.
Aminosäuren 18, 39 – 41, 136, 151, 192
Ammoniak 127, 192
Ammoniak zum Backen 127
Ammoniumbikarbonat 127
Ammoniumverbindungen 41
Anbräunen 39 – 41, 98 – 99, 111, 184, 357
   von Fleisch 157
   von Knochen 161
Antihaftsprays 109 – 112
Äpfel 33, 143
Apfelsäure 255

Aspartam 54, 137, 271
Astaxanthin 204
Atropin 149
Ätznatron 150 – 152
Austern 196, 197

Backen 294
   mit Butter 102, 240
   Temperatur 217
   siehe auch Hefe
Backpinsel 328, 329
Backpulver 123 – 124,
Bakterien 24, 33, 99, 165, 191 – 192, 239, 240
   Clostridium botulinum 169
   E. coli 369
   Wachstumshemmer gegen – 115, 167 f., 370
Bänder 189
Batterien 141
Baumwollsamenöl 104
Beizen 169, 174 – 176
Belladonna 149
Benzol 260
Bestrahlung 361 – 369
Beta-Karotin 34
BHA (Butyliertes Hydroxyanisol) 34
BHT (Butyliertes Hydroxytoluol) 34
Bier 224, 254, 268, 284, 286
   alkoholfrei 290
   Alkoholgehalt 289 – 290
Bitterkeit 18, 19, 25, 36, 44, 45, 69, 136, 255

384 Sachregister

Bläschenkeime 275, 308
Blei 122, 219
Blut:
 Cholesterin im – 91, 97
 Kreislauf 21, 157, 214–215
 von Tieren 156, 157
Blutfettwerte 91
Blutgefäße 216
Bœuf bourguignon 225
Bor 71
Botulinustoxin 169
Braten:
 Fleisch 40, 158, 164, 174, 182–186
 Geflügel 164, 185
Bratenpinsel 329
Bratpfannen 317, 321–326
 Antihaft- 318 f.
 aus Gußeisen 317 f., 354
Braunwerden:
 von Kartoffeln 33, 148
 von Obst 33, 128
British thermal unit (Btu) 222–224
Bromelain 62
Brot 49, 181, 253, 330
Butter:
 amerikanische gegenüber
 europäischer – 101–102
 Backen mit – 85, 102, 240
 Butterfettgehalt 98 f.
 geklärte – 98–100, 105
 gesalzene – 84, 99
 ranzige – 85, 99
 Rauchpunkte von – 105
 Sautieren in – 98
 ungesalzene – 99
Butterfett 98 f.
Buttermilch 102, 124, 125
Buttersäure 93
B-Vitamine 151

Cadmium 122
Camellia sinensis 263
Carboxylsäuren 88

Champagner 254, 273–277
Chilisauce 197
Chinarestaurant-Syndrom (CRS) 135
Chinin 147
Chlor 121, 122, 146
Chloroform 260
Chlorophyll 146
Cholesterol (Cholesterin) 91
Clostridium botulinum 169
Cognac 225
Computertechnik 317, 358
Coq au vin 225
Cracker (Fettgehalt) 95–97
Cracker (Löcher) 358–361
Cryptosporidium 121

Dampf 65–66, 219–222, 235
 Alkohol als – 224–226
 Hummer in – gegart 209–210
Dampfkochtopf 116, 216, 220,
 349–353
Desinfektionsmittel 146
Dextrose 78
Diäten (Kalorien) 213–215
Dieselkraftstoff (Fritieröl) 109
Diglyzeride 89–91
Dikalziumdihydrogenphosphat 123
Disaccharide 21, 42
DNS 34, 365
Dung 335–338

EDTA (Ethylendiamin-Tetraacetyl-
 säure) 93
Eier 22
 auf dem Gehweg braten 226–231
 Eidotter 229–231, 253, 335
 einfrieren 247–248
 Eiweiß (Eiklar) 26, 131, 228–231,
 247
Eintopf 159, 164 f.
Eis 192, 211, 212
 Herstellung 244–247
 Kristalle 238, 250, 298, 299

Schmelzen 238
Eisen 69, 141, 142, 156
Eiskrem 114
Elektrizität 211, 212, 235
Elektronen 34, 141 f., 361
Emu 156
Emulsion (Emulgator) 45, 253−254
en papillote 190
Endosperm 151
Energie 20
  − und Kalorien 54, 103, 212−215
  -produktion 212−215
  -verbrauch 214 f.
  Wärme 212−215
  siehe auch Butter, Speisefette
Entsafter 333, 334
Enzyme 33, 43 f., 54, 61 f., 93, 128, 145, 191
Erbsen 21, 240, 313
Erdnußöl 104, 105, 109
Essig 128, 129, 142, 143−146
Essigsäure 143 f., 255

Färberdistelöl 105
Faserstoffe 21 f.
Fette 87−117, 119, 194
Fettsäuren (FS) 87 f.
  freie − 93, 106
  Trans- 96 f.
Feuer 211 f.
Ficin 62
Fisch 156, 188−193
  Ausnehmen und Säubern 191
  Garen 188 f.
  Geruch 191
  Konservierung 58, 172, 176
  roher − 179
Fleisch 155−210
Fleischbrühe 159, 164
  Knochen 159
  − reduzieren 220−222
Fleischglasur (Aspik) 220 f.
Fleischthermometer 347−349

Fluor 320
Fluorid 120, 123
Flüssigkeiten 253−291
Flüssigkeitsmischungen 253, 254
Freie Radikale 34, 106
Früchte 21, 56, 279
  Alkoholgehalt 56, 254
  Enzyme 62
  Trocken- 33
Fruktose 21, 25, 30, 43

Garnelen 200
Gärung (Fermentation) 128, 145, 254, 263
Gas (zum Grillen) 231−235
Gaumen (harter und weicher) 18
Geflügel 155
  − beizen 175−176
  − braten 181, 183
Gefriergeräte 211−212, 237 f., 370−373
  Abtauen 249
  Verpackungen für − 250 f.
Gehirn 19, 54
Gelatine 160, 161, 163
Gelee 43
Gemüse (in der Mikrowelle) 313−315
Gemüsebrühe 206
Gerüche 17, 73 f., 192
Geruchsrezeptoren 17 f.
Geschmack (Aroma) 17 f., 73 f., 119
Geschmacksknospen 18, 19
Geschmackssinn 17 f.
Getränke 253−291
  abgestandene − 270−273
  Cola- 43−44, 266 f., 345
  destillierte − 254, 291
  kohlensäurehaltig 43−44, 254, 266−278
  Pflanzenextrakte als − 254
Gewicht (abnehmen bzw. zulegen) 212−216

386 Sachregister

Gewürze 18, 61−62, 362
Gewürzmischungen 61−62
Giardia (*Lamblia intestinalis*) 121
Giftstoffe 169, 219, 260
Gliadin 184
Glukose 21 f., 30, 43
Glutamate 135
Glutaminsäure 135
Gluten 184
Glutenin 184
Glyzerin 87−92
Grillanzünder 234−235
Grillen 231−235, 349

Haggis 19
Halit 57
Halogenlampen 356
Hämoglobin 156
Hefe 24, 137, 145
Herbizide 122
Herde 211
    Einstellung 222−224
    Induktions- 353−354
    siehe auch Lichtöfen, Mikrowelle
Holzasche 150
Holzkohle 231−235
    Aktiv- 121 f.
Honig 21 f.
Hühnchen 239
    Bratenfond von − 181 f.
    freilaufende − 157
    −, gebraten 164, 181,
    −, gegrillt 231
    Schneidbretter und − 146
    weißes und dunkles Fleisch von −
    157
Hummer 193, 200, 203−209
Hydrierung 94−95
Hydrolyse 93, 137

Infrarotstrahlung 346 f.
Ionen 120−123, 175
Ionenaustauscher-Harze 122, 123

Jod 58, 71, 78

Kaffee 254, 255−262
    entkoffeinierter − 260−262
    Espresso 256 f.
    Instant- 309
    Säuren im − 141, 255
    Sorten 256
    siehe auch Koffein
Kaffeemaschinen 211, 256, 294
Kakao 48, 49
Kakaobohnen 44−46, 49, 52
Kakaobutter 45 f.
Kalbfleisch 155, 160
Kalbsfuß 160
Kalium 83
Kalium-Acesulfam 55
Kaliumchlorid 59, 63
Kaliumhydrogentartrat 131
Kaliumjodid 58
Kaliumkarbonat 48, 150
Kalkstein 151
Kalorien 22, 208, 212−216
    in Fetten 87, 109 f., 212
    in Kohlenhydraten 87, 212
    in Proteinen 87, 212
    in Zucker 54
    Kontrolle von − 109, 213
Kalzium 69 f., 122, 138−140, 151
Kalziumhydrogenphosphat 123
Kalziumkarbonat 151
Kalziumoxid 151
Kalziumphosphate 72, 159−161
Kalziumsilikat 72
Kalziumsulfat 73
Kamille 263
Karamelbonbons 39
Karamelisierung 39
Kartoffelchips 148
Kartoffeln 147−150
Käse 18, 107, 138−140, 267
Kasein 99 f.
Käsekuchen 213

Kauen 18
Kaviar 194
  Beluga 194
  Malassol 194
  Ossetra 194
  Sevruga 194
Kaviarlöffel 193, 194
Keramik 306
Kilokalorien 213
Knochen 159–161
  als Wärmeleiter 164
  Brühe aus – 159–160
  Fleisch direkt am – 163
  Mineralien und organische
  Verbindungen 159–160
Knorpel 160, 161, 189
Kochgeschirr:
  Aluminium 126, 141 f. 324–325
  Antihaftgeschirr 318–321, 325
  Gußeisen 325
  Kupfer 323–325, 340
  siehe auch Bratpfannen
Koffein 19, 52, 256–258,
  260–262
  Entfernung von – 260–262
Kohle 211, 233
Kohlendioxid 123–124, 127, 145,
  232, 233, 267, 269
Kohlenhydrate 20–22, 119, 145,
  168
  Definition von – 21 f.
  komplexe – 21
  siehe auch Stärke, Zucker
Kohlenmonoxid 232
Kohlensäure 266–278
Kohlenstoff 88 f., 121, 232, 320
Kokain 147, 260
Kollagen 160 f.
Kombu-Algen 135
Konsistenz 18, 19, 73, 119
Korken:
  Champagner- 277–278
  Plastik- 281 f.

Schnüffeln an – 283
  Wein- 280–282
Krabben (Krebse) 200–203
Kräuter 129, 263, 362
Kuchen 253
  Aufgehen von – 124 f.
Künstliche Süßstoffe 54, 56, 58, 137,
  271
Kupfer 122, 323–325, 340

Lactobacillus 116
Laktose 21, 100
Laktose-Unverträglichkeit 100
Lauge 150–152
Leitfähigkeit für elektrischen Strom
  84, 141 f.
Lichtöfen 355–358
Limetten 330–331
Linolensäure 88
Linolsäure 88
Lipide 91

Magnesium 122
Magnesiumkarbonat 73
Magnesiumsulfat 73
Magnethalter 326–328
Magnetische Induktion 353–354
Magnetron 296, 301
Maillard-Reaktionen 40
Mais 41–44, 150–152
Maisgrieß 150–151
Maismehl 197
Maismehl, blau 152
Maisöl 103, 104
Maisstärke 22, 28, 41–42, 183
Maltodextrin 55
Maltose 21, 43
Margaritas 59, 288
Marinieren 174, 179
Marmeladen 43, 128
Marmor zum Teigrollen 240–242
Marshmallows 253
Martinis 284, 287

Matzen 358 f.
Mayonnaise 253
Meerrettich 198
Meersalz 67−76
Mehl: in Bratenfond 183−185
Mehlschwitze (*Roux*) 184
Melasse 32−35
Meßbecher 342−345
Messer 326−328
Metalle 122, 123
    in der Mikrowelle 303
    Wärmeleitfähigkeit 239−240
Metamyoglobin 156−157
Methylenchlorid 260 f.
Metrisches System 341−346
Mikrowelle 158, 293−315
    Auftauen in der − 298, 299
    Drehteller 302
    Gefäße für − 305−307
    Sicherheit 305
    Veränderungen in Lebensmitteln
    311 f.
    Wasser erhitzen 308−310
    zyklisches Ein- und Ausschalten
    301
Milch 114−117
    Butterfett 113
    Homogenisierung 114
    Kartonverpackung 117
    Pasteurisierung 114
Mineralien 23, 57, 69−71, 159−161,
    311, 312
Moleküle 20−22, 37−39
    Definition 17
    Gas- 17, 18, 234, 273−277
    Wasser- 65, 66, 166, 175, 218, 219,
    249 f., 297 f.
Mollusken 196, 200
Monoglyzeride 91 f.
Muschelmesser 197
Muscheln (roh) 196
Myoglobin 157−159

Nachtschattengewächse 149
Nahrungsmittel:
    Abmessen 341−346
    Bestrahlung 361−369
    gefrorene − 237−240, 248−250,
    314−315
    säurehaltige − 126, 127−128,
    140−142
Nase 120, 192
Natriumaluminiumphosphat 123
Natriumaluminiumsilikat 72
Natriumaluminiumsulfat 123
Natriumbikarbonat 123, 125
    siehe auch Natron
Natriumchlorid *siehe* Salz
Natriumhydroxid 57, 150
Natriumhypochlorit 146
Natriumnitrat 58
Natriumnitrit 58
Natron 124
Niacin 151 f.
Nickel 323 f.
Nikotin 19, 147, 260
Nitrosamine 169
Nudeln 64−67, 74, 112
Nüsse 93, 266

Oleinsäure 88
Olivenöl:
    Ausgießer für − 111−112
    extra vergine 47, 106
    helles − 104
    komplexe Aromen 106
    Rauchpunkt 105, 106
Omega-3-Fettsäuren 89
Osmose 169, 172, 175
Oxidation 57, 71, 93−94, 117, 142,
    145 f.
    Definition 33−34
    Verhütung von − 33, 34, 57, 71,
    148
Oxymyoglobin 159

Papain 62
Parasiten 121, 361
Pasteurisierung 116–117
Perchloräthylen 260
Periosteum (Knochenhaut) 160
Pestizide 122, 361
PET (Polyäthylen-Terephtalat) 271
Pfeilwurz 22, 183
Pflanzengifte 19, 147–150, 263,
339–340
Phenylalanin 54
Phosphatide 91
Phosphor 266
Phosphorsäure 266–267
Photosynthese 147
Pökeln 168–170
Polenta 151
Pollack 193
Polyäthylen 159, 250
Polymere 39–40, 106, 320
Polyphenole 266
Polysaccharide 21, 42
Polyvinylchlorid 159, 250
Popcorn 21, 42, 301
Proteine 39, 40, 54, 55, 87, 136–137,
168
Abbau 62, 137, 160
Hydrolyse 137
Kaloriengehalt 87, 214
Protoplasma 168
PTFE (Polytetrafluoräthylen)
318–321

Quecksilber 122

Ranzigwerden 85, 93
Rapsöl 104, 105
Reduktionsmittel 33
Reflux (saures Aufstoßen) 255
Reifung:
beim Alkohol 133
beim Fleisch 61, 168, 171
Reisessig 143

Reste aufbewahren und aufwärmen
140–143, 158, 372
Rindfleisch 155, 188
gebraten 156, 158, 159
gehackt 158–159, 178
Röntgenstrahlen 361–369
Rülpsen 268–270

Saccharin 54, 55 f., 137
Saccharose 21, 31–32, 39, 41–44,
54 f.
Sahne 113–117, 139
Sahnekäse 138–139
Salpetersäure 145
Salz(e) 57–86
– mahlen 79
-ersatz 57, 62–64
-spezialitäten 58–60
Feuchtigkeit mit – herausziehen
174 f.
jodiertes – 57–58
Kochen mit – 64–67, 72, 74–75,
168–170, 174–176
konservierende Wirkung
168–170, 174–176
korrosive Wirkung 194
koscheres – 59, 76–78
Löslichkeit 64–67, 174–176
Sorten 67 f., 72 f.
Zusatzstoffe in – 72
Salzsäure 141, 255
Saucen:
– andicken 22, 182–186
– entfetten 164 f., 184 f.
Sauer (Geschmack) 18, 81, 127–128,
136
Sauerstoff 34, 93, 148, 156, 158–159,
199, 214, 232 f.
Säurehemmer 126
Säuren 33, 43, 46, 48–49, 82
in Nahrungsmitteln 126, 127 f., 255
korrodierende Wirkungen 141 f.,
145, 324

Mineral- 145
Sautieren 323 f.
Schalentiere 200
Schäume 253
Schaumlöffel 180−181
Schimmel (Kork) 281
Schinken 167−171
Schokolade 44−53
  dunkle 46
  heiße 49
  Herstellung 44−46
  Kakaomasse 45, 46
  mexikanische − 49
  Milch- 45
  weiße − 52
Schwämme 253, 299, 336
Schwefel 32
Schwefeldioxid 32 f.
Schwefelsäure 88, 124, 145, 324
Schweinefleisch 155, 157
  Haltbarmachen 167−171
Schweinsfüße 160
Schwerkraftseparatoren 165, 184
Seehecht 193
Sehnen 189
Seife 150
Shrimps 197, 200
Silber 323 f., 339−340
Sinne 17 f.
Sirup 35, 43
Sodbrennen 126, 255
Solanin 147, 150
Sonnenblumenöl 105
Sorbitol 56
Sorghum 35−36
Speck 105
Speichel 17
Speisefette (Öl) 98, 103−106
  Aufbewahrung 148
  Entsorgung 108
  Flammpunkte 104
  Öl zum Einsprühen 109−111,
  329−330

Rauchpunkte 104
Wiederverwendung 106
siehe auch Olivenöl
Spülmittel 109, 324
Stahl (rostfrei) 141, 142, 323−325
Stärke (und -arten) 20, 21, 22, 28,
  39−44, 83, 150−152, 183 f., 254
Steak 349
  − Tatar 129, 130
  blutig 156−158
  gefroren 240
  T-Bone- 163
Stearinsäure 88
Sterilisation 299
Sterole 91
Stickoxid-Myoglobin 169
Stickstoffgas 149
Stoffwechsel 20−22, 119, 212−215,
  285
Stör (Rogen) 194
Strahlung 361−369
Strauß 156
Streptococcus 116
Strychnin 19, 260
Sulfite 32−35
Suppe:
  − abschäumen 180−181
  − entfetten 164−166
  Hühner- 180−181
  Salz entfernen 79−81
  siehe auch Fleischbrühe
Surimi 193
Sushi 189
Süße 17−55

Tannine 266
Tee 263−266
Teig:
  Blätterteig 240
  kaltes Ausrollen 240−242
Temperatur 238
  auf dem Gehweg 226−231
  Backen 219

Einfrieren 244–247
Fritieren 103–106
Höhe und – 217
im Kühlschrank 370–373
Siede- 65 f., 207, 217, 218–222,
224–226, 265
siehe auch Thermometer
Thermistoren 317, 349
Thermometer 347–349, 371 f.
Thunfisch 157, 188
Tiere (Schlachtung) 156
Tomaten 372
–, Säuregehalt 126, 141 f.
Trans-Fettsäuren 96–97
Treibhauseffekt 269
Treibmittel (Teig) 123–125
Trichloranisol (TCA) 281
Triglyzeride 89–92
Truthahn 239
-braten 164, 183
Bratenfond 187
Tryptophan 151

Ultraviolettes Licht 346
Umweltfragen 108–109

Vanille 45
Vanilleextrakt 45, 133–134
Venusmuscheln 197–199
Verdampfen 84, 219 f., 224 f., 251
Verdauung 91, 214
Verpackung:
keimfrei 116, 117
Pappkarton 115
von Tiefkühlkost 239, 249,
250
Vitamine 311 f.
Volksmedizin 146

Wasser:
chemische Formel 38, 120
Einfrieren 244–247
heißes – 219, 244–247, 308

– in der Mikrowelle 308–309
Kochen 64–67, 205–209,
217–224, 264, 349–353
Verdampfen 218, 220
Verunreinigungen 120–123
Wasserfilter 120–123
Wasserstoff 88 f., 122, 128
Wasserstoffperoxid 116
Wechselstrom 354 f.
Wein 143 f., 283–284, 286
Herstellung 145, 254
Kochen mit – 224–226
Korken 280–282
Oxidation 145
Weinstein 129 f.
Weintrauben 143 f., 254

Zellulose 21, 42
Zink 122
Zitronen 82, 83, 333
Zitronensäure 127, 128, 141, 255,
268
»Zitronensalz« 128
Zucker 20, 21, 137
– auflösen 25, 37–39
Aufbewahrung 28–31
brauner – 22–25, 30
Demerara- 24
Einfach- 21
Haltbarmachen mit – 171 f.
Invert- 31
Kaloriengehalt 53 f.
Milch- 21, 100
Puder- 25
Raffinade 25–26
Roh- 22–25
Rüben- 31–32
Vanille- 133–134
Zweifach- 21
Zuckerrohr 22–25, 31–32, 35
Zuckerrüben 31–32, 41, 43
Zunge 18, 19
Zysten 121

PIPER

Robert L. Wolke

Was Einstein seinem Friseur erzählte

Naturwissenschaft im Alltag. Aus dem Amerikanischen von
Helmut Reuter. 352 Seiten. Gebunden

Was macht Eiswürfel trüb? Werden Flugzeuge wirklich
sicherer, weil Haie Menschen angreifen? Wie kann die
Flamme wissen, wo oben ist? Können wir in einem Auto,
das mit Schallgeschwindigkeit unterwegs ist, immer noch
Radio hören? Würden wir das überhaupt wollen? Warum
wird in den meisten Ländern rechts gefahren? Kann man
sich in einem abstürzenden Aufzug dadurch retten, daß
man kurz vor dem Aufprall in die Höhe springt?
Albert Einstein – ging er überhaupt zum Friseur? – hätte an
solchen Fragen sicher ebenso viel Spaß gehabt wie der
amerikanische Chemiker Robert L. Wolke. Schon mit seinem Bucherfolg »Woher weiß die Seife, was der Schmutz
ist?« hatte Wolke bewiesen, daß viele Menschen über die
Rätsel des Alltags nachdenken und dankbar sind, wenn
ihnen jemand bei der Lösung auf die Sprünge hilft. Erneut
liefert er amüsante Erklärungen für eigenartige Phänomene
der alltäglichen Wirklichkeit, dazu viele Anregungen für
Versuche und für Kneipenwetten.

01/1227/01/R

PIPER

Robert L. Wolke
Woher weiß die Seife, was der Schmutz ist?

Kluge Antworten auf alltägliche Fragen. Aus dem Amerikanischen von Markus P. Schupfner. 343 Seiten. Serie Piper

Vergessen Sie das Wort »Wissenschaft« und Ihre Abneigung dagegen. Wenn Sie wissen wollen, was hinter alltäglichen Beobachtungen steckt – der Chemie-Professor Robert L. Wolke erklärt es Ihnen. Warum kann man Zucker auf dem Herd schmelzen, Salz jedoch nicht? Weshalb mögen Öl und Wasser einander nicht? Warum gefriert unverdünntes Frostschutzmittel schneller als mit Wasser verdünntes? Wie kann man Tiefkühlkost am schnellsten auftauen? Wie funktioniert eine Mikrowelle wirklich? Wolke gibt in diesem vergnüglichen Buch verblüffende Antworten auf Ihre Fragen. Und er bietet Lösungen für alltägliche Probleme. Um Ihnen noch mehr Lust auf sein Thema zu machen, hat er 48 Versuche eingebaut, die Sie selbst ausprobieren können. Und er bietet unglaubliche, aber wahre Aussagen, mit denen Sie Ihre Freunde überraschen und Wetten gewinnen können.

01/1228/01/L

PIPER

Mick O'Hare/New Scientist (Hg.)
Warum fallen schlafende Vögel nicht vom Baum?

Wunderbare Alltagsrätsel. Aus dem Englischen von
Helmut Reuter. 247 Seiten. Serie Piper

Unsere Welt ist ein Ort voller Geheimnisse. Um die großen
Fragen, auf die die Menschen Antworten suchen, kümmert
sich die große Wissenschaft. Wie aber steht es mit den
kleineren Rätseln? Warum hat jeder Mensch einen
anderen Fingerabdruck? Warum ist der Himmel blau?
Bringt eine Fliege, die mit einer Lokomotive zusammen-
stößt, den ganzen Zug möglicherweise für den Bruchteil
einer Sekunde zum Halten?
Für alle Neugierigen, die solche und ähnliche Fragen
stellen, hat die renommierte Zeitschrift »New Scientist«
eine »letzte Seite« eingerichtet. Die Fragen der Leser
werden wiederum von Lesern beantwortet. Es sind
skurrile, hintergründige, witzige und ganz normale Fragen
mit ebensolchen Antworten von der »letzten Seite« des
»New Scientist«, die in diesem Buch gesammelt sind. Ob
es um den menschlichen Körper, Pflanzen und Tiere,
Tricks und Erfindungen, die große Wissenschaft des Alltags geht – immer gibt es etwas zu lernen und zu staunen.

01/1087/01/R

PIPER

Mick O'Hare/New Scientist (Hg.)
Was macht die Mücke beim Wolkenbruch?

Neue wunderbare Alltagsrätsel. Aus dem Englischen von
Helmut Reuter. 240 Seiten. Gebunden

Es gibt Menschen, die denken intensiv über die Quanten-
mechanik nach. Andere fragen sich hingegen, warum ihr
Fallschirm oben ein Loch hat. Viele Menschen suchen im
Kosmos nach außerirdischem Leben, andere überlegen, was
wohl im Weltraum mit ihrem Glas Bier passieren würde.
Dieses Buch läßt, wie schon sein erfolgreicher Vorgänger
»Warum fallen schlafende Vögel nicht vom Baum?«, die
kleinen Fragen und die Alltagsrätsel hochleben. Diese
können überhaupt nicht skurril oder hintergründig genug
sein – den engagierten Lesern des »New Scientist« fallen
immer wieder köstliche Antworten auf die Fragen ein, die
andere Leser bewegen. Beispiele erwünscht? Was macht
eine Kampfkastanie unbesiegbar? Was ist überhaupt eine
Kampfkastanie und wozu braucht man sie? Wie und
warum überlebt eine Mücke einen Wolkenbruch? Weshalb
sind Eier eiförmig? Die Leser erfahren schließlich auch,
weshalb Ameisen in einem eingeschalteten Mikrowellenherd vergnügt herumrennen können. Es gibt also viel zu
staunen und viel zu lesen.

01/1088/01/L

PIPER

Sven Ortoli/Nicolas Witkowski
Die Badewanne des Archimedes

Berühmte Legenden aus der Wissenschaft.
Aus dem Französischen von Juliane Gräbener-Müller.
192 Seiten mit 25 Abbildungen. Serie Piper

Die berühmtesten Legenden aus der Wissenschaft werden in diesem vergnüglichen Buch zugleich entlarvt und ernst genommen. Ob Archimedes, Leonardo, Newton, Maxwell, Nobel, Einstein oder Schrödinger – über sie und ihre Geschichten wird das Wissen von der großen Wissenschaft zum Spaß in diesem frechen und temporeichen Buch.

»Die französischen Physiker und Journalisten Sven Ortoli und Nicolas Witkowski haben ein Schatzkästlein solcher Erzählungen zusammengetragen, ein Kompendium von Legenden, von denen die meisten auch das Menschliche im Rationalen dekuvrieren. In ihrer anekdotischen Form bewahren diese Geschichten von Sternstunden der Wissenschaft den Sinn für das Scheitern der Vernunft. Denn sie alle zeigen, daß der Mythos sein vermeintliches Gegenteil durchkreuzt. Auch heute gibt es kein Verstehen ohne Mythen.«
Frankfurter Allgemeine Zeitung

01/1201/01/R

PIPER

Richard P. Feynman
Sechs physikalische Fingerübungen

Aus dem Amerikanischen von Inge Leipold. 209 Seiten mit
47 Fotos und Abbildungen. Gebunden

Der geniale Physiker Richard P. Feynman galt bei seinen
Kollegen und bei Studenten auch deshalb als
Ausnahmeerscheinung, weil er ein begnadeter akademischer Lehrer war. Es machte ihm einfach Spaß, anderen
etwas beizubringen. Zum Glück wurden viele seiner
Vorlesungen mitgeschnitten und später veröffentlicht. Die
»Vorlesungen über Physik« etwa, die er zwischen 1961 und
1963 am California Institute of Technology gehalten hat,
sind legendär. Sie haben, so sagen Fachleute, weltweit den
Physikunterricht einschneidend verändert.
»Sechs physikalische Fingerübungen« – das sind die Kapitel
aus seinen Vorlesungen, die am ehesten auch für Nicht-
physiker zugänglich sind. Feynman stellt darin locker und
verständlich folgende Themen vor: Atome in Bewegung,
Grundlagenphysik, das Verhältnis der Physik zu anderen
Wissenschaften, der Erhaltungssatz der Energie, die
Gravitationstheorie, das Verhalten der Quanten.

01/1033/01/L

PIPER

Richard P. Feynman

Es ist so einfach

Vom Vergnügen, Dinge zu entdecken. Herausgegeben von
Jeffrey Robbins. Mit einem Vorwort von Freeman Dyson.
Aus dem Amerikanischen von Inge Leipold. 279 Seiten.
Gebunden

Richard Feynman (1918 – 1988) hat die Welt verändert –
durch seine genialen Ideen in der Physik, durch seine besondere Art, Dinge zu durchdenken, und seine unnachahmliche
Fähigkeit, anderen Menschen komplizierte Zusammenhänge
zu erklären. Auch dieses Buch läßt seine Leser gleich verstehen, warum der 1988 verstorbene Nobelpreisträger bis
heute eine Kultfigur geblieben ist. »Es ist so einfach«: das
ist Originalton Feynman in zehn kurzen Kapiteln. Sie
zählen zum Besten dessen, was er hinterlassen hat.
Er betrieb Physik aus purer Neugier und Freude daran, herauszufinden wie die Welt funktioniert. Die Logik der
Naturwissenschaften, ihre Methoden, die Ablehnung von
Dogmen, die Fähigkeit zu zweifeln, das war es, was
Feynman umtrieb. Feynman zu lesen ist ein Genuß, egal, ob
er über Physik, die Zukunft des Computerzeitalters, über
Religion oder Philosophie schreibt.

01/1032/01/R